आधुनिक ज्योतिष

आधुनिक ज्योतिष

रघुनन्दनप्रसाद गौड़

प्रकाशक
प्रभात प्रकाशन प्रा. लि.
4/19 आसफ अली रोड, नई दिल्ली-110002
फोन : 23289777 • हेल्पलाइन नं. : 7827007777
इ-मेल : prabhatbooks@gmail.com ❖ वेब ठिकाना : www.prabhatbooks.com

संस्करण
2026

पेपरबैक मूल्य
आठ सौ रुपए

मुद्रक
नरुला प्रिंटर्स, दिल्ली

★

ADHUNIK JYOTISH
by Shri Raghunandan Prasad Gaur

Published by **PRABHAT PRAKASHAN PVT. LTD.**
4/19 Asaf Ali Road, New Delhi-110002

ISBN 978-93-5322-637-4

₹ 800.00 (PB)

प्रस्तावना

पृथ्वी मानव क्रिया-कलापों की केन्द्रस्थली है। यह सौरमण्डल का एक तुच्छ सदस्य है। ब्रह्माण्ड में अनेक नक्षत्र तथा सौरमण्डल में केन्द्राधिपति सूर्य के अतिरिक्त नवग्रह एवं उपग्रह अपनी-अपनी कक्षा में निरन्तर गति से क्रमशः सूर्य और ग्रहों की परिक्रमा करते रहते हैं। सूर्य सहित सभी नक्षत्रों में स्वयं का प्रकाश है, जबकि ग्रह एवं उपग्रह सूर्य के प्रकाश से प्रतिबिम्बित हैं। नक्षत्रों से सीधी तथा ग्रहों व उपग्रहों से परावर्तित ज्योति-रश्मियां प्रसारित होती रहती हैं, जो पृथ्वी पर मानव, जीव-जन्तुओं तथा वनस्पति पर विभिन्न कोणों से पड़ती हैं। मानव पर विभिन्न आकाशीय पिण्डों की ज्योति-रशिमयों के पड़ने वाले प्रभाव का अध्ययन करने वाले विज्ञान को ज्योतिर्विज्ञान अथवा ज्योतिष शास्त्र (Astrology) कहते हैं। मानव के जन्म लेने के समय आकाश का मानचित्र ही उसका जन्मपत्र है तथा उसी को आधार मानकर मानव के गुणावगुणों तथा शुभाशुभ भविष्य का अध्ययन ज्योतिष शास्त्र करता है।

ज्योतिष शास्त्र पर अब तक अनेक प्रामाणिक ग्रन्थ प्रकाशित हो चुके हैं, परन्तु प्रस्तुत पुस्तक के लिखे जाने का आधार, उद्देश्य एवं शैली भिन्नता लिये हुए है। खगोल विज्ञान (Astronomy) तथा भूगोल (Geography) को प्रस्तुत पुस्तक का आधार बनाया गया है। ज्योतिषी बन्धु यह तो जानते हैं कि किस वर्ष कितना अयनांश है, परन्तु अयनांश क्या है, अयनांश के क्या कारण हैं तथा अयनांश की गणना कैसे की जाती है, इस तथ्य पर शायद ही किसी ज्योतिषी ने विचार किया होगा।

इसी प्रकार की अनेक जिज्ञासाएं हैं, जिनका समाधान इस पुस्तक में देने का प्रयास किया गया है। जैसे अलग-अलग स्थानों पर धूपघड़ी में स्थानीय समय भिन्न-भिन्न क्यों होता है। देशान्तर संस्कार तथा विपरीत देशान्तर संस्कार क्या है, प्रतिदिन धूपघड़ी का समय समान क्यों नहीं होता, बेलान्तर क्या है, इसका क्या कारण है, बेलान्तर संस्कार क्यों किया जाता है, स्थानीय समय, मध्यम समय और मानक समय में क्या सम्बन्ध है, साम्पातिक दिवस, मध्यम दिवस और सौर दिवस में क्या अन्तर है, साम्पातिक काल क्या है तथा यह मध्यम समय से किस-किस प्रकार भिन्न है और कितना, आदि।

सूर्य की दैनिक गति असमान क्यों है, विभिन्न महीनों में व अलग-अलग स्थानों पर सूर्योदय, सूर्यास्त तथा दिनमान में अन्तर क्यों होता है, इन पर पृथ्वी की गोलाई, परिक्रमण

गति तथा अक्षांश-देशान्तरों का क्या प्रभाव पड़ता है, सायन सूर्य व निरयन सूर्य क्या है, इनमें कितना अन्तर है और इस अन्तर का क्या कारण है, तिथि और वार क्या हैं तथा इनका यही क्रम क्यों है, प्रत्येक तिथि सूर्योदय से अगले सूर्योदय तक क्यों नहीं रहती, बीच में क्यों बदल जाती है, चन्द्रमा प्रतिदिन विलम्ब से क्यों उदय होता है और कितना, राहु और केतु को ग्रह क्यों माना जाता है, इनकी गति विपरीत क्यों है, जन्मकुण्डली क्या है, भाव क्या है, जन्मकुण्डली में भावों तथा राशियों को घड़ी की सुइयों की विपरीत दिशा में क्यों लिखा जाता है, इष्ट, लग्न व दशम इष्ट क्या हैं, प्रतिदिन गत दिन की अपेक्षा प्रत्येक लग्न 4 मिनट पूर्व क्यों उदय होता है तथा सभी लग्नों की वर्षभर में प्रातः समय ही उदय होने की बारी क्यों आ जाती है?

इस प्रकार के अनेक प्रश्नों के उत्तर खगोलीय एवं भौगोलिक पृष्ठभूमि में रेखाचित्रों की सहायता से प्रस्तुत पुस्तक में देने का प्रयास किया गया है, ताकि पाठक तथ्यों को रटने के बजाय कारण सहित समझ सकें एवं इस प्रकार उनका अर्जित ज्ञान स्थायी रह सके।

प्रस्तुत पुस्तक में अनेक प्रकार की ज्योतिषीय गणनाओं एवं गणितीय क्रियाओं को सरल एवं नवीन विधियों, सूत्रों व प्रक्रियाओं द्वारा समझाया गया है। यथास्थान पर्याप्त मात्रा में उदाहरण एवं उनके हल भी दिये गये हैं। पाठकों की सुविधा को ध्यान में रखते हुए छोटी-से-छोटी क्रियाओं को भी समझाया गया है।

इस पुस्तक की सबसे बड़ी विशेषता यह है कि इसमें जन्मपत्री बनाने की भारतीय पद्धति के साथ-साथ पाश्चात्य पद्धति भी दी गयी है, जो कि आधुनिक युग में कम्प्यूटर ज्योतिष में प्रयुक्त होती है। तात्कालिक सन्दर्भ हेतु विभिन्न सारणियां भी प्रस्तुत की गयी हैं तथा उन्हें बनाने की विधि भी समझायी गयी है।

प्रस्तुत पुस्तक में 'समय-निर्धारण' तथा 'सूर्योदय दिनमान सूर्यास्त' प्रकरण विशेष महत्त्व के हैं, जिनसे पाठक समय-भेद से पूर्ण रूप से परिचित हो सकेंगे तथा जन्मपत्री में समय सम्बन्धी त्रुटियां नहीं हो सकेंगी।

यद्यपि पुस्तक मूलतः ज्योतिष विज्ञान के सैद्धान्तिक एवं गणितीय पक्ष पर ही लिखी गयी है, तथापि इसे अधिक लोकप्रिय, उपादेय एवं रोचक बनाने हेतु इसमें वर्ष लग्न, गोचर तथा मेलापक प्रकरण भी सम्मिलित किये गये हैं।

पूज्य पण्डित श्यामनन्दन मिश्र, प्राचार्य श्री विट्ठलनाथाचार्य संस्कृत महाविद्यालय कोटा एवं डीन, संस्कृत संकाय, अजमेर विश्वविद्यालय ने अपना अमूल्य समय देते हुए इस पुस्तक की पाण्डुलिपि का आद्योपान्त अध्ययन कर बहुमूल्य सुझाव दिये तथा अपनी सम्मति (ग्रन्थविषयक अनुमोदन एवं आशीर्वाद) प्रेषित की। मैं पूज्य मिश्रजी का हृदय के गहनतम तल से आभार प्रदर्शित करता हूं।

आशा ही नहीं, अपितु पूर्ण विश्वास है कि प्रस्तुत पुस्तक ज्योतिष सीखने के इच्छुक महानुभावों, विशेष कर नयी पीढ़ी के युवकों के लिए एक ठोस वैज्ञानिक आधार का कार्य

करेगी। यदि प्रस्तुत पुस्तक इस उद्देश्य में किञ्चित् भी सफलता अर्जित करती है, तो लेखक अपना अहोभाग्य समझेगा।

यदि पुस्तक में कोई त्रुटि दृष्टिगोचर हो, तो लेखक को आपके पत्र की प्रतीक्षा रहेगी। बहुमूल्य सुझावों की क्रियान्विति हेतु भी लेखक सदैव तत्पर रहेगा।

शान्तिविला, कालेज रोड,
बारां (राजस्थान)

—रघुनन्दनप्रसाद गौड़

अनुक्रम

मुद्दादशा का लेखन, मुद्दादशा में अन्तर्दशा, वर्ष में योगिनी मुद्दादशाएं, प्रथम योगिनी मुद्दादशा, ताजिक शास्त्र में ग्रहदृष्टि, दीप्तांश, ग्रहों का हर्ष बल, वर्षेश, पंचाधिकारी, पंचवर्गी बल, उच्च बल, गृह बल, हद्दा बल (हद्देश), द्रेष्काण बल, पंचवर्गी बल तालिका, वर्षेश निर्णय, ग्रहों का सामान्य फल, मुन्था का द्वादश भाव फल, मुन्थेश का फल, लग्नेश फल, वर्षेश फल, बली, मध्य बली, निर्बल, द्वादश भावों में ग्रहों का फल, त्रिपताका चक्र, वेध विचार, षोडश योग, इक्कबाल, इन्दुबार, इत्थशाल, इसराफ़, नक्त, यमय, मणऊ, कम्बूल, गैरकम्बूल, खल्लासर, रद्द, दुष्फालिकुत्थ, कुत्थकुत्थीर, तम्बीर, कुत्थ, दुरूफ योग।

तात्पर्य, ग्रहों का गोचरकाल, सूर्य, चन्द्रमा, मंगल, बुध, गुरु, शुक्र, शनि, शनि की साढ़ेसाती, लगती, राशिगत, उतरती, ढैया, साढ़ेसाती व ढैया अशुभ क्यों, साढ़ेसाती सभी के लिए अनिष्टकारक नहीं, चरण विचार, नक्षत्रीय प्रभाव, शनि की स्थिति, शनिवाहन विचार, राहु-केतु गोचर फल विचार, जन्म लग्न के आधार पर, चन्द्र लग्न के आधार पर, चन्द्र लग्न का गोचर विचार में महत्त्व, चन्द्र लग्न गोचरकुण्डली, जन्म राशि से गिनने पर विभिन्न भावों (राशियों) में ग्रहों का फल। वेध तथा विपरीत वेध विचार, अपवाद, जन्मलग्न चन्द्रलग्न व गोचर तुलनात्मक कुण्डली, गोचर फलादेश के सामान्य सिद्धान्त, गोचर विचार से ग्रहों के शुभ तथा अशुभ भाव (राशियां)।

तात्पर्य, आवश्यकता, महत्त्व।

(अ) वर-कन्या की कुण्डली का स्वतन्त्र अध्ययन, मूल नक्षत्र, विषकन्या तथा अन्य विचार।

(ब) वर-कन्या के गुणों का मिलान, गुणांकन के सिद्धान्त, वर्ण, वश्य, तारा, योनि, ग्रहमैत्री, गण, भृकूट (राशिकूट) नाड़ी, शुद्ध एवं अशुद्ध भृकूट, द्विद्वादश, मित्र, शत्रु, नव-पंचम, मित्र, शत्रु, षडाष्टक, मित्र, शत्रु, भृकूट का वर्गीकरण एवं रेखाचित्र। मेलापक दोष एवं परिहार, वर-वधू गुण मेलापक तालिका एवं दोष संकेत।

(स) वर-कन्या के ग्रहों का मिलान, मंगली कुण्डली, मंगल दोष एवं परिहार।

सारणी अनुक्रम

रेखाचित्र अनुक्रमणिका

समय निर्धारण

समय ज्योतिष का आधार है। किसी भी व्यक्ति का जन्मपत्र उसके जन्म के समय आकाश का मानचित्र है। आकाश का कौन-सा भाग पृथ्वी के सन्दर्भ में कहां था तथा विभिन्न ग्रह उसके किस-किस भाग में थे, जन्मपत्र इन्हीं प्रश्नों के उत्तर देता है।

एक निश्चित समय पर आकाश का मानचित्र तभी सही बन सकता है, जब अभीष्ट समय सही हो। समय निर्धारण में थोड़ी-सी भी त्रुटि हो जाये, तो आकाश का मानचित्र अशुद्ध बनेगा, क्योंकि सभी ग्रहों की स्थिति तथा गति समय-सापेक्ष होती है। अतः ज्योतिष सीखने से पूर्व समय का ज्ञान होना अत्यन्त आवश्यक है।

पृथ्वी एक ग्रह है, जो अपने अक्ष पर पश्चिम से पूर्व (घड़ी की सुइयों के विपरीत) परिभ्रमण (Rotation) करती है। पृथ्वी की इस गति से ही प्रत्येक स्थान पर क्रमशः प्रातः, मध्याह्न, सायं एवं मध्य रात्रि आदि घटनाएं होती रहती हैं। भूगोल के अनुसार सूर्य एक नक्षत्र है, जो स्थिर है और पृथ्वी अपनी धुरी पर घूमने के साथ-साथ सूर्य की परिक्रमा भी करती है, परन्तु पृथ्वी पर जीव निवास करते हैं और सूर्य का प्रभाव जीवों पर पड़े बिना नहीं रह सकता। इसी दृष्टि से ज्योतिष में सूर्य को ग्रह माना गया है, पृथ्वी को नहीं। इसीलिए कहा जाता है कि सूर्य 1 दिन में 1 अंश चलता है। वास्तव में यह पृथ्वी की परिक्रमण गति (365 दिन में 360 अंश) का परिणाम है। इस प्रकार पृथ्वी की परिभ्रमण (Rotation) व परिक्रमण (Revolution) गतियां पृथ्वी पर दैनिक व वार्षिक समय को निर्धारत करती हैं।

समय निर्धारण को पृथ्वी पर कोणात्मक माप, अर्थात् अक्षांश-देशान्तर रेखाजाल के सन्दर्भ में ही समझा जा सकता है।

अक्षांश रेखाएं–पृथ्वी पर पश्चिम से पूर्व समानान्तर खिंची हुई काल्पनिक रेखाओं को अक्षांश रेखाएं (Latitudes) कहते हैं। ये पृथ्वी के केन्द्र से समान कोणिक दूरी पर खिंची हुई मानी जाती हैं। प्रत्येक अक्षांश रेखा अपने में पूर्ण वृत्त होता है। पृथ्वी के मध्य की अक्षांश रेखा सबसे बड़ा वृत्त होता है। सभी अक्षांश रेखाओं की गणना इसी रेखा से की जाती है। इस रेखा का नाम भूमध्य रेखा, विषुवत् रेखा या नाड़ी वृत्त (Equator) है, जिसका मान 0 अंश है। भूमध्य रेखा से उत्तर व दक्षिण में 90°-90° अक्षांश रेखाएं होती हैं, जो उत्तर व दक्षिण की ओर छोटी होती जाती हैं।

भूमध्य रेखा से उत्तर का भाग उत्तरी गोलार्द्ध तथा दक्षिण का भाग दक्षिणी गोलार्द्ध कहलाता है। उत्तरी गोलार्द्ध में अक्षांश रेखाओं की गणना 1° से 90° उत्तरी तथा दक्षिणी गोलार्द्ध में 1° से 90° दक्षिणी होती है। 90° दक्षिण व 90° उत्तर बिन्दुमान हैं, जो क्रमशः दक्षिणी व उत्तरी ध्रुव (Poles) कहलाते हैं।

इनमें 23½° (वास्तव में 23°26') उत्तरी व 23½° दक्षिणी अक्षांश रेखाएं महत्त्वपूर्ण हैं, जो सूर्य के लम्बवत् चमकने (क्रान्ति) की क्रमशः उत्तरी व दक्षिणी सीमाएं हैं। पृथ्वी के अक्ष के 23½° झुके होने के कारण सूर्य उत्तरी गोलार्द्ध में 23½° उत्तरी (कर्क रेखा) तथा दक्षिणी गोलार्द्ध में 23½° दक्षिणी (मकर रेखा) तक ही लम्बवत् चमक सकता है।

देशान्तर रेखाएं–उत्तरी ध्रुव से दक्षिणी ध्रुव को मिलाने वाली काल्पनिक अर्द्धवृत्ताकार रेखाओं को देशान्तर रेखाएं कहते हैं। 1-1 अंश के अन्तर पर 360 देशान्तर रेखाएं मानी जाती हैं। इनकी गणना लन्दन के निकट ग्रीनविच वेधशला से 180° पूर्वी तथा 180° पश्चिमी देशान्तरों के रूप में होती है। ग्रीनविच देशान्तर को 0 देशान्तर रेखा कहते हैं। सूर्य क्रान्ति के सन्दर्भ में देशान्तर रेखाओं को मध्याह्न रेखाएं (Meridians) भी कहा जाता है।

कोणात्मक दूरी की मापन इकाई निम्न प्रकार है–

1 (डिग्री) या अंश = 60 मिनट का कला

1 (मिनट) या कला = 60 सैकिण्ड या विकला

12° 40' 30" का अर्थ है 12 अंश 40 कला और 30 विकला। यहां मिनट (कला) डिग्री का साठवां भाग तथा सैकिण्ड (विकला) मिनट (कला) का साठवां भाग है। पृथ्वी पर किसी स्थान की स्थिति को अक्षांश-देशान्तर के कटान पर स्थिति के अनुसार व्यक्त करते हैं, जैसे दिल्ली 28° 39' उत्तरी व 77° 13' पूर्वी है, अर्थात् 28° 39' उत्तरी अक्षांश तथा 77° 13' पूर्वी देशान्तर रेखाओं के कटान बिन्दु पर स्थित है।

जिस प्रकार पृथ्वी पर अक्षांश व देशान्तर रेखाएं मानी गयी हैं, उसी प्रकार आकाश में भी इन्हीं की सीध में आकाशीय अक्षांश-देशान्तर रेखाओं की कल्पना की गयी है। इनकी कोणात्मक दूरी मेष राशि के प्रथम बिन्दु 0° 0' 0" से क्रमशः 360° (अर्थात् पुनः उसी बिन्दु) तक मानी जाती है।

पूरे आकाश के देशान्तरीय विस्तार को 12 मुख्य भागों में बांटा गया है, जो प्रत्येक 30° (एक राशि) तथा 27 उपविभागों में बांटा गया है, जो प्रत्येक 360 ÷ 27 = 13 20' (एक नक्षत्र) का होता है।

यह अलग अध्याय में विस्तार से समझाया जायेगा। अक्षांश-देशान्तर रेखाजाल निम्न रेखाचित्र से स्पष्ट हो जायेगा।

अक्षांश एवं देशान्तर

रेखाजाल

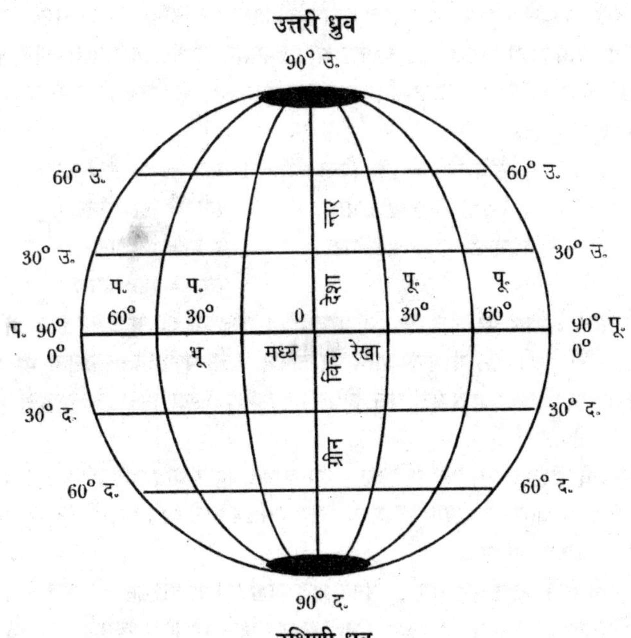

रेखाचित्र 1/1

पृथ्वी की दैनिक गति और समय–पृथ्वी अपनी धुरी (Axis) पर पश्चिम से पूर्व की ओर जितने समय में एक चक्कर लगाती है, उतने समय को एक दिन (अहोरात्र) कहा जाता है। वास्तव में पृथ्वी का यह एक चक्कर 23 घण्टे 56 मिनट 4.091 सैकिण्ड में पूरा हो जाता है। इस समय को एक नाक्षत्र दिवस (Sidereal Day) कहते हैं। सूर्य की परिक्रमा करने के कारण पृथ्वी प्रतिदिन 1° आगे परिक्रमण पथ पर बढ़ जाती है। इसके फलस्वरूप पृथ्वी का यह एक चक्कर 24 घण्टे 3 मिनट 56.555 सैकिण्ड में पूरा होता है। इस समय को एक सौर दिवस (Solar Day) कहते हैं, परन्तु व्यवहार में उपर्युक्त दोनों का औसत 24 घण्टे का दिन होता है। इस व्यावहारिक दिवस को मध्यम सौर दिवस (Mean Solar Day) कहते हैं।

इसे यों भी कहा जा सकता है कि एक मध्यम सौर दिवस में नक्षत्र दिवस के 24 घण्टे 3 मिनट 56.555 सैकिण्ड होते हैं, अर्थात् एक मध्यम सौर दिवस एक नाक्षत्र दिवस से 3 मिनट 56.555 सैकिण्ड बड़ा होता है।

नाक्षत्र दिवस = 23 घण्टे 56 मिनट 4.091 सैकिण्ड

मध्यम सौर दिवस = 24 घण्टे

मध्यम सौर दिवस के 24 घण्टे=नाक्षत्र दिवस के 24 घण्टे 3 मिनट 56.555 सैकिण्ड।

घड़ी का आविष्कार होने से पूर्व धूपघड़ी या अन्य उपकरणों से समय का मापन करते थे। समय की इकाई घड़ी व पल थी। ज्योतिष में भी अधिकांश गणना घटी-पल में की जाती है। अतः घण्टा-मिनट तथा घटी-पल के अन्तर्सम्बन्ध को समझना आवश्यक है।

1 सैकिण्ड = 2½ विपल	1 पल = 24 सैकिण्ड
1 मिनट = 2½ पल	1 घटी = 24 मिनट
1 घण्टा = 2½ घटी	1 घटी = 60 पल
	1 पल = 60 विपल

इसके आधार पर दिन-रात (अहोरात्र) 24 घण्टे या 60 घटी का होता है। घण्टा, मिनट, सैकिण्ड को 2½ से गुणा करने पर क्रमशः घटी, पल, विपल बनाये जा सकते हैं तथा इससे विपरीत क्रिया से घटी, पल, विपल को क्रमशः घण्टा, मिनट, सैकिण्ड में परिवर्तित किया जा सकता है।

पृथ्वी परिभ्रमण में 24 घण्टे का समय लगाती है, अर्थात् पश्चिम से पूर्व 360° को 24 घण्टे में पार करती है। अतः 1° को पार करने में 24 घण्टे या 1440 मिनट ÷ 360 = 4 मिनट का समय लगता है।

इसी गति के कारण सूर्य 4 मिनट प्रति अंश पूर्व से पश्चिम की ओर चलता हुआ दिखाई पड़ता है। इसका अर्थ यह हुआ कि पूर्व की अपेक्षा पश्चिम में सूर्य के विलम्ब से पहुंचने के कारण प्रति अंश 4 मिनट समय कम होता है तथा पश्चिम की अपेक्षा पूर्व की ओर प्रति अंश 4 मिनट अधिक। यह समय स्थानीय समय कहलाता है, जो धूपघड़ी का समय है। इसे वास्तविक समय या स्थानीय दृष्ट समय (Local Apparent Time) भी कहते हैं। आगे हम इसे स्थानीय समय (L.T.) कहेंगे।

जिन देशों का विस्तार पूर्व-पश्चिम अधिक है, उनके पूर्वी और पश्चिमी किनारों के स्थानीय समय में अधिक अन्तर आ जाता है, जिससे दैनिक कार्य-संचालन (डाक, तार, रेल आदि) में काफ़ी कठिनाई की सम्भावना है। इस कठिनाई को दूर करने के लिए अन्तर्राष्ट्रीय एवं राष्ट्रीय व्यवस्थाएं की गयी हैं। पूरे विश्व को 15°-15° (1-1 घण्टे) के 24 समय क्षेत्रों में बांटा गया है तथा प्रत्येक समय क्षेत्र का समय ग्रीनविच रेखा (0) के सन्दर्भ में निर्धारित किया गया है। इस समय को ग्रीनविच मीन टाइम (G.M.T.) कहा जाता है।

भारत का विस्तार 68° पूर्वी से 97° पूर्वी देशान्तर तक है, अर्थात् पूर्व से पश्चिम 97° – 68° = 29° × 4 = 116 मिनट का अन्तर है। यदि नागालैण्ड में शाम के 4 बजे हैं, तो जैसलमेर में 4 (–) 1 घण्टा 56 मिनट = 2 बजकर 04 मिनट दोपहर होंगे।

इस परेशानी को दूर करने के लिए भारत में ऐसी मध्याह्न रेखा का चयन किया

गया, जो देश के मध्य से गुजरती है। वह है (68 + 97) ÷ 2 = 82½° पूर्वी। यह 82½° पूर्वी देशान्तर उत्तर प्रदेश में मिर्ज़ापुर से गुज़रती है। मिर्ज़ापुर के स्थानीय मध्यम समय को पूरे देश में मानक समय के रूप में मान लिया गया है। यही समय हमारी घड़ियों, रेल, डाक, तार, टेलीविजन व रेडियो में प्रयुक्त होता है। इस समय को भारतीय मानक समय (Indian Standard Time) कहा जाता है। स्थानीय मध्यम समय (L.M.T.) व स्थानीय दृष्ट समय (L.A.T.) में थोड़ी भिन्नता है, जिसे आगे समझाया जायेगा।

आगे हम इसे स्टे० टा० (S.T.) कहेंगे। यह ग्रीनविच समय से 82½ × 4 = 5½ घण्टे आगे है।

यदि भारतीय मानक समय (I.S.T.) को भारत के किसी भी नगर के स्थानीय मध्यम समय (L.M.T.) में परिवर्तित करना हो, तो 82½° पूर्वी देशान्तर से पूर्व या पश्चिम स्थित नगर के लिए प्रति देशान्तर 4 मिनट क्रमशः धन (+) या ऋण (−) करना पड़ेगा। इसे देशान्तर संस्कार कहेंगे।

(देखें सारणी 1/1 पृष्ठ 23 से 28 तक)

उदाहरण–बारां नगर (76° 30' पूर्वी) में घड़ी के अनुसार 5 बजकर 30 मिनट अपराह्न को स्थानीय मध्यम समय में निम्न प्रकार बदलेंगे--

भारतीय मानक समय देशान्तर	= 82° 30'	पूर्वी
बारां नगर का देशान्तर (−)	76° 30'	पूर्वी
अन्तर	6° 0'	

समय में अन्तर 6° × 4 = 24 मिनट। चूंकि बारां मिर्ज़ापुर से पश्चिम में है, बारां नगर का स्थानीय मध्यम समय कम होगा।

	घं० मि०	
स्टे० टा०	5.30	
देशान्तर संस्कार (−)	24	
बारां का स्था० म० समय =	5.06	पांच बजकर छह मिनट अपराह्न।

स्थानीय मध्यम समय (Local Mean Time)–धूपघड़ी का समय किसी स्थान का वास्तविक दृष्ट समय (Local Apparent Time) है, परन्तु दुर्भाग्यवश दृष्ट सौर दिवस वर्षभर समान अवधि का नहीं रहता।

पृथ्वी का परिक्रमण मार्ग दीर्घ वृत्ताकार है तथा सूर्य इस दीर्घ वृत्त के ठीक केन्द्र में न होकर एक केन्द्र पर (मध्य से थोड़ा हटकर) है। इससे ग्रीष्मकाल में पृथ्वी शीतकाल की अपेक्षा सूर्य से अधिक दूरी पर रहती है। गुरुत्वाकर्षण सिद्धान्त के अनुसार कम दूरी के समय पृथ्वी की गति तीव्र तथा अधिक दूरी के समय पृथ्वी की गति अपेक्षाकृत धीमी रहती है। इसे ज्योतिष में सूर्य की दैनिक गति कहते हैं।

दूसरा कारण यह है कि सूर्य का क्रान्तिपथ पृथ्वी की धुरी के साथ समकोण नहीं बनाता, बल्कि तिरछा (Oblique) है। यह झुकाव 23°26' है।

उपर्युक्त दोनों कारणों से कभी सूर्य मध्याह्न रेखा पर धूपघड़ी में 12 बजने के पहले आ जाता है, तो कभी बाद में। इस अन्तर को प्रतिदिन घड़ियों में ठीक नहीं किया जा सकता। अतः मध्यम सूर्य की कल्पना की गयी है, जिसके अनुसार प्रतिदिन मध्याह्न 12 बजे ही माना गया है, जबकि धूपघड़ी के अनुसार इससे पहले या बाद में सूर्य मध्याह्न रेखा पर लम्बवत् होता है। धूपघड़ी में जब 12 बजते हैं, उसे दृष्टमध्याह्न (Apparent noon) कहते हैं।

स्थानीय दृष्ट समय (L.A.T.) तथा स्थानीय मध्यम समय में जो दैनिक अन्तर रहता है उसे बेलान्तर या समय का समीकरण (Equation of Time) कहा जाता है।

बेलान्तर (E.T) = धूपघड़ी का समय – मध्यम समय
(दृष्ट समय) (मध्यम घड़ी का समय)

वर्ष में चार दिन ऐसे होते हैं, जब दोनों प्रकार के समय बराबर होते हैं, अर्थात् बेलान्तर शून्य होता है। ये दिन हैं– 15 अप्रैल, 15 जून, 1 सितम्बर और 25 दिसम्बर।

बेलान्तर सारणी पृष्ठ 27-28 से वर्ष के प्रत्येक दिन का बेलान्तर ज्ञात किया जा सकता है।

जब दृष्ट समय मध्यम समय से अधिक हो, तो बेलान्तर धनात्मक होता है। अतः दृष्ट समय ज्ञात करने के लिए मध्यम समय में बेलान्तर जोड़ना होगा। इसके विपरीत जब दृष्ट समय मध्यम समय से कम हो, तो बेलान्तर ऋणात्मक होता है तथा मध्यम समय में से बेलान्तर घटाने पर दृष्ट स्थानीय समय प्राप्त होगा। ऊपर बताया गया है कि स्टैण्डर्ड टाइम में देशान्तर संस्कार करने से मध्यम समय प्राप्त होगा तथा मध्यम समय में बेलान्तर संस्कार करने पर स्थानीय समय प्राप्त होगा।

बेलान्तर को निम्न तालिका से समझा जा सकता है :

दिनांक	धूपघड़ी का समय (स्थानीय समय)	स्थानीय मध्यम समय (L.M.T.)	बेलान्तर
27 मई	12 मध्याह्न	11.57	+ 3 मिनट
1 सितम्बर	12 मध्याह्न	12.00	0 मिनट
17 फरवरी	12 मध्याह्न	12.14	–14 मिनट

स्थानीय मध्यम समय=
भारतीय मानक समय
(+) अथवा (–) देशान्तर संस्कार
(कालम 5)
1 अंश = 4 मिनट

स्थानीय साम्पातिक काल = साम्पातिक काल
(+) (–) साम्पातिक काल संस्कार
(कालम 6)
1 अंश = 2/3 सैकिण्ड
(.657 सैकिण्ड)

भारत के प्रमुख नगरों के अक्षांश-देशान्तर

(देशान्तर संस्कार तथा साम्पातिक काल संस्कार)

सारणी 1/1

क्रम	नगर	अक्षांश उत्तरी		देशान्तर पूर्वी		देशान्तर संस्कार		साम्पातिक काल संस्कार	
1	2	3		4		5		6	
		अंश	कला	अंश	कला	मि॰	सै॰	मि॰	सै॰
1	अगरतला	23	49	91	17	+35	08	–0	06
2	अजमेर	26	27	74	38	–31	28	+0	05
3	अन्ता (राज॰)	25	06	76	20	–24	40	+0	04
4	अमृतसर	31	38	74	53	–30	28	+0	05
5	अयोध्या	26	48	82	14	–01	04	+0	00
6	अलवर	27	34	76	38	–23	28	+0	04
7	अलीगढ़	27	54	78	04	–17	44	+0	03
8	अशोकनगर	24	34	77	54	–18	24	+0	03
9	अहमदाबाद	23	02	72	36	–39	36	+0	07
10	आजमगढ़	26	03	83	13	+02	58	–0	00
11	आगरा	27	11	78	02	–17	52	+0	03
12	आबू	24	40	72	45	–39	00	+0	06
13	इटावा	26	47	79	02	–13	24	+0	02
14	इटारसी	20	30	77	55	–18	20	+0	03
15	इन्द्रगढ़ (राज॰)	25	44	76	13	–25	08	+0	04
16	इन्दौर	22	44	75	50	–26	40	+0	04
17	इम्फाल	22	48	93	57	+45	48	–0	07
18	इलाहाबाद	25	28	81	52	–02	32	+0	00
19	उज्जैन	23	09	75	43	–27	08	+0	04
20	उदयपुर	24	35	73	44	–35	04	+0	05
21	कटक	20	29	85	52	+13	28	–0	02
22	कटनी	23	47	80	27	–08	12	+0	01
23	करौली (राज॰)	26	30	77	02	–21	52	+0	04
24	कलकत्ता	22	35	88	23	+23	30	–0	04

सारणी 1/1 (क्रमशः)

क्रम	नगर	अक्षांश उत्तरी		देशान्तर पूर्वी		देशान्तर संस्कार		साम्पातिक काल संस्कार	
1	2	3		4		5		6	
		अंश	कला	अंश	कला	मि॰	सै॰	मि॰	सै॰
25	कांदला (गुजरात)	23	00	70	10	–48	40	+0	08
26	कानपुर	26	29	80	21	–08	36	+0	01
27	कांकरोली (राज॰)	25	02	73	59	–34	04	+0	06
28	किशनगढ़ (राज॰)	26	33	74	40	–30	20	+0	05
29	केकड़ी (राज॰)	25	55	75	10	–29	20	+0	05
30	कोचीन	09	58	76	15	–25	00	+0	04
31	कोटा	25	10	75	52	–26	32	+0	04
32	ग़ाज़ियाबाद	28	40	77	28	–20	08	+0	03
33	गुना	24	40	77	20	–20	40	+0	03
34	गोरखपुर	26	45	83	24	+03	36	–0	00
35	गंगापुर (राज॰)	26	30	76	45	–23	00	+0	04
36	गंगानगर (राज॰)	29	49	73	50	–34	40	+0	06
37	ग्वालियर	26	14	78	10	–17	20	+0	03
38	चण्डीगढ़	30	42	76	58	–22	08	+0	04
39	चूरू	28	19	75	02	–29	52	+0	05
40	छबड़ा (राज॰)	24	40	76	50	–22	40	+0	04
41	जबलपुर	23	09	79	57	–10	12	+0	02
42	जमशेदपुर	22	48	86	11	+14	44	–0	02
43	जयपुर	26	55	75	49	–26	44	+0	04
44	जालौर (राज॰)	25	22	72	38	–39	28	+0	06
45	जैसलमेर	26	55	70	57	–46	12	+0	08
46	जोधपुर	26	18	73	02	–37	52	+0	06
47	झांसी	25	26	78	37	–15	48	+0	03
48	झालावाड़ (राज॰)	24	36	76	10	–25	20	+0	04
49	झालरापाटन(राज॰)	24	32	76	12	–25	12	+0	04
50	झुंझुनू	28	06	75	25	–28	20	+0	05
51	टोंक	26	11	75	50	–26	40	+0	04

सारणी 1/1 (क्रमशः)

क्रम	नगर	अक्षांश उत्तरी		देशान्तर पूर्वी		देशान्तर संस्कार		साम्पातिक काल संस्कार	
1	2	3		4		5		6	
		अंश	कला	अंश	कला	मि॰	सै॰	मि॰	सै॰
52	डूंगरपुर (राज॰)	23	50	73	45	–35	00	+0	06
53	त्रिवेन्द्रम (केरल)	08	31	77	00	–22	00	+0	04
54	दतिया (म॰प्र॰)	25	39	78	21	–16	36	+0	03
55	दार्जिलिंग	27	03	88	16	+23	04	–0	04
56	दिल्ली	28	39	77	13	–21	08	+0	03
57	दुर्ग (म॰प्र॰)	21	11	81	21	–04	36	+0	00
58	देवली (राज॰)	25	46	75	25	–28	20	+0	05
59	देवरिया	26	23	83	42	+04	48	–0	00
60	देहरादून	30	19	78	03	–17	48	+0	03
61	देसूरी (राज॰)	25	20	73	37	–35	32	+0	06
62	धौलपुर (राज॰)	26	42	77	53	–18	28	+0	03
63	नसीराबाद	26	08	74	46	–30	56	+0	05
64	नवलगढ़ (राज॰)	27	50	75	20	–28	40	+0	05
65	नागपुर (महा॰)	21	09	79	05	–13	40	+0	02
66	नागदा	23	30	75	29	–28	04	+0	05
67	नागौर (राज॰)	27	11	73	46	–34	56	+0	06
68	नाथद्वारा (राज॰)	24	56	73	52	–34	32	+0	06
69	नासिक (महा॰)	20	02	73	50	–34	40	+0	06
70	निम्बाहेड़ा (राज॰)	24	38	74	45	–31	00	+0	05
71	नीमच (म॰ प्र॰)	24	27	74	52	–30	32	+0	05
72	नैनीताल	29	22	79	27	–12	12	+0	02
73	नैनवां (राज॰)	25	45	76	00	–26	00	+0	04
74	पचमढ़ी (म॰प्र॰)	22	30	78	22	–16	32	+0	03
75	पटना (बिहार)	25	36	85	08	+10	32	–0	02
76	पाली (राज॰)	25	46	73	20	–36	40	+0	06
77	पूना (महा॰)	18	31	73	53	–34	28	+0	06
78	पणजी (गोआ)	15	29	73	49	–34	44	+0	06

सारणी 1/1 (क्रमशः)

क्रम	नगर	अक्षांश उत्तरी		देशान्तर पूर्वी		देशान्तर संस्कार		साम्पातिक काल संस्कार	
1	2	3		4		5		6	
		अंश	कला	अंश	कला	मि॰	सै॰	मि॰	सै॰
79	फलौदी (राज॰)	27	10	72	22	–40	32	+0	07
80	फ़ैज़ाबाद	26	46	82	00	–02	00	+0	00
81	फुलेरा (राज॰)	26	52	75	16	–28	16	+0	05
82	बड़ौदा (गुज॰)	22	18	73	13	–37	08	+0	06
83	बम्बई (महा॰)	18	58	72	50	–38	40	+0	06
84	बरेली (उ॰ प्र॰)	28	22	79	27	–12	12	+0	02
85	बंगलौर (कर्ना॰)	12	58	77	36	–19	36	+0	02
86	बयाना (राज॰)	26	55	77	20	–20	40	+0	03
87	बाड़मेर (राज॰)	25	45	71	25	–44	20	+0	07
88	बारां (राज॰)	25	06	76	30	–24	00	+0	04
89	बांदा (उ॰ प्र॰)	25	20	80	22	–08	32	+0	01
90	बाड़ी (राज॰)	26	40	77	34	–19	44	+0	03
91	बांसवाडा (राज॰)	23	30	74	24	–32	24	+0	05
92	ब्यावर (राज॰)	26	06	74	20	–32	40	+0	05
93	बिलासपुर (म॰प्र)	22	50	82	13	–01	08	+0	00
94	बीकानेर (राज॰)	28	01	73	19	–36	44	+0	06
95	बीना (म॰ प्र॰)	24	15	78	20	–16	40	+0	03
96	बूंदी (राज॰)	25	27	75	41	–27	16	+0	04
97	भड़ौंच (गुज॰)	21	43	73	00	–14	00	+0	03
98	भरतपुर (राज॰)	27	15	77	30	–20	00	+0	03
99	भवानी मण्डी	24	30	75	54	–26	24	+0	04
100	भिलाई नगर	21	11	81	20	–04	40	+0	01
101	भिण्ड (म॰ प्र॰)	26	33	78	47	–15	08	+0	03
102	भीलवाड़ा	25	21	74	40	–31	20	+0	05
103	भुसावल (महा॰)	21	20	75	47	–27	32	+0	05
104	भुवनेश्वर	20	15	85	50	+13	20	–0	02
105	भोपाल (म॰ प्र॰)	23	16	77	25	–20	20	+0	03

सारणी 1/1 (क्रमशः)

क्रम	नगर	अक्षांश उत्तरी		देशान्तर पूर्वी		देशान्तर संस्कार		साम्पातिक काल संस्कार	
1	2	3		4		5		6	
		अंश	कला	अंश	कला	मि॰	सै॰	मि॰	सै॰
106	मथुरा (उ॰ प्र॰)	27	28	77	42	–19	12	+0	02
107	मद्रास	13	04	80	15	–09	00	+0	01
108	मदुरई	09	58	78	10	–17	20	+0	03
109	मन्दसौर	24	06	75	08	–29	28	+0	05
110	मैंगलोर	12	52	74	50	–30	40	+0	05
111	मारवाड़	25	43	73	45	–33	00	+0	06
112	मिर्ज़ापुर	25	10	82	30	00	00	+0	00
113	मुरादाबाद	28	51	78	47	–14	52	+0	02
114	मुरैना	26	23	78	40	–15	20	+0	02
115	मेरठ	29	01	77	45	–19	00	+0	03
116	मैसूर	12	18	76	39	–23	24	+0	04
117	रतलाम	25	31	75	07	–29	32	+0	05
118	राजगढ़ (राज॰)	28	39	75	04	–28	24	+0	05
119	रामेश्वरम	09	17	79	22	–12	32	+0	02
120	रायबरेली	26	14	81	16	–04	56	+0	00
121	रांची	23	23	85	21	+11	24	–0	02
122	रावतभाटा (राज॰)	24	40	75	41	–27	16	+0	04
123	रीवां	24	31	81	19	–04	44	+0	00
124	रेवाड़ी	28	12	76	40	–23	20	+0	04
125	रींगस (राज॰)	27	21	75	34	–27	44	+0	05
126	लखनऊ	26	51	80	56	–06	16	+0	01
127	लक्ष्मणगढ़ (राज॰)	27	45	75	04	–29	44	+0	05
128	लुधियाना	30	55	75	59	–22	24	+0	04
129	वाराणसी	25	19	83	01	+02	04	–0	00
130	विदिशा	23	32	77	51	–18	36	+0	03
131	विशाखापटनम्	17	43	83	19	+03	16	–0	01
132	वृन्दावन	27	33	77	44	–19	04	+0	03

सारणी 1/1 (क्रमशः)

क्रम	नगर	अक्षांश उत्तरी		देशान्तर पूर्वी		देशान्तर संस्कार		साम्पातिक काल संस्कार	
1	2	3		4		5		6	
		अंश	कला	अंश	कला	मि॰	सै॰	मि॰	सै॰
133	शिमला	31	06	77	10	–21	20	+0	03
134	शिलांग	25	35	91	53	+37	32	–0	06
135	शिवपुरी	25	39	77	44	–19	04	+0	03
136	श्रीनगर	34	06	74	48	–30	48	+0	05
137	सतना	24	34	80	55	–06	20	+0	01
138	सवाईमाधोपुर	25	58	76	24	–24	24	+0	04
139	सहारनपुर	29	58	77	26	–20	16	+0	03
140	सागर	23	50	78	50	–14	40	+0	02
141	सांभरलेक (राज॰)	26	54	75	13	–29	08	+0	05
142	सिरोही (राज॰)	24	53	72	54	–38	24	+0	06
143	सीकर (राज॰)	27	36	75	10	–29	20	+0	05
144	सूरत	21	10	72	51	–38	36	+0	06
145	सूरतगढ़ (राज॰)	29	19	73	57	–34	12	+0	06
146	हनुमानगढ़ (राज॰)	29	35	74	24	–32	24	+0	05
147	हरद्वार	29	56	78	08	–17	28	+0	03
148	हाथरस	27	38	78	06	–17	36	+0	03
149	हावड़ा	22	35	88	23	+23	32	–0	04
150	हिन्डौन (राज॰)	26	44	77	04	–21	44	+0	04
151	हैदराबाद	17	26	78	27	–16	12	+0	03

अतः 27 मई को मध्यम समय में 3 मिनट जोड़ने तथा 17 फरवरी को मध्यम समय में से 14 मिनट घटाने पर स्थानीय समय प्राप्त होगा। 1 सितम्बर को बेलान्तर शून्य है। अतः कोई संशोधन आवश्यक नहीं है। दोनों समय बराबर हैं। बेलान्तर 26 दिसम्बर से 14 अप्रैल तक ऋणात्मक, 16 अप्रैल से 14 जून तक धनात्मक, 16 जून से 31 अगस्त तक ऋणात्मक तथा 2 सितम्बर से 24 दिसम्बर तक पुनः धनात्मक रहता है।

नोट–जिन नगरों के अक्षांश-देशान्तर उपर्युक्त तालिका में नहीं दिये जा सके उनके अक्षांश-देशान्तर किसी अच्छे मानचित्र (सर्वे आफ़ इण्डिया, देहरादून द्वारा प्रकाशित) में देखकर देशान्तर व साम्पातिक काल संस्कार की गणना की जा सकती है।

बेलान्तर सारणी

स्थानीय मध्यम समय (L.M.T.) से स्थानीय समय (L.T.) बनाने हेतु उपकरण

बेलान्तर (Equation of Time) मिनटों में

(+) हो, तो धन करें तथा (–) हो, तो ऋण करें (30 सैकिण्ड या इससे अधिक को पूर्ण मिनट मानकर) **सारणी 1/2**

दिनांक	जनवरी	फरवरी	मार्च	अप्रैल	मई	जून	जुलाई	अगस्त	सितम्बर	अक्टूबर	नवम्बर	दिसम्बर
1	–3	–14	–12	–4	+3	+2	–4	–6	–0	+10	+16	+11
2	–4	–14	–12	–4	+3	+2	–4	–6	+0	+10	+16	+11
3	–4	–14	–12	–3	+3	+2	–4	–6	+0	+11	+16	+10
4	–5	–14	–12	–3	+3	+2	–4	–6	+1	+11	+16	+10
5	–5	–14	–12	–3	+3	+2	–4	–6	+1	+11	+16	+10
6	–6	–14	–11	–3	+3	+2	–5	–6	+1	+12	+16	+09
7	–6	–14	–11	–2	+3	+1	–5	–6	+2	+12	+16	+09
8	–6	–14	–11	–2	+4	+1	–5	–6	+2	+12	+16	+08
9	–7	–14	–11	–2	+4	+1	–5	–6	+2	+13	+16	+08
10	–7	–14	–10	–1	+4	+1	–5	–5	+3	+13	+16	+07
11	–8	–14	–10	–1	+4	+1	–5	–5	+3	+13	+16	+07
12	–8	–14	–10	–1	+4	+0	–6	–5	+3	+13	+16	+07
13	–8	–14	–10	–1	+4	+0	–6	–5	+4	+14	+16	+06
14	–9	–14	–10	–0	+4	–0	–6	–5	+4	+14	+16	+06

दिनांक	जनवरी	फरवरी	मार्च	अप्रैल	मई	जून	जुलाई	अगस्त	सितम्बर	अक्टूबर	नवम्बर	दिसम्बर
15	–9	–14	–9	–0	+4	–0	–6	–5	+5	+14	+15	+5
16	–10	–14	–9	+0	+4	–1	–6	–4	+5	+14	+15	+5
17	–10	–14	–9	+0	+4	–1	–6	–4	+5	+14	+15	+4
18	–10	–14	–8	+1	+4	–1	–6	–4	+6	+15	+15	+4
19	–11	–14	–8	+1	+4	–1	–6	–4	+6	+15	+15	+3
20	–11	–14	–8	+1	+4	–1	–6	–4	+6	+15	+15	+3
21	–11	–14	–7	+1	+4	–2	–6	–3	+6	+15	+14	+2
22	–11	–14	–7	+1	+3	–2	–6	–3	+7	+15	+14	+2
23	–12	–13	–7	+2	+3	–2	–6	–3	+7	+16	+14	+1
24	–12	–13	–7	+2	+3	–2	–6	–3	+8	+16	+13	+1
25	–12	–13	–6	+2	+3	–2	–6	–2	+8	+16	+13	+0
26	–12	–13	–6	+2	+3	–3	–6	–2	+8	+16	+13	–0
27	–13	–13	–6	+2	+3	–3	–6	–2	+9	+16	+13	–1
28	–13	–13	–5	+2	+3	–3	–6	–1	+9	+16	+12	–1
29	–13	–13	–5	+3	+3	–3	–6	–1	+9	+16	+12	–2
30	–13	–	–5	+3	+2	–3	–6	–1	+10	+16	+12	–3
31	–13	–	–4	–	+2	–	–6	–1	–	+16	–	–3

नोट– **1.** स्थानीय मध्यम समय (L.M.T.) से स्थानीय समय (L.T.) बनाने के लिए (+) बेलान्तर को धन व (–) को ऋण करें।

2. स्थानीय समय (L.T.) से स्थानीय मध्यम समय (L.M.T.) बनाने के लिए (+) बेलान्तर को ऋण तथा (–) को धन करें।

उपर्युक्त विवेचन से चार प्रकार के समय भेद सामने आये। इनका आपसी सम्बन्ध समझना आवश्यक है।

1. ग्रीनविच मीन टाइम (G.M.T.) = 0° देशान्तर का मध्यम समय, जिसके सन्दर्भ में संसार के किसी भी नगर का समय व्यक्त किया जाता है। भारतीय स्टैण्डर्ड टाइम ग्रीनविच मीन टाइम से 5 घण्टे 30 मिनट आगे है। पंचांगों में प्रातः 5.30 बजे की ग्रह स्थिति दी रहती है। वह ग्रीनविच समय के अनुसार 00 बजे की है, जहां से दिन का प्रारम्भ माना जाता है।

2. भारतीय मानक समय (I.S.T.) = 82½° पूर्व का स्थानीय मध्यम समय।

3. स्थानीय मध्यम समय (L.M.T.) = भारतीय मानक समय (+) अथवा (–) देशान्तर संस्कार (बिना बेलान्तर संस्कार किये हुए)।

4. स्थानीय दृष्ट समय (L.A.T.) या स्थानीय समय (L.T.) = स्थानीय मध्यम समय (+) अथवा (–) बेलान्तर संस्कार उपर्युक्त का आपस में निम्न प्रकार से परिवर्तन किया जा सकता है।

जी॰ एम॰ टी॰ + 5½ घण्टे =आई॰ एस॰ टी॰
आई॰ एस॰ टी॰ (+) अथवा (–) देशान्तर संस्कार =एल॰ एम॰ टी॰
एल॰ एम॰ टी॰ (+) अथवा (–) बेलान्तर संस्कार =एल॰ टी॰
इसके विपरीत एल॰ टी॰ (–) अथवा (+) बेलान्तर संस्कार (विपरीत) =एल॰ एम॰ टी॰
एल॰ एम॰ टी॰ (–) अथवा (+) देशान्तर संस्कार (विपरीत) =आई॰एस॰ टी॰
आई॰ एस॰ टी –5½ घण्टे =जी॰ एम॰ टी॰

सही जन्मपत्र बनाने के लिए उपर्युक्त समय भेद को तथा समय परिवर्तन विधि को भली-भांति समझ लेना आवश्यक है। इष्ट तथा ज्योतिषीय गणनाओं के लिए समान इकाई (मान) के समय को ही प्रयोग में लाना चाहिए।

उदाहरण–(1) दिल्ली में 3 जून 1991 को रात्रि 3 बजकर 40 मिनट (स्टे.टा.) पर बालक का जन्म हुआ। इस बालक का जन्म समय एल.एम.टी. व एल.टी. में ज्ञात कीजिये।

हल–पहले ज्ञात कीजिये दिल्ली का देशान्तर 77° 13' पूर्वी

3 जून का बेलान्तर (+) 2 मिनट

दिल्ली मिर्ज़ापुर (82½° पूर्वी) से 82°39'–77°13'= 5°17' पश्चिम में है। समयान्तर 5°17' × 4 = 21 मिनट 8 सैकिण्ड।

		घण्टे	मिनट	सैकिण्ड	
बालक का जन्म समय स्टे.टा.		3	40	0	प्रातः I.S.T
देशान्तर संस्कार	(–)	21	8		
स्थानीय मध्यम समय	=	3	18	52	L.M.T.
बेलान्तर संस्कार	(+)	0	02	0	
स्थानीय समय	=	3	20	52	L.T.

उदाहरण–(2) कलकत्ता में 13 मार्च 1990 को रात्रि 9 बजकर 37 मिनट (स्टे॰ टा॰) पर एक बालक का जन्म हुआ। इस बालक का जन्म एल॰ एम॰ टी॰ व एल॰ टी॰ में ज्ञात कीजिये।

हल–कलकत्ता 88°25' पूर्वी

13 मार्च को बेलान्तर (–) 9 मिनट

कलकत्ता मिर्ज़ापुर से 88°25' – 82°30' = 5°55' पूर्व की ओर (आगे) है।

5°55' का समयान्तर 5°55' × 4 = (+) 23 मिनट 40 सैकिण्ड

		घण्टे	मिनट	सैकिण्ड	
बालक का जन्म भारतीय मानक समय में		9	37	0	I.S.T
देशान्तर संस्कार	(+)	0	23	40	
स्थानीय मध्यम समय	=	10	00	40	L.M.T.
बेलान्तर संस्कार	(–)	0	9	0	
स्थानीय समय	=	09	51	40	L.T.

उदाहरण–(3) कोटा में 27 मई 1991 को धूपघड़ी के अनुसार प्रातः 11 बजकर 50 मिनट पर एक बालक का जन्म हुआ। इस बालक के जन्म समय को एल॰एम॰टी॰ व आई॰ एस॰ टी॰ में बदलिये।

हल–कोटा देशान्तर 75°52' पूर्व। 27 मई को बेलान्तर (+) 3 मिनट

समयान्तर 82°30' – 75° 52' = 6°38' × 4 = 26 मिनट 32 सैकिण्ड पीछे, अर्थात् (–)। स्थानीय समय से मध्यम समय व स्टैण्डर्ड समय बनाना है। अतः विपरीत संस्कार करना होगा।

		घण्टे	मिनट	सैकिण्ड	
बालक का जन्म समय (एल॰टी॰)		11	50	0	L.T
विपरीत बेलान्तर संस्कार	(–)		3	0	
स्थानीय मध्यम समय	=	11	47	0	L.M.T.
विपरीत देशान्तर संस्कार	(+)		26	32	
स्टैण्डर्ड टाइम	=	12	13	32	I.S.T.

साम्पातिक काल (Sidereal Time)

जैसा कि पिछले पृष्ठों में बताया गया है एक मध्यम सौर दिवस (24 घण्टे) में नाक्षत्र या साम्पातिक दिवस के 24 घण्टे 3 मिनट 56.555 सैकिण्ड होते हैं। अतः 24 घण्टे 3 मिनट 56.555 सैकिण्ड के समय को 24 घण्टों में विभाजित कर मध्यम समय के रूप में व्यक्त किया जाता है। इस समय को साम्पातिक काल (Sidereal Time) कहते हैं। यह समय प्रतिदिन 3 मिनट 56.555 सैकिण्ड बढ़ जाता है।

पाश्चात्य ज्योतिष तथा भारतीय कम्प्यूटर ज्योतिष में साम्पातिक काल का प्रयोग लग्न ज्ञात करने के लिए किया जाता है। वास्तव में साम्पातिक काल किसी भी देशान्तर

रेखा का मेष के प्रथम बिन्दु से समयात्मक कोण (Hour Angle) है। इसकी गणना अर्द्धरात्रि (00 बजे) अथवा मध्याह्न से की जाती है। इसे 22 सितम्बर (सायन तुला संक्रान्ति) को 00 बजे शून्य से अथवा 22 मार्च (सायन मेष संक्रान्ति) को मध्याह्न में शून्य से प्रारम्भ करते हैं।

नीचे दी गयी तालिका से यह स्पष्ट हो जायेगा ।

दिनांक	00 बजे का साम्पातिक काल 1991			मध्याह्न का साम्पातिक काल		
	घ॰	मि॰	सै॰	घ॰	मि॰	सै॰
20 सितम्बर	23	52	37	11	54	37
21 सितम्बर	23	56	34	11	58	34
22 सितम्बर	00	00	30	12	02	30
23 सितम्बर	00	04	27	12	06	27
24 सितम्बर	00	08	24	12	10	24

यदि 00 बजे के साम्पातिक काल को मध्याह्न के साम्पातिक काल में बदलना चाहें, तो 00 बजे के साम्पातिक काल में 12 घण्टे 2 मिनट जोड़ना होगा। 24 घण्टे में साम्पातिक काल लगभग 4 मिनट बढ़ता है। इसलिए 12 घण्टे में 2 मिनट बढ़ेगा। साम्पातिक काल वास्तव में मध्यम समय है, जिसे साम्पातिक काल के मान में व्यक्त करते हैं। बालक का जन्म समय स्टैण्डर्ड टाइम में हो, तो उस समय को देशान्तर संस्कार द्वारा स्थानीय मध्यम समय में परिवर्तित करते हैं। इस परिवर्तित जन्म काल (00 बजे से जन्म समय तक की अवधि मध्यम समय के रूप में) को अभीष्ट दिन के 00 बजे के साम्पातिक काल में जोड़ने पर साम्पातिक इष्ट काल प्राप्त होता है, परन्तु इससे पूर्व दो प्रकार के संस्कार और करने पड़ते हैं।

(1) साम्पातिक काल में देशान्तरीय संस्कार।

(2) मध्यम समय में साम्पातिक संशोधन।

(1) भारत में साम्पातिक काल 82½° पूर्वी देशान्तर को मध्यम समय के सन्दर्भ में व्यक्त किया जाता है। अतः साम्पातिक काल (अभीष्ट दिन का 00 बजे का समय) में निम्न प्रकार संशोधन करना होगा।

मध्यम समय की अपेक्षा साम्पातिक काल 3 मिनट 56.555 सैकिण्ड अधिक होता है।

यदि 360° में यह अन्तर 236.555 सैकिण्ड है, तो 1° में यह अन्तर 236.555 ÷ 360°=.675 या लगभग 2/3 सैकिण्ड प्रति देशान्तर होगा। भारतीय मानक समय देशान्तर से पश्चिम स्थित नगरों के लिए धन तथा पूर्व स्थित नगरों के लिए ऋण (अभीष्ट दिन के 00 बजे के साम्पातिक काल में) करना होगा।

(2) साम्पातिक काल स्थानीय मध्यम समय से प्रतिदिन 3 मिनट 56.555 (236. 555 सैकिण्ड) अधिक होता है।

यदि 24 घण्टे में यह अन्तर 236.555 सैकिण्ड है, तो 1 घण्टे में यह अन्तर 236. 555÷24=9.8565) सैकिण्ड यानी लगभग 10 सैकिण्ड प्रति घण्टा होगा। 00 बजे से जन्म समय तक की अवधि को पहले देशान्तर संस्कार (4 मिनट प्रति देशान्तर) करके मध्यम समय बनाते हैं। तत्पश्चात् उपर्युक्त बिन्दु (2) के अनुसार उसमें 9.8565 सैकिण्ड प्रति घण्टा जोड़ते हैं। तब मध्यम समय साम्पातिक काल में जोड़ने योग्य होता है।

इस प्रकार संशोधित मध्यम समय को बिन्दु (1) के आधार पर संशोधित साम्पातिक काल में जोड़ने से इष्टकालिक साम्पातिक काल प्राप्त होता है।

साम्पातिक काल से इष्ट ज्ञात करना उदाहरण सहित इष्ट साधन प्रकरण में समझाया गया है।

पृथ्वी की वार्षिक गति और समय—पृथ्वी द्वारा सूर्य की परिक्रमा के सन्दर्भ में निम्न तथ्य महत्त्वपूर्ण हैं।

(1) पृथ्वी की धुरी 23°26' झुकी हुई है।

(2) यह झुकाव सदैव एक ही ओर रहता है।

(3) पृथ्वी की परिक्रमण कक्षा दीर्घवृत्ताकार है।

(4) सूर्य इस कक्षा के ठीक मध्य में नहीं है।

(5) पृथ्वी इस कक्षा पर पश्चिम से पूर्व की ओर 365 दिन 5 घण्टे 48 मिनट 45. 3 सैकिण्ड में सूर्य की परिक्रमा करती है।

ऋतु परिवर्तन, सम्पात, संक्रान्ति, दिन-रात का छोटा-बड़ा होना तथा सूर्योदय व सूर्यास्त के समय में अन्तर होना उपर्युक्त तथ्यों के ही परिणाम हैं, जो ज्योतिष में अत्यन्त महत्त्वपूर्ण हैं।

पृथ्वी की परिक्रमण गति

(सूर्य के सन्दर्भ में)

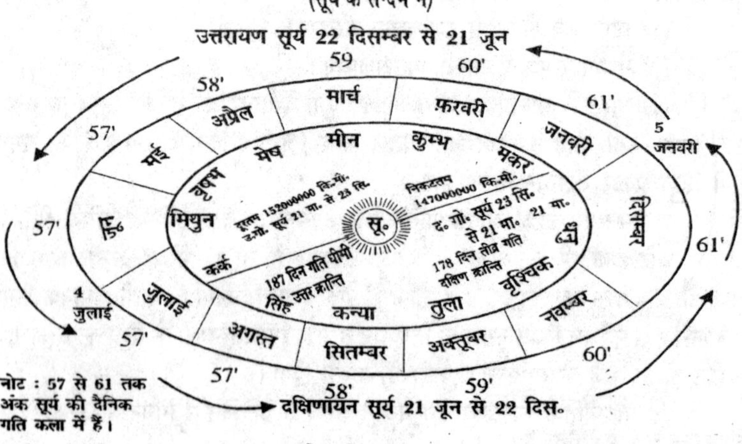

रेखाचित्र 1/2

1. (i) 21 मार्च को सूर्य भूमध्य रेखा (0°) पर लम्बवत् चमकता है। इस दिन सूर्य का दैनिक क्रान्तिपथ भूमध्य रेखा को मेष के प्रथम बिन्दु की सीध में लम्बवत् काटता है। इसी दिन से सूर्य क्रान्ति उत्तरी गोलार्द्ध में प्रारम्भ होती है, जो 21 जून तक कर्क रेखा (23° 26' उत्तरी) पर पहुंचती है। 21 जून से 22 दिसम्बर तक सूर्य दक्षिणायन होता है। क्रान्ति के अंश कम होते जाते हैं। 23 सितम्बर तक सूर्य उत्तरी गोलार्द्ध में ही रहता है। 23 सितम्बर को सूर्य क्रान्ति शून्य (भूमध्य रेखा पर) होंती है। इस दिन क्रान्तिपथ भूमध्य रेखा को तुला के प्रथम बिन्दु की सीध में लम्बवत् काटता है। 21 मार्च से 23 सितम्बर तक सूर्य को (वास्तव में पृथ्वी को) इस यात्रा में 187 दिन लगते हैं। इस अवधि में पृथ्वी की दूरी सूर्य से अधिकतम (15,20,00,000 किलोमीटर 4 जुलाई को) होती है और गति अपेक्षाकृत धीमी। इसीलिए इस अवधि में सूर्य की दैनिक गति लगभग 57 से 58 कला रहती है।

(ii) 23 सितम्बर को सूर्य भूमध्य रेखा पर लम्बवत् चमकता है। इसी दिन से सूर्य क्रान्ति दक्षिणी गोलार्द्ध में प्रवेश करती है, जो 22 दिसम्बर को अधिकतम मकर रेखा (23° 26' दक्षिणी) तक पहुंचती है। 22 दिसम्बर से सूर्य क्रान्त्यंश कम होते जाते हैं तथा सूर्य उत्तरायण होना प्रारम्भ हो जाता है। 21 मार्च को पुनः सूर्य भूमध्य रेखा पर सीधा चमकता है। 23 सितम्बर से 21 मार्च तक सूर्य दक्षिणी गोलार्द्ध में रहता है। पृथ्वी को इस यात्रा में 178 दिन लगते हैं। पृथ्वी सूर्य से निकटतम (14,70,00,000 किलोमीटर 5 जनवरी को) रहती है तथा सूर्य की गति अपेक्षाकृत तीव्र। दैनिक गति 59 से 61 कला रहती है।

उत्तरायण एवं दक्षिणायन

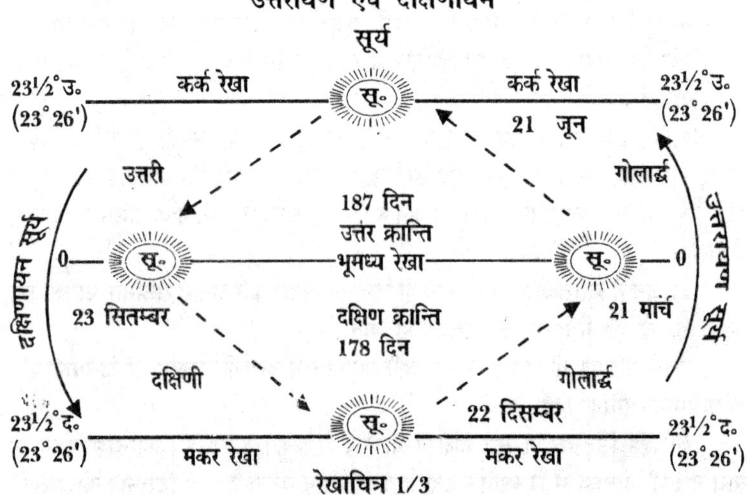

रेखाचित्र 1/3

2. 21 जून से 22 दिसम्बर तक सूर्य की यात्रा उत्तर से दक्षिण की ओर रहने से दक्षिणायन सूर्य कहलाता है।

22 दिसम्बर से 21 जून तक सूर्य की यात्रा दक्षिण से उत्तर की ओर रहने से उत्तरायण सूर्य कहलाता है।

3. सूर्य जिस दिन जिस अक्षांश पर लम्बवत् चमकता है वह सूर्य का क्रान्त्यंश कहलाता है। 21 मार्च से 23 सितम्बर तक सूर्य उत्तरी गोलार्द्ध में रहता है, अतः उत्तरी क्रान्ति तथा 23 सितम्बर से 21 मार्च तक सूर्य दक्षिणी गोलार्द्ध में रहता है, अतः दक्षिणी क्रान्ति होती है।

4. (i) 21 मार्च से 21 जून तक सूर्य की उत्तर क्रान्ति के अंश 0° से 23° 26' उत्तरी तक बढ़ते हैं। 21 जून से 23 सितम्बर उत्तर क्रान्ति के अंश 23° 26' से 0° तक घटते हैं।

(ii) 23 सितम्बर से 22 दिसम्बर तक सूर्य की दक्षिण क्रान्ति के अंश 0° से 23° 26' दक्षिण तक बढ़ते हैं। 22 दिसम्बर से 21 मार्च तक दक्षिण क्रान्ति के अंश 23° 26' दक्षिण से 0° तक घटते हैं।

(iii) सूर्य क्रान्ति 23½° उत्तरी से उत्तर तथा 23½° दक्षिणी से दक्षिण में नहीं होती। इसीलिए उन अक्षांश रेखाओं को क्रमशः कर्क व मकर अयन कहते हैं।

5. (i) भूमध्य रेखा पर दिन-रात सदैव बराबर होते हैं। 12 घण्टे (30 घटी) का दिन तथा 12 घण्टे (30 घटी) की रात्रि, अर्थात् स्थानीय समय के अनुसार सूर्योदय प्रातः 6 बजे तथा सूर्यास्त सायं 6 बजे।

(ii) यही स्थिति 21 मार्च व 23 सितम्बर को सम्पूर्ण पृथ्वी पर रहती है, अर्थात् इन दोनों दिन सम्पूर्ण पृथ्वी पर दिन-रात समान होते हैं।

6. सूर्योदय से सूर्यास्त तक की अवधि को दिनमान तथा सूर्यास्त से सूर्योदय तक की अवधि को रात्रिमान कहते हैं। दिनमान व रात्रिमान मिला कर (24 घण्टे या 60 घटी) अहोरात्र कहलाते हैं।

7. (i) 21 मार्च से ज्यों ही सूर्य उत्तरी गोलार्द्ध में प्रवेश करता है, सूर्य क्रान्त्यंश के बढ़ने के साथ-साथ दिन बड़े व रात्रि छोटी होती जाती हैं, अर्थात् दिनमान बड़े व रात्रिमान छोटे होते जाते हैं। उत्तरी गोलार्द्ध में 21 जून को दिनमान सबसे अधिक व रात्रिमान न्यूनतम होता है।

21 जून से क्रान्त्यंश घटने के साथ ही दिनमान अपेक्षाकृत कम व रात्रिमान अपेक्षाकृत बढ़ता है, जो 23 सितम्बर को बराबर हो जाते हैं।

उत्तरी गोलार्द्ध के सूर्य के समय उसी अनुपात में दक्षिणी गोलार्द्ध में दिनमान कम व रात्रिमान अधिक होता है।

(ii) 23 सितम्बर से सूर्य दक्षिणी गोलार्द्ध में प्रवेश करता है। क्रान्त्यंश बढ़ने के साथ दक्षिणी गोलार्द्ध में दिनमान बढ़ता है व रात्रिमान घटता है। 22 दिसम्बर को दक्षिणी गोलार्द्ध में सबसे बड़ा दिनमान व सबसे छोटा रात्रिमान होता है। 22 दिसम्बर से 21 मार्च तक सूर्य क्रान्त्यंश घटने के साथ-साथ दिनमान अपेक्षाकृत कम व रात्रिमान अपेक्षाकृत

अधिक होता है, जो 21 मार्च को बराबर हो जाते हैं।

दक्षिणी गोलार्द्ध के सूर्य के समय उसी अनुपात में उत्तरी गोलार्द्ध में दिनमान छोटे व रात्रिमान बड़े होते हैं।

(iii) इसका अर्थ यह हुआ कि एक ही गोलार्द्ध में अक्षांशों की वृद्धि के साथ दिनमान (सूर्य के उसी गोलार्द्ध में होने पर) अथवा रात्रिमान (सूर्य के विपरीत गोलार्द्ध में होने पर) में वृद्धि होती जाती है।

उदाहरण– मई-जून में इलाहाबाद (25°28' उत्तरी) की अपेक्षा दिल्ली (28°39' उत्तरी) में दिनमान अपेक्षाकृत बड़े व रात्रिमान छोटे होंगे।

*

सूर्योदय, दिनमान, सूर्यास्त

ज्योतिष में जन्मपत्र निर्माण हेतु इष्ट साधन सूर्योदय से होता है। अतः किसी भी स्थान का सूर्योदय, दिनमान व सूर्यास्त महत्त्वूपर्ण घटनाएं हैं।

देश में विभिन्न प्रकार के पंचांग, जन्त्रियां व एफेमेरीज़ प्रतिवर्ष प्रकाशित होते हैं। इनके प्रकाशन स्थान तथा गणना के आधार स्थान भी भिन्न-भिन्न होते हैं। इसके अतिरिक्त कोई पंचांग सूर्योदय-सूर्यास्त स्टैण्डर्ड टाइम में देते हैं, कोई स्थानीय समय में, तो कोई स्थानीय मध्यम समय में देते हैं। अधिकांश पंचांग उसी नगर के सूर्योदय-सूर्यास्त देते हैं, जहां उनकी रचना की गयी होती है।

जैसा कि पिछले अध्याय में बताया गया है, अक्षांशों के अन्तर से दिनमान में अन्तर पड़ता है, चाहे तारीख़ वही हो। फिर यह कहां का औचित्य है कि हम दिल्ली में बैठकर दिल्ली में जन्मे बालक का जन्मपत्र बना रहे हों और पंचांग हमारे पास जबलपुर का हो। हम जबलपुर के स्टैण्डर्ड टाइम सूर्योदय में देशान्तर संस्कार व बेलान्तर संस्कार करके उसे दिल्ली का (स्थानीय) सूर्योदय समझ बैठते हैं, यह ध्यान नहीं रखते कि अक्षांश का प्रभाव भी तो सूर्योदय, दिनमान व सूर्यास्त पर पड़ेगा।

लेखक ने ऐसी कई जन्म कुण्डलियां देखी हैं, जिनमें बालक के जन्म समय को तो देशान्तर व बेलान्तर संस्कार करके स्थानीय समय में परिवर्तित कर दिया गया है, परन्तु सूर्योदय जैसा भी, जिस पंचांग में दिया है, स्टैण्डर्ड टाइम या मध्यम समय, उसी को आधार मानकर इष्ट बना लिया गया है। इससे 1 से 2 घटी तक का अन्तर इष्ट में पड़ गया और कई बार तो लग्न ही परिवर्तित हो गया। फिर हम सही फलादेश की आशा कैसे रख सकते हैं, यह विचारणीय बिन्दु है। मानक समय, मध्यम समय अथवा स्थानीय समय में से किसी भी इकाई को आधार माना जा सकता है, परन्तु यह ध्यान रखना आवश्यक है **कि जन्म-समय व सूर्योदय एक ही मान (इकाई) में हों, तभी इष्ट सही होगा।**

अतः विभिन्न स्थानों का दिनमान, सूर्यास्त व सूर्योदय बनाने का अभ्यास करना परमावश्यक है।

दिनमान–सूर्योदय से सूर्यास्त तक की अवधि को दिनमान कहते हैं। दिनमान की इकाई घण्टा-मिनट या घटी-पल में हो सकती है। यदि सम्पूर्ण पृथ्वी पर सदैव दिन-रात बराबर होते, तो दिनमान या रात्रिमान सदैव 12 घण्टे या 30 घटी के होते, परन्तु पृथ्वी

की वार्षिक गति के कारण दिनमान प्रतिदिन न्यूनाधिक होते रहते हैं। यदि दिनमान 30 घटी से अधिक हो, तो दिन बड़े व रातें छोटी होंगी, इसके विपरीत यदि दिनमान 30 घटी से कम हो, तो दिन छोटे तथा रातें बड़ी होंगी।

उदाहरण–	दिनमान		रात्रिमान	अहोरात्र
	28 घटी 40 पल	+	31 घटी 20 पल	= 60 घटी
	या 11 घण्टे 28 मिनट	+	12 घण्टे 32 मिनट	= 24 घण्टे

अतः दिन रात से छोटा है या दिन सामान्य से 32 मिनट छोटा तथा रात्रि सामान्य से 32 मिनट बड़ी है।

दिनार्द्ध–दिनमान का आधा दिनार्द्ध होता है। उपर्युक्त उदाहरण में दिनार्द्ध 11 घण्टे 28 मिनट ÷ 2 = 5 घण्टे 44 मिनट हुआ। यदि दिन-रात बराबर होते, तो दिनार्द्ध 6 घण्टे का होता। यहां दिनार्द्ध 6 (–) 5.44 = 16 मिनट कम है। यह 16 मिनट ऋणात्मक चरमिनट कहलायेंगे।

दूसरे शब्दों में दिनमान = (6 घण्टे + या–चरमिनट) × 2 होता है। इस उदाहरण में दिनमान = (6 घं..6 मि.) × 2 = 5.44 × 2 = 11.28 दिनमान होगा। 11 घण्टे 28 मिनट को 2½ से गुणा करने पर 28 घटी 40 पल दिनमान आ गया।

इसी उदाहरण में 5.44 स्थानीय सूर्यास्त है, जिसे 12 में से घटाने पर 6 बजकर 16 मिनट स्थानीय सूर्योदय प्राप्त होगा।

इस प्रकार हमने देखा कि सूर्योदय-सूर्यास्त व दिनमान का आपस में गहरा सम्बन्ध है तथा तीनों 'चरमिनट' या 'चरपल' से ही निर्धारित होते हैं। चरमिनट सूर्य क्रान्त्यंश से तथा क्रान्त्यंश पृथ्वी की वार्षिक गति पर आधारित हैं।

दिनमान ज्ञात करना

1. जिस नगर का दिनमान ज्ञान करना हो उसका अक्षांश ज्ञात कीजिये। (सारणी 1/1 पृष्ठ 23 से 28)
2. जिस दिन का दिनमान ज्ञात करना हो उस दिन का सूर्य क्रान्त्यंश ज्ञात करें। (सारणी 2/3 पृष्ठ 41 से 44)
3. अक्षांश (1) और क्रान्त्यंश (2) के आधार पर उक्त दिन के चरमिनट ज्ञात क (सारणी 2/4 पृष्ठ 45 से 47)
4. अब निम्न सूत्र से दिनार्द्ध ज्ञात करें।
   दिनार्द्ध = 6 घण्टे + या – चरमिनट
   (उत्तरी गोलार्द्ध में या उत्तर क्रान्ति हो, तो चर (+) तथा दक्षिण क्रान्ति हो, तो चर (–) करें। दक्षिणी गोलार्द्ध में इससे विपरीत करें।
5. उक्त क्रिया से प्राप्त फल (जो स्थानीय सूर्यास्त घण्टा-मिनट होगा) को 2 से गुणा करने पर घण्टा-मिनट में दिनमान प्राप्त होगा।

अब इसे 2½ से गुणा करने पर घटी-पल में दिनमान प्राप्त होगा।

6. दिनार्द्ध (घण्टा-मिनट) को 5 से गुणा करने पर सीधे ही घटी-पल में दिनमान प्राप्त हो जायेगा।

7. दिनमान को 60 घटी में से घटाने पर रात्रिमान प्राप्त होगा।

उदाहरण–बारां नगर का 11 अप्रैल 1991 का दिनमान ज्ञात करें।

पहले ज्ञात करें–

(1) बारां नगर का अक्षांश 25°6' उत्तर

(2) 11 अप्रैल को सूर्य क्रान्त्यंश 8°3' उत्तर

(3) 25 अक्षांश व 8° क्रान्त्यंश के लिए चरमिनट 15 हैं।

(4) उत्तर क्रान्ति होने से चरमिनट धनात्मक हैं।

हल– दिनार्द्ध = 6 घण्टे + 15 मिनट = 6 घण्टे 15 मिनट

दिनमान = 6 घण्टे 15 मिनट × 2 = 12 घण्टे 30 मिनट

घटी-पल में दिनमान = 12 घण्टे 30 मिनट × 2½ = 31 घटी 15 पल या दिनार्द्ध (घ॰ मि॰) × 5 = दिनमान घटी-पल

6 घण्टे 15 मिनट × 5 = 31 घटी 15 पल

अतः रात्रिमान = 60 − 31 घटी 15 पल = 28 घटी 45 पल

दिनमान ज्ञात करने की दूसरी विधि

अक्षांश व क्रान्त्यंश को परस्पर गुणा करें तथा गुणनफल में 5 का भाग दें, तो चरपल प्राप्त हेंगे। चरपल में 2½ का भाग देने पर चरमिनट प्राप्त होंगे। अक्षांश व सूर्य क्रान्त्यंश के गुणनफल में सीधे ही 12½ का भाग देने पर चरमिनट प्राप्त हो जायेंगे। शेष प्रक्रिया पूर्ववत् है।

सूर्योदय व सूर्यास्त–भारतीय ज्योतिष के अनुसार किसी भी दिन का प्रारम्भ सूर्योदय से ही माना जाता है, जबकि अंग्रेज़ी तारीख़ रात्रि के 12 बजे बदल जाती है। भारतीय ज्योतिष में तारीख़ बदलने के पश्चात् भी सूर्योदय से पूर्व तिथि व वार पिछले ही रहते हैं।

1. स्थानीय सूर्योदय व सूर्यास्त ज्ञात करना

अक्षांश व सूर्य क्रान्त्यंश के आधार पर प्राप्त चरमिनटों को 6 घण्टे में (+) या (–) करने पर जो समय (घण्टा-मिनट) आयेगा, वही उस स्थान का उस दिन का स्थानीय सूर्यास्त होगा।

गत उदाहरण में 6 घण्टे 15 मिनट (चरमिनट जोड़ने पर) आया था। यही बारां नगर का 11 अप्रैल 1991 का स्थानीय सूर्यास्त हुआ।

सूर्य क्रान्त्यंश
(Declination of the Sun)

सारणी 2/3

तारीख़	जनवरी		फ़रवरी		मार्च		अप्रैल		मई		जून		जुलाई		अगस्त		सितम्बर		अक्तूबर		नवम्बर		दिसम्बर	
	°	'	°	'	°	'	°	'	°	'	°	'	°	'	°	'	°	'	°	'	°	'	°	'
1	23	04	17	18	7	52	4	16	14	51	21	57	23	09	18	12	8	33	2	54	14	12	21	41
	(द)		(द)		(द)		(उ)		(उ)		(उ)		(उ)		(उ)		(उ)		(द)		(द)		(द)	
2	22	59	17	01	7	29	4	39	15	10	22	06	23	05	17	57	8	11	3	18	14	31	21	51
3	22	53	16	44	7	06	5	02	15	28	22	13	23	01	17	42	7	49	3	41	14	50	22	00
4	22	48	16	26	6	43	5	25	15	45	22	21	22	56	17	26	7	27	4	04	15	09	22	08
5	22	42	16	08	6	20	5	48	16	03	22	28	22	51	17	10	7	05	4	27	15	27	22	16
6	22	35	15	50	5	57	6	11	16	20	22	35	22	46	16	54	6	43	4	50	15	46	22	24
7	22	28	15	32	5	34	6	33	16	37	22	41	22	40	16	37	6	20	5	13	16	04	22	31
8	22	20	15	13	5	10	6	56	16	53	22	47	22	33	16	21	5	58	5	36	16	22	22	38

सूर्य क्रान्त्यंश
(Declination of the Sun)

सारणी 2/3

तारीख़	जनवरी		फ़रवरी		मार्च		अप्रैल		मई		जून		जुलाई		अगस्त		सितम्बर		अक्तूबर		नवम्बर		दिसम्बर	
	°	'	°	'	°	'	°	'	°	'	°	'	°	'	°	'	°	'	°	'	°	'	°	'
9	22	12	14	54	4	47	7	18	17	10	22	52	22	27	16	04	5	35	5	59	16	39	22	45
10	22	04	14	35	4	23	7	41	17	26	22	57	22	20	15	46	5	13	6	22	16	56	22	51
11	21	55	14	16	4	00	8	03	17	42	23	02	22	12	15	29	4	50	6	45	17	13	22	56
12	21	46	13	56	3	36	8	25	17	57	23	06	22	04	15	11	4	27	7	08	17	30	23	01
13	21	35	13	36	3	13	8	47	18	12	23	10	21	56	14	53	4	04	7	30	17	46	23	06
14	21	26	13	16	2	49	9	09	18	27	23	14	21	47	14	35	3	41	7	53	18	02	23	10
15	21	15	12	55	2	25	9	30	18	42	23	17	21	38	14	17	3	18	8	15	18	18	23	14
16	21	04	12	35	2	02	9	52	18	56	23	19	21	29	13	58	2	55	8	37	18	33	23	17
17	20	53	12	14	1	38	10	13	19	10	23	22	21	19	13	39	2	32	8	59	18	48	23	20
18	20	41	11	33	1	14	10	35	19	23	23	23	21	09	13	20	2	09	9	21	19	03	23	22
19	20	29	11	32	0	50	10	55	19	36	23	25	20	59	13	01	1	46	9	43	19	17	23	24

सूर्य क्रान्त्यंश
(Declination of the Sun)

सारणी 2/3

तारीख	जनवरी		फ़रवरी		मार्च		अप्रैल		मई		जून		जुलाई		अगस्त		सितम्बर		अक्तूबर		नवम्बर		दिसम्बर	
	°	'	°	'	°	'	°	'	°	'	°	'	°	'	°	'	°	'	°	'	°	'	°	'
20	20	17	11	11	0	27	11	16	19	50	23	26	20	48	12	41	1	22	10	05	19	31	23	25
21	20	04	10	49	0	03 (द॰)	11	37	20	02	23	26	20	37	12	21	0	59	10	26	19	45	23	26
22	19	50	10	27	0	21 (उ॰)	11	57	20	15	23	26	20	25	12	01	0	36	10	48	19	58	23	26
23	19	37	10	06	0	44	12	17	20	26	23	26	20	13	11	41	0	12 (उ॰)	11	09	20	11	23	26
24	19	23	9	44	1	08	12	37	20	38	23	26	20	01	11	21	0	11 (द॰)	11	30	20	24	23	26
25	19	08	9	22	1	32	12	57	20	49	23	24	19	49	11	00	0	34	11	51	20	36	23	25
26	18	54	8	59	1	55	13	17	21	00	23	23	19	36	10	40	0	58	12	12	20	48	23	23
27	18	38	8	37	2	19	13	36	21	10	23	21	19	23	10	19	1	21	12	32	21	00	23	21

सूर्य क्रान्त्यंश
(Declination of the Sun)

सारणी 2/3

तारीख़	जनवरी	फ़रवरी	मार्च	अप्रैल	मई	जून	जुलाई	अगस्त	सितम्बर	अक्तूबर	नवम्बर	दिसम्बर
	° '	° '	° '	° '	° '	° '	° '	° '	° '	° '	° '	° '
28	18 23	8 14	2 42	13 55	21 21	23 19	19 09	9 58	1 44	12 52	21 11	23 19
29	18 07	द	3 06	14 14	21 30	23 16	18 55	9 37	2 08	13 13	21 21	23 16
30	17 57	-	3 29	14 33	21 40	23 13	18 41	9 16	2 31	13 33	21 31	23 13
31	17 35	-	3 52	.	21 49	.	18 27	8 54		13 52	-	23 09
	(द॰)		(उ॰)	(उ॰)	(उ॰)	(उ॰)	(उ॰)	(उ॰)	(द॰)	(द॰)	(द॰)	(द॰)

चर सारणी (मिनट)
(Ascensional Difference)

सूर्य क्रान्त्यंश

सारणी 2/4

अक्षांश	1	2	3	4	5	6	7	8	9	10	11	12	13	14	15	16	17	18	19	20	21	22	23	24
8	1	1	2	2	3	3	4	5	5	6	6	7	7	8	9	9	10	11	11	12	12	13	14	14
9	1	1	2	3	3	4	4	6	6	7	8	8	9	9	10	10	11	12	13	13	14	15	15	16
10	1	1	2	3	4	4	5	6	6	7	8	9	9	10	11	12	12	13	14	15	16	16	17	18
11	1	2	2	3	4	5	6	6	7	8	9	9	10	11	12	13	14	15	15	16	17	18	19	20
12	1	2	3	3	4	5	6	7	8	9	9	10	11	12	13	14	15	16	17	18	19	20	21	22
13	1	2	3	4	5	6	6	7	9	9	10	11	12	13	14	15	16	17	18	19	20	21	23	24
14	1	2	3	4	5	6	7	8	9	10	11	12	13	14	15	16	18	19	20	21	22	23	24	26
15	1	2	3	4	5	6	8	9	10	11	12	13	14	15	16	18	19	20	21	22	24	25	26	27
16	1	2	3	4	6	7	8	9	10	12	13	14	15	16	18	19	20	21	23	24	25	27	28	29
17	1	2	4	5	6	7	9	10	11	13	14	15	16	18	19	20	21	23	24	26	27	28	30	31
18	1	3	4	5	7	8	9	11	12	13	14	16	17	19	20	21	23	24	26	27	29	30	32	33

चर सारणी (मिनट)
(Ascensional Difference)

सूर्य क्रान्त्यंश

सारणी 2/4

अक्षांश	1	2	3	4	5	6	7	8	9	10	11	12	13	14	15	16	17	18	19	20	21	22	23	24
19	1	3	4	6	7	8	10	11	13	14	15	17	18	20	21	23	24	26	27	29	30	32	34	35
20	1	3	4	6	8	9	10	12	13	15	16	18	19	21	22	24	26	27	29	30	32	34	36	37
21	2	3	5	6	8	9	11	12	14	16	17	19	20	22	24	25	27	29	30	32	34	36	38	39
22	2	3	5	7	8	10	11	13	15	16	18	19	21	23	25	26	28	30	32	34	36	38	40	41
23	2	3	5	7	9	10	12	14	16	18	19	21	23	24	26	28	30	32	34	36	38	40	42	44
24	2	4	5	7	9	11	13	14	16	18	20	22	24	26	27	29	31	33	35	37	39	41	44	46
25	2	4	6	8	9	11	13	15	17	19	21	23	25	27	29	31	33	35	37	39	41	43	46	48
26	2	4	6	8	10	12	14	16	18	20	22	25	27	28	30	32	34	37	39	41	43	46	48	50
27	2	4	6	8	10	13	15	17	19	21	23	25	27	29	31	34	36	38	40	43	45	48	50	52
28	2	4	6	9	11	13	15	17	19	22	23	25	27	29	31	34	36	39	42	45	47	50	52	55
29	2	5	7	9	11	13	16	18	20	22	25	27	29	32	34	36	39	42	44	47	49	52	54	57

चर सारणी (मिनट)
(Ascensional Difference)

सारणी 2/4

सूर्य क्रान्त्यंश

30	2	5	7	9	11	14	16	19	21	23	26	28	31	33	36	38	41	43	46	49	51	54	57	60
31	2	5	7	10	12	15	17	19	22	24	27	29	32	35	37	40	42	45	48	51	53	56	59	62
32	3	5	8	10	13	15	18	20	23	25	28	31	33	36	39	41	44	47	50	53	56	59	62	65
33	3	5	8	10	13	16	18	21	24	25	29	32	35	37	40	43	46	49	52	55	58	61	64	67
34	3	5	8	11	14	16	19	22	25	27	30	33	36	39	42	45	48	51	54	57	60	63	67	70
35	3	5	8	11	14	17	20	23	26	28	31	34	37	40	43	46	49	53	56	59	62	66	69	73
अक्षांश	1	2	3	4	5	6	7	8	9	10	11	12	13	14	15	16	17	18	19	20	21	22	23	24

नोट (1) 30 सैकिण्ड या इससे अधिक को पूर्ण मिनट मानकर उपर्युक्त सारणी बनायी गयी है।

(2) चरमिनट ज्ञात करने की एक विधि यह भी है कि अक्षांश एवं सूर्य क्रान्त्यंश को परस्पर गुणा करें तथा गुणनफल में 5 का भाग दें, तो चरपल प्राप्त होंगे। चरपल में 2½ का भाग देने से मिनट प्राप्त होंगे अथवा अक्षांश व सूर्य क्रान्त्यंश के गुणनफल में 12½ का भाग देने से चरमिनट आ जायेंगे।

सूर्योदय ज्ञात करना

(i) 12 घण्टे में से सूर्यास्त घटा दीजिये।

12 (–) 6 घण्टे 15 मिनट = 5 बजकर 45 मिनट

या (ii) सूर्यास्त में से दिनमान (घण्टे-मिनट) घटा दीजिये।

सूर्यास्त 6.15 या 18.15 (–) 12 घण्टे 30 मिनट (दिनमान)

= 5 बजकर 45 मिनट सूर्योदय

सही स्थानीय सूर्योदय-सूर्यास्त की जांच

कसौटी (i) सूर्योदय + सूर्यास्त = 12   5.45 + 6.15 = 12

(ii) सूर्यास्त × 2 = दिनमान (घण्टा-मिनट) 6.15 × 2 = 12 घण्टे 30 मिनट

या सूर्यास्त × 5 = दिनमान (घटी-पल) 6.15 × 5 = 31 घटी 15 पल

(iii) सूर्योदय व सूर्यास्त के ठीक मध्य में मध्याह्न (12)

अर्थात् सूर्योदय + दिनार्द्ध = 12, अर्थात् 5.45 + 6.15 = 12

एवं 12 + दिनार्द्ध = सूर्यास्त, अर्थात् 12 + 6.15 = 18.15 = 6.15 सायं

उक्त जांच कर लेने के पश्चात् ही इष्ट साधन करें।

2. स्थानीय सूर्योदय एवं सूर्यास्त को अन्य इकाई में परिवर्तित करना

उपर्युक्त विधि से स्थानीय सूर्योदय या सूर्यास्त ही ज्ञात होंगे। हमें इन्हें मध्यम समय एवं मानक समय में परिवर्तित करने का भी अभ्यास कर लेना चाहिए, ताकि जिस इकाई के सूर्योदय की आवश्यकता हो उसी इकाई का सूर्योदय हम बना सकें।

उपर्युक्त उदाहरण में प्राप्त स्थानीय सूर्योदय या सूर्यास्त को मध्यम समय व मानक समय के सूर्योदय व सूर्यास्त में परिवर्तित करते हैं।

दिया हुआ– (i) बारां नगर का 11 अप्रैल 1991 का स्थानीय सूर्योदय व सूर्यास्त = 5 बजकर 45 मिनट व 6 बजकर 15 मिनट

ज्ञात करें– (ii) 11 अप्रैल का बेलान्तर (–) 1 मिनट

(iii) बारां नगर का देशान्तर संस्कार (–) 24 मिनट

हल–(i) स्थानीय समय से मध्यम समय बनाना

	सूर्योदय	सूर्यास्त	दिनमान
	घ॰ मि॰	घ॰ मि॰	घटी पल
स्थानीय समय	5.45	6.15 (L.T.)	31 15
विपरीत बेलान्तर संस्कार (+)	1	(+) 1	
स्थानीय मध्यम समय =	5.46	6.16 (L.M.T.)	31 15

(ii) स्थानीय मध्यम समय से मानक समय बनाना

	सूर्योदय	सूर्यास्त	दिनमान
	घ॰ मि॰	घ॰ मि॰	घटी पल
स्थानीय मध्यम समय	5.46	6.16	31 15

विपरीत देशान्तर संस्कार	(+) 24	(+) 24	
	6.10	6.40 (I.S.T.)	31 15

नोट–दिनमान प्रत्येक इकाई में अपरिवर्तित रहेगा। यदि बदल जाये, तो समझ लीजिये कि आपने कहीं त्रुटि कर दी।

3. अन्य इकाई में दिये हुए सूर्योदय व सूर्यास्त को स्थानीय समय में बदलना

कई पंचांग सूर्योदय व सूर्यास्त मानक समय या मध्यम समय में देते हैं। उन्हें निम्न प्रकार से स्थानीय समय में बदला जा सकता है।

उसी उदाहरण को, जिसे पहले विपरीत संस्कार से हल किया था, अब सीधे संस्कार से हल करते हैं, ताकि अच्छी तरह से अभ्यास हो सके।

बारां नगर का 11 अप्रैल का	सूर्योदय	सूर्यास्त
मानक समय में	घं॰ मि॰	घं॰ मि॰
	6.10	6.40 (I.S.T.)
देशान्तर संस्कार	(–) 24	(–) 24
स्थानीय मध्यम समय	5.46	6.16 (L.M.T.)
बेलान्तर संस्कार	(–) 1	(–) 1
स्थानीय समय	5.45	6.15 (L.T.)

4. मानक समय सूर्योदय व सूर्यास्त से सीधे स्थानीय समय सूर्योदय व सूर्यास्त बनाने की सरल विधि

यह सरल विधि लेखक द्वारा प्रस्तुत की जा रही है। इसमें न देशान्तर संस्कार ज्ञात करने की आवश्यकता है और न ही बेलान्तर संस्कार की।

उपकरण–आपके नगर के अक्षांश एवं देशान्तर का स्टैण्डर्ड टाइम सूर्योदय व सूर्यास्त।

विधि–(i) मानक समय सूर्योदय व सूर्यास्त को जोड़ें।

घ॰ मि॰		घ॰ मि॰	घ॰ मि॰
6. 10	+	6. 40	= 12. 50

(ii) योग में से 12 घटायें, यदि योग 12 से कम है, तो 12 में से योग को घटा दें। यहां योग 12 से अधिक है। अतः 12.50 (–) 12 = 50 मिनट।

(iii) शेष में 2 का भाग लगायें। 50 ÷ 2 मिनट = 25 मिनट

(iv) मानक समय सूर्योदय एवं सूर्यास्त में से 25 – 25 मिनट घटा दें

	सूर्योदय	सूर्यास्त
मानक समय	6.10	6.40 (I.S.T.)
	(–) 25	(–) 25
स्थानीय समय	5.45	6.15 (L.T.)

यदि उपर्युक्त (ii) में योग 12 से कम हो, तो 12 में से योग को घटाकर शेष में

2 का भाग लगाने से जो मिनट प्राप्त हों, उन्हें मानक समय सूर्योदय व सूर्यास्त में जोड़ दें।

यह लीजिये, बिना देशान्तर-बेलान्तर संस्कार के स्थानीय सूर्यास्त व सूर्योदय निकल आया।

नोट- (i) उपर्युक्त विधि में शेष विषम संख्या होने पर सूर्योदय व सूर्यास्त 30 सैकिण्ड तक भी आ सकता है।

(ii) उपर्युक्त विधियां (क्रमांक 2 से 4 तक) उसी नगर अथवा उसी अक्षांश पर स्थित किसी भी नगर के सूर्योदय-सूर्यास्त की इकाइयां बदलने के लिए हैं। अन्य अक्षांशों पर स्थित स्थानों के लिए नहीं, क्योंकि समान अक्षांश पर ही एल॰एम॰टी॰ व एल॰टी॰ समय समान होता है। केवल देशान्तरीय अन्तर होता है।

5. (अ) (i) अन्य अक्षांशों पर स्थित नगर के मानक समय के सूर्योदय व सूर्यास्त को अपने नगर के मानक समय सूर्योदय व सूर्यास्त में बदलना।

अन्य अक्षांश पर स्थित नगर के सूर्योदय से अपने नगर का सूर्योदय बनाने के लिए तीन संस्कार करने होंगे।

(i) देशान्तर संस्कार

(ii) अक्षांश संस्कार

(iii) बेलान्तर संस्कार (स्थानीय समय बनाने हेतु)

उदाहरण–दिल्ली 16 जुलाई 1991 को I.S.T. सूर्योदय 5.37 व सूर्यास्त 7.17 है तथा दिनमान $34^{\circ}10'$ है। बारां का I.S.T. सूर्योदय व सूर्यास्त बनाइये।

हल–(i) देशान्तर संस्कार–विपरीत देशान्तर संस्कार करें। यदि दिये हुए स्थान से आपका नगर पश्चिम में हो, तो दोनों के देशान्तरों के समयान्तर को जोड़ दें, पूर्व में हो तो घटा दें।

दिल्ली का I.S.T. सूर्योदय	5.37
बारां दिल्ली से 3 मिनट पीछे है (+)	3
	5.40

(ii) अक्षांश संस्कार–अभीष्ट दिनांक 16 जुलाई 1991 को दिल्ली (28° 39' उत्तरी अक्षांश एवं क्रान्ति 22°) तथा बारां (25° 6') उत्तरी अक्षांश एवं क्रान्ति 22° के चरमिनट अलग-अलग ज्ञात करें।

दिल्ली के चरमिनट 49 तथा बारां के 43 आये।

दिल्ली व बारां का 22° क्रान्त्यंश पर चरान्तर 49 – 43 = 6 मिनट हुआ। इसके पश्चात् निम्न सूत्र के आधार पर क्रिया करें।

(क) यदि दिये हुए सूर्योदय के नगर से आपके नगर का अक्षांश कम है, तो चरान्तर को सूर्योदय में–

(i) उत्तर क्रान्ति होने पर धन करें।

(ii) दक्षिण क्रान्ति होन पर ऋण करें।

(ख) यदि दिये हुए सूर्योदय के नगर से आपके नगर का अक्षांश अधिक है, तो चरान्तर को सूर्योदय में–

(i) उत्तर क्रान्ति होने पर ऋण करें।

(ii) दक्षिण क्रान्ति होने पर धन करें।

उपर्युक्त उदाहरण में बारां का अक्षांश दिल्ली से कम है तथा क्रान्ति उत्तरी है। अतः (i) के अनुसार चरान्तर को (+) करना है।

अतः बारां का मानक सूर्योदय = 5.40 (+) 6 = 5.46

5. (अ) (ii) (1) चरान्तर को 5 से गुणा करें। 6 × 5 = 30 पल

(2) इन 30 पलों को दिनमान में (+) या (–) करें।

ऊपर धन चरान्तर किया है। अतः बारां का दिनमान

	घटी	पल
	34	10
(–)		30
=	33	40

(3) दिनमान के घण्टे-मिनट बना लें।

33.40 ÷ 2½ = 13 घण्टे 28 मिनट

(4) प्राप्त दिनमान के घण्टे-मिनट को सूर्योदय में जोड़ दें।

5.46 + दिनमान = सूर्यास्त

5.46 + 13.28 = 19.14 = 7 बजकर 14 मिनट सायं

अतः बारां नगर का सूर्योदय 5.46, दिनमान 33.40 तथा सूर्यास्त 7 बजकर 14 मिनट (स्टैण्डर्ड टाइम) आया।

अब यदि बारां का मध्यम समय तथा स्थानीय समय ज्ञात करना हो, तो क्रमशः देशान्तर संस्कार व बेलान्तर संस्कार करके ज्ञात कर लें।

5. (ब) उपर्युक्त उदाहरण में यदि दिल्ली का मध्यम या स्थानीय सूर्योदय दिया होता, तो देशान्तर संस्कार, जो दिल्ली व बारां के देशान्तर-समयान्तर का किया था, उसकी आवश्यकता नहीं होती। केवल अक्षांश संस्कार करने से दिल्ली के मध्यम सूर्योदय से बारां का मध्यम सूर्योदय ज्ञात प्राप्त हो जायेगा तथा स्थानीय सूर्योदय से स्थानीय सूर्योदय प्राप्त होगा।

(i) दिल्ली का मध्यम सूर्योदय 5.16 + चरान्तर 6 = 5.22 बारां का मध्यम सूर्योदय।

(ii) दिल्ली का स्थानीय सूर्योदय 5.10+चरान्तर 6=5.16 बारां का स्थानीय सूर्योदय।

इसके पश्चात् सूर्यास्त निकालने के लिए 5 (अ) (ii) में बतायी गयी विधि अपनाइए।

6. (अ) दिनमान से सीधे ही स्थानीय सूर्योदय व सूर्यास्त बनाने की विधि

(अ) प्रत्येक पंचांग में प्रत्येक दिन के लिए घटी-पल में दिनमान दिया रहता है। केवल दिनमान की सहायता से सूर्योदय ज्ञात किया जा सकता है।

विधि–(i) दिनमान (घटी-पल) में 5 का भाग लगायें। यह स्थानीय सूर्यास्त होगा।

(ii) स्थानीय सूर्यास्त को 12 में से घटा दें। स्थानीय सूर्योदय निकल आयेगा।

उदाहरण–कोटा का 1.1.91 का दिनमान 27 घटी 40 पल है। स्थानीय सूर्योदय-सूर्यास्त ज्ञात कीजिये।

हल–दिनमान 27 घटी 40 पल ÷ 5 = 5 घण्टा 32 मिनट स्थानीय सूर्यास्त।

12–5 घण्टा 32 मिनट = 6 घण्टा 28 मिनट स्थानीय सूर्योदय

6. (ब) दिनमान ज्ञात करने की या जांच करने की अन्य विधि

यदि आपको सूर्य क्रान्त्यंश तथा चरसारणी उपलब्ध न हो तथा पंचांग में भी दिनमान न मिले, तो भी आप निम्न विधि से दिनमान ज्ञात कर सकते हैं।

विधि–अपने अक्षांश की लग्न सारणी लें। अभीष्ट दिन का प्रातः सूर्य स्पष्ट लें तथा लग्न सारणी में सूर्यफल देखें। इसी पंक्ति में नीचे इससे सातवीं राशि का सूर्यफल लें। यह सूर्यफल सूर्यास्त का है। सूर्यास्त के सूर्यफल में से प्रातः का सूर्यफल घटा दें। यदि न घट सके, तो 60 जोड़कर घटायें। शेष आपके नगर के अभीष्ट दिन का घटी-पल दिनमान होगा। उसके पश्चात् सूर्योदय व सूर्यास्त पूर्व प्रक्रिया द्वारा बना सकते हैं।

उदाहरण–आपको 15.10.91 का ग्वालियर नगर का दिनमान ज्ञात करना है।

हल–15.10.91 को सूर्य प्रातः 5 राशि 27 अंश पर है। ग्वालियर के लिए 26 अक्षांश वाली सारणी में 5.27 का सूर्यफल 33.56 है। इसके बाद उसी पंक्ति में सूर्य 11.27 का सूर्यफल लिया, जो 2.32 आया।

दिनमान ज्ञात करने के लिए		2 घटी	32 पल
	+	60	
		62 घटी	32 पल
	–	33 घटी	56 पल
ग्वालियर का 15.10.91 का दिनमान	=	28 घटी	36 पल

इसके पश्चात् उपर्युक्त विधि से स्थानीय सूर्यास्त व सूर्योदय ज्ञात किया जा सकता है।

उपर्युक्त विवेचन व उदाहरणों द्वारा दिनमान, सूर्यास्त व सूर्योदय ज्ञात करने व परिवर्तित करने की अनेक विधियां दी गयी हैं। इष्ट साधन से पूर्व यदि कम-से-कम दो विधियों द्वारा सूर्योदय व सूर्यास्त की जांच कर लें, तो इष्ट सही बनेगा तथा जन्मपत्र भी सही बन सकेगा।

*

नक्षत्र परिचय

ब्रह्माण्ड एवं सौरमण्डल–पृथ्वी से देखने पर आकाश अनन्त दिखाई देता है। रात्रि में उसी आकाश में असंख्य तारे टिमटिमाते हुए दिखाई पड़ते हैं। दिन में सूर्य व रात्रि में चन्द्रमा पूर्व में उदय होकर पश्चिम दिशा में चलते हुए अस्त होते दिखाई देते हैं। असीम आकाश अन्तरिक्ष (Space) कहलाता है। इसमें अनेक ब्रह्माण्ड हैं। प्रत्येक ब्रह्माण्ड में असंख्य सौरमण्डल हैं। इनमें एक ब्रह्माण्ड है–आकाश गंगा या मन्दाकिनी (Galaxy), जिसका एक क्षुद्र अंश हमारा सौरमण्डल है। इस ब्रह्माण्ड में लगभग 10 करोड़ सौरमण्डल हैं। इनमें से हमारा सम्बन्ध उस सौरमण्डल से है, जिसका केन्द्र सूर्य है। हमारे ब्रह्माण्ड में असंख्य तारे हैं, जो स्वयं प्रकाशित हैं, परन्तु सौरमण्डल में कुछ ऐसे पिण्ड भी हैं, जिनमें स्वयं का प्रकाश नहीं है। ये पिण्ड सूर्य के प्रकाश से प्रतिबिम्बित होते हैं। हमारे सौरमण्डल का केन्द्र सूर्य भी एक नक्षत्र (तारा) है। ग्रह सूर्य की परिक्रमा करते हैं तथा उपग्रह ग्रहों की। ग्रहों की उत्पत्ति सूर्य से तथा उपग्रहों की उत्पत्ति ग्रहों से हुई है। सौरमण्डल के सदस्यों के रूप में नौ ग्रह हैं– बुध, शुक्र, पृथ्वी, मंगल, गुरु, शनि, अरुण, वरुण एवं यम। बुध व शुक्र को छोड़कर सभी ग्रहों के उपग्रह भी हैं। गुरु व शनि के सबसे अधिक उपग्रह क्रमशः 14 व 17 हैं। अरुण के 6, मंगल के 2, वरुण के 2 तथा पृथ्वी व यम के एक-एक उपग्रह हैं। पृथ्वी का उपग्रह चन्द्रमा है।

मनुष्य पृथ्वी पर निवास करता है, अतः उस पर सूर्य व चन्द्रमा का प्रभाव पड़ता है। इसीलिए सूर्य व चन्द्रमा को भी ज्योतिष में ग्रहों की संज्ञा दी गयी है। पृथ्वी व चन्द्रमा की कक्षाओं के कटान बिन्दुओं को भी दो छाया ग्रहों के रूप में माना गया है। उनके नाम क्रमशः राहु व केतु हैं। ये दोनों एक-दूसरे से 180° दूर हैं।

आकाश में अनेक चमकीले तारासमूह विभिन्न आकृतियां बनाते हुए दृष्टिगोचर होते हैं। जैसे ध्रुव तारा (Polaris), बृहद् सप्तऋषि मण्डल (Great Bear), लघु सप्तऋषि मण्डल (Little Bear), ज्येष्ठा (Antares), जो वृश्चिक (Scorpio) तारा समूह में है, मघा (Regulas), चित्रा (Spica), लुब्धक (Sirius)–हिरणी के पीछे व्याध, गांधी तारा (Denab), आगत्स्य (Canopus), विशाखा (Libra) तथा आर्द्रा (Betelguese) आदि।

ये नक्षत्र (तारे) हमसे इतनी दूर हैं कि इनकी दूरी किलोमीटर में नापना सम्भव नहीं है। अतः अन्तरिक्षीय दूरियां प्रकाश वर्ष (Light Year) इकाई में नापी जाती हैं। प्रकाश

की गति 1 सैकिण्ड में 3,00,000 किलोमीटर है। इस गति से चलते हुए प्रकाश एक वर्ष में जितनी दूरी तय करता है, उस दूरी को एक प्रकाश वर्ष कहते हैं, अर्थात् एक प्रकाश वर्ष 3,00,000 × 24 × 365 × 60 × 60 किलोमीटर के बराबर होता है। सूर्य पृथ्वी से सबसे निकट का तारा है, जहां से पृथ्वी पर प्रकाश 8 मिनट 16.6 सैकिण्ड में पहुंचता है। सूर्य के बाद सबसे निकट का तारा प्रोक्ज़िमा सेण्टोरी है, जो पृथ्वी से केवल 4.3 प्रकाश वर्ष दूर है। लुब्धक 8.6 प्रकाश वर्ष दूर है।

सम्पूर्ण आकाश वृत्त (भचक्र) में 360° हैं। इस भचक्र को पश्चिम से पूर्व 30°-30° के 12 भागों में बांटा गया है। प्रत्येक भाग की पहचान उनमें स्थित विशेष आकृति बनाते हुए नक्षत्रों से की जाती है। एक भाग को एक राशि या नक्षत्र समूह (Sign of Zodiac) कहा जाता है। इनकी गणना जिस काल्पनिक स्थान से की जाती है, उसे मेष का प्रथम बिन्दु कहते हैं।

जिस प्रकार पृथ्वी पर ग्रीनविच देशान्तर से देशान्तर रेखाओं की गणना की जाती है, उसी प्रकार मेष के प्रथम बिन्दु 0° 0' 0" से आकाशीय देशान्तरों (Celestial Longitudes) की गणना की जाती है।

नक्षत्र परिचय–12 मुख्य भागों (राशियों) को 27 उपविभागों में बांटा गया है, जिनमें से प्रत्येक का विस्तार 360° ÷ 27 = 13° 20' या 13 ⅓° है। इन उपविभागों को नक्षत्र (Constellation) कहा जाता है। नक्षत्र भी कई तारासमूहों से बने होते हैं, जो मिलकर विशेष आकृति बनाते हैं। इन नक्षत्रों के नाम इनमें स्थित प्रमुख तारों के नाम पर रखे गये हैं। नक्षत्रों के नाम निम्न प्रकार हैं :

1. अश्विनी (Arietis)
2. भरणी (Musca)
3. कृतिका (Pledades)
4. रोहिणी (Aldebaran)
5. मृगशिर (Orionis I)
6. आर्द्रा (Orionis II)
7. पुनर्वसु (Pollux)
8. पुष्य (Cancri)
9. आश्लेषा (Hydrae)
10. मघा (Regulas)
11. पूर्वाफाल्गुनी (Conis)
12. उत्तराफाल्गुनी (Denebola)
13. हस्त (Corvi)
14. चित्रा (Spica)
15. स्वाति (Arçturus)
16. विशाखा (Libra)
17. अनुराधा (Scorpii)
18. ज्येष्ठा (Antares)
19. मूल (Scorpii(H)
20. पूर्वाषाढा (Sagitarii(D)
21. उत्तराषाढा (Sagitarri(I)
22. श्रवण (Aquailae)
23. धनिष्ठा (Delphini)
24. शतभिषा (Aquarii)
25. पूर्वाभाद्रपद (Pegasi)
26. उत्तराभाद्रपद (Andromeda)
27. रेवती (Piscium)

उपर्युक्त 27 नक्षत्र 12 राशियों के अन्तर्गत हैं, अर्थात् प्रत्येक राशि में 27 ÷ 12=2¼ नक्षत्र (अंशों में 30° ÷ 13° 20' = 2¼ नक्षत्र) होते हैं। एक नक्षत्र के चतुर्थांश तक वितरण होने के कारण प्रत्येक नक्षत्र के 4 भाग किये गये हैं, जिसे नक्षत्र का पाद या चरण कहते हैं। यथा प्रथम, द्वितीय, तृतीय एवं चतुर्थ चरण। प्रत्येक चरण का मान 13°20'÷4=3°20' होता है। इस प्रकार 27 नक्षत्रों के 108 चरण होते हैं। प्रत्येक राशि में 108÷12=9 चरण होते हैं। किस-किस राशि में किस-किस नक्षत्र के कौन-कौन से चरण हैं, पृष्ठ 56 पर दी जा रही तालिका में बताये गये हैं।

यद्यपि राशियों की कोणात्मक गणना 0° से 360° तक होनी चाहिए, परन्तु ज्यों-ज्यों 30°-30° के भाग पूर्ण होते जाते हैं, पूर्ण राशि संज्ञक संख्या अंशों के पहले जोड़कर गणना 1 से प्रारम्भ कर दी जाती है। जैसे– 137° 20' को (4 × 30 =120 चार राशियां पूर्ण हो जाने के कारण) 4 राशि 17°20' कहा जायेगा। जब 150° पूर्ण हो जायेंगे, तो 150 ÷ 30 = 5 राशि पूर्ण होकर छठी राशि प्रारम्भ हो जायेगी। इसकी तुलना इस उदाहरण से की जा सकती है कि 29 फीट 4 इंच को 9 गज 2 फीट 4 इंच कहेंगे।

इस भचक्र में प्रत्येक ग्रह किसी भी समय कहीं-न-कहीं विचरण करता रहता है। इसकी राशिगत कोणात्मक स्थिति निम्न प्रकार से दर्शाते हैं। चन्द्रमा 9 राशि 27 अंश 30 कला पर है। इसका अर्थ यह हुआ कि चन्द्रमा आकाश के उस भाग में है जिसे 10वीं (मकर) राशि कहेंगे। 9वीं राशि पार कर चुका तथा 10वीं राशि के भी 27 अंश 30 कला पार कर चुका है। केवल 2 अंश 30 कला और चलने पर 10वीं राशि पार कर 11वीं राशि में चला जायेगा।

उपर्युक्त विवेचन से स्पष्ट हुआ कि 0° से 360° के भचक्ररूपी मार्ग में ग्रहों की स्थिति दर्शाने हेतु निम्नानुसार माइलस्टोन हैं।

(i) प्रति 3° 20' पर चरण की समाप्ति 108 × 3°20' = 360°

(ii) प्रति 13° 20' पर नक्षत्र की समाप्ति 27 × 13°20' = 360°

(iii) प्रति 30° पर राशि की समाप्ति 12 × 30° = 360'

3°20' × 4 = 13°20', 3°20' × 9 = 30°

13°20' × 2¼ = 30°, 30° × 12 = 360°

1. सूर्य और नक्षत्र–एक वर्ष में सभी 27 नक्षत्र सूर्य के सामने होकर गुज़रते हैं। सूर्य एक माह में एक राशि (2¼ नक्षत्र) पार करता है। अतः सूर्य एक नक्षत्र पर लगभग 13-14 दिन रहता है।

सूर्य नक्षत्र प्रवेश 1991 से यह बात स्पष्ट हो जायेगी।

13 सितम्बर 1991 उत्तराफाल्गुनी

27 सितम्बर 1991 हस्त

10 अक्टूबर 1991 चित्रा

24 अक्टूबर 1991 स्वाति

राशियां एवं नक्षत्र चरणात्मक तालिका

1	. मेष	Aries	अश्विनी	I II III IV	भरणी	I II III IV	कृतिका	I	9
2	वृषभ	Taurus	कृतिका	II III IV	रोहिणी	I II III IV	मृगशिर	I II	9
3	मिथुन	Gemini	मृगशिर	III IV	आर्द्रा	I II III IV	पुनर्वसु	I II III	9
4	कर्क	Cancer	पुनर्वसु	IV	पुष्य	I II III IV	आश्लेषा	I II III IV	9
5	सिंह	Leo	मघा	I II III IV	पू. फा.	I II III IV	उ. फा.	I	9
6	कन्या	Virgo	उ. फा.	II III IV	हस्त	I II III IV	चित्रा	I II	9
7	तुला	Libra	चित्रा	III IV	स्वाति	I II III IV	विशाखा	I II III	9
8	वृश्चिक	Scorpio	विशाखा	IV	अनुराधा	I II III IV	ज्येष्ठा	I II III IV	9
9	धनु	Sagittarius	मूल	I II III IV	पू. षा.	I II III IV	उ. षा.	I	9
10	मकर	Capricornius	उ. षा.	II III IV	श्रवण	I II III IV	धनिष्ठा	I II	9
11	कुम्भ	Acquarius	धनिष्ठा	III IV	शतभिषा	I II III IV	पू. फा.	I II III	9
12	मीन	Pisces	पू. भा.	IV	उ. भा.	I II III IV	रेवती	I II III IV	9

2. चन्द्रमा और नक्षत्र–चन्द्रमा 27 दिन 7 घण्टे 43 मिनट 11.6 सैकिण्ड में पृथ्वी की एक परिक्रमा कर लेता है। 27 ही नक्षत्र हैं। अतः चन्द्रमा लगभग एक दिन में एक नक्षत्र भोगता है। एक नक्षत्र की औसत अवधि 24 घण्टे 17 मिनट 9 सैकिण्ड (चन्द्रमा के सन्दर्भ में) है, जो लगभग 60 घटी 43 पल है। पृथ्वी व चन्द्रमा की असमान गतियों के कारण कभी चन्द्रमा 56 घटी में भी एक नक्षत्र को पार कर लेता है, तो कभी 67 घटी तक भी रहतां है।

'नक्षत्र रहता है' से क्या तात्पर्य है? नक्षत्र तो सभी आकाश में हैं। यहां नक्षत्र के रहने से तात्पर्य है कि चन्द्रमा कब से कब तक किसी एक नक्षत्र में रहेगा, अर्थात् उस नक्षत्र के कोणात्मक (13°20') क्षेत्र में रहेगा।

जैसे पंचांग में 26-9-91 को लिखा है–

		घण्टा	मिनट	
26-9-91	अश्विनी नक्षत्र	21	58	(पर समाप्त)
27-9-91	भरणी नक्षत्र	21	18	(पर समाप्त)

इससे दो बातें स्पष्ट हुईं–

(i) भरणी नक्षत्र की कुल समयावधि 26-9-91 को रात्रि 9.58 से 27-9-91 को रात्रि 9.18 तक (कुल 23 घण्टे 40 मिनट या 59 घटी 20 पल) रही। इस अवधि को नक्षत्र का भभोग या सर्वर्क्ष कहा जाता है।

(ii) भरणी नक्षत्र की स्थिति (मेष राशि) के 13°20' से 26°40' तक है। चन्द्रमा ने 26-9-91 की रात्रि 9 बजकर 58 मिनट पर 0 राशि के 13°20' पर प्रवेश किया तथा 27.9.91 को रात्रि 9 बजकर 18 मिनट पर भरणी नक्षत्र पार कर कृतिका नक्षत्र में प्रवेश किया, जिसका कोणात्मक मान 0 राशि के 26°40' से 1 राशि के 10°0' तक रहेगा।

इस प्रकार चन्द्रमा लगभग 2¼ दिन में, जब 2¼ नक्षत्रों को भोग लेता है (13° 20' + 13°20' = 3°20' + 30°) तो एक राशि का भोग पूर्ण हो जाता है।

चन्द्रमा की औसत गति

	भाग	**भोग समय**	**कोणात्मक दूरी**
(i)	नक्षत्र का एक चरण	15 घटी या 6 घण्टे	3° 20'
(ii)	एक पूरा नक्षत्र	60 घटी या 24 घण्टे	13° 20'
(iii)	एक राशि या 2¼ नक्षत्र या 9 चरण	135 घटी या 54 घण्टे या 2¼ दिन	30° 0'

मानव जीवन में चन्द्रमा का बहुत महत्त्व है। चन्द्रमा का महत्त्व नक्षत्र की स्थिति के अनुसार होता है। बालक के जन्म के समय चन्द्रमा जिस नक्षत्र के जिस चरण में होता है, उसी के अनुसार उसका नामकरण होता है। जन्म नक्षत्र का वह चरण, जिस राशि में होता है, वही बालक की जन्म राशि होती है। नक्षत्र व राशि के अनुसार ही बालक के मानवीय गुण होते हैं। इसीलिए विवाह के समय वर तथा कन्या के गुणों का मिलान

राशि नक्षत्र चरण बोधक तालिका

चरण क्रम संख्या	मेष के प्रथम बिन्दु से दूरी				राशि	नक्षत्र	चरण	राशिगत अंशात्मक दूरी				नाम का प्रथम अक्षर	महादशा मय अवधि
	से		तक					से		तक			
	अंश	कला	अंश	कला	0. मेष	1. अश्विनी		अंश	कला	अंश	कला		केतु
1	0	0	3	20	स्वामी		I	0	0	3	20	चू	7
2	3	20	6	40	मंगल		II	3	20	6	40	चे	वर्ष
3	6	40	10	0			III	6	40	10	0	चो	
4	10	0	13	20			IV	10	0	13	20	ला	
5	13	20	16	40		2. भरणी	I	13	20	16	40	ली	शुक्र
6	16	40	20	0			II	16	40	20	0	लू	20
7	20	0	23	20			III	20	0	23	20	ले	वर्ष
8	23	20	26	40			IV	23	20	26	40	लो	
9	26	40	30	0		3. कृतिका	I	26	40	30	0	आ	सूर्य

चरण क्रम संख्या	मेष के प्रथम बिन्दु से दूरी				राशि	नक्षत्र	चरण	राशिगत अंशात्मक दूरी				नाम का प्रथम अक्षर	महादशा मय अवधि
	से		तक					से		तक			
	अंश	कला	अंश	कला	1. वृषभ	3. कृतिका		अंश	कला	अंश	कला		
1	30	0	33	20	स्वामी		II	0	0	3	20	ई	सूर्य
2	33	20	36	40	शुक्र		III	3	20	6	40	ऊ	6 वर्ष
3	36	40	40	0			IV	6	40	10	0	ए	
4	40	0	43	20		4. रोहिणी	I	10	0	13	20	ओ	चन्द्रमा
5	43	20	46	40			II	13	20	16	40	वा	10
6	46	40	50	0			III	16	40	20	0	वी	वर्ष
7	50	0	53	20			IV	20	0	23	20	वू	
8	53	20	56	40		5. मृगशिर	I	23	20	26	40	वे	मंगल
9	56	40	60	0			II	26	40	30	0	वो	7 वर्ष

चरण क्रम संख्या	मेष के प्रथम बिन्दु से दूरी				राशि	नक्षत्र	चरण	राशिगत अंशात्मक दूरी				नाम का प्रथम अक्षर	महादशा मय अवधि
	से		तक					से		तक			
	अंश	कला	अंश	कला	2. मिथुन	5. मृगशिर		अंश	कला	अंश	कला		मंगल
1	60	0	63	20	स्वामी		III	0	0	3	20	का	7 वर्ष
2	63	20	66	40	बुध		IV	3	20	6	40	की	
3	66	40	70	0		6. आर्द्रा	I	6	40	10	0	कू	राहु
4	70	0	73	20			II	10	0	13	20	घ	18 वर्ष
5	73	20	76	40			III	13	20	16	40	ङ	
6	76	40	80	0			IV	16	40	20	0	छ	
7	80	0	83	20		7. पुनर्वसु	I	20	0	23	20	के	गुरु
8	83	20	86	40			II	23	20	26	40	को	16 वर्ष
9	86	40	90	0			III	26	40	30	0	हा	

चरण क्रम संख्या	मेष के प्रथम बिन्दु से दूरी				राशि	नक्षत्र	चरण	राशिगत अंशात्मक दूरी				नाम का प्रथम अक्षर	महादशा मय अवधि
	से		तक					से		तक			
	अंश	कला	अंश	कला				अंश	कला	अंश	कला		
1	90	0	93	20	3. कर्क	7. पुनर्वसु	IV	0	0	3	20	ही	गुरु 16 वर्ष
2	93	20	96	40	स्वामी	8. पुष्य	I	3	20	6	40	हू	शनि 19 वर्ष
3	96	40	100	0	चन्द्रमा		II	6	40	10	0	हे	
4	100	0	103	20			III	10	0	13	20	हो	
5	103	20	106	40			IV	13	20	16	40	डा	
6	106	40	110	0		9. अश्लेषा	I	16	40	20	0	डी	बुध 17 वर्ष
7	110	0	113	20			II	20	0	23	20	डू	
8	113	20	116	40			III	23	20	26	40	डे	
9	116	40	120	0			IV	26	40	30	0	डो	

चरण क्रम संख्या	मेष के प्रथम बिन्दु से दूरी				राशि	नक्षत्र	चरण	राशिगत अंशात्मक दूरी				नाम का प्रथम अक्षर	महादशा मय अवधि
	से		तक					से		तक			
	अंश	कला	अंश	कला	4. सिंह	10. मघा		अंश	कला	अंश	कला		केतु
1	120	0	123	20	स्वामी		I	0	0	3	20	मा	7 वर्ष
2	123	20	126	40	सूर्य		II	3	20	6	40	मी	
3	126	40	130	0			III	6	40	10	0	मू	
4	130	0	133	20			IV	10	0	13	20	मे	
5	133	20	136	40		11. पू॰	I	13	20	16	40	मो	शुक्र
6	136	40	140	0		फाल्गुनी	II	16	40	20	0	टा	20 वर्ष
7	140	0	143	20			III	20	0	23	20	टी	
8	143	20	146	40			IV	23	20	26	40	टू	
9	146	40	150	0		12. उ॰ फा॰	I	26	40	30	0	टे	सूर्य 6 वर्ष

चरण क्रम संख्या	मेष के प्रथम बिन्दु से दूरी				राशि	नक्षत्र	चरण	राशिगत अंशात्मक दूरी				नाम का प्रथम अक्षर	महादशा मय अवधि
	से		तक					से		तक			
	अंश	कला	अंश	कला				अंश	कला	अंश	कला		
1	150	0	153	20	5. कन्या स्वामी बुध	12. उत्तरा फाल्गुनी	II	0	0	3	20	टो	सूर्य 6 वर्ष
2	153	20	156	40			III	3	20	6	40	पा	
3	156	40	160	0			IV	6	40	10	0	पी	
4	160	0	163	20		13. हस्त	I	10	0	13	20	पू	चन्द्रमा 10 वर्ष
5	163	20	166	40			II	13	20	16	40	ष	
6	166	40	170	0			III	16	40	20	0	ण	
7	170	0	173	20			IV	20	0	23	20	ढ	
8	173	20	176	40		14. चित्रा	I	23	20	26	40	पे	मंगल 7 वर्ष
9	176	40	180	0			II	26	40	30	0	पो	

चरण क्रम संख्या	मेष के प्रथम बिन्दु से दूरी				राशि	नक्षत्र	चरण	राशिगत अंशात्मक दूरी				नाम का प्रथम अक्षर	महादशा मय अवधि
	से		तक					से		तक			
	अंश	कला	अंश	कला	6. तुला	14. चित्रा		अंश	कला	अंश	कला		मंगल
1	180	0	183	20	स्वामी		III	0	0	3	20	रा	7 वर्ष
2	183	20	186	40	शुक्र		IV	3	20	6	40	री	
3	186	40	190	0		15. स्वाति	I	6	40	10	0	रू	राहु
4	190	0	193	20			II	10	0	13	20	रे	18 वर्ष
5	193	20	196	40			III	13	20	16	40	रो	
6	196	40	200	0			IV	16	40	20	0	ता	
7	200	0	203	20		16.विशाखा	I	20	0	23	20	ती	गुरु
8	203	20	206	40			II	23	20	26	40	तू	16 वर्ष
9	206	40	210	0			III	26	40	30	0	ते	

चरण क्रम संख्या	मेष के प्रथम बिन्दु से दूरी				राशि	नक्षत्र	चरण	राशिगत अंशात्मक दूरी				नाम का प्रथम अक्षर	महादशा मय अवधि
	से		तक					से		तक			
	अंश	कला	अंश	कला				अंश	कला	अंश	कला		गुरु
1	210	0	213	20	7. वृश्चिक	16. विशाखा	IV	0	0	3	20	तो	16 वर्ष
2	213	20	216	40	स्वामी	17. अनुराधा	I	3	20	6	40	ना	शनि
3	216	40	220	0	मंगल		II	6	40	10	0	नी	19 वर्ष
4	220	0	223	20			III	10	0	13	20	नू	
5	223	20	226	40			IV	13	20	16	40	ने	
6	226	40	230	0		18. ज्येष्ठा	I	16	40	20	0	नो	बुध
7	230	0	233	20			II	20	0	23	20	या	17 वर्ष
8	233	20	236	40			III	23	20	26	40	यी	
9	236	40	240	0			IV	26	40	30	0	यू	

चरण क्रम संख्या	मेष के प्रथम बिन्दु से दूरी से		मेष के प्रथम बिन्दु से दूरी तक		राशि	नक्षत्र	चरण	राशिगत अंशात्मक दूरी से		राशिगत अंशात्मक दूरी तक		नाम का प्रथम अक्षर	महादशा मय अवधि
	अंश	कला	अंश	कला				अंश	कला	अंश	कला		
1	240	0	243	20	8. धनु	19. मूल	I	0	0	3	20	ये	केतु
2	243	20	246	40	स्वामी		II	3	20	6	40	यो	7 वर्ष
3	246	40	250	0	गुरु		III	6	40	10	0	भा	
4	250	0	253	20			IV	10	0	13	20	भी	
5	253	20	256	40		20. पू॰ षाढा	I	13	20	16	40	भू	शुक्र
6	256	40	260	0			II	16	40	20	0	धा	20 वर्ष
7	260	0	263	20			III	20	0	23	20	फा	
8	263	20	266	40			IV	23	20	26	40	ढा	
9	266	40	270	0		21. उ॰ षाढा	I	26	40	30	0	भे	सूर्य 6 वर्ष

चरण क्रम संख्या	मेष के प्रथम बिन्दु से दूरी				राशि	नक्षत्र	चरण	राशिगत अंशात्मक दूरी				नाम का प्रथम अक्षर	महादशा मय अवधि
	से		तक					से		तक			
	अंश	कला	अंश	कला				अंश	कला	अंश	कला		सूर्य
1	270	0	273	20	9. मकर	21. उ०षाढा	II	0	0	3	20	भो	6 वर्ष
2	273	20	276	40	स्वामी		III	3	20	6	40	जा	
3	276	40	280	0	शनि		IV	6	40	10	0	जी	
4	280	0	283	20		22. श्रवण	I	10	0	13	20	खी	
5	283	20	286	40			II	13	20	16	40	खू	चन्द्रमा
6	286	40	290	0			III	16	40	20	0	खे	10 वर्ष
7	290	0	293	20			IV	20	0	23	20	खो	
8	293	20	296	40		23. धनिष्ठा	I	23	20	26	40	गा	मंगल
9	296	40	300	0			II	26	40	30	0	गी	7 वर्ष

चरण क्रम संख्या	मेष के प्रथम बिन्दु से दूरी				राशि	नक्षत्र	चरण	राशिगत अंशात्मक दूरी				नाम का प्रथम अक्षर	महादशा मय अवधि
	से		तक					से		तक			
	अंश	कला	अंश	कला				अंश	कला	अंश	कला		मंगल
1	300	0	303	20	10. कुम्भ	23. धनिष्ठा	III	0	0	3	20	गू	7 वर्ष
2	303	20	306	40	स्वामी		IV	3	20	6	40	गे	
3	306	40	310	0	शनि	24. शतभिषा	I	6	40	10	0	गो	राहु
4	310	0	313	20			II	10	0	13	20	सा	18 वर्ष
5	313	20	316	40			III	13	20	16	40	सी	
6	316	40	320	0			IV	16	40	20	0	सू	
7	320	0	323	20		25. पूर्वा	I	20	0	23	20	से	गुरु
8	323	20	326	40		भाद्रपद	II	23	20	26	40	सो	16 वर्ष
9	326	40	330	0			III	26	40	30	0	दा	

चरण क्रम संख्या	मेष के प्रथम बिन्दु से दूरी				राशि	नक्षत्र	चरण	राशिगत अंशात्मक दूरी				नाम का प्रथम अक्षर	महादशा मय अवधि
	से		तक					से		तक			
	अंश	कला	अंश	कला		25. पूर्वा		अंश	कला	अंश	कला		गुरु
1	330	0	333	20	11. मीन	भाद्रपद	IV	0	0	3	20	दी	16 वर्ष
2	333	20	336	40	स्वामी	26. उत्तरा	I	3	20	6	40	दू	शनि
3	336	40	340	0	गुरु	भाद्रपद	II	6	40	10	0	थ	19 वर्ष
4	340	0	343	20			III	10	0	13	20	झ	
5	343	20	346	40			IV	13	20	16	40	ञ	
6	346	40	350	0		27. रेवती	I	16	40	20	0	दे	बुध
7	350	0	353	20			II	20	0	23	20	दो	17 वर्ष
8	353	20	356	40			III	23	20	26	40	चा	
9	356	40	360	0			IV	26	40	30	0	ची	

राशि व नक्षत्र के आधार पर किया जाता है। जन्म के समय चन्द्रमा जिस नक्षत्र में होता है, उसी के अनुसार जन्म के समय ग्रह विशेष की विंशोत्तरी महादशा होती है।

पृष्ठ क्रमांक 56 से 67 पर दी गयी तालिका से प्रत्येक राशि, नक्षत्र व चरण की कोणात्मक दूरी, राशि स्वामी, नामकरण हेतु प्रथम अक्षर तथा जन्म के समय महादशा के ग्रह का नाम ज्ञात हो सकता है। चन्द्र स्पष्ट होने से नक्षत्र चरण ज्ञान भी इससे हो जायेगा।

विवाह संस्कार के समय वर तथा कन्या के गुणों का मिलान किया जाता है। उनमें 4 क्षेत्र–योनि, गण, नाड़ी एवं तारा–नक्षत्रों के आधार पर होते हैं। इसका वर्णन मेलापक अध्याय में किया जायेगा।

विशेष नक्षत्र

पंचक–धनिष्ठा नक्षत्र का उत्तरार्द्ध, शतभिषा, पूर्वाभाद्रपद, उत्तराभाद्रपद एवं रेवती को पंचक कहा जाता है। इन पांच नक्षत्रों में पांच कार्य, यथा दक्षिण दिशा की यात्रा, घर छाना, प्रेतदाह, घास व लकड़ी एकत्रित करना तथा चारपाई बुनना वर्जित है।

मूल नक्षत्र–अश्विनी, आश्लेषा, मघा, ज्येष्ठा, मूल एवं रेवती नक्षत्रों को मूल की संज्ञा दी जाती है। इनमें से आश्लेषा, ज्येष्ठा व मूल बड़े मूल तथा अश्विनी, मघा व रेवती को हलके मूल कहते हैं। इन नक्षत्रों में जन्मे बालक के मूल 27 दिन बाद पुनः उसी नक्षत्र में शान्त कराये जाते हैं।

*

राशि परिचय

जैसा कि पिछले अध्याय में बताया गया है, पूरे भचक्र (360°) को 30-30 अंश के 12 राशि भागों में बांटा गया है। इनकी गणना मेष राशि के प्रथम बिन्दु से पूर्व की ओर की जाती है। आकाश में पश्चिम से पूर्व की ओर क्रमशः मेष, वृषभ, मिथुन, कर्क, सिंह, कन्या, तुला, वृश्चिक, धनु, मकर, कुम्भ तथा मीन राशियों के तारे होते हैं, जो पूर्व से पश्चिम की ओर चलते दिखाई देते हैं। वास्तव में दिन अथवा रात्रि में आधा ही भचक्र दिखाई देता है, आधा पृथ्वी की आड़ में आ जाता है। इस प्रकार एक बार में 6 राशियां पश्चिम से पूर्व की ओर, आरोही क्रम में दिखाई देती हैं।

सुविधा की दृष्टि से ज्योतिष के क्षेत्र में इन राशियों की क्रम संख्या निर्धारित की गयी है, यथा मेष 1, तुला 7, मीन 12 आदि। किसी भी समय पश्चिमी क्षितिज पर जो राशि होती है, उससे सातवीं राशि पूर्वी क्षितिज पर होगी। जैसे यदि सायंकाल सूर्य तुला (7) राशि में अस्त हुआ है, तो उस समय मेष (1) राशि पूर्वी क्षितिज पर होगी।

मेष राशि के प्रथम बिन्दु से पूर्व की ओर राशियों का विस्तार निम्नानुसार है।

0° 0' से 30° तक मेष, 30° से 60° तक वृषभ, 60° से 90° तक मिथुन, 90° से 120° तक कर्क, 120° से 150° तक सिंह, 150° से 180° तक कन्या, 180° से 210° तक तुला, 210° से 240° तक वृश्चिक, 240° से 270° तक धनु, 270° से 300° तक मकर, 300° से 330° तक कुम्भ तथा 330° से 360° तक मीन।

इस अवस्था को पिछले अध्याय में नक्षत्र बोधक तालिका में विस्तार से समझाया गया है, परन्तु ज्योतिष की भाषा में कोई ग्रह 230° पर हो, तो उसे 7 राशि के 20° पर कहा जायेगा, अर्थात् 30-30 अंश के जितने भाग पर हो चुके हैं उतनी राशि और शेष अंश। इस प्रकार प्रत्येक राशि को साधारण क्रमांक दिये गये हैं। ये ग्रहों के चालन के अनुसार 0 से 11 तक होते हैं, अर्थात् मेष 0, वृष 1, तुला 6 और मीन 11 आदि।

जो राशि जिस समय पूर्वी क्षितिज पर होती है, उसे ज्योतिष में लग्न (Ascendant या Rising sign) कहा जाता है। सूर्योदय के समय जो राशि उदय होती है, सूर्यास्त के समय उससे सातवीं राशि का लग्न होता है।

पृथ्वी की वार्षिक गति तथा पृथ्वी की धुरी के झुकाव के कारण सूर्य लगभग एक माह एक राशि में रहता है। सूर्य जिस समय जिस राशि में प्रवेश करता है, उस समय को उसी राशि की सूर्य संक्रान्ति कहा जाता है। जैसे मेष संक्रान्ति, मकर संक्रान्ति आदि।

21 मार्च से 23 सितम्बर तक सूर्य उत्तरी गोलार्द्ध में तथा 23 सितम्बर से 21 मार्च तक दक्षिणी गोलार्द्ध में रहता है। सूर्य क्रान्ति के आधार पर एवं गोलार्द्धानुसार राशियों का वितरण निम्नानुसार है।

उत्तरी गोलार्द्ध (उत्तरी क्रान्ति) की राशियां–मेष, वृषभ, मिथुन, कर्क, सिंह और कन्या।

दक्षिणी गोलार्द्ध (दक्षिणी क्रान्ति) की राशियां–तुला, वृश्चिक, धनु, मकर, कुम्भ और मीन। यह ध्यान देने योग्य बात है कि क्रान्ति एवं गोलार्द्ध की निर्णायक तिथियां 21 मार्च व 23 सितम्बर ही हैं।

सूर्य 22 दिसम्बर से 21 जून तक उत्तरायण होता है, जबकि 21 जून से 22 दिसम्बर तक दक्षिणायन, अतः अयनानुसार राशियां निम्नानुसार हैं।

उत्तरायण की राशियां–मकर, कुम्भ, मीन, मेष, वृषभ और मिथुन।

दक्षिणायन की राशियां–कर्क, सिंह, कन्या, तुला, वृश्चिक और धनु।

उत्तरायण व दक्षिणायन सूर्य की निर्णायक तिथियां क्रमशः 22 दिसम्बर व 21 जून हैं।

निम्न रेखाचित्र से गोलार्द्धानुसार राशियों का अन्तर स्पष्ट हो जायेगा।

सायन सूर्य संक्रान्तियां
एवं
क्रान्त्यंश

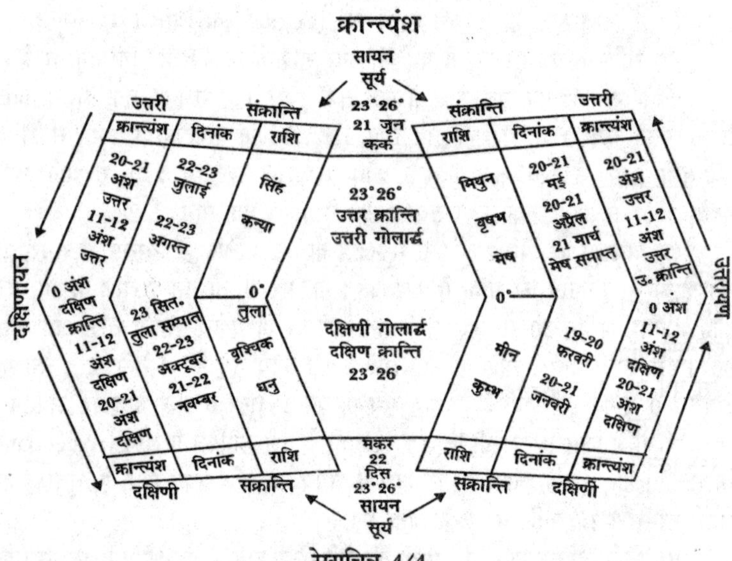

रेखाचित्र 4/4

सायन व निरयन सूर्य संक्रान्तियां तथा अयनांश–सूर्य का दैनिक क्रान्तिपथ भूमध्य रेखा पर लम्बवत् न होकर 23° 26' झुका हुआ है। वर्ष में दो ही दिन ऐसे होते हैं, जब

भूमध्य रेखा को क्रान्तिपथ इस प्रकार काटता है कि सम्पूर्ण पृथ्वी पर दिन-रात बराबर होते हैं। ये दिन हैं 21 मार्च व 23 सितम्बर। इन दो कटान बिन्दुओं (एक-दूसरे से 180° दूर को साम्पातिक बिन्दु (Equinoctical Points) कहा जाता है। ये दोनों स्थितियां समरात्रि कहलाती हैं। 21 मार्च की स्थिति को (Vernal Equinox) वसन्त समरात्रि तथा 23 सितम्बर की स्थिति को शरद समरात्रि (Autumnal Equinox) कहते हैं। 21 मार्च को मेष राशि में सूर्य के प्रवेश होने से मेष सम्पात तथा 23 सितम्बर को तुला राशि में सूर्य के प्रवेश से तुला सम्पात होता है।

आकाशीय देशान्तरों की गणना मेष सम्पात के प्रथम बिन्दु (0°. 0'. 0") से की जाती है। सूर्य और चन्द्रमा की गुरुत्वाकर्षण शक्ति के कारण पृथ्वी की धुरी के झुकाव की दिशा में 50 विकला प्रति शताब्दि का अन्तर आ जाता है। इससे मेष का साम्पातिक बिन्दु 50.28 विकला प्रतिवर्ष विपरीत दिशा में हट रहा है, अर्थात् जिन तारों की सीध में यह हज़ारों वर्ष पहले था, वहां से यह पीछे हट गया है। मेष के साम्पातिक बिन्दु के 50.28 विकला प्रतिवर्ष विपरीत दिशा में पीछे हटने को सम्पात का पिछड़ना (Precession of Equinox) कहते हैं।

इस प्रकार पृथ्वी की सूर्य के चारों ओर परिक्रमा के दो मान हुए—एक स्थिर तारे से पुनः उसी स्थिर तारे की सीध तक और दूसरा मेष के काल्पनिक साम्पातिक बिन्दु से पुनः मेष के साम्पातिक बिन्दु (हटी हुई स्थिति) तक।

अब प्रश्न यह उठता है कि पृथ्वी की एक परिक्रमा किस बिन्दु से किस बिन्दु तक मानी जाये। यदि हम पृथ्वी की परिक्रमा को मेष राशि की सीध में स्थिर तारे (मेष 1) से पुनः उसी तारे की सीध (मेष 1) तक मानते हैं, तो पृथ्वी को पूरा 360° चलना पड़ता है। इस सिद्धान्त को निरयन सिद्धान्त कहते हैं। स्थिर तारे की सीध में पुनः पृथ्वी के आने के कारण इसे अचल सम्पात सिद्धान्त भी कहते हैं। पृथ्वी की परिक्रमा के इस वर्ष को निरयन वर्ष (Sidereal Year) कहते हैं।

यदि हम पृथ्वी की परिक्रमा को मेष के प्रथम बिन्दु से मेष के पीछे हटे हुए प्रथम बिन्दु (मेष 2) तक मानते हैं, तो पृथ्वी को प्रतिवर्ष 50.28 विकला कम चलना पड़ता है। इस सिद्धान्त को सायन सिद्धान्त कहते हैं। पीछे हटे हुए मेष बिन्दु तक पृथ्वी की परिक्रमा को पूर्ण मानने के कारण इसे चल सम्पात सिद्धान्त भी कहते हैं। पृथ्वी की परिक्रमा के इस वर्ष को सायन या सौर वर्ष (Tropical Year या Solar Year) कहते हैं।

इससे यह स्पष्ट हुआ कि निरयन वर्ष सायन वर्ष से बड़ा होता है। निरयन वर्ष 365 दिन 6 घण्टे 9 मिनट 9.8 सैकिण्ड का तथा सायन वर्ष 365 दिन 5 घण्टे 48 मिनट 45.3 सैकिण्ड का होता है।

चल सम्पात तथा अचल सम्पात के बीच की कोणात्मक दूरी को अयनांश कहते हैं।

चल सम्पात के कारण सूर्य संक्रान्ति बिन्दु पर पहले पहुंचता है, जबकि अचल सम्पात पर बाद में, अर्थात् चल सम्पात (सायन संक्रान्तियां) पहले होती हैं, तो अचल सम्पात

(निरयन संक्रान्तियां) बाद में। सायन सूर्य उतने ही समय में अधिक अंश पार कर लेता है। इसलिए सायन सूर्य के अंश निरयन सूर्य की अपेक्षा अधिक हैं तथा बढ़ते ही जा रहे हैं।

निरयन तथा सायन सूर्य को निम्न समीकरण द्वारा व्यक्त किया जा सकता है।

निरयन (निः+अयन) = सायन–अयनांश।

सायन (स+अयन) = निरयन + अयनांश।

अचल एवं चल सम्पात

(अयनांश)

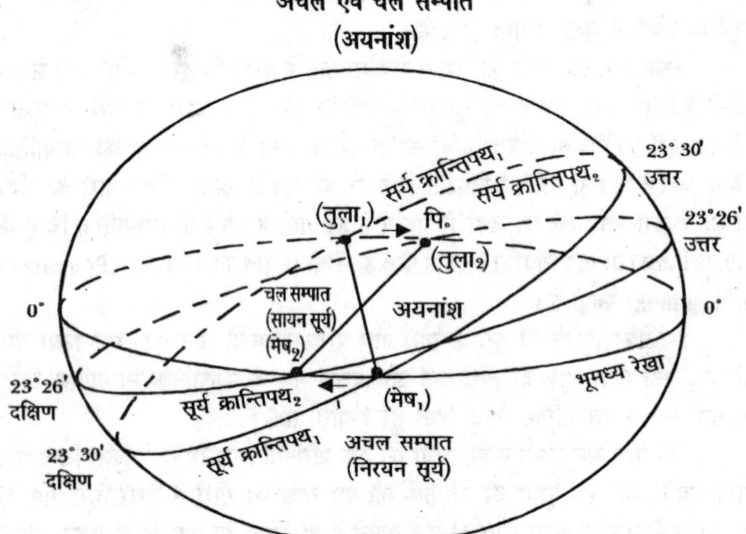

(पि. ← = सम्पात का पिछड़ना गति 50.28 विकला प्रतिवर्ष)

(50.2787 विकला)

रेखाचित्र 4/5

निरयन सिद्धान्त के अन्तर्गत पृथ्वी की परिक्रमा में 360° पूर्ण होने के कारण भारत में निरयन सिद्धान्त माना जाता है, जबकि पाश्चात्य देशों में सायन सिद्धान्त माना जाता है।

सन् 285 में 21 मार्च को दोनों सम्पात एक ही स्थान पर थे, अर्थात् अयनांश शून्य था। उस दिन से 1706 वर्षों में 50.28 विकला प्रतिवर्ष सम्पात के पिछड़ने के कारण लगभग 23° 44' अन्तर दोनों में आ गया है। अतः 1991 में अयनांश 23° 44' माना गया है। सायन सूर्य के अंश निरयन सूर्य की अपेक्षा 23° 44' अधिक हैं। 22 मार्च 1956 को अयनांश 23° 15' 00" माना गया था।

सूर्य 1 दिन में लगभग 1 अंश चलता है। अतः सायन संक्रान्तियों के लगभग 23-24 दिन बाद निरयन संक्रान्तियां होती हैं। यदि मेष का साम्पातिक बिन्दु 50.28 विकला प्रतिवर्ष पीछे नहीं हटता, तो मकर संक्रान्ति सदैव 21-22 दिसम्बर को ही होती, परन्तु निरयन सूर्य के अनुसार 23-24 दिन बाद 14 जनवरी को होती है।

सन् 1991 की दोनों प्रकार की संक्रान्ति तिथियों की तुलना करने से यह बात सिद्ध हो जायेगी।

सायन व निरयन संक्रान्तियां –1991– की तुलना

संक्रान्ति	सायन	निरयन	विलम्ब दिवस
मेष	20 मार्च	14 अप्रैल	24
वृषभ	20 अप्रैल	15 मई	24
मिथुन	21 मई	15 जून	24
कर्क	21 जून	16 जुलाई	24
सिंह	23 जुलाई	17 अगस्त	24
कन्या	23 अगस्त	17 सितम्बर	24-25
तुला	23 सितम्बर	17 अक्तूबर	24
वृश्चिक	23 अक्तूबर	16 नवम्बर	24-25
धनु	22 नवम्बर	16 दिसम्बर	24-25
मकर	22 दिसम्बर	14 जनवरी	23-24
कुम्भ	20 जनवरी	12 फरवरी	23
मीन	19 फरवरी	14 मार्च	23

सायन व निरयन सूर्य के राश्यंशों की तुलना

(केवल 4 संक्रान्तियों का उदाहरण)

सायन संक्रान्तियां

तारीख़	सायन सूर्य		राशि	निरयन सूर्य		राशि
	राशि	अंश	प्रवेश	राशि	अंश	
21 मार्च	0	0	मेष	11	6	मीन
21 जून	3	0	कर्क	2	6	मिथुन
23 सितम्बर	6	0	तुला	5	6	कन्या
22 दिसम्बर	9	0	मकर	8	6	धनु

निरयन संक्रान्तियां

तारीख़	निरयन सूर्य		राशि	सायन सूर्य		राशि
	राशि	अंश	प्रवेश	राशि	अंश	
14 अप्रैल	0	0	मेष	0	24	मेष
16 जुलाई	3	0	कर्क	3	24	कर्क
17 अक्तूबर	6	0	तुला	6	24	तुला
14 जनवरी	9	0	मकर	9	24	मकर

निरयन सूर्य को न्यूनाधिक गति के अनुसार सायन संक्रान्ति से अयनांश के बराबर कोणात्मक दूरी पार करने में जितना समय लगता है, उतने ही समय पश्चात् निरयन संक्रान्ति होती है।

वर्तमान अयनांश 23° 45' है, जो सूर्य की गति के लगभग 24 दिन के बराबर है। अतः उपर्युक्त तालिका से दो बातें स्पष्ट हुईं।

1. सायन सूर्य निरयन सूर्य से 24° (24 दिन) आगे (पहले) रहता है।

अतः निरयन सूर्य के राश्यंश में 23° 45' जोड़ने पर सायन सूर्य के राश्यंश प्राप्त होंगे।

2. निरयन मेष संक्रान्ति (0/0) के दिन सायन सूर्य के राश्यंश 0/24 हैं।

अथवा

सायन मेष संक्रान्ति (0/0) के दिन निरयन सूर्य के राश्यंश 11/6 हैं।

इसीलिए सायन सूर्य से साधित पलभा एवं चरखण्ड पर आधारित लग्नोदय मान से निरयन लग्न सारणियां निरयन सूर्य के 11 राशि के 6 अंश को 0/0 (24 दिन पूर्व) मानते हुए निर्मित की जाती हैं।

अयनांश की गणना–22 मार्च सन् 285 को अयनांश शून्य था। इसी के आधार पर 21 मार्च 1956 को 23 अंश 15 कला माना गया है। इसके आधार पर निम्न तालिका से किसी भी वर्ष 21 मार्च (चित्रपक्षीय) का अयनांश ज्ञात किया जा सकता है।

विधि–वर्तमान ईसवी सन् में से 1956 घटा दें। जो शेष बचें, उन वर्षों की अयनांश वृद्धि आगे पृष्ठ 75 पर दी जा रही तालिका से लें तथा उसे 21 मार्च 1956 के अयनांश में जोड़ दें। यदि 1956 से पूर्व का अयनांश ज्ञात करना हो, तो अयनांश वृद्धि को घटा दें।

वर्ष	अयनांश वृद्धि			वर्ष	अयनांश वृद्धि		
	अंश	कला	विकला		अंश	कला	विकला
1	0	0	50	60	0	50	17
2	0	1	41	70	0	58	40
3	0	2	31	80	1	7	2
4	0	3	21	90	1	15	25
5	0	4	11	100	1	23	48
6	0	5	02	200	2	47	36
7	0	5	52	300	4	11	24
8	0	6	42	400	5	35	11
9	0	7	33	500	6	58	59
10	0	8	23	600	8	22	47
20	0	16	46	700	9	46	35
30	0	25	08	800	11	10	23
40	0	33	31	900	12	34	11
50	0	41	54	1000	13	57	59

उदाहरण 1.–21 मार्च 1901 का अयनांश ज्ञात करना है, तो 1956–1901= 55 वर्ष

	अंश	कला	विकला
50 वर्ष की अयनांश वृद्धि	0	41	54
5 वर्ष की अयनांश वृद्धि	0	4	11
55 वर्ष की अयनांश वृद्धि	0	46	05

	अंश	कला	विकला
21 मार्च 1956 का अयनांश	23	15	0
(–) 55 वर्ष की अयनांश वृद्धि	0	46	05
अतः 21 मार्च 1901 का अयनांश	22	28	55

उदाहरण 2.–21 मार्च 2001 का अयनांश ज्ञात करना है, तो 2001–1956 = 45 वर्ष

	अंश	कला	विकला
40 वर्ष की अयनांश वृद्धि	0	33	31
5 वर्ष की अयनांश वृद्धि	0	4	11
45 वर्ष की अयनांश वृद्धि	0	37	42

21 मार्च 1956 का अयनांश	23	15	0
(+) 45 वर्ष की अयनांश वृद्धि	0	37	42
अतः 21 मार्च 2001 का अयनांश	23	52	42

उदाहरण 3.–21 मार्च 1992 का अयनांश ज्ञात करना है, तो 1992–1956 = 36 वर्ष

	अंश	कला	विकला
30 वर्ष की अयनांश वृद्धि	0	25	8
6 वर्ष की अयनांश वृद्धि	0	5	2
36 वर्ष की अयनांश वृद्धि	0	30	10

21 मार्च 1956 का अयनांश	23	15	0
(+) 36 वर्ष की अयनांश वृद्धि	0	30	10
अतः 21 मार्च 1992 का अयनांश	23	45	10

भारतीय ज्योतिष में 21 मार्च के स्थान पर निरयन मेष संक्रान्ति 14 अप्रैल का महत्त्व अधिक है। अतः 21 मार्च के अयनांश में 24 दिन की अयनांश वृद्धि जोड़ देने से 14 अप्रैल का अयनांश आ जायेगा।

दैनिक अयनांश वृद्धि का सूत्र

$$\frac{\text{दिवस संख्या} \times 50 \text{ विकला}}{360} = \frac{24 \times 50}{360} = 3 \text{ विकला लगभग}$$

	अंश	कला	विकला
21 मार्च 1992 का अयनांश	23	45	10
24 दिन की अयनांश वृद्धि	0	0	3
अतः 14 अप्रैल 1992 का अयनांश	23	45	13

अभीष्ट दिन का अयनांश ज्ञात करना (सूक्ष्म गणना)

(i) जिस दिन का अयनांश ज्ञात करना हो, उस वर्ष का निरयन मेष संक्रान्ति का अयनांश उपर्युक्त विधि से ज्ञात करें।

(ii) अभीष्ट दिन के सूर्य के राशि व अंशादि लें।

(iii) इनमें अयनांश जोड़कर सायन सूर्य बना लें। सायन सूर्य के अंश बना लें।

(iv) सायन सूर्य के अंशों को 50 से गुणा कर 360 का भाग दें।

(v) लब्धि विकला में मेष संक्रान्ति से अभीष्ट दिनांक तक की अवधि की अयनांश वृद्धि होगी।

(vi) इस अयनांश वृद्धि को निरयन मेष संक्रान्ति के दिन के अयनांश में जोड़ने से अभीष्ट दिन के अयनांश प्राप्त होंगे।

उदाहरण – 1 नवम्बर 1991 का अयनांश ज्ञात करना है, तो

	राशि	अंश	कला
1 नवम्बर 1991 को सूर्य राश्यंश (निरयन)	6	14	18
(+) अयनांश		23	44
1.11.91 को सायन सूर्य	7	08	02

अंश बनाने पर 7 × 30 = 210 + 08 = 218

$$218 \text{ अंशों (दिनों) का अयनांश} = \frac{218 \times 50}{360}$$

14 अप्रैल 1991 से 1-11-91 तक अयनांश वृद्धि 30 विकला है

	अंश	कला	विकला
14-4-1991 का अयनांश	23	44	22
(+) अयनांश वृद्धि	0	0	30
अतः 1-11-1991 का अयनांश	23	44	52

नोट–जैसे चक्रवृद्धि में ब्याज पर भी ब्याज बनता है, उसी प्रकार निरयन सूर्य में अयनांश जोड़कर गणना करने से सही अयनांश आता है।

राशियों की आकृति–प्रत्येक राशि भाग में स्थित नक्षत्रों से बनने वाली आकृतियों से राशियों की पहचान की जाती है।

1. **मेष**–इसकी आकृति मेढ़े (पुरुष भेड़) के समान है।

2. **वृषभ**–इसकी आकृति बैल के समान है।

3. **मिथुन**–पुरुष-स्त्री का जोड़ा है। पुरुष के एक हाथ में गदा तथा स्त्री के हाथ में वीणा है।

4. **कर्क**–इसकी आकृति केकड़े के समान है।

5. **सिंह**–सिंह के समान आकृति है।

6. **कन्या**–धान तथा अग्नि साथ लेकर नाव पर बैठी हुई कन्या के समान आकृति है।

7. **तुला**–हाथ में तराज़ू लिये हुए मनुष्य के समान है।

8. **वृश्चिक**–बिच्छू के समान स्पष्ट आकृति है।

9. **धनु**–कमर से ऊपर मनुष्य हाथ में धनुष लिये हुए, परन्तु कमर के नीचे घोड़े के समान चार पैर वाली आकृति है।

10. **मकर**–मगर के समान आकृति है, परन्तु इसका शरीर नक्र के समान तथा मुंह सींग वाले बकरे के समान है।

11. **कुम्भ**–कन्धे पर घड़ा लिये हुए पुरुष के समान आकृति है।

12. **मीन**–दो मछलियां एक की पूंछ पर दूसरी का मुख जैसी आकृति है।

राशियों का महत्त्व–ज्योतिष में राशियों का बहुत महत्त्व है। केवल ग्रह का कोई नहीं, जब तक कि यह न बताया जाये कि अमुक ग्रह किस राशि में पड़ा है, अर्थात् जन्म

वर्ष या गोचर में किस राशि में था। इसी प्रकार चन्द्रमा जिस राशि में जन्म के समय होता है, वही जातक की राशि होती है। नामकरण भी उसी के अनुसार होता है। यहां तक कि उसके गुण भी न्यूनाधिक उसी राशि से प्रभावित होते हैं। प्रत्येक ग्रह भी अलग-अलग राशियों में अलग-अलग शुभाशुभ प्रभाव दिखाते हैं।

विभिन्न गुणों अथवा विशेषताओं के आधार पर राशियों का वर्गीकरण निम्नानुसार है :

1. स्वभाव के आधार पर (अ) क्रूर (विषम)

मेष,	**मिथुन,**	**सिंह,**	**तुला,**	**धनु**	**व कुम्भ**
1	3	5	7	9	11

(ब) सौम्य (सम) –

वृषभ,	**कर्क,**	**कन्या,**	**वृश्चिक,**	**मकर**	**व मीन**
2	4	6	8	10	12

मनुष्य की क्रूरता अथवा सौम्यता अपनी राशि के अनुरूप होती है।

2. तत्त्वानुसार – अग्नि, भूमि, पृथ्वी, वायु तथा जल तत्त्वों के आधार पर राशियों का वर्गीकरण निम्न प्रकार से है।

(अ) अग्नि तत्त्व प्रधान – मेष, सिंह, धनु (1,5,9)

(ब) पृथ्वी तत्त्व प्रधान – वृषभ, कन्या, मकर (2,6,10)

(स) वायु तत्त्व प्रधान – मिथुन, तुला, कुम्भ (3,7,11)

(द) जल तत्त्व प्रधान – कर्क, वृश्चिक, मीन (4,8,12)

अग्नि तथा वायु राशियों की आपस में मित्रता होती है। इसी प्रकार पृथ्वी तथा जल राशियों की आपस में मित्रता होती है, परन्तु अग्नि तथा वायु राशियों की पृथ्वी तथा जल राशियों से शत्रुता होती है।

3. उदयानुसार–किसी राशि के पूर्वी क्षितिज पर उदय होते समय किस भाग के तारे पहले दिखाई देंगे–सिर के, पैर के या समानान्तर शरीर के, इस आधार पर इन्हें तीन प्रकारों में बांटा गया है।

(अ) शीर्षोदयी–(पहले सिर का भाग उदय हो)

मिथुन, सिंह, कन्या, तुला, वृश्चिक व कुम्भ।

(ब) पृष्ठोदयी–(पहले पिछला भाग उदय हो)

मेष, वृषभ, कर्क, धनु एवं मकर।

(स) उभयोदयी–(दोनों भाग साथ उदय हों) मीन।

प्रश्न लग्न में यदि शीर्षोदयी राशि हो, तो कार्य सिद्ध होता है। यदि पृष्ठोदयी हो, तो कार्य सिद्ध नहीं होता। उभयोदयी होने पर कार्य कष्ट के साथ होता है।

4. वर्णानुसार–प्राचीन काल की वर्ण-व्यवस्था के अनुसार राशियों को निम्न 4 वर्णों में बांटा गया है।

(अ) **क्षत्रिय**–मेष, सिंह, धनु (1,5,9)
(ब) **वैश्य** – वृषभ, कन्या, मकर (2,6,10)
(स) **शूद्र** – मिथुन, तुला, कुम्भ (3,7,11)
(द) **विप्र** – कर्क, वृश्चिक, मीन (4,8,12)

5. दिशानुसार–

(अ) **पूर्व** – मेष, सिंह, धनु (1,5,9)
(ब) **दक्षिण** – वृषभ, कन्या, मकर (2,6,10)
(स) **पश्चिम** – मिथुन, तुला, कुम्भ (3,7,11)
(द) **उत्तर** – कर्क, वृश्चिक, मीन (4,8,12)

दिशा, तत्त्व व वर्ण का वर्गीकरण समान है। अतः नीचे दिये चक्र से यह स्पष्ट हो जायेगा। सम्मुख या अनिष्ट चन्द्रमा को इससे देखा जाता है। चौथा, आठवां तथा बारहवां चन्द्रमा अशुद्ध (हानिकारक) होता है।

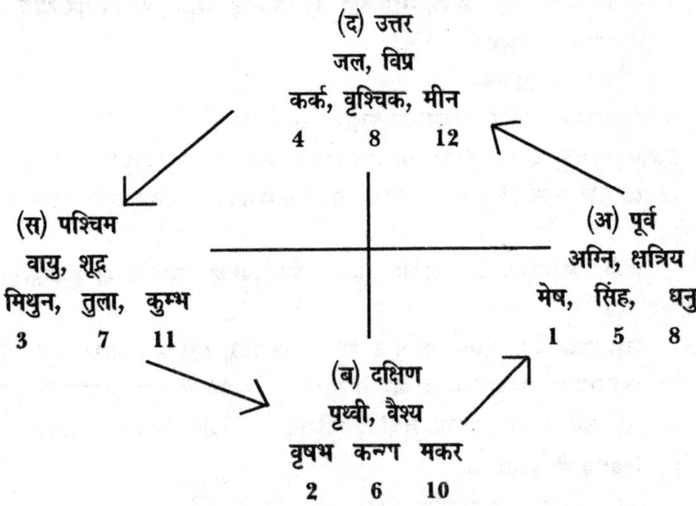

उपर्युक्त चक्र से स्पष्ट है कि

(i) वृषभ, कन्या व मकर राशि वालों के लिए मेष, सिंह व धनु राशि का चन्द्रमा चौथा, आठवां व बारहवां होगा।

(ii) मिथुन, तुला व कुम्भ राशि वालों के लिए वृषभ, कन्या व मकर राशि का चन्द्रमा चौथा, आठवां व बारहवां होगा।

(iii) कर्क, वृश्चिक व मीन राशि वालों के लिए मिथुन, तुला व कुम्भ राशि का चन्द्रमा चौथा, आठवां व बारहवां होगा।

(iv) इसी प्रकार मेष, सिंह व धनु राशि वालों के लिए कर्क, वृश्चिक व मीन राशि का चन्द्रमा चौथा, आठवां व बारहवां होगा।

उपर्युक्त चक्र में यह बात तीरों द्वारा समझाई गयी है। अपनी राशि से इन राशियों में चन्द्रमा होने पर शुभ कार्य एवं यात्रा वर्जित हैं।

6. लिंगानुसार वर्गीकरण–(यह वर्गीकरण क्रूर, सौम्य एवं विषम-सम के समान है।)

(अ) पुरुष राशियां – मेष, मिथुन, सिंह, तुला, धनु व कुम्भ।

(ब) स्त्री राशियां – वृषभ, कर्क, कन्या, वृश्चिक, मकर व मीन।

पुरुष ग्रह पुरुष राशि में तथा स्त्री ग्रह स्त्री राशि में बलवान् होते हैं।

7. दिन-रात के अनुसार–

(अ) दिनबली – सिंह, कन्या, तुला, वृश्चिक, कुम्भ व मीन।

(ब) रात्रिबली – मेष, वृषभ, मिथुन, कर्क, धनु व मकर।

8. वश्यानुसार –

(अ) मानव (द्विपद)– मिथुन, कन्या, तुला, धनु का पूर्वार्द्ध तथा कुम्भ।

(ब) चतुष्पद – मेष, वृषभ तथा धनु का उत्तरार्द्ध तथा मकर का पूर्वार्द्ध।

(स) वनचर – सिंह।

(द) कीट – वृश्चिक।

(य) जलचर – कर्क, मकर का उत्तरार्द्ध तथा मीन।

उपर्युक्त में मैत्री, शत्रुता, भक्ष्य तथा वश्य होने के आधार पर मेलापक में गुण मिलाये जाते हैं। कुछ विद्वान् कर्क को कीट तथा धनुर्धर को पूर्ण मानव तथा मकर को पूर्ण जलचर मानते हैं।

9. अवधि के अनुसार – चालन (लग्न) के अनुसार राशियों का वर्गीकरण निम्नानुसार है।

(अ) लघु– मेष, वृषभ, कुम्भ व मीन – अवधि लगभग 4 घटी।

(ब) **मध्यम**– मिथुन, कर्क, धनु व मकर – अवधि लगभग 5 घटी।

(स) दीर्घ – सिंह, कन्या, तुला व वृश्चिक – अवधि लगभग 6 घटी।

10. स्थिरता के आधार पर–

(अ) चर– मेष, कर्क, तुला व मकर।

(ब) स्थिर– वृषभ, सिंह, वृश्चिक व कुम्भ।

(स) द्विस्वभाव– मिथुन, कन्या, धनु व मीन।

11. दृढ़ता के अनुसार–

(अ) दृढ़ – मेष, वृषभ, सिंह, तुला, मकर, कुम्भ व मीन।

(ब) मृदु – मिथुन व कर्क।

(स) कृश – कन्या व वृश्चिक।

12. पदानुसार–

(अ) **बहुपद** – वृश्चिक।

(ब) **चतुष्पद** – मेष, वृषभ, सिंह व मकर।

(स) **द्विपद** – मिथुन, कन्या, तुला व धनु।

(द) **अपद** – कर्क, कुम्भ व मीन।

13. रंग के अनुसार–

(i) **रक्त** – मेष

(ii) **श्वेत** – वृषभ, वृश्चिक

(iii) **हरित** – मिथुन

(iv) **पाटल** – कर्क

(v) **धूम** – सिंह व मीन

(vi) **पांडुरंग** – कन्या

(vii) **विचित्र** – तुला

(viii) **सुवर्ण** – धनु

(ix) **पीत** – मकर

(x) **कर्पूर** – कुम्भ

14. प्रकृति के अनुसार–

(अ) **उष्ण** – मेष, मिथुन, सिंह, तुला, धनु व कुम्भ।

(ब) **शीतल** – वृषभ, कर्क, कन्या, वृश्चिक, मकर व मीन।

15. धातु के अनुसार–

(अ) **पित्त** – मेष, सिंह व धनु।

(ब) **वायु** – वृषभ, कन्या व मकर।

(स) **समधातु** – मिथुन, तुला व कुम्भ

(य) **कफ** – कर्क, वृश्चिक व मीन।

16. आवास के अनुसार–

(अ) **पर्वत** – मेष, सिंह व धनु।

(ब) **वन** – मिथुन व तुला।

(स) **सम** – वृषभ, कन्या व कुम्भ

(य) **जल**–कर्क, वृश्चिक, मकर व मीन।

17. ऋतु के अनुसार–

(अ) **वसन्त** – मीन व मेष

(ब) **ग्रीष्म** – वृषभ व मिथुन

(स) **वर्षा** – कर्क व सिंह

(द) **शरद** – कन्या व तुला

(य) **हेमन्त**– वृश्चिक व धनु

(फ) **शिशिर** – मकर व कुम्भ

18. शारीरिक अंगों से सम्बन्ध के अनुसार–

(i) **सिर व चेहरा**– मेष

(ii) **गर्दन व गला** – वृषभ।

(iii) **कन्धा व बाहें**– मिथुन

(iv) **हृदय व छाती** – कर्क।

(v) **उदर** – सिंह

(vi) **नाभि** – कन्या

(vii) **वस्ति** – तुला

(viii) **जननेन्द्रियां** – वृश्चिक

(ix) **जांघें** – धनु।

(x) **घुटने** – मकर।

(xi) **पिण्डलियां** – कुम्भ।

(xii) **पैर** – मीन।

राश्यन्तर (भृकूट) – किसी भी राशि से 2, 5, 6, 8, 9 व 12वीं राशियों में मैत्री नहीं होती। शेष में मैत्री होती है। इस विषय को मेलापक अध्याय में समझाया जायेगा।

राशियों का वर्गीकरण

राशियां	मेष	वृषभ	मिथुन	कर्क	सिंह	कन्या	तुला	वृश्चिक	धनु	मकर	कुम्भ	मीन
1 स्वभाव	क्रूर	सौम्य	क्रूर	सौम्य	क्रूर	सौम्य	क्रूर	सौम्य	क्रूर	सौम्य	क्रूर	सौम्य
2 तत्त्व	अग्नि	पृथ्वी	वायु	जल	अग्नि	पृथ्वी	वायु	जल	अग्नि	पृथ्वी	वायु	जल
3 वर्ण	क्षत्रिय	वैश्य	शूद्र	विप्र	क्षत्रिय	वैश्य	शूद्र	विप्र	क्षत्रिय	वैश्य	शूद्र	विप्र
4 दिशा	पूर्व	दक्षिण	पश्चिम	उत्तर	पूर्व	दक्षिण	पश्चिम	उत्तर	पूर्व	दक्षिण	पश्चिम	उत्तर
5 लिंग	पुरुष	स्त्री	पुरुष	स्त्री	पुरुष	स्त्री	पुरुष	स्त्री	पुरुष	स्त्री	पुरुष	स्त्री
6 काल	रात्रि	रात्रि	रात्रि	रात्रि	दिन	दिन	दिन	दिन	रात्रि	रात्रि	दिन	दिन
7 वश्य	चतुष्पद	चतुष्पद	मानव	जलचर	वनचर	मानव	मानव	कीट	मानव चतुष्पद	चतुष्पद जलचर	मानव	जलचर
8 स्थिरता	चर	स्थिर	द्विस्वभाव	चर	स्थिर	द्विस्वभाव	चर	स्थिर	द्विस्वभाव	चर	स्थिर	द्विस्वभाव
9 दृढ़ता	दृढ़	दृढ़	मृदु	मृदु	दृढ़	कृश	दृढ़	कृश	दृढ़	दृढ़	दृढ़	दृढ़

राशियां	मेष	वृषभ	मिथुन	कर्क	सिंह	कन्या	तुला	वृश्चिक	धनु	मकर	कुम्भ	मीन
10 पद	चतुष्पद	चतुष्पद	द्विपद	अपद	चतुष्पद	द्विपद	द्विपद	बहुपद	द्विपद	चतुष्पद	अपद	अपद
11 अवधि	लघु	लघु	मध्यम	मध्यम	दीर्घ	दीर्घ	दीर्घ	दीर्घ	मध्यम	मध्यम	लघु	लघु
12 उदय	पृष्ठ	पृष्ठ	शीर्ष	पृष्ठ	शीर्ष	शीर्ष	शीर्ष	शीर्ष	पृष्ठ	पृष्ठ	शीर्ष	उभय
13 रंग	रक्त	श्वेत	हरित	पाटल	धूम	पांडुरंग	विचित्र	श्वेत	सुवर्ण	पीत	कर्पूर	धूम
14 प्रकृति	उष्ण	शीत	उष्ण	शीत	उष्ण	शीत	उष्ण	शीत	उष्ण	शीत	उष्ण	शीत
15 आवास	पर्वत	सम	वन	ज़ल	पर्वत	सम	वन	जल	पर्वत	जल	सम	जल
16 ऋतु	वसन्त	ग्रीष्म	ग्रीष्म	वर्षा	वर्षा	शरद	शरद	हेमन्त	हेमन्त	शिशिर	शिशिर	वसन्त
17 धातु	पित्त	वायु	समधातु	कफ	पित्त	वायु	सम धातु	कफ	पित्त	वायु	समधातु	कफ
18 अंग	सिर चेहरा	गर्दन गला	कन्धा बांहें	हृदय छाती	पेट	नाभि	वस्ति	जननेद्रियां	जांघ	घुटने	पिंडलियां	पैर
19 स्वामी	मंगल	शुक्र	बुध	चन्द्र	सूर्य	बुध	शुक्र	मंगल	गुरु	शनि	शनि	गुरु

राशियों के अनुसार ग्रहों के बल – एक ही ग्रह एक राशि में उच्च होता है, तो उससे सातवीं में नीच तथा अपनी स्वयं की राशि में स्वगृही होता है। यह एक बहुत ही महत्त्वपूर्ण विषय है, जिसे ग्रह प्रकरण में विस्तृत रूप से समझाया गया है।

उपर्युक्त वर्गीकरण को तात्कालिक सन्दर्भ हेतु संलग्न तालिका पृष्ठ 82-83 पर दर्शाया गया है।

*

ग्रह-परिचय

सौरमण्डल में बुध, शुक्र, पृथ्वी, मंगल, गुरु, शनि, अरुण (हर्शल), वरुण (नेपच्यून) तथा यम (प्लूटो) नौ ग्रह सूर्य की परिक्रमा करते हैं। जैसा कि ऊपर बताया गया है, पृथ्वी पर प्रभाव की दृष्टि से सूर्य और चन्द्रमा को भी ग्रह माना गया है। साथ ही राहु व केतु दो छाया ग्रह भी माने जाते हैं। अरुण, वरुण व यम की अधिकारपूर्ण फलादेश की जानकारी के अभाव में भारतीय ज्योतिष में इनका अभी कम महत्त्व है। इस प्रकार ज्योतिष में सूर्य, चन्द्रमा, मंगल, बुध, गुरु, शुक्र, शनि, राहु और केतु इन्हीं नौ ग्रहों को मान्यता दी गयी है।

प्रत्येक ग्रह का संक्षिप्त विवरण निम्नानुसार है :

1. सूर्य–सौर परिवार का केन्द्र सूर्य है। सभी ग्रह इसकी परिक्रमा करते हैं। इसका व्यास 14 लाख किलोमीटर है, जो पृथ्वी के व्यास का 109 गुना है। इसका आयतन पृथ्वी के आयतन से 13 लाख गुना तथा गुरुत्वाकर्षण 28 गुना है।

यह अपनी धुरी पर 25 दिन में परिभ्रमण करता है तथा आकाश गंगा की परिक्रमा 220 किलोमीटर प्रति सैकिण्ड की गति से 25 करोड़ वर्षों में करता है।

पृथ्वी एक वर्ष में सूर्य की परिक्रमा करती है। इस कारण सूर्य 1 दिन में 1° चलता हुआ माना जाता है। सूर्य के पृथ्वी के दीर्घ वृत्ताकार परिक्रमा मार्ग (कक्षा) के ठीक केन्द्र में न होने से तथा पृथ्वी की कीली झुकी होने से सूर्य की गति प्रतिदिन असमान रहती है। यह गति कम-से-कम 57 कला 10 विकला तथा अधिक-से-अधिक 61 कला 11 विकला प्रतिदिन होती है। सूर्य एक नक्षत्र पर लगभग 13½ दिन रहता है।

सूर्य आत्मा का अधिष्ठाता है। यह जीवनदाता है। सूर्य से आत्मा, पिता व लक्ष्मी का विचार किया जाता है। सूर्य के आधार पर ही मनुष्य का स्वभाव रहता है। सूर्य स्वास्थ्य, क्षमता, प्रताप, शक्ति एवं सामान्य प्रगति का द्योतक है। पद, राजकार्य व प्रसिद्धि का परिचायक है। सूर्य का रंग ताम्र, प्रकृति उष्ण, वर्ण क्षत्रिय, तत्त्व अग्नि तथा स्वभाव क्रूर है। यह एक सतोगुणी शुष्क पुरुष ग्रह है। यह ग्रीष्म ऋतु का स्वामी है। यह पूर्व दिशा तथा सिंह राशि का स्वामी है। यह पित्त का अधिपति है।

सूर्य लग्न से सप्तम स्थान पर बली तथा मेष, वृषभ, मिथुन, मकर, कुम्भ व मीन राशियों में चेष्टा बली है। चन्द्रमा, मंगल व गुरु सूर्य के मित्र, बुध सम तथा शुक्र व शनि शत्रु हैं। इसकी सातवीं दृष्टि पूर्ण होती है। सूर्य मेष राशि में 1° से 10° तक उच्च, परन्तु

10° पर परमोच्च तथा तुला राशि में 1° से 10° तक नीच, परन्तु 10° पर परमनीच होता है। यह सिंह राशि में 1° से 20° तक मूल त्रिकोण में माना जाता है। यह सदैव मार्गी रहता है।

2. चन्द्रमा–यह पृथ्वी का उपग्रह है। यह पृथ्वी से 3,84,000 किलोमीटर दूर है। इसका व्यास, 3,476 किलोमीटर है। इसकी गुरुत्वाकर्षण शक्ति पृथ्वी की तुलना में 1/6 है। चन्द्रमा अपनी धुरी पर परिभ्रमण करने के साथ-साथ पृथ्वी की भी परिक्रमा करता है तथा पृथ्वी के साथ सूर्य की परिक्रमा भी करता है। इस प्रकार चन्द्रमा की तीन प्रकार की गतियां हैं।

(i) परिभ्रमण गति– 27 दिन 7 घण्टे 43 मिनट 11.6 सैकिण्ड में यह अपनी धुरी पर पश्चिम से पूर्व परिभ्रमण करता है।

(ii) परिक्रमण गति– यह पृथ्वी की परिक्रमा भी 27 दिन 7 घण्टे 43 मिनट 11.6 सैकिण्ड में ही करता है। परिभ्रमण एवं परिक्रमण गति समान होने के कारण हम पृथ्वी पर से चन्द्रमा का एक ही भाग देख पाते हैं।

(iii) सूर्य सापेक्ष गति– जितने दिनों में चन्द्रमा पृथ्वी की परिक्रमा करता है, उतने समय में पृथ्वी भी अपने मार्ग पर आगे बढ़ जाती है, जिससे पृथ्वी की परिक्रमा पूर्ण करने में इसे लगभग सवा दो दिन और लग जाते हैं। अतः इस प्रकार पूरी परिक्रमा में 29 दिन 12 घण्टे 44 मिनट 2.9 सैकिण्ड का समय लग जाता है। इसके आधार पर एक चान्द्रमास 29½ दिन का तथा एक चान्द्रवर्ष 354 दिन का माना जाता है।

चन्द्रमा एक नक्षत्र पर लगभग 1 दिन तथा एक राशि पर सवा दो दिन रहता है। यह प्रतिदिन 12° पूर्व की ओर चलता है। इसी आधार पर सूर्य से प्रतिदिन 12° कोणात्मक दूरी बढ़ने के साथ 1 तिथि बढ़ती है। अमावस्या के दिन सूर्य और चन्द्रमा एक ही राशि व अंशों में रहते हैं तथा पूर्णिमा को ठीक 180° की दूरी पर। चन्द्रमा प्रतिदिन 12 × 4 = 48 मिनट विलम्ब से उदय होता है। इसीलिए दो चन्द्रोदयों के मध्य चन्द्र दिवस 24 घण्टे 48 मिनट 45.84 सैकिण्ड का होता है। कृष्ण पक्ष की षष्ठी से शुक्ल पक्ष की दशमी तक चन्द्रमा की आकृति आधे से कम दिखाई देने के कारण क्षीण चन्द्रमा कहलाता है। इसके विपरीत शुक्ल पक्ष की एकादशी से कृष्ण पक्ष की पंचमी तक पूर्ण चन्द्रमा कहलाता है। क्षीण चन्द्रमा पाप ग्रह तथा पूर्ण चन्द्रमा शुभ ग्रह माना जाता है।

चन्द्रमा का रंग श्वेत, तत्त्व जल, जाति वैश्य, प्रकृति नम, शीतल व कफ प्रधान है। यह सतोगुणी स्त्री ग्रह है। यह पश्चिमोत्तर दिशा तथा वर्षा ऋतु का स्वामी है।

पृथ्वी से निकटतम होने तथा तीव्र गति होने के कारण चन्द्रमा मनुष्य को सर्वाधिक प्रभावित करता है। यह मनुष्य के मन का स्वामी है। 'चन्द्रमा मनसो जातः'। मस्तिष्क, चित्त प्रवृत्ति, मानसिक रोग, कफजरोग, उदररोग का विचार चन्द्रमा से किया जाता है। चांदी, गन्ध, तरल पदार्थ, क्षार, कपास, दूध, मछली, जल, पौधे एवं पेय पदार्थ आदि चन्द्रमा के कार्यक्षेत्र में आते हैं। माता-पिता, सम्पत्ति, प्रसन्नता, राजानुग्रह आदि क्षेत्रों का विचार

चन्द्रमा से ही किया जाता है।

चन्द्रमा चतुर्थ स्थान का कारक है। यह कर्क राशि का स्वामी है। वृषभ राशि में 1° से 3° तक उच्च, परन्तु 3° पर परमोच्च, वृश्चिक राशि में 1° से 3° तक नीच, परन्तु 33° पर परमनीच होता है। चन्द्रमा वृषभ राशि में 3° से 30° तक मूल त्रिकोण में रहता है। इसकी पूर्ण दृष्टि सातवीं है। सूर्य, बुध चन्द्रमा के मित्र तथा मंगल, गुरु, शुक्र व शनि सम हैं, शत्रु कोई नहीं।

चन्द्रमा की गति– एक नक्षत्र का अंश मान 13° 20' है। यदि चन्द्रमा 24 घण्टे (60 घटी) में एक नक्षत्र को भोगता है, तो उसकी दैनिक गति 13° 20' हुई, परन्तु चन्द्रमा की गति भी असमान है। कभी किसी नक्षत्र को 55-56 घटी में पार कर लेता है, तो कभी 66-67 घटी भी लग जाते हैं। एक नक्षत्र के पार करने में चन्द्रमा को जितना समय लगता है, उसे नक्षत्र का भभोग या सर्वर्क्ष कहते हैं। जब किसी नक्षत्र का भभोग 60 घटी से अधिक होता है, तो चन्द्रमा की दैनिक गति 13° 20' से कम होगी। इसके विपरीत 60 घटी से कम भभोग होने पर गति 13° 20' से अधिक होगी।

उदाहरण – नक्षत्र भभोग 55 घटी व 25 पल, तो दैनिक गति 14° 26'

नक्षत्र भभोग 60 घटी, तो दैनिक गति 13° 20'

नक्षत्र भभोग 65 घटी 25 पल, तो दैनिक गति 12° 14'

चन्द्रोदय का समय– चन्द्रमा प्रतिदिन 12° पूर्व की ओर खिसकता है। अमुक दिन चन्द्रमा कब उदय होगा, यह निम्न सूत्र से ज्ञात किया जा सकता है।

वर्तमान तिथि को रात्रिमान से गुणा करें। शुक्ल पक्ष हो, तो गुणनफल में 2 जोड़ें कृष्ण पक्ष हो, तो 2 घटायें। शेष में 15 का भाग लगायें। लब्धि घटी-पल रात्रिमान व्यतीत होने पर (सूर्यास्त के पश्चात्) चन्द्रोदय होगा।

उदाहरण–कृष्ण पक्ष पंचमी को चन्द्रोदय ज्ञात करना है। दिनमान 32 घटी है।

अहोरात्र (–) दिनमान = रात्रिमान

60 घटी – 32 घटी = 28 घटी

रात्रिमान × वर्तमान तिथि = 28 × 5 = 140

कृष्ण पक्ष है। अतः 2 घटाने पर 140–2 = 138

15 का भाग लगाने पर 138 ÷ 15 = 9 घटी 12 पल

सूर्यास्त के 9 घटी 12 पल पश्चात् चन्द्रोदय होगा।

3. मंगल–मंगल पृथ्वी का निकटतम बाह्य पड़ोसी है। यह पृथ्वी से 5 करोड़ 45 लाख किलोमीटर दूर है। इसका व्यास 7,014 किलोमीटर है। यह अपनी धुरी पर 24 घण्टे 37 मिनट में एक चक्कर लगा लेता है, परन्तु सूर्य की परिक्रमा 687 दिन में करता है। इसके दो उपग्रह हैं।

मंगल एक राशि पर लगभग 1½ माह रहता है। इसका रंग अंगारे या रक्त की तरह लाल है। यह अग्नि तत्त्व, पित्त-प्रधान, तमोगुणी पुरुष पाप ग्रह है। यह दक्षिण दिशा

एवं ग्रीष्म ऋतु का स्वामी है। मंगल पराक्रम का अधिष्ठाता है। धैर्य, उत्साह एवं साहस का परिचायक है। यह एक शुष्क ग्रह है। पुत्र, भाई, बहन, रोग, गुण, क्रोध आदि का विचार मंगल से किया जाता है। आकांक्षाओं व इच्छाओं का विचार भी मंगल से किया जाता है। चीर-फाड़, घाव, चोरी, राजा, राज्य, शत्रु, मकान, भूमि, रसायन शास्त्र, युद्ध, पुलिस, दन्त चिकित्सा, चोट, जलना, रक्तपात आदि क्षेत्र मंगल से सम्बन्धित हैं।

सूर्य इसका परममित्र है। चन्द्रमा व गुरु मंगल के मित्र, शुक्र व शनि सम तथा बुध व राहु शत्रु हैं। मंगल तीसरे व छठे भाव का कारक है।

यह मेष तथा वृश्चिक राशि का स्वामी है। चौथी, सातवीं एवं आठवीं इसकी पूर्ण दृष्टि हैं। मकर के 28° तक उच्च, परन्तु 28° पर परमोच्च, कर्क के 28° तक नीच, परन्तु 28° पर परमनीच तथा मेष में 1° से 12° तक मूल त्रिकोण में रहता है।

4. बुध–बुध सौरमण्डल का सबसे छोटा तथा सूर्य से निकटतम ग्रह है। इसका व्यास 4,800 किलोमीटर है तथा यह सूर्य से 5 करोड़ 79 लाख किलोमीटर दूर है। इसका परिभ्रमण व परिक्रमण काल 88 दिन है। इसका कोई उपग्रह नहीं है। यह सूर्य से 2 घण्टे पूर्व (प्रातः) तथा 2 घण्टे बाद (सायं) क्षितिज पर रहता है, अर्थात् सूर्य की राशि से 1 राशि कम या 1 राशि अधिक तक ही रहता है। यह एक राशि पर लगभग 18 दिन से 1 माह तक रहता है।

बुध उत्तर दिशा एवं शरद ऋतु का स्वामी है। इसका रंग हरा व तत्त्व पृथ्वी है। यह रजोगुणी पुरुष नपुंसक ग्रह है। यह शूद्रों का स्वामी है। बुध स्वभावतः शुभ ग्रह है, परन्तु शुभ ग्रहों के साथ शुभ तथा अशुभ ग्रहों के साथ अशुभ फल देता है। यह नाभि प्रदेश तथा वात, पित्त एवं कफ का स्वामी है। गणित, ज्योतिष शास्त्र, चिकित्सा शास्त्र, शिल्प, क़ानून, वाणिज्य, व्यापार तथा चतुर्थ व दशम भाव का कारक है। गुप्त रोग, संग्रहणी, मूकता आदि रोगों का विचार बुध से किया जाता है।

सूर्य व शुक्र बुध के मित्र, मंगल, गुरु व शनि सम तथा चन्द्रमा शत्रु हैं। यह कन्या राशि में 1° से 15° तक उच्च, परन्तु 15° पर परमोच्च, मीन राशि में 1° से 15° तक नीच, परन्तु 15° पर परमनीच तथा कन्या राशि में 15° से 20° तक मूल त्रिकोण में रहता है। कन्या राशि में 20° से 30° तक तथा मिथुन राशि में स्वगृही होता है। यह मिथुन तथा कन्या राशियों का स्वामी है। इसकी सातवीं दृष्टि पूर्ण होती है।

5. गुरु (बृहस्पति)–सौरमण्डल का सबसे बड़ा ग्रह गुरु है। इसका व्यास 1,43,000 किलोमीटर है। यह सूर्य से 78 करोड़ किलोमीटर दूर है। इसका परिभ्रमण काल 9 घण्टे 55 मिनट तथा परिक्रमण काल 11.86 वर्ष है। इसके 14 उपग्रह हैं। यह इतना विशाल है कि सौरमण्डल के सभी ग्रह इसमें समा सकते हैं। यह एक राशि पर लगभग 13 माह तक रहता है।

गुरु पूर्वोत्तर दिशा व हेमन्त ऋतु का स्वामी है। इसका वर्ण ब्राह्मण व रंग चमकदार पीला है। तत्त्व आकाश है तथा यह सतोगुणी पुरुष ग्रह है। यह कफ एवं चरबी का अधिपति

तथा ज्ञान व सुख का अधिष्ठाता है। नाक का मध्य भाग, नेत्र, शरीर पुष्टि, रक्त नलिकाएं, लीवर, जांघें और सूजन का विचार गुरु से किया जाता है।

उच्च शिक्षा, विज्ञान, विदेश, सन्तान, पौत्र, यज्ञ, देवता, सवारी, धर्म, विद्या, सोना, गृहज्ञान एवं बुद्धि गुरु के क्षेत्र में आते हैं। यह द्वितीय, पंचम, नवम, दशम तथा एकादश भावों का कारक है। यह मनुष्य को परमार्थी बनाता है।

सूर्य, चन्द्र, मंगल गुरु के मित्र, शनि सम, बुध व शुक्र शत्रु हैं। गुरु धनु तथा मीन राशियों का स्वामी है। कर्क राशि में 1° से 5° तक उच्च, परन्तु 5° पर परमोच्च, मकर राशि में 1° से 5° तक नीच, परन्तु 5° पर परमनीच, धनु राशि में 1° से 10° तक मूल त्रिकोण में तथा धनु में ही 11° से 30° तक स्वगृही होता है। गुरु की पांचवीं, सातवीं व नौवीं दृष्टि पूर्ण होती हैं।

6. शुक्र– शुक्र सौरमण्डल का सबसे चमकीला ग्रह है। इसका व्यास 12,300 किलोमीटर है। इसका परिभ्रमण काल 243 दिन तथा परिक्रमण काल 225 दिन है। इसका एक दिन हमारे एक वर्ष से बड़ा होता है। इसे सूर्योदय से लगभग 4 घण्टे पूर्व अथवा सूर्यास्त के 4 घण्टे पश्चात् तक क्रमशः पूर्वी अथवा पश्चिमी क्षितिज पर देखा जा सकता है। इसीलिए इसे भोर का तारा या सन्ध्या का तारा कहा जाता है। यह सूर्य से अधिक-से-अधिक 2 राशि कम या 2 राशि अधिक ही रह पाता है। पृथ्वी की कक्षा के भीतरी भाग में होने के कारण शुक्र पर भी कलाएं होती हैं। यह पृथ्वी का निकटतम आन्तरिक पड़ोसी है। इसका कोई उपग्रह नहीं है।

यह एक राशि पर लगभग एक माह तक रहता है। शुक्र वात एवं कफ का अधिपति तथा काम का अधिष्ठाता है। इसका रंग उज्ज्वल, तत्त्व जल एवं वर्ण विप्र है। यह दक्षिण-पूर्व दिशा तथा वसन्त ऋतु का स्वामी है। यह एक रजोगुणी स्त्री ग्रह है। पैर तथा वीर्य इसके अधिकार में हैं। यह एक शुभ ग्रह है, परन्तु मनुष्य को स्वार्थी बनाता है।

विवाह, गान विद्या, कामेच्छा, काव्य, पुष्प, नेत्र, वाहन, स्त्री, बुद्धि, कविता, शारीरिक सुख, आभूषण एवं व्यापार, मामा, भाई एवं मित्र का विचार शुक्र से ही किया जाता है। शुक्र सातवें भाव का कारक है।

बुध एवं शनि शुक्र के मित्र, मंगल एवं गुरु सम तथा सूर्य एवं चन्द्र शत्रु हैं। शुक्र मीन राशि में 1° से 27° तक उच्च, परन्तु 27° पर परमोच्च, कन्या राशि में 1° से 27° तक नीच, परन्तु 27° पर परमनीच, तुला राशि में 1° से 5° तक मूल त्रिकोण में तथा तुला में ही 5° से 30° तक स्वगृही होता है। यह वृषभ तथा तुला राशियों का स्वामी है। इसकी सातवीं दृष्टि पूर्ण होती है।

7. शनि– शनि का व्यास 1,20,000 किलोमीटर, परिभ्रमण काल 10 घण्टे 38 मिनट तथा परिक्रमण काल 29.46 वर्ष है। शनि के चारों ओर 7 प्रकाशमान छल्ले हैं। शनि ग्रह से विचित्र संगीत की भिनभिनाहट की ध्वनि की खोज की गयी है। इसके 17 उपग्रह हैं। शनि एक राशि पर 2½ वर्ष रहता है।

शनि काला, तमोगुणी, वायु तत्त्व, स्त्री नपुंसक पाप ग्रह है। यह पश्चिम दिशा, संकर जातियों तथा शिशिर ऋतु का स्वामी है। यह एक ठण्डा व शुष्क ग्रह है। शनि अन्धकार, दुर्भाग्य, हानि तथा संकट का प्रतीक है, परन्तु इसके बलवान् होने पर ये विपत्तियां कम हो जाती हैं।

शनि वायु का अधिपति तथा विपत्ति का अधिष्ठाता है।

प्राचीनकाल में Satan (शैतान) या Satar (शातिर) के नाम पर इसका नाम Saturn (शनि) पड़ा है।

कान, दांत, अस्थियों, वायुरोग व स्नायु से सम्बन्धित रोगों का विचार शनि से किया जाता है। अंग्रेजी शिक्षा, आयु, जीवन, मृत्यु, शारीरिक बल, उदारता, विपत्ति, ऐश्वर्य, मोक्ष, ज़मीन-जायदाद, खानों तथा छठे, आठवें, दसवें व बारहवें भावों का कारक शनि है। बुध व शुक्र शनि के मित्र, गुरु सम तथा सूर्य, चन्द्र व मंगल शत्रु हैं। शनि तुला राशि में 1° से 20° तक उच्च, परन्तु 20° पर परमोच्च, मेष राशि में 1° से 20° तक नीच, परन्तु 20° पर परमनीच, कुम्भ राशि में 1° से 20° तक मूल त्रिकोण में व कुम्भ में ही 20° से 30° तक स्वगृही है। यह मकर एवं कुम्भ राशियों का स्वामी है। इसकी पूर्ण दृष्टि तीसरी, सातवीं तथा दसवीं हैं।

8. राहु– (Dragon's Head or Ascending Node of the Moon) चन्द्रमा की कक्षा पृथ्वी की कक्षा के साथ 5° का कोण बनाती हुई पृथ्वी की कक्षा को दो विपरीत स्थानों पर काटती है। इन दोनों कटान बिन्दुओं को ज्योतिष में छाया ग्रह माना गया है। जिस कटान बिन्दु से चन्द्रमा पृथ्वी के कक्षा तल से ऊपर आता है, वह राहु (Dragon's Head or Ascending Node of the Moon) कहलाता है, जिस कटान बिन्दु से चन्द्रमा पृथ्वी के कक्षा तल से नीचे उतरता है, वह केतु (Dragon's Tail या Descending Node of the Moon) कहलाता है। ये दोनों बिन्दु एक-दूसरे से 180° दूर हैं तथा विपरीत दिशा में सरकते हुए दिखाई देते हैं। ये 18 वर्ष में पुनः उसी स्थान पर आ जाते हैं। पृथ्वी, चन्द्रमा व सूर्य के इन बिन्दुओं की सीध में आने तथा 5° के कोण का अन्तर कम हो जाने पर ग्रहण होते हैं। इसीलिए कहा जाता है कि राहु चन्द्रमा को ग्रसता है। राहु तमोगुणी, कृष्ण वर्ण तथा पाप ग्रह है। यह कुण्डली में जिस स्थान पर बैठता है, उसकी प्रगति को रोकता है। राहु मद का अधिष्ठाता है। उदर से भी इसका सम्बन्ध है।

राहु लगभग 18 माह तक एक ही राशि पर रहता है। यह सदैव वक्री रहता है, अर्थात् कर्क से मिथुन, मिथुन से वृषभ की ओर चलता है तथा प्रत्येक राशि में इसके अंश कम होते जाते हैं। मिथुन राशि में उच्च, 20° पर परमोच्च, धनु राशि में नीच, 20° पर परमनीच तथा कुम्भ के 6° तक मूल त्रिकोण में होता है। शुक्र तथा शनि राहु के मित्र तथा सूर्य, चन्द्रमा व मंगल शत्रु हैं। इसकी पूर्ण दृष्टि पांचवीं, सातवीं, नौवीं व बारहवीं हैं।

9. केतु (Dragon's Tail or Descending Node of the Moon) केतु सदैव राहु से ठीक 180° दूर रहता है। इसके अंश, कला व विकला समान रहते हैं। केतु धब्बेदार काले रंग का तमोगुणी पाप ग्रह है। हाथ, पैर, पेट व चर्म रोगों का विचार केतु से किया जाता है। केतु धनु राशि में उच्च, 20° पर परमोच्च, मिथुन राशि में नीच, 20° पर परम नीच तथा सिंह राशि

नैसर्गिक मित्रामित्रता तथा दृष्टि सम्बन्ध

नैसर्गिक मित्रामित्रता				दृष्टि सम्बन्ध			
	मित्र	सम	शत्रु	पूर्ण	त्रिपाद 3/4	अर्द्ध 1/2	एकपाद 1/4
1 सूर्य	चं.म.गु.	बुध	शु.श.रा.	7	4,8	5,9	3,10
2 चन्द्रमा	सू. बु.	मं.गु.शु.श.	—	7	4,8	5,9	3,10
3 मंगल	सू.चं.गु.	शु.श.रा.	बु.	4,7,8	—	5,9	3,10
4 बुध	सू.शु.	मं.गु.श.रा.	चं.	7	4,8	5,9	3,10
5 गुरु	सू.चं.मं.	श.रा.	बु.शु.	5,7,9	4,8	—	3,10
6 शुक्र	बु.श.रा.	मं.गु.	सू.चं.	7	4,8	5,9	3,10
7 शनि	बु.शु.रा.	गु.	सू.चं.मं.	3,7,10	4,8	5,9	—
8 राहु	शु.श.बु.	गु.बु.	सू.चं.मं.	5,7,9,12	—	2,10	3,6
9 केतु	सू.चं.मं.	गु.बु.	शु.श.	—	—	—	—

नोट–मतान्तर से केतु की दृष्टि भी राहु के समान ही मानी गयी है।

ग्रह तालिका–1 (उच्च, नीच, मूल त्रिकोण, स्वगृही)

राशि विशेषता	उच्च राशि		मूल त्रिकोण		नीच राशि		स्वामी
ग्रह	राशि	अंश	राशि	अंश	राशि	अंश	स्वगृही
1 सूर्य	मेष	10° तक	सिंह	1° से 20°	तुला	10° तक	सिंह 21° से 30°
2 चन्द्रमा	वृषभ	3° तक	वृषभ	4° से 30°	वृश्चिक	3° तक	कर्क 1° से 30°
3 मंगल	मकर	28° तक	मेष	1° से 18°	कर्क	28° तक	मेष 19° से 30° वृश्चिक 1° से 30°
4 बुध	कन्या	15° तक	कन्या	16° से 20°	मीन	15° तक	मिथुन 1° से 30° कन्या 21° से 30°
5 गुरु	कर्क	5° तक	धनु	1° से 13°	मकर	5° तक	धनु 14° से 30° मीन 1° से 30°
6 शुक्र	मीन	27° तक	तुला	1° से 10°	कन्या	27° तक	वृषभ 1° से 30° तुला 11° से 30°
7 शनि	तुला	20° तक	कुम्भ	1° से 20°	मेष	20° तक	मकर 1° से 30° कुम्भ 21° से 30°
8 राहु	मिथुन	20° तक	कुम्भ	–	धनु	20° तक	कन्या 1° से 30°
9 केतु	धनु	6° तक	सिंह	–	मिथुन	6° तक	मीन 1° से 30°

ग्रह तालिका–2 (वर्गीकरण)

आधार \ ग्रह	सूर्य	चन्द्रमा	मंगल	बुध	गुरु	शुक्र	शनि	राहु	केतु
1 रंग	ताम्र (रक्त)	श्वेत	लाल	हरित	पीला	उज्ज्वल	काला	काला	धब्बेदार काला
2 प्रकृति	उष्ण	शीतल, नम	शुष्क	नम	नम	नम	शुष्क	–	–
3 तत्त्व	अग्नि	जल	अग्नि	पृथ्वी	आकाश	जल	वायु	–	–
4 वर्ण	क्षत्रिय	वैश्य	क्षत्रिय	शूद्र	विप्र	विप्र	वर्णसंकर	–	–
5 लिंग	पुरुष	स्त्री	पुरुष	पुरुष नपुंसक	पुरुष	स्त्री	स्त्री नपुंसक	–	–
6 गुण	सतोगुण	सतोगुण	तमोगुण	रजोगुण	सतोगुण	रजोगुण	तमोगुण	तमोगुण	तमोगुण
7 शुभाशुभत्व	क्रूर	क्षीण पाप पूर्ण शुभ	पाप	शुभ	शुभ	शुभ	पाप	पाप क्रूर	पाप क्रूर

ग्रह / आधार	सूर्य	चन्द्रमा	मंगल	बुध	गुरु	शुक्र	शनि	राहु	केतु
8 ऋतु	ग्रीष्म	वर्षा	ग्रीष्म	शरद	हेमन्त	वसन्त	शिशिर	–	–
9 दिशा	पूर्व	उ. पश्चिम	दक्षिण	उत्तर	उ. पूर्व	द. पूर्व	पश्चिम	दक्षिण	–
10 धातु	स्वर्ण	रजत	स्वर्ण	कांस्य	हीरा	रजत	लौह	लौह	लौह
11 रस	तिक्त	क्षार	कटु	सर्वरस	मधुर	अम्ल	कषाय	कषाय	कषाय
12 एकराशि पर	1 माह	2¼ दिन	डेढ़ माह	1 माह	13 माह	1 माह	2½ वर्ष	1½ वर्ष	1½ वर्ष
13 भावकारक	1,9,10	4	3,6	4,10	2,5,9,10,11	7	6,8,10,12	–	–
14 अधिष्ठाता	आत्मा	मन	पराक्रम	वाणी	सुखज्ञान	काम	संकट	मद	–
15 अधिपति	पित्त	कफ	पित्त	वात पित्त कफ	कफ पित्त चरबी	वात कफ वीर्य	पाप	उदरवायु	चर्म उदरवायु

में 6° तक मूल त्रिकोण में होता है। यह भी राहु की तरह वक्री ग्रह है। सिरविहीन होने के कारण यह दृष्टिविहीन भी है। कुछ विद्वान् राहु की दृष्टि के समान ही केतु की दृष्टि भी मानते हैं।

नवीन ग्रह—उपर्युक्त ग्रहों के अतिरिक्त सन् 1701 में यूरेनस (अरुण), 1846 में नेप्च्यून (वरुण) तथा 1930 में प्लूटो (यम) ग्रहों की खोज हुई।

अरुण सूर्य की परिक्रमा 84 वर्ष में, वरुण 165 वर्ष में तथा यम 245 वर्षों में करते हैं। सन् 1987 में एक और नये ग्रह की खोज हो गयी है। इसका नाम अभी ओ॰ के॰ (आब्जेक्टो कोबाल) रखा गया है। इसका परिक्रमण काल 700 वर्ष है। उपर्युक्त नये ग्रहों के विषय में अभी भारतीय ज्योतिष में ज्ञान की कमी है। भविष्य में इनके भी ज्योतिष में महत्त्वपूर्ण बन जाने की आशा की जा सकती है। *

द्वादश भाव

कुण्डली में 12 खाने, कोष्ठक या घर होते हैं। इन 12 घरों को भाव कहा जाता है। इन भावों को 1 से 12 तक क्रम संख्या दी गयी है। आगे केन्द्र में क्रमांक 1 से बायीं ओर आरोही क्रम में ये संख्याएं होती हैं।

द्वादश भाव चक्र

सूर्य
उदय (पूर्व)
सूर्य
2 धन
12 व्यय
3 सहज
1 तनु
11 आय
अर्द्धरात्रि (उत्तर)
4 सुहृद
पृथ्वी
10 कर्म
मध्याह्न (दक्षिण)
5 सुत
9 धर्म
7 जया
6 रिपु
8 मृत्यु
सूर्य
अस्त (पश्चिम)
सूर्य

रेखाचित्र 6/6

जिस समय किसी बालक का जन्म हो या कोई प्रश्न पूछा जाये या कोई घटना घटित हो, उस समय का आकाशीय मानचित्र ही कुण्डली है। इस कुण्डली के मध्य में पृथ्वी है। इसको घेरे हुए आकाश वृत्त को बारह बराबर भागों (30° प्रत्येक) में विभाजित किया गया है। चूंकि राशि भी बारह ही होती हैं और वे भी 30°- 30° के कोणात्मक मान की होती हैं, इसलिए यह नहीं समझना चाहिए कि भाव राशियों को ही दर्शाते हैं। इनकी क्रम संख्या सदैव स्थायी रहती

है, जो पूर्वी क्षितिज से घड़ी की विपरीत दिशा में 1 से 12 तक होती है।

प्रथम भाव पूर्वी क्षितिज है, तो सप्तम भाव पश्चिमी क्षितिज है, चतुर्थ भाव अर्द्धरात्रि (उत्तर) है, तो दशम भाव मध्याह्न (दक्षिण) है। पृथ्वी की परिभ्रमण दिशा पश्चिम से पूर्व है। अतः सूर्य की गति पूर्व से पश्चिम होती है, जैसा कि उपर्युक्त रेखाचित्र में दिखाया गया है। सूर्य प्रातः पूर्वी क्षितिज पर उदय होकर द्वादश व एकादश भावों पर से गुज़रता हुआ दशम स्थान (मध्याह्न) पर पहुंचता है। सूर्यास्त के समय यह सप्तम भाव पर रहता है तथा षष्ठ व पंचम भाव पर होता हुआ अर्द्धरात्रि को चतुर्थ भाव पर और उसके पश्चात् तृतीय व द्वितीय भावों पर से होता हुआ अगले दिन प्रातः पूर्वी क्षितिज (प्रथम भाव) पर पहुंच जाता है। सूर्य की यह दैनिक यात्रा पृथ्वी तथा ग्रहों की यात्रा से विपरीत है।

ग्रह वास्तव में मेष से वृषभ, वृषभ से मिथुन आदि क्रम में भ्रमण करते हैं, परन्तु पृथ्वी की परिभ्रमण गति के कारण वे भी सूर्य की भांति उदय व अस्त होते दिखाई देते हैं। राशियों की क्रम-व्यवस्था भी पश्चिम से पूर्व की ओर आरोही क्रम में है, परन्तु पृथ्वी के परिभ्रमण के कारण एक के बाद एक राशि रात्रि में पृथ्वी की आड़ में से निकलकर पूर्वी क्षितिज पर उदय होती रहती है तथा पश्चिम में अस्त होती रहती है।

यद्यपि भावों की क्रम संख्या लग्न 1 से 12 तक निश्चित है, तथापि जन्म के समय जिस राशि के तारे पूर्वी क्षितिज पर होते हैं, उसी राशि की क्रम संख्या लग्न 1 में लिखकर बायीं ओर आरोही क्रम में राशियों की क्रम संख्या लिखते जाते हैं। भावों की संख्या लिखी नहीं जाती, केवल स्थायी रूप से याद रखी जाती है।

उदाहरण–मान लीजिये एक बालक का जन्म कर्क लग्न में हुआ है, अर्थात् उसके जन्म के समय कर्क राशि के तारे पूर्वी क्षितिज पर थे, तो उसकी कुण्डली निम्न प्रकार होगी।

भावों का वर्गीकरण

पणफर अनुपचय 5
आपोक्लिम त्रिक अनुपचय 3
उपचय आपोक्लिम 6
लग्न 4 केन्द्र अनुपचय त्रिकोण
पणफर उपचय 2
केन्द्र अनुपचय 7
केन्द्र उपचय 1
त्रिकोण पणफर अनुपचय 8
केन्द्र अनुपचय 10
नवम आपोक्लिम अनुपचय 12
9 त्रिक उपचय आपोक्लिम
11 पणफर त्रिक अनुपचय

इस कुण्डली में भावों के क्रमांक तो वही रहेंगे, परन्तु लग्न में कर्क, द्वितीय भाव में सिंह, तृतीय में कन्या, चतुर्थ भाव में तुला, पंचम में वृश्चिक, षष्ठ में धनु, सप्तम में मकर, अष्टम में कुम्भ, नवम में मीन, दशम में मेष, एकादश में वृषभ और द्वादश भाव में मिथुन राशियां स्थापित की गई हैं।

भावों का वर्गीकरण

(1) **केन्द्र**– लग्न (1), चतुर्थ, सप्तम व दशम घर केन्द्र कहलाते हैं।

(2) **त्रिकोण**–पंचम व नवम घर को त्रिकोण कहते हैं। लग्न त्रिकोण भी है।

(3) **पणफर**–द्वितीय, पंचम, अष्टम तथा एकादश घर पणफर कहलाते हैं।

(4) **आपोक्लिम**–तृतीय, षष्ठ, नवम तथा द्वादश भाव आपोक्लिम कहलाते हैं।

(5) **त्रिक**–षष्ठ, अष्टम व द्वादश भावों को त्रिक (दुःस्थान) कहते हैं।

(6) **उपचय**–तृतीय, षष्ठ, दशम व एकादश भाव उपचय कहलाते हैं।

(7) **अनुपचय**–प्रथम, द्वितीय, चतुर्थ, पंचम, सप्तम, अष्टम, नवम व द्वादश भावों को अनुपचय कहते हैं।

इस वर्गीकरण को ही पृष्ठ 97 पर दी गयी कुण्डली में दर्शाया गया है।

द्वादश भाव विवरण–प्रत्येक भाव मानव जीवन के विभिन्न पहलुओं का परिचायक है। प्रत्येक भाव के पर्यायवाची नाम तथा उनसे विचार किये जाने वाले विषयों का विवरण निम्नानुसार है :

1. **प्रथम भाव**–(तनु, लग्न, आत्मा, शरीर, होरा, उदय, आद्य, केन्द्र) विचारणीय विषय–शरीर, रूप, ज्ञान, बल, सुख, स्वभाव, यश, गौरव, नम्रता, आयु, विवेक, शीतलता और मस्तिष्क।
2. **द्वितीय भाव**–(धन, द्रव्य, अर्थ, वित्त, कृषि, वाणी, नयन, मुक्ति) विचारणीय विषय–धन, धान्य, कुटुम्ब, मृत्यु, अमित्र, धातु, सम्पत्ति, रत्न, वाणी, विद्या, सच-झूठ, क्रय-विक्रय, दानशीलता, हठ, जिह्वा, नेत्र, कुल, कान, सौन्दर्य, गान, प्रेम, सन्तान, आभूषण, संस्कार, भक्ति, पड़ोसी, आजीविका, लेन-देन तथा नष्ट वस्तु का आगमन।
3. **तृतीय भाव**–(सहज, पराक्रम, भ्रातृ, वीर्य, धैर्य, विक्रम) विचारणीय विषय–पराक्रम, नौकर, भाई-बहन, उपदेश, यात्रा, माता-पिता की मृत्यु, साहस, दमा, (खांसी, श्वास), गायन, स्वप्न विद्या, सन्तोष, धर्म, देवस्थान, उद्योग, गुप्त शत्रु तथा महत्त्वाकांक्षा।
4. **चतुर्थ भाव**–(सुख, मित्र, माता, विद्या, वाहन, पाताल, कंटक) विचारणीय विषय–माता-पिता, बन्धु, सवारी, सुख, निधि, खेल, मकान, विद्या, गड़ा धन, यश, मातृ-धन, मृतक का धन, चौपाये, मित्र, दया, उदररोग, परोपकार, कपट व छल।
5. **पंचम भाव**–(पुत्र, सन्तान, बुद्धि, विद्या, आत्मज, वाणी, भक्ति) विचारणीय विषय–मन्त्र, यन्त्र, विद्या, बुद्धि, पुस्तक-लेखन, पुत्र-पुत्री, विनय, नीति, व्यवस्था, देवभक्ति, पदच्युत होना, अनायास धन-प्राप्ति, यश, गर्भाशय, आगमन, स्नेह, दत्तक,

मंगल कार्य, प्रसन्नता, लिंग, आश्चर्य के कार्य, शिल्प, मादक पदार्थ, उद्योग, व्यापार का यश, मातृ-धन, राजा द्वारा लाभ।

6. **षष्ठ भाव**–(रिपु, शत्रु, रोग, अर्श, मातुल, शस्त्र, भय) विचारणीय विषय–शत्रु, मामा, मौसी, रोग, व्रण, सौतेली मां, नौकरी, बदनामी, मूत्ररोग, भाइयों से मतभेद, भोजन, गुप्त शत्रु, दोष, शोक, याचना, सन्तोष, चोरी, नाभि, उदर, पैर।

7. **सप्तम भाव**–(जया, काम, सौभाग्य, मित्र, भार्या, अस्त) विचारणीय विषय–स्त्री, पति, विवाह, यात्रा, व्यापार, पत्नियों की संख्या, साझेदारी, मृत्यु, स्वास्थ्य, काम-चिन्ता, मैथुन, जनेन्द्रियां, झगड़े, बवासीर, गुर्दे, अण्डकोष, विजय, प्रत्यक्ष शत्रु, स्थानान्तरण, वैद्यक।

8. **अष्टम भाव**–(जीवन, मृत्यु, आयु, रन्ध्र, नाश) विचारणीय विषय–आयु, जीवन, मृत्यु, ऋण, शत्रु, वसीयत से प्राप्त धन, क्लेश, स्त्रियों का सौभाग्य, पराजय, स्त्री का धन, मानसिक चिन्ता, समुद्री यात्रा, अपयश, फ़ौजदारी, सट्टा या लाटरी से अकस्मात् लाभ, दरिद्रता, आलस्य, दुर्नीति, मृत्यु का कारण।

9. **नवम भाव**–(धर्म, भाग्य, पुण्य, मुक्ति, शुभ, तप, गुरु) विचारणीय विषय–भाग्य, तीर्थयात्रा, गुरु, आचार्य, साला, तपस्या, पुण्य, पिता का धन, धनदान, सवारी, वैभव, राज्याभिषेक, नम्रता, भाग्योदय, शील, विद्या, व्यभिचार, सदाचार, पतिधर्म, देवपूजा, विश्वास, संन्यास, समाजसेवा, मुद्रण कला, विदेश यात्रा, स्वप्न, शिक्षा, पूर्वाभास, अन्तर्ज्ञान (Intuition), लीवर व जंघा।

10. **दशम भाव**–(कर्म, मान, आशा, व्योम, मध्य, ख, नभ, केन्द्र) विचारणीय विषय–राज्य कर्म, व्यवसाय, सम्मान, पिता, ऋण, पद-प्राप्ति, आज्ञा, राज्यपक्ष, यश, देवता, सवारी, प्रतिष्ठा, प्रभुता, अधिकार, ऐश्वर्यभोग, कीर्तिलाभ, नेतृत्व, मुद्रण कला, घुटने।

11. **एकादश भाव**–(लाभ, आय, उत्तम, उपान्त्य) विचारणीय विषय–आय, लाभ, पुत्रवधू, बुद्धि, आशाएं और इच्छाएं, प्रशंसा, ज्येष्ठ भ्राता, चाचा, विशिष्ट सम्मान, अभीष्ट प्राप्ति, गज, अश्व, रत्न, मांगलिक कार्य, सम्पत्ति, ऐश्वर्य, मित्र, सिद्धि, भाग्य, न्यायकर्ता, ईश्वर, सत्य, शान्ति, नवीन योजना, पिता का धन, माता की मृत्यु, पुत्र का शत्रु, टखना, पिंडली।

12. **द्वादश भाव**–(व्यय, अन्त्य, अन्तिम) विचारणीय विषय–व्यय, शत्रुओं का वृत्तान्त, गुप्त शत्रु, वाम नेत्र, त्याग, क्रोध, दुःख, सी॰आई॰डी॰, चुगलख़ोरी, दरिद्रता, पाप, शयन सुख, विदेश, पशु, उद्योग नाश, ऋण, खून, आत्महत्या, जेलखाना, बन्धन-मुक्ति, राज्यसम्मान, चरण व नेत्र।

उपर्युक्त द्वादश भावों से सम्बन्धित विचारणीय विषयों के आधार पर इन भावों के कारक ग्रह आगे समझाये जा रहे हैं :

भाव	कारक ग्रह	भाव	कारक ग्रह
1 प्रथम	सूर्य	7 सप्तम	शुक्र
2 द्वितीय	गुरु	8 अष्टम	शनि
3 तृतीय	मंगल	9 नवम	सूर्य, गुरु
4 चतुर्थ	चन्द्रमा, बुध	10 दशम	सूर्य, गुरु, बुध, शनि
5 पंचम	गुरु	11 एकादश	गुरु
6 षष्ठ	शनि, मंगल	12 द्वादश	शनि

कारक ग्रह

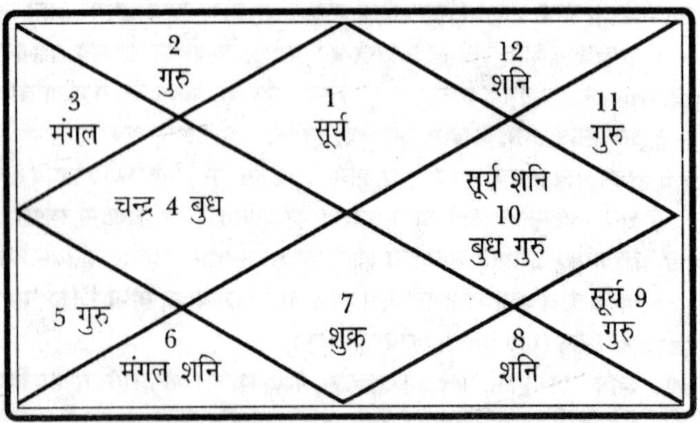

भावेश या भाव का स्वामी–जिस भाव में जो राशि होती है, उस राशि का स्वामी उस भाव का स्वामी या भावेश कहलाता है। यह एक बहुत महत्त्वपूर्ण विषय है। अतः इसे अच्छी तरह से समझ लेना चाहिए। विभिन्न भावों से सम्बन्धित फलादेश इस बात पर बहुत कुछ

भावेश

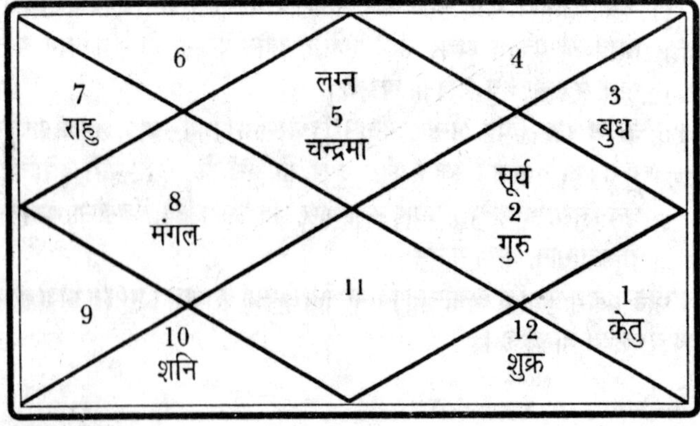

निर्भर करता है कि उस भाव का स्वामी किस भाव में है या उस भाव में किस भाव का स्वामी स्थित है।

इसे एक काल्पनिक कुण्डली के माध्यम से स्पष्ट किया जा रहा है। इस कुण्डली में लग्न में सिंह राशि है। चन्द्रमा भी लग्न में है। अतः इस व्यक्ति की जन्मराशि सिंह है।

इस कुण्डली के विभिन्न भावेश निम्न प्रकार से हैं :

1. प्रथम भाव (राशि सिंह)–लग्नेश सिंह राशि का स्वामी सूर्य है, जो वृषभ राशि में शुक्र के घर में दशम भाव में है।

2. द्वितीय भाव (राशि कन्या)–द्वितीयेश या धनेश कन्या राशि का स्वामी बुध है, जो मिथुन राशि का होकर एकादश स्थान में स्वगृही है।

3. तृतीय भाव (राशि तुला)–तृतीयेश तुला राशि का स्वामी शुक्र है, जो मीन राशि का होकर गुरु के घर में अष्टम भाव में पड़ा है।

4. चतुर्थ भाव (राशि वृश्चिक)–चतुर्थेश या सुखेश वृश्चिक राशि का स्वामी मंगल वृश्चिक राशि में तथा चतुर्थ स्थान में ही है। अतः स्वगृही है।

5. पंचम भाव (राशि धनु)–पंचमेश धनु राशि का स्वामी गुरु है, जो वृषभ राशि में शुक्र के घर में दशम भाव में है।

6. षष्ठ भाव (राशि मकर)–षष्ठेश मकर राशि का स्वामी शनि है, जो मकर राशि का (स्वगृही) होकर षष्ठ भाव में ही बैठा है।

7. सप्तम भाव (राशि कुम्भ)–सप्तमेश कुम्भ राशि का स्वामी शनि है, जो मकर राशि का षष्ठ होकर भाव में स्वराशिस्थ है।

8. अष्टम भाव (राशि मीन)–अष्टमेश मीन राशि का स्वामी गुरु है, जो वृषभ राशि का होकर शुक्र के घर दशम भाव में है।

9. नवम भाव (राशि मेष)–नवमेश मेष राशि का स्वामी मंगल, वृश्चिक राशि का होकर स्वयं के घर चतुर्थ स्थान में बैठा है।

10. दशम भाव (राशि वृषभ)–दशमेश वृषभ राशि का स्वामी शुक्र है, जो मीन राशि में गुरु के घर अष्टम भाव में है।

11. एकादश भाव (राशि मिथुन)–एकादशेश मिथुन राशि का स्वामी बुध है, जो अपनी ही राशि और अपने ही घर में है।

12. द्वादश भाव (राशि कर्क)–द्वादशेश कर्क राशि का स्वामी चन्द्रमा है, जो सिंह राशि में सूर्य के घर लग्न में बैठा है। राहु तुला राशि में तृतीय भाव में तथा केतु मेष राशि में नवम त्रिकोण में है।

इस प्रकार भाव, भाव-राशि, भावेश तथा भावेश की स्थिति आदि के आधार पर ही फलादेश किया जाना चाहिए।

भावेश-शुभाशुभता–भावेश के रूप में ग्रहों की शुभाशुभता निम्नानुसार होती है।

1. पंचम व नवम त्रिकोण के स्वामी (कोई भी ग्रह हों) शुभ होते हैं। पंचमेश की अपेक्षा

नवमेश अधिक बलवान् होता है।

2. तृतीय, षष्ठ व एकादश भावों के स्वामी यदि पाप ग्रह हों, तो शुभ फल नहीं देते। शुभ ग्रह हों, तो सामान्य शुभ फल देते हैं।

3. शुभ ग्रह चतुर्थ, सप्तम व दशम भावों के स्वामी (केन्द्रेश) हों, तो शुभ फल नहीं देते। इसके विपरीत पाप ग्रह उपर्युक्त भावों के स्वामी हों, तो अशुभ फल नहीं देते। लग्नेश सदैव ही शुभ माना गया है।

4. चतुर्थेश से सप्तमेश तथा सप्तमेश से दशमेश अधिक बलवान् होता है।

5. गुरु, शुक्र, बुध व चन्द्रमा यदि केन्द्रेश हों, तो पापी ग्रह कहलाते हैं।

6. मंगल व शनि केन्द्रेश होने के साथ-साथ पंचम व नवम (त्रिकोण) के स्वामी भी हों, तो अपेक्षाकृत शुभ होते हैं, परन्तु केन्द्रेश होने के साथ-साथ तृतीय, षष्ठ, अष्टम व एकादश भाव के स्वामी भी हों, तो अशुभ होते हैं।

उदाहरण–(1) कर्क लग्न में मंगल पंचम (त्रिक) व दशम (केन्द्र) का स्वामी है। अतः शुभ है। (2) कुम्भ लग्न में मंगल तृतीय व दशम (केन्द्र) का स्वामी है। अतः अशुभ है। (3) वृषभ लग्न में शनि नवम (त्रिकोण) व दशम (केन्द्र) का स्वामी है। अतः शुभ है। (4) मेष लग्न में शनि दशम (केन्द्र) व एकादश का स्वामी है। अतः अशुभ है। (5) कर्क लग्न में शनि अष्टम व सप्तम (केन्द्र) का स्वामी है। अतः अशुभ है।

7. यदि सूर्य अथवा चन्द्रमा को छोड़कर अन्य ग्रह अष्टमेश हों, तो अनिष्टकारक होते हैं। अष्टम भाव नवम भाव (भाग्य स्थान) से द्वादश (व्यय) भाव होता है। अतः भाग्य का व्यय करता है, परन्तु यदि अष्टमेश लग्नेश भी हो, तो शुभ होता है। जैसे, मेष लग्न की कुण्डली में मंगल लग्नेश होने के साथ अष्टमेश भी है।

8. शुभ ग्रह त्रिकोण (5, 9) के साथ-साथ 3, 6 व 11 का स्वामी (त्रिषडायपति) भी हो, तो शुभ रहेगा। जैसे, कर्क लग्न वाली कुण्डली में गुरु 6ठे व 9वें भाव का स्वामी है। इसके विपरीत शुभ ग्रह केन्द्र (4, 7 व 10) का स्वामी होने के साथ-साथ 3, 6 या 11 का भी स्वामी हो, तो अशुभ होगा। जैसे, सिंह लग्न वाली कुण्डली में शुक्र तीसरे व दशम (केन्द्र) का स्वामी है। अतः अशुभ है।

9. षष्ठ, अष्टम व द्वादश भावों (त्रिक) के स्वामी जिस भाव में होते हैं, उस भाव के प्रभाव को बिगाड़ते हैं। 6, 8 या 12वें भाव में जिस भाव के स्वामी बैठते हैं, उन भावों का फल अशुभ होता है।

उदाहरण :

(i) कर्क लग्न की कुण्डली में पंचम भाव का स्वामी, मंगल अष्टम में हो।

(ii) मिथुन लग्न की कुण्डली में अष्टम भाव का स्वामी शनि सप्तम में हो।

(iii) सिंह लग्न की कुण्डली में षष्ठ भाव का स्वामी शनि पंचम में हो। पंचम में सन्तान सुख व सप्तम में पत्नी सुख बिगड़ेगा।

*

पंचांग

समय के किसी भाग को व्यक्त करने के लिए वार, तिथि, नक्षत्र, योग एवं करण का प्रयोग किया जाता है। जिस पुस्तिका में काल के उपर्युक्त पांचों अंगों की जानकारी होती है उसे पंच + अंग = पंचांग कहते हैं। जन्त्रियां व एफ़ेमरीज़ भी इसी उद्देश्य की पूर्ति करते हैं। भारतीय ज्योतिष में मुहूर्त, व्रत, संस्कार, त्योहार तथा जन्मपत्र निर्माण में उपर्युक्त इन कालांगों का अत्यधिक महत्त्व है।

1. वार—एक सप्ताह में सात वार होते हैं। इनके नाम क्रमशः रविवार, सोमवार, मंगलवार, बुधवार, गुरुवार, शुक्रवार एवं शनिवार हैं। अंग्रेज़ी में भी वारों के नाम इसी क्रम में हैं। अन्तर यह है कि अंग्रेज़ी व्यवस्था में रात्रि के 12 बजे (00 बजे) वार बदल जाता है, परन्तु भारतीय ज्योतिष में सूर्योदय से अगले सूर्योदय तक एक ही वार रहता है। सूर्योदय के 1 मिनट पूर्व भी यदि किसी बालक का जन्म हो, तो वार तथा तिथि पिछली ही रहती है, जबकि अंग्रेज़ी तारीख बदल जाती हैं।

वारों का क्रम निर्धारण—वार की अवधि 24 घण्टे या 60 घटी होती है। इस अवधि को एक अहोरात्र कहते हैं। भारतीय ज्योतिष में 'होरा' शब्द Hour या घण्टे का पर्यायवाची है। एक अहोरात्र में 24 घण्टे या 24 होरा होते हैं। इनमें से प्रत्येक होरा के स्वामी एक विशेष क्रम से सात ग्रह हैं। यह क्रम है—सूर्य, शुक्र, बुध, चन्द्रमा, शनि, गुरु व मंगल। पृथ्वी की उत्पत्ति के पश्चात् सूर्य के ग्रहों का जनक होने के कारण प्रथम दिन की पहली होरा सूर्य की मानी गयी। इसके पश्चात् उक्त क्रम से बारी-बारी से सभी ग्रहों की होरा मानी गयी। इस क्रम में 24 होरा के पश्चात् अर्थात् दूसरे दिन प्रथम होरा चन्द्रमा की, तीसरे दिन प्रथम होरा मंगल की, चौथे दिन बुध की, पांचवें दिन गुरु की, छठे दिन शुक्र की तथा सातवें दिन शनि की प्रथम होरा होती है। जिन दिन जिस ग्रह की प्रथम होरा होती है, उसी ग्रह के नाम पर उस वार का नामकरण किया गया है। इस प्रकार वारों के नामों का क्रम रविवार (1), सोमवार या चन्द्रवार (2), मंगलवार (3), बुधवार (4), गुरुवार (5), शुक्रवार (6) तथा शनिवार (7) रखा गया है। इसीलिए सप्ताह में 7 दिन माने गये हैं। होरानुसार वारों का क्रम पृष्ठ 104-105 पर दी जा रही तालिका से स्पष्ट हो जायेगा।

सात दिन में होरा क्रम की एक आवृत्ति पूर्ण हो जाती है। आठवें दिन प्रथम होरा पुनः सूर्य की आ जाती है। इस दिन को अगले सप्ताह का प्रथम दिन मानते हैं। सूर्य के नाम पर

दिवस	प्रथम				द्वितीय				तृतीय				चतुर्थ			
ग्रह	होराक्रम				होराक्रम				होराक्रम				होराक्रम			
सूर्य	①	8	15	22		5	12	19		2	9	16	23		6	13	20
शुक्र	2	9	16	23		6	13	20		3	10	17	24		7	14	21
बुध	3	10	17	24		7	14	21		4	11	18		①	8	15	22
चन्द्रमा	4	11	18		①	8	15	22		5	12	19		2	9	16	23
शनि	5	12	19		2	9	16	23		6	13	20		3	10	17	24
गुरु	6	13	20		3	10	17	24		7	14	21		4	11	18	
मंगल	7	14	21		4	11	18		①	8	15	22		5	12	19	
वार	रविवार				सोमवार				मंगलवार				बुधवार			

दिवस	पंचम					षष्ठ				सप्तम				अष्टम			
ग्रह	होराक्रम					होराक्रम				होराक्रम				होराक्रम			
सूर्य		3	10	17	24		7	14	21		4	11	18	(1)			
शुक्र		4	11	18		(1)	8	15	22		5	12	19				
बुध		5	12	19		2	9	16	23		6	13	20				
चन्द्रमा		6	13	20		3	10	17	24		7	14	21				
शनि		7	14	21		4	11	18		(1)	8	15	22				
गुरु	(1)	8	15	22		5	12	19		2	9	16	23				
मंगल	2	9	16	23		6	13	20		3	10	17	24				
वार	गुरुवार					शुक्रवार				शनिवार				रविवार			

पहला दिन रविवार, दूसरा दिन चन्द्रमा के नाम पर चन्द्रवार, तीसरा दिन मंगल के नाम पर मंगलवार, चौथा दिन बुध के नाम पर बुधवार, पांचवां दिन गुरु के नाम पर गुरुवार, छठा दिन शुक्र के नाम पर शुक्रवार तथा अन्तिम दिन शनि के नाम पर शनिवार रखा गया है। इन वारों में प्रथम होरा इन्हीं ग्रहों की होती है।

2. तिथि–जिस प्रकार ईसूवी कलैण्डर में दिनों को तिथियों के रूप में व्यक्त किया जाता है, उसी प्रकार चान्द्रमासों के दिनों को भी तिथियों के रूप में व्यक्त किया जाता है। ईसूवी कलैण्डर में साधारण वर्ष 365 दिन का होता है, जबकि एक चान्द्रवर्ष में 354 दिन होते हैं। एक चान्द्रमास 29 दिन 12 घण्टे 44 मिनट 2.9 सैकिण्ड का होता है। प्रत्येक मास को 30 तिथियों में विभाजित किया जाता है। एक तिथि की औसत अवधि 23 घण्टे 37 मिनट 28.096 सैकिण्ड होती है। चन्द्रमा व सूर्य की असमान गति के कारण प्रत्येक तिथि समान अवधि की नहीं होती।

भचक्र में 360 अंश होते हैं और तिथियां 30 होती हैं। अतः एक तिथि 12 अंश की होती है। सूर्य से चन्द्रमा की प्रत्येक 12 अंश की दूरी को एक तिथि की संज्ञा दी गयी है। चन्द्रमा एक दिन में लगभग 13 अंश अपने परिक्रमण पथ पर आगे बढ़ता है, परन्तु सूर्य भी पृथ्वी के सन्दर्भ में एक दिन में एक अंश आगे बढ़ जाता है, जिससे चन्द्रमा की बढ़त 13−1=12 अंश ही रह जाती है। यह बढ़त सूर्य एवं चन्द्रमा की गति का अन्तर होता है।

साधारण बोलचाल की भाषा में एक दिन को एक तिथि की संज्ञा दी जाती है, पर उपर्युक्त कारणों से तिथि की अवधि सूर्योदय से सूर्योदय तक न रहकर जब चन्द्रमा व सूर्य का राश्यंतर 12 अंश के गुणक में पूरा हो जाता है, उसी समय एक तिथि समाप्त होकर अगली तिथि प्रारम्भ हो जाती है। अतः सूर्य के सन्दर्भ में चन्द्रमा की स्थिति ही तिथि है। "सूर्य चन्द्र स्थितिः सा एव तिथिः।"

एक चान्द्रमास में दो पक्ष (शुक्ल तथा कृष्ण) होते हैं। शुक्ल पक्ष के अन्त में 15वीं तिथि को पूर्णिमा तथा कृष्ण पक्ष के अन्त में 30वीं तिथि को अमावस्या कहते हैं। गणना की दृष्टि से कृष्ण पक्ष प्रतिपदा को 16वीं, सप्तमी को 22वीं तथा इसी क्रम में चतुर्दशी को 29वीं तिथि भी कहा जा सकता है।

अमावस्या को चन्द्रमा और सूर्य एक ही राशि व अंशों में (साथ-साथ) होते हैं। उनका राश्यन्तर शून्य होता है। इसीलिए चन्द्रमा दिखाई नहीं देता। प्रतिपदा को चन्द्रमा केवल 12 अंश ही आगे बढ़ पाता है। इसीलिए प्रतिपदा को भी साधारणतया चन्द्रदर्शन नहीं हो पाते। द्वितीया को अन्तर अधिक होने पर चन्द्रमा दिखाई पड़ता है।

चन्द्र-सूर्य राश्यन्तर के आधार पर तिथियों का समाप्ति कोणात्मक मान आगे पृष्ठ 107 पर दी जा रही तालिका से स्पष्ट हो जायेगा।

तिथि समाप्ति कोणात्मक मान

शुक्ल पक्ष					कृष्ण पक्ष					
तिथि	नाम	चन्द्र(–) सूर्य अंश	राश्यंतर		तिथि		नाम	चन्द्र (–) सूर्य अंश	राश्यंतर	
			राशि	अंश	पाक्षिक	मासिक			राशि	अंश
1	प्रतिपदा	12	0	12	1	16	प्रतिपदा	192	6	12
2	द्वितीया	24	0	24	2	17	द्वितीया	204	6	24
3	तृतीया	36	1	6	3	18	तृतीया	216	7	6
4	चतुर्थी	48	1	18	4	19	चतुर्थी	228	7	18
5	पंचमी	60	2	0	5	20	पंचमी	240	8	0
6	षष्ठी	72	2	12	6	21	षष्ठी	252	8	12
7	सप्तमी	84	2	24	7	22	सप्तमी	264	8	24
8	अष्टमी	96	3	6	8	23	अष्टमी	276	9	6
9	नवमी	108	3	18	9	24	नवमी	288	9	18
10	दशमी	120	4	0	10	25	दशमी	300	10	0
11	एकादशी	132	4	12	11	26	एकादशी	312	10	12
12	द्वादशी	144	4	24	12	27	द्वादशी	324	10	24
13	त्रयोदशी	156	5	6	13	28	त्रयोदशी	336	11	6
14	चतुर्दशी	168	5	18	14	29	चतुर्दशी	348	11	18
15	पूर्णिमा	180	6	0	30	30	अमावस्या	360/0	12	0
									0	0

पंचागों में तिथियां–पंचांगों में तिथियों का समाप्तिकाल दो प्रकार से दिया जाता है। सूर्योदय से घटी-पल तक के रूप में तथा स्टैण्डर्ड टाइम समाप्तिकाल के रूप में।

उदाहरण :

	घटी पल	**(स्टैण्डर्ड टाइम) घण्टे मिनट**	**सूर्योदय घण्टे मिनट**
26.4.92 नवमी (कृष्ण पक्ष) = 24वीं तिथि	32.15	18.53	5.59
27.4.92 दशमी (कृष्ण पक्ष) = 25वीं तिथि	37.37	21.01	5.58

उपर्युक्त पंक्ति से निम्न दो बातें स्पष्ट हुईं।

(i) तिथियां सूर्योदय से सूर्योदय तक न रहकर एक निश्चित समय से दूसरे दिन एक निश्चित समय तक रहती हैं। 26-4-92 को नवमी सूर्योदय से 32 घटी 15 पल उपरान्त (सायं 6 बजकर 53 मिनट तक) रही, तत्पश्चात् दशमी प्रारम्भ हो गयी, जो 27-4-92 को सूर्योदय

से 37 घटी 37 पल उपरान्त (रात्रि 9 बजकर 1 मिनट तक) रही।

(ii) प्रत्येक तिथि की अवधि समान नहीं है। दशमी तिथि की अवधि निम्न प्रकार से निकाली जा सकती है।

(अ) घटी-पल से–

26-4-92 को दशमी का मान 60 – 32 घटी 15 पल =	27 घटी 45 पल
27-4-92 को दशमी का मान	37 घटी 37 पल
दशमी का कुल मान	65 घटी 22 पल

(ब) घण्टा-मिनट से–26-4-92 की सायं 18 बजकर 53 मिनट से 27-4-92 रात्रि 9 बज कर 1 मिनट यानी 21.1 तक (-) 18.53 = 2.8, 24 घण्टे + 2 घण्टे 8 मिनट = 26 घण्टे 8 मिनट × 2½ दशमी का कुलमान = 65 घटी 20 पल

घटी-पल से गणना करने में 2 पल अधिक आये। यह सूर्योदय में 1 मिनट का अन्तर हो जाने से आया है। घण्टा-मिनट के आधार पर परिणाम सही आता है।

तिथि समाप्ति काल की गणना

(i) अभीष्ट तिथि के प्रातः 5.30 बजे के चन्द्र व सूर्य स्पष्ट लें।

(ii) चन्द्र स्पष्ट में से सूर्य स्पष्ट घटायें एवं शेष के अंश बना लें।

(iii) अंशान्तर में 12 का भाग लगायें। लब्धि गत तिथि होगी।

(iv) चन्द्र स्पष्ट, व सूर्य स्पष्ट के राश्यन्तर को वर्तमान तिथि (iii) के अनुसार लब्धि से अगली तिथि के समाप्ति कोणात्मक मान में से घटाकर तिथि के भोग्यांश ज्ञात करें।

(v) चन्द्रमा की दैनिक गति में से सूर्य की दैनिक गति ऋण कर चन्द्रमा-सूर्य का गत्यन्तर ज्ञात करें।

(vi) अब त्रैराशिक से यह ज्ञात कर लें कि गत्यन्तर (v) के अनुसार तिथि के भोग्यांश (iv) प्रातः 5.30 बजे के कितने समय बाद पूर्ण होंगे।

(vii) इस अवधि को प्रातः 5.30 में जोड़ दें। तिथि का समाप्ति काल प्राप्त हो जायेगा, जो स्टैण्डर्ड टाइम में होगा।

(viii) समाप्ति काल में से अपने नगर का सूर्योदय (स्टैण्डर्ड टाइम) घटाकर शेष को 2½ से गुणा कर दें। तिथि का समाप्ति काल घटी-पल में प्राप्त हो जायेगा।

उदाहरण–26-4-92 को कौन-सी तिथि थी तथा वह कब समाप्त होगी?

	राशि	**अंश**	**कला**	**विकला**	
26. 4. 92 को प्रातः चन्द्र स्पष्ट	9	24	10	27	प्रातः 5.30 बजे
सूर्य स्पष्ट	0	12	15	27	प्रातः 5. 30 बजे
राश्यन्तर	9	11	55	0	

अंश बनाने पर 9 × 30 = 270 + 11 = 281 अंश 55 कला।

अंशों में 12 का भाग लगाने पर लब्धि 23, अर्थात् 23 वीं तिथि पहले ही समाप्त हो गयी। 24वीं तिथि (कृष्ण पक्ष की नवमी) चल रही है।

कृष्ण पक्ष की नवमी के समाप्ति अंश 24 × 12 = 288 अंश

भुक्तांश − 281 अंश 55 कला

अतः भोग्यांश = 6 अंश 5 कला

26-4-92 को दैनिक चन्द्रगति 11 अंश 52 कला 56 विकला

दैनिक सूर्य गति (−) 0 अंश 58 कला 23 विकला

गत्यन्तर = 10 अंश 54 कला 33 विकला

10 अंश 54 कला 33 विकला गत्यन्तर है = 24 घण्टे का

1 अंश गत्यन्तर होगा = $24 \div 10^{\circ}.54'\ 33''$

6 अंश 5 कला में समय लगेगा = $24 \div 10^{\circ} 54'\ 33'' \times 6^{\circ}\ 5'$=13 घण्टे 23 मिनट

अतः प्रातः 5. 30 बजे के 13 घण्टे 23 मिनट पश्चात् नवमी तिथि समाप्त होगी, अर्थात् 5. 30 + 13.23 = 18 बजकर 53 मिनट।

घटी-पल में–नवमी तिथि समाप्ति काल 18 बजकर 53 मिनट

कोटा का सूर्योदय 26-4-92 (−) 5 बजकर 59 मिनट = 12 घण्टे 54 मिनट × 2½ = 32 घटी 15 पल

तिथि समाप्ति काल स्टैण्डर्ड टाइम पूरे देश में यही रहेगा, परन्तु विभिन्न स्थानों में सूर्योदय की भिन्नता के कारण घटीपलात्मक मान में अन्तर आयेगा।

वृद्धि तिथि एवं क्षय तिथि

कभी कोई तिथि क्षय हो जाती है, तो कभी किसी तिथि की पुनरावृत्ति हो जाती है। इसे निम्न प्रकार से समझा जा सकता है।

वृद्धि तिथि–जब एक तिथि दो सूर्योदयों को स्पर्श करे अथवा तीन वारों को स्पर्श करे, तो वह वृद्धि तिथि या अधिक तिथि मानी जाती है।

उदाहरण–पंचमी रविवार 55 घटी 25 पल, षष्ठी सोमवार 60 घटी 0 पल, षष्ठी मंगलवार 0 घटी 29 पल।

षष्ठी सोमवार को सूर्योदय से पूर्व (रविवार में) प्रारम्भ होकर मंगलवार को सूर्योदय के उपरान्त तक रही। षष्ठी ने दो सूर्योदयों (सोमवार तथा मंगलवार) तथा तीन वारों रविवार, सोमवार तथा मंगलवार को स्पर्श किया। अतः सोमवार व मंगलवार दोनों दिन षष्ठी रहेगी व पखवाड़ा 16 दिन का होगा।

क्षय तिथि–जब एक तिथि एक भी सूर्योदय को स्पर्श न करे अथवा एक ही वार को तीन तिथियां स्पर्श करें, तो बीच वाली तिथि क्षय (लुप्त) हो जाती है।

उदाहरण–चतुर्थी रविवार 3 घटी 55 पल, पंचमी रविवार 57 घटी 30 पल, षष्ठी सोमवार 51 घटी 46 पल।

पंचमी रविवार को सूर्योदय के उपरान्त प्रारम्भ होकर सोमवार के सूर्योदय से पूर्व ही समाप्त हो गयी, अर्थात् चतुर्थी, पंचमी व षष्ठी तीनों तिथियों ने रविवार को स्पर्श किया। पंचमी ने एक भी सूर्योदय को स्पर्श नहीं किया। अतः पंचमी क्षय होगी व पखवाड़ा 14 दिन का रहेगा।

तिथि का क्षय होना या अधिक होना स्थान विशेष के सूर्योदय के आधार पर ही होता है।

3. नक्षत्र–नक्षत्र एवं इनसे सम्बन्धित जानकारी नक्षत्र प्रकरण में दी जा चुकी है। ग्रह प्रकरण में भी चन्द्रमा एवं नक्षत्र के सन्दर्भ में जानकारी दी जा चुकी है। पंचांग में नक्षत्र की जानकारी किस प्रकार मिलती है तथा नक्षत्र का समाप्तिकाल किस प्रकार निकाला जाता है, यहां समझाया जा रहा है।

पंचांग में प्रतिदिन नक्षत्र का समाप्तिकाल दो प्रकार से दिया रहता है। (i) सूर्योदय से नक्षत्र समाप्ति काल की अवधि घटी-पल में (ii) नक्षत्र समाप्ति का स्टैण्डर्ड समय।

प्रत्येक नक्षत्र की एक दिन की वास्तविक अवधि (चन्द्रमा द्वारा उस नक्षत्र को पार करने की अवधि) घटी-पल या घण्टा-मिनट में ज्ञात की जा सकती है।

	घटी पल	घण्टे मिनट	सूर्योदय
3-5-92 भरणी	18. 10	13. 10	5. 54
4-5-92 कृतिका	16. 30	12. 30	5. 54

3-5-92 को 13 बजकर 10 मिनट पर भरणी नक्षत्र समाप्त हुआ तथा कृतिका नक्षत्र प्रारम्भ हुआ, जो 4.5.92 को 12 बजकर 30 मिनट तक रहा।

कृतिका की अवधि–(i) घटी-पल में=3-5-92 को कृतिका=

60 घटी–18 घटी 10 पल = 41 घटी 50 पल

4-5-92 को कृतिका = 16 घटी 30 पल

कृतिका की कुल अवधि = 58 घटी 20 पल

(ii) घण्टा-मिनट में भरणी की अवधि 3-5-92 को 13.10 से 4-5-92 को 12.30 तक

12 घण्टे 30 मिनट

(–) 13 घण्टे 10 मिनट

(–) 0 घण्टे 40 मिनट या 24 घण्टे (–) 40 मिनट

= 23 घण्टे 20 मिनट × 2½ = 58 घटी 20 पल

इस अवधि को नक्षत्र का भभोग या सर्वर्क्ष कहते हैं।

नक्षत्र के समाप्ति काल की गणना–प्रत्येक नक्षत्र का समाप्ति कोणात्मक मान नक्षत्र प्रकरण की तालिका में दिया गया है।

(1) प्रातः 5.30 बजे चन्द्र स्पष्ट लें।

(2) इससे यह ज्ञात हो जायेगा कि चन्द्रमा किस नक्षत्र में भ्रमणरत है।

(3) चन्द्र स्पष्ट को इस नक्षत्र के समाप्ति कोणात्मक मान में से घटाकर नक्षत्र के भोग्यांश ज्ञात कर लें।

(4) चन्द्रमा की दैनिक गति ज्ञात कर लें।

(5) त्रैराशिक से यह ज्ञात कर लें कि उक्त गति से नक्षत्र के भोग्यांश कितने समय में चन्द्रमा पार कर लेगा।

(6) इस समय को प्रातः 5.30 में जोड़ दें। नक्षत्र समाप्तिकाल स्टैण्डर्ड टाइम में आ जायेगा।

(7) इस समाप्तिकाल में से सूर्योदय घटाकर शेष को 2½ से गुणा करने पर नक्षत्र का समाप्तिकाल घटी-पल में आ आयेगा।

उदाहरण–3.5.92 को भरणी नक्षत्र का समाप्तिकाल ज्ञात करना है।

		राशि	अंश	कला	विकला
भरणी नक्षत्र की अन्तिम सीमा		0	26	40	0
प्रातः 5.30 बजे चन्द्रस्पष्ट	(–)	0	22	19	38
भरणी के भोग्यांश	=	0	4	20	22

3-5-92 को चन्द्रमा की दैनिक गति 13 अंश 35 कला 3 विकला

13 अंश 35 कला 3 विकला चन्द्रमा चलता है 24 घण्टे में, तो 1 अंश चलेगा 24÷13.35. 3 घण्टे में।

4 अंश 20 कला 22 विकला चलेगा $\dfrac{24 \times 4.20.22}{13.35.3}$ = 7 घण्टे 40 मिनट

प्रातः 5.30 बजे से 7 घण्टे 40 मिनट पश्चात् भरणी नक्षत्र समाप्त होगा, अर्थात् 5.30 + 7. 40=13 बजकर 10 मिनट।

		घण्टे	मिनट
घटी-पल में समाप्तिकाल		13	10
कोटा नगर का सूर्योदय 3-5-92 को	(–)	5	54
		7	16 × 2½ = 18 घटी 10 पल

नक्षत्र समाप्तिकाल स्टैण्डर्ड टाइम में तो पूरे देश में यही रहेगा, परन्तु विभिन्न स्थानों पर सूर्योदय की भिन्नता के कारण घटी-पलात्मक मान अलग-अलग होगा। अतः नक्षत्र के भयात-भभोग साधन हेतु या तो स्टैण्डर्ड टाइम का ही उपयोग करना चाहिए या अपने नगर के स्टैण्डर्ड टाइम के सूर्योदय के आधार पर घटी-पल ज्ञात कर उन्हें प्रयुक्त करना चाहिए, ताकि शुद्धता बनी रहे।

नक्षत्र का भुक्तकाल–स्टैण्डर्ड टाइम से नक्षत्र का भुक्तकाल अधिक शुद्धता एवं सरलता से ज्ञात किया जा सकता है। जन्म समय (स्टैण्डड) में से वर्तमान नक्षत्र के प्रारम्भिक समय (गत नक्षत्र का समाप्तिकाल) को घटा कर 2½ से गुणा कर लें, फिर घटी-पल में भुक्तकाल या भयात प्राप्त हो जायेगा।

उदाहरण–3-5-92 को 11 बजकर 10 मिनट पर भरणी नक्षत्र समाप्त होकर कृतिका नक्षत्र प्रारम्भ हुआ। मान लीजिये उसी रात्रि 9 बजकर 58 मिनट पर बालक का जन्म हुआ। कृतिका नक्षत्र का भयात (गतकाल) ज्ञात करना है।

	घण्टे	मिनट
जन्म समय 9.58 या	21	58
कृतिका प्रारम्भ (–)	13	10
	8	48 × 2½ = 22 घटी 0 पल

भयात-भभोग साधन अनेक ज्योतिषीय गणनाओं तथा चन्द्र स्पष्ट, सूर्य स्पष्ट, महादशा का भुक्त-भोग्यकाल, नक्षत्र चरण आदि का आधार है। अतः इसका साधन बड़ी सावधानी से किया जाना चाहिए।

4. **योग**–जैसा कि नाम से स्पष्ट है, काल के दो अवयवों के जोड़ से योग बनते हैं। योग दो प्रकार के होते हैं।

(अ) वार तथा नक्षत्र के योग से बनने वाले 28 योग।

(ब) सूर्य तथा चन्द्रमा के राशि-अंशों के योग से बनने वाले 27 योग।

(अ) वार तथा नक्षत्र के योग से बनने वाले आनन्दादि योग

7 वारों तथा 28 नक्षत्रों (अभिजित नक्षत्र सहित) को मिलाने से 28 आनन्दादि योग बनते हैं।

रविवार पहला वार तथा अश्विनी पहला नक्षत्र है। इन दोनों को मिलाने से पहला आनन्द योग बनता है। इसके बाद अगले वार सोमवार में 3 नक्षत्र छोड़कर अगले नक्षत्र को मिलाते हैं। अश्विनी नक्षत्र के बाद भरणी, कृतिका व रोहिणी छोड़कर मृगशिर के साथ सोमवार को मिलाने से दूसरा कालदण्ड योग बनता है। इसी प्रकार सातों वारों को नक्षत्रों से मिलाकर 28 योग होते हैं।

इस व्यवस्था में अभिजित नक्षत्र को भी सम्मिलित किया जाता है, जो उत्तराषाढ़ का अन्तिम चरण 9.6.40.0 से 9.10.0.0 तक तथा श्रवण के प्रथम चरण की 53 कला 20 विकला (9.10.0.0 से 9.10.53.20.) तक 15 + 4 कुल 19 घटी का माना जाता रहा है।

आगे पृष्ठ 113 पर दी जा रही तालिका से प्रत्येक वार के आनन्दादि योग तथा उनका प्रभाव स्पष्ट हो जायेगा।

इस प्रकार 28 योग बनते हैं तथा सोमवार को यदि हस्त नक्षत्र हो, तो वज्र योग, उत्तराषाढ़ा हो तो मृत्यु योग, गुरुवार को कृतिका नक्षत्र हो, तो लुम्ब योग व पुनर्वसु नक्षत्र हो, तो सिद्धि योग होगा। इसी आधार पर पंचांग में आनन्दादि योग के ख़ाने में योग का प्रथमाक्षर लिखा रहता है।

आनन्दादि योग का शुभाशुभत्व

(1) आनन्द, घाता, सौम्य, श्रीवत्स, धन, मित्र, मानस, सिद्धि, शुभ, अमृत, मातंग, सुस्थिर तथा प्रवर्धमान योग सर्वथा शुभ होते हैं।

(2) कालदण्ड, उत्पात, मृत्यु तथा रक्ष योगों में अच्छे कर्म वर्जित हैं।

(3) धूम्र योग की प्रथम एक घटी, काण तथा मुसल योगों की प्रथम दो घटियां, पद्म और लुम्ब योगों की प्रथम चार घटियां, ध्वांक्ष, वज्र, मृद्गर योगों की प्रथम पांच घटियां तथा

योग	रवि वार	सोम वार	मंगल वार	बुध वार	गुरु वार	शुक्र वार	शनि वार	फल या प्रभाव
1. आनन्द	अ॰	मृ॰	आश्ले॰	हस्त॰	अनु॰	उ.षा॰	शत॰	सिद्धि
2. कालदण्ड	भ॰	आ॰	मघा॰	चि॰	ज्ये॰	अभि॰	पू.भा॰	मृत्यु
3. धूम्र	कृ॰	पुनः	पू.फा॰	स्वा॰	मू॰	श्र॰	उ.भा॰	असुख
4. धाता	रो॰	पु॰	उ.फा॰	वि॰	पू.षा॰	धनि॰	रे॰	सौभाग्य
5. सौम्य	मृ॰	आश्ले॰	हस्त॰	अनु॰	उ.षा॰	शत॰	अ॰	बहुसुख
6. ध्वांक्ष	आ॰	मघा॰	चि॰	ज्ये॰	अभि॰	पू.भा॰	भ॰	धनक्षय
7. केतु	पुन॰	पू.फा॰	स्वा॰	मू॰	श्र॰	उ.भा॰	कृ॰	दुर्भाग्य
8. श्रीवत्स	पु॰	उ.फा॰	वि॰	पू.षा॰	धनि॰	रे॰	रो॰	सुख-सम्पत्ति
9. वज्र	आश्ले॰	हस्त॰	अनु॰	उ.षा॰	शत॰	अ॰	मृ॰	क्षय
10. मुद्गर	मघा॰	चि॰	ज्ये॰	अभि॰	पू.भा॰	भ॰	आ॰	लक्ष्मीनाश
11. छत्र	पू.फा॰	स्वा॰	मू॰	श्र॰	उ.भा॰	कृ॰	पुनः॰	राजसम्मान
12. मित्र	उ.फा॰	वि॰	पू.षा॰	धनि॰	रे॰	रो॰	पु॰	पुष्टि
13. मानस	हस्त॰	अनु॰	उ.षा॰	शत॰	अ॰	मृ॰	आ॰	सौभाग्य
14. पद्म	चि॰	ज्ये॰	अभि॰	पू.भा॰	भ॰	आ॰	म॰	धनागम
15. लुम्ब	स्वा॰	मू॰	श्र॰	उ.भा॰	कृ॰	पुन॰	पू.फा॰	धनक्षय
16. उत्पात	वि॰	पू.षा॰	धनि॰	रे॰	रो॰	पु॰	उ.फा॰	प्राणनाश
17. मृत्यु	अनु॰	उ.षा॰	शत॰	अ॰	मृ॰	आ॰	ह॰	प्राणनाश
18. काण	ज्ये॰	अभि॰	पू.भा॰	भ॰	आ॰	म॰	चि॰	क्लेश
19. सिद्धि	मू॰	श्र॰	उ.भा॰	कृ॰	पुनः	पू.फा॰	स्वा॰	कार्यसिद्धि
20. शुभ	पू.षा॰	धनि॰	रे॰	रो॰	पु॰	उ.फा॰	वि॰	सुख
21. अमृत	उ.षा॰	शत॰	अ॰	मृ॰	आ॰	ह॰	अनु॰	राजसम्मान
22. मुसल	अभि॰	पू.भा॰	भ॰	आ॰	म॰	चि॰	ज्ये॰	धनक्षय
23. मद	श्रवण	उ.भा॰	कृ॰	पुन॰	पू.फा॰	स्वा॰	मू॰	रोग
24. मातंग	धनि॰	रे॰	रो॰	पु॰	उ.फा॰	वि॰	पू.षा॰	कुलवृद्धि
25. रक्ष	शत॰	अ॰	मृ॰	आ॰	ह॰	अनु॰	उ.षा॰	महाकष्ट
26. चर	पू.भा॰	भ॰	आ॰	म॰	चि॰	ज्ये॰	अभि॰	कार्यसिद्धि
27. सुस्थिर	उ.भा॰	कृ॰	पुनः	पू.फा॰	स्वा॰	मू॰	श्र॰	गृहारम्भ
28. प्रवर्धमान	रे॰	रो॰	पु॰	उ.फा॰	वि॰	पू.षा॰	ध॰	विवाह

गदा योग की प्रथम सात घटियां वर्जित हैं।

(4) चर योग शुभ नहीं माना जाता।

(ब) सूर्य तथा चन्द्रमा की कोणात्मक दूरी के योग से बने विषकुम्भादि 27 योग–किसी भी समय सूर्य तथा चन्द्र स्पष्ट के अंश-कला-विकला को जोड़ें। यदि राशि योग 12 से अधिक आये, तो 12 घटा दें। इस योग से नक्षत्र की कोणात्मक दूरी (अंशात्मक) के अनुसार जिस योग की बारी हो, वही योग उस समय होगा। सुविधा की दृष्टि से पृष्ठ 115 पर दी गयी तालिका में अंशात्मक योग के सामने प्रत्येक योग का नाम लिख दिया गया है।

उदाहरण–दिनांक 22-9-91 को

		राशि	अंश	कला	विकला
प्रातः 5.30 बजे सूर्य स्पष्ट		5	4	45	16
चन्द्र स्पष्ट	(+)	10	11	47	25
	=	15	16	32	41
	(–)	12			
	=	3	16	32	41

3 राशि 16 अंश 32 कला 41 विकला वाला आठवां नक्षत्रीय (पुष्य नक्षत्र वाला) भाग है। अतः 22-9-91 को प्रातः 5.30 बजे आठवां, अर्थात् धृति योग था।

विषकुम्भ आदि योग का समाप्तिकाल सूर्य व चन्द्र स्पष्ट के योग तथा दोनों की दैनिक गति के योग के आधार पर नक्षत्र व तिथि की भांति ज्ञात किया जा सकता है।

ये योग नक्षत्रीय भाग के प्रारंभ होने से समाप्तिकाल तक रहते हैं।

योग ज्ञात करने की सरल विधि

केवल सूर्य के राशि अंशों के आधार पर 12वां उत्तराफाल्गुनी नक्षत्र

केवल चन्द्रमा के राशि अंशों के आधार पर 24वां शतभिषा नक्षत्र

(नक्षत्र प्रकरण में नक्षत्र अंशात्मक भाग से ज्ञात करें)

उक्त के आधार पर स्थूल रूप से योग ज्ञात करने का सूत्र

(सूर्य नक्षत्र + चन्द्र नक्षत्र)–1 = योग की क्रम संख्या

(यदि योग 27 से अधिक हो, तो 27 घटा दें)

सूर्य नक्षत्र उ०फा० 12 + चन्द्र नक्षत्र शतभिषा 24 = 36 (–) 1 = 35 चूंकि संख्या 27 से अधिक है। अतः (–) 27 = 8वां योग धृति योग होगा।

योग के चरण–जिस प्रकार नक्षत्र के चरण ज्ञात किये जाते हैं, उसी प्रकार योग की सम्पूर्ण अवधि में चार का भाग लगाने से चरण ज्ञात हो जाते हैं। पंचांग में योग की समाप्ति का समय भी नक्षत्र की भांति दिया रहता है। अतः दूसरी विधि से नक्षत्र संख्या के आधार पर योग एवं इसके चरण ज्ञात करना सरल है।

विषकुम्भादि योगों का शुभाशुभत्व

(1) वैधृति तथा व्यतिपात योगों के चारों चरण तथा परिघ योग के प्रथम दो चरण अनिष्टकारक हैं।

	सूर्य + चन्द्र स्पष्ट से			राशि अंश कला तक		
योग	रा॰	अं॰	क॰	रा॰	अं॰	क॰
1. विषकुम्भ	0	0	0	0	13	20
2. प्रीति	0	13	20	0	26	40
3. आयुष्मान	0	26	40	1	10	0
4. सौभाग्य	1	10	0	1	23	20
5. शोभन	1	23	20	2	6	40
6. अतिगण्ड	2	6	40	2	20	0
7. सुकर्मा	2	20	0	3	3	20
8. धृति	3	3	20	3	16	40
9. शूल	3	16	40	4	0	0
10. गण्ड	4	0	0	4	13	20
11. वृद्धि	4	13	20	4	26	40
12. ध्रुव	4	26	40	5	10	0
13. व्याघात	5	10	0	5	23	20
14. हर्षण	5	23	20	6	6	40
15. बैर	6	6	40	6	20	0
16. सिद्धि	6	20	0	7	3	20
17. व्यतिपात	7	3	20	7	16	40
18. वरीयान	7	16	40	8	0	0
19. परिघ	8	0	0	8	13	20
20. शिव	8	13	20	8	26	40
21. सिद्ध	8	26	40	9	10	0
22. साध्य	9	10	0	9	23	20
23. शुभ	9	23	20	10	6	40
24. शुक्ल	10	6	40	10	20	0
25. ब्रह्म	10	20	0	11	3	20
26. इन्द्र	11	3	20	11	16	40
27. वैधृति	11	16	40	12	0	0

(2) इनके अतिरिक्त निन्दित नाम वाले योग तथा विषकुम्भ, वज्र, व्याघात, गण्ड, अतिगण्ड, शूल आदि योग भी अशुभ माने जाते हैं।

5. करण–तिथि के आधे भाग को करण कहते हैं। सूर्य से चन्द्रमा की प्रति 6 अंश की दूरी एक करण का बोधक है। एक तिथि में 2 करण होते हैं। इस प्रकार एक माह (30 दिन) में 60 करण होते हैं। मुख्य करण 7 हैं, जो क्रमशः बव, बालव, कौलव, तैतिल, गर, वणिज तथा विष्टि हैं। इनकी आवृत्ति एक माह में आठ बार होती है। इनके अतिरिक्त 4 स्थिर करण हैं, जो माह में एक-एक-बार ही आते हैं। ये हैं शकुन, चतुष्पाद, नाग एवं किंस्तुघ्न। इनकी तिथियां निश्चित हैं। कृष्ण पक्ष की चतुर्दशी को उत्तरार्द्ध में शकुन, अमावस्या को पूर्वार्द्ध में चतुष्पाद व उत्तरार्द्ध में नाग तथा शुक्ल पक्ष की प्रतिपदा को पूर्वार्द्ध में किंस्तुघ्न करण होते हैं। इसके पश्चात् प्रतिपदा के उत्तरार्द्ध से बव, बालव, कौलव, तैतिल, गर, वणिज एवं विष्टि करणों की आठ बार क्रमशः आवृत्ति होती है।

करण ज्ञात करने की सरल विधि–जिस तिथि का करण ज्ञात करना हो (चार स्थिर करणों को छोड़कर), उससे पूर्व की (गत) तिथियों की संख्या शुक्ल पक्ष की प्रतिपदा से गिनें। इस संख्या को 2 से गुणा कर 7 का भाग लगायें। जो शेष बचे उसी क्रम से (बव से विष्टि तक मुख्य करण) अभीष्ट तिथि को पूर्वार्द्ध में होगा। उत्तरार्द्ध में उससे अगला करण होगा। इनकी अवधि सूर्य और चन्द्रमा की 6-6 अंश की दूरी चन्द्रमा द्वारा पार करने वाला समय होगा।

तिथ्यनुसार करण चक्र

तिथि	शुक्ल पक्ष		तिथि	कृष्ण पक्ष	
	पूर्वार्द्ध	उत्तरार्द्ध		पूर्वार्द्ध	उत्तरार्द्ध
1	किंस्तुघ्न	बव	1	बालव	कौलव
2	बालव	कौलव	2	तैतिल	गर
3	तैतिल	गर	3	वणिज	विष्टि
4	वणिज	विष्टि	4	बव	बालव
5	बव	बालव	5	कौलव	तैतिल
6	कौलव	तैतिल	6	गर	वणिज
7	गर	वणिज	7	विष्टि	बव
8	विष्टि	बव	8	बालव	कौलव
9	बालव	कौलव	9	तैतिल	गर
10	तैतिल	गर	10	वणिज	विष्टि
11	वणिज	विष्टि	11	बव	बालव
12	बव	बालव	12	कौलव	तैतिल
13	कौलव	तैतिल	13	गर	वणिज
14	गर	वणिज	14	विष्टि	शकुन
पूर्णिमा 15	विष्टि	बव	अमावस्या 30	चतुष्पाद	नाग

उदाहरण–कृष्ण पक्ष की नवमी को पूर्वार्द्ध का करण ज्ञात करना है।

शुक्ल पक्ष की प्रतिपदा से कृष्ण पक्ष की अष्टमी (गत तिथि) तक 15 + 8 = 23 संख्या आयी। इसे 2 से गुणा करने पर 46 तथा 46 में 7 का भाग लगाने पर लब्धि 6 शेष 4 बचा। अतः बवादि क्रम से चौथा करण तैतिल होगा।

करण का समाप्तिकाल ज्ञात करने की विधि–तिथि के समाप्तिकाल में से प्रारम्भिक काल घटा दें। तिथि की इस अवधि का आधा कर लें तथा इसे तिथि के प्रारम्भिक काल में जोड़ देने से पूर्वार्द्ध करण का समाप्तिकाल आ जायेगा। वहां से तिथि की समाप्ति तक उत्तरार्द्ध करण रहेगा।

उदाहरण–कृष्ण पक्ष की नवमी 25-4-92 को 16 बजकर 26 मिनट से 26-4-92 को 18 बजकर 53 मिनट तक रही, अर्थात् कुल 18.53 (–) 16.26 = 2.27 + 24 = 26 घण्टे 27 मिनट कुल अवधि आयी। इसका आधा 13 घण्टे 13 मिनट आया। अतः कृष्ण पक्षीय नवमी का पूर्वार्द्ध करण तैतिल 16.26 + 13.13 = 29.39, अर्थात् प्रातः 5 बजकर 39 मिनट तक तथा उत्तरार्द्ध करण गर प्रातः 5.39 से 18 बजकर 53 मिनट तक रहा।

करण का शुभाशुभत्व

विष्टि करण को भद्रा कहते हैं। जिन तिथियों के पूर्वार्द्ध (प्रथम 2 चरण) अथवा उत्तरार्द्ध (अन्तिम 2 चरण) में विष्टि करण हो, तो उस काल को भद्रा तिथि के नाम से जाना जाता है। भद्रा तिथि में सभी शुभ कार्य वर्जित हैं।

उपर्युक्त तालिका के अनुसार निम्न तिथियों में विष्टि करण (भद्रा) रहता है।

शुक्ल पक्ष	कृष्ण पक्ष
चतुर्थी (उत्तरार्द्ध)	तृतीया (उत्तरार्द्ध)
अष्टमी (पूर्वार्द्ध)	सप्तमी (पूर्वार्द्ध)
एकादशी (उत्तरार्द्ध)	दशमी (उत्तरार्द्ध)
पूर्णिमा (पूर्वार्द्ध)	चतुर्दशी (पूर्वार्द्ध)

इन तिथियों को यदि चन्द्रमा कुम्भ, मीन, कर्क और सिंह राशियों में हो, तो भद्रा भूलोक में, मेष, वृषभ, मिथुन और वृश्चिक राशियों में चन्द्रमा हो, तो भद्रा स्वर्गलोक में तथा कन्या, तुला, धनु व मकर में चन्द्रमा हो, तो भद्रा पाताल में रहती है। भद्रा स्वर्ग में हो, तो धन-धान्य की प्राप्ति होती है, भद्रा पाताल में हो, तो सुख एवं धन की प्राप्ति होती है, परन्तु भूलोक में भद्रा हो, तो कार्य सिद्ध नहीं होता। अतः इस अवधि में शुभ कार्य सर्वथा वर्जित होने चाहिए।

भद्रा में निम्न कार्य किये जा सकते हैं–युद्ध, राजदर्शन, वैद्य बुलाना, जल में तैरना, शत्रु को भगाना, स्त्री की सेवा, यज्ञ, स्नान, गाड़ी की सवारी, अग्नि कर्म व बन्धन, परन्तु होली जलाना तथा रक्षाबन्धन वर्जित हैं।

अन्य विचार

पंचांग में कुछ शब्दों के प्रथमाक्षर दिये हुए होते हैं, इन्हें समझना आवश्यक है।

ति॰ = तिथि, वा॰ = वार, यो॰ = योग, न॰ = नक्षत्र, क॰ = करण, ता॰ = तारीख, दि॰मा॰ = दिनमान, उ॰ = सूर्योदय, अ॰ = अस्त, मा॰ = मार्गी, व॰ = वक्री, क्ष॰ = क्षयतिथि, घ.प॰ = घटी-पल, घं॰मि॰ = घण्टा-मिनट, भा॰ = भारतीय तारीख, मु॰ = मुस्लिम तारीख़, अं॰ = अंग्रेजी तारीख़। इसके अतिरिक्त वारों, नक्षत्रों, योगों, करणों आदि के नामों के प्रथमाक्षर भी दिये हुए रहते हैं।

काल के उपर्युक्त पांच अंगों के अतिरिक्त पंचांगों में चन्द्रमा के राशि प्रवेश के घटी-पल, प्रातः 5.30 बजे या सूर्योदय समय के ग्रह स्पष्ट, प्रत्येक ग्रह के नक्षत्र व राशि प्रवेश के घटी-पल, दैनिक लग्न सारणियां तथा एक या दो दिनों की सूर्योदय समय की कुण्डलियां भी दी जाती हैं।

तिथि, वार, नक्षत्र, योग एवं करण दैनिक समय के अवयव हैं। इनके अतिरिक्त सप्ताह, पक्ष, माह और वर्ष का ज्ञान भी आवश्यक है।

1. सप्ताह–रविवार से शनिवार तक सात दिनों का सप्ताह होता है। एक माह में 4 सप्ताह तथा एक वर्ष में 52 सप्ताह होते हैं।

2. पक्ष–एक माह के दो भाग, अर्थात् 15-15 दिन के दो पखवाड़े या पक्ष होते हैं। साधारणतया शुक्ल पक्ष एवं कृष्ण पक्ष को मान्यता दी जाती है।

3. मास एवं वर्ष–मास वर्ष के घटक हैं। दोनों का विवरण एक साथ दिया जाना उचित होगा, क्योंकि मासों की भिन्नता के कारण वर्ष भिन्न-भिन्न प्रकार के होते हैं।

वर्ष अनेक प्रकार के माने जाते हैं।

1. ईसवी सन् (अंग्रेज़ी वर्ष)–यह वर्ष सामान्यतया 365 दिन का होता है। पृथ्वी का परिक्रमण काल 365 दिन 5 घण्टे 48 मिनट 45 सैकिण्ड है। 365 दिन से लगभग 1/4 दिन अधिक का समय 4 वर्ष में 1 दिन बन जाने से हर चार वर्ष पश्चात् एक लौंद का वर्ष (Leap year) होता है, जिसमें 366 दिन व फरवरी 29 दिनों की होती है। यह वर्ष 1 जनवरी से प्रारम्भ होकर 31 दिसम्बर को समाप्त होता है। ईसवी सन् ईसा मसीह के निर्वाण दिवस (Crucification) से माना गया है। इससे पहले का समय B.C. (Before Christ) ईसा पूर्व तथा बाद का काल A.D. (Anno Domini) ईसा के पश्चात् काल कहलाता है। इसके महीनों से सर्वसाधारण परिचित हैं।

2. चान्द्र वर्ष (Lunar Year)–चन्द्रमा 29 दिन 12 घण्टे 44 मिनट 3 सैकिण्ड में पृथ्वी की सूर्य सापेक्ष परिक्रमा करता है। अतः 12 परिक्रमा का एक चान्द्र वर्ष तथा एक परिक्रमा का एक माह कहलाता है। इस वर्ष में 29½ × 12 = 354 दिन होते हैं। 6 माह प्रत्येक 30 दिन के तथा 6 माह प्रत्येक 29 दिन के होते हैं। इसी असंमानता के निराकरण के फलस्वरूप कभी तिथि क्षय हो जाती है, तो कभी एक तिथि की आवृत्ति करनी पड़ती है।

चान्द्र वर्ष में भी 12 माह होते हैं, जिनके नाम पूर्णिमा के दिन नक्षत्र विशेष में चन्द्रमा रहने के आधार पर रखे गये हैं।

वैशाखी, श्रावणी पूर्णिमा, कार्तिक पूर्णिमा, माघ पूर्णिमा आदि नाम इन्हीं से बने हैं।

	नक्षत्र	माह		नक्षत्र	माह
1	चित्रा	चैत्र	7	अश्विनी	आश्विन
2	विशाखा	वैशाख	8	कृतिका	कार्त्तिक
3	ज्येष्ठा	ज्येष्ठ	9	मृगशिर	मार्गशीर्ष
4	पूर्वाषाढा	आषाढ़	10	पुष्य	पौष
5	श्रवण	श्रावण	11	मघा	माघ
6	पूर्वाभाद्रपद	भाद्रपद	12	पू. फाल्गुनी	फाल्गुन

चान्द्र मास पूर्णिमा के पश्चात् कृष्ण पक्ष की प्रतिपदा से प्रारम्भ होकर अगली पूर्णिमा तक रहता है। प्रत्येक मास का कृष्ण पक्ष पहले और शुक्ल पक्ष बाद में आता है। अंधेरे पक्ष को बदी तथा उजले पक्ष को सुदी कहते हैं, अर्थात् पूर्णिमा से अमावस्या तक कृष्ण पक्ष तथा अमावस्या से पूर्णिमा तक शुक्ल पक्ष। कृष्ण पक्ष के अन्त में अमावस्या तथा शुक्ल पक्ष के अन्त में पूर्णिमा आती है, परन्तु भारत में चान्द्र वर्ष दो प्रकार से माना जाता है।

(अ) चान्द्र वर्ष (मुख्य) सुदी प्रारम्भ या अमावस्यान्त–यह वर्ष शुक्ल पक्ष की प्रतिपदा से अमावस्या तक होता है। चैत्र माह के मध्य से यह माह माना जाता है। इसमें शुक्ल पक्ष पहले तथा कृष्ण पक्ष बाद में होता है। चैत्र मास के दो भाग होते हैं। पूर्वार्द्ध (कृष्ण पक्ष) गत वर्ष में तथा उत्तरार्द्ध (शुक्ल पक्ष) नव वर्ष के प्रारम्भ में आता है।

उदाहरणस्वरूप संवत् 2046 में यह वर्ष चैत्र शुक्ल प्रतिपदा 6 अप्रैल 1989 से प्रारम्भ होकर चैत्र कृष्ण पक्ष की अमावस्या 26 मार्च 1990 तक 354 दिन का रहा।

उत्तरी व मध्यवर्ती भारत में इसी वर्ष का प्रचलन है। गुजरात में इस वर्ष का प्रारम्भ कार्तिक शुक्ल प्रतिपदा से मानते हैं। वहां यह वर्ष कार्तिक कृष्ण पक्ष की अमावस्या को पूर्ण होता है। इसमें कार्तिक माह के दो टुकड़े होते हैं।

(ब) चान्द्र वर्ष (गौण) बदी प्रारम्भ या पूर्णिमान्त–इस व्यवस्था में पूरे मास को एक साथ गिना जाता है। प्रत्येक मास का कृष्ण पक्ष पहले तथा शुक्ल पक्ष बाद में, अर्थात् दोनों प्रकार के मासों में लगभग 15 दिन का अन्तर होता है। पूर्णिमान्त माह अमावस्यान्त माह से 15 दिन पूर्व प्रारम्भ होता है। इसमें मास कृष्ण पक्ष की प्रतिपदा से प्रारम्भ होकर शुक्ल पक्ष की पूर्णिमा तक माना जाता है।

उत्तरी भारत (पंजाव, हरियाणा, हिमाचल प्रदेश) में इस वर्ष को फ़सली सत्र भी कहते हैं। इसका प्रारम्भ चैत्र में न होकर आश्विन कृष्ण पक्ष की प्रतिपदा से भाद्रपद शुक्ल पक्ष की पूर्णिमा तक रहता है।

3. सौर वर्ष (Solar Year)--12 सौर मास यानी 365 दिन का एक सौर वर्ष होता

है। यह वर्ष निरयन मेष सूर्य संक्रान्ति की तिथि से प्रारम्भ होता है। इसका वर्ष वैशाख शुक्ल प्रतिपदा से प्रारम्भ होता है। इसमें वैशाख, ज्येष्ठ, आषाढ़, श्रावण व भाद्रपद 31-31 दिन के तथा आश्विन, कार्तिक, मार्गशीर्ष, पौष, माघ, फाल्गुन व चैत्र 30-30 दिन के होते हैं।

इस वर्ष का प्रचार बंगाल, असम, पंजाब, उड़ीसा, तमिलनाडु व केरल में अत्यधिक है, परन्तु केरल व तमिलनाडु के महीनों के नामों में भिन्नता है।

4. राष्ट्रीय कलैण्डर (शक संवत्)–यह भी सौर वर्ष है, परन्तु इसमें वर्ष का प्रारम्भ निरयन मेष सूर्य संक्रान्ति के बजाय सायन मेष संक्रान्ति से माना जाता है। प्रत्येक मास का प्रारम्भ भी सायन सूर्य संक्रान्ति से होता है। इस वर्ष में तिथियों के बजाय तारीख़ें होती हैं, जो सूर्य के अंशों के अनुसार प्रतिदिन बढ़ती जाती हैं। जैसे सूर्य तुला राशि में प्रवेश करने के पश्चात् 8 अंश पार कर गया, तो 8 कार्तिक तारीख़ होगी। प्रत्येक मास सायन सूर्य संक्रान्ति निरयन सूर्य संक्रान्ति से 23-24 दिन पहले होती है। इसलिए 21-22 मार्च से, चैत्र माह के प्रारम्भ से इस वर्ष का प्रारम्भ मानते हैं, जबकि निरयन सूर्य पर आधारित सौर वर्ष में मेष सूर्य संक्रान्ति वैशाख शुक्ल प्रतिपदा से वर्ष का प्रारम्भ माना गया था, ताकि दोनों प्रकार के वर्षों का तालमेल रह सके।

भारत सरकार ने इसी वर्ष को राष्ट्रीय कलैण्डर के रूप में मान्यता दी है। यह शक संवत् कहलाता है, जो ईसवी सन् से 78 वर्ष पीछे है। इस कलैण्डर में पूर्णिमा व अमावस्या तिथियों के रूप में नहीं होती। इसमें शक संवत् 1913 (सन् 1991) में इस वर्ष के माह निम्न प्रकार रहे।

क्र०सं०	सायन संक्रांति	माह प्रारम्भ	दिन	संवत् की तारीखें
1	मेष	चैत्र	30	1 से 30
2	वृषभ	वैशाख	31	1 से 31
3	मिथुन	ज्येष्ठ	31	1 से 31
4	कर्क	आषाढ़	31	1 से 31
5	सिंह	श्रावण	31	1 से 31
6	कन्या	भाद्रपद	31	1 से 31
7	तुला	आश्विन	30	1 से 30
8	वृश्चिक	कार्तिक	30	1 से 30
9	धनु	अग्रहायण	30	1 से 30
10	मकर	पौष	30	1 से 30
11	कुम्भ	माघ	30	1 से 30
12	मीन	फाल्गुन	30	1 से 30

सौर तथा चान्द्र वर्षों में असमानता का निराकरण

सौर वर्ष 365 दिन का तथा चान्द्र वर्ष 354 दिन का होता है। इस प्रकार सौर वर्ष चान्द्र

वर्ष से 11 दिन बड़ा होता है। इन दोनों प्रकार के वर्षों में एकरूपता लाने के लिए हर तीसरे वर्ष एक अधिक (पुरुषोत्तम) मास चान्द्र वर्ष में होता है। एक निश्चित मास को प्रथम व द्वितीय कर देते हैं। संवत् 2048 में प्रथम व द्वितीय वैशाख में यह चान्द्र वर्ष 17 मार्च 1991 से 3 अप्रैल 1992 तक 383 दिन का रहा था, जो 29 दिन बड़ा था।

33.5351 चान्द्र मासों में 32.5351 सौर मास होते हैं। इसलिए 32 सौर मासों (2 वर्ष 8 माह) पश्चात् एक अधिमास होता है।

वर्षों की परिवर्तन तालिका	**1991 में विभिन्न सन्-संवत्**
विक्रम संवत् (−) 135 वर्ष = शक संवत्	विक्रमी संवत् 2048 = 17 मार्च से
ईसवी सन् (+) 57 वर्ष = विक्रमी संवत्	ईसवी सन् 1991 = 1 जनवरी से
ईसवी सन् (−) 78 वर्ष = शक संवत्	शक संवत् 1913 = 22 मार्च से
ईसवी सन् (−) 592 वर्ष = फ़सली सन्	फ़सली सन् 1399 = 24 सितम्बर से

पंचांग का उपयोग करने से पूर्व कतिपय सुझाव

1. जिस स्थान पर आप निवास कर रहे हों, उसी अक्षांक्ष पर स्थित किसी नगर का बना हुआ पंचांग उपयोग में लें। दिल्ली में वाराणसी का तथा वाराणसी में बम्बई का बना पंचांग अनुपयुक्त रहेगा।

2. यदि उस अक्षांश का पंचांग न मिले, तो उपलब्ध पंचांग के सूर्योदय, दिनमान, सूर्यास्त, नक्षत्र, योग, करण, तिथि, चन्द्र, राशि प्रवेश काल आदि को अपने अक्षांश-देशान्तर पर संशोधन करने के उपरान्त ही उपयोग में लें।

3. अधिकतर पंचांगों में सूर्योदय व सूर्यास्त दिनमान से मेल नहीं खाते। यहां तक कि कई पंचांगों में सूर्योदय-सूर्यास्त अशुद्ध भी हो सकते हैं। अतः अक्षांश, क्रान्त्यश व चरमिनट द्वारा आप स्वयं स्थानीय सूर्योदय, सूर्यास्त व दिनमान ज्ञात करें। इसके बाद ही इष्ट साधन करें।

4. पुस्तक में दी गयी विधियों से अन्य स्थानों के सूर्योदय-सूर्यास्त को अपने नगर के सूर्योदय-सूर्यास्त में बदल सकते हैं या पंचांग में दिये उदयास्त को चेक कर सकते हैं।

5. यह अवश्य देख लें कि समय मानक समय में है अथवा मध्यम समय या स्थानीय समय में। एक ही प्रकार के समय-मान में गणितीय क्रियाएं करें।

6. आपको पंचांग में कहीं-कहीं उसके उपयोग की विधि या बनाने का आधार मिल जायेगा। उससे यह जान लें कि तिथि, नक्षत्र, योग, करण, चन्द्र लग्न आदि के समय प्रारम्भिक काल के हैं या समाप्ति काल के। जैसे अधिकतर पंचांगों में नक्षत्र समाप्तिकाल, परन्तु चन्द्र राशि प्रवेशकाल दिया रहता है।

7. पंचांग में दी हुई लग्न सारणी आपके नगर के अक्षांश तथा सही अयनांश के आधार पर बनी हुई है अथवा नहीं। *

इष्ट साधन

जन्मकुण्डली किसी निश्चित समय पर आकाश का मानचित्र है। उक्त निश्चित समय किसी काल-अंग (सूर्योदय, अर्द्धरात्रि अथवा मध्याह्न) से कितने समय पूर्व या पश्चात् है—यही इष्ट अथवा अभीष्ट समय है, अर्थात् अर्द्धरात्रि, सूर्योदय अथवा मध्याह्न से उक्त जन्म या घटना तक की समयावधि को इष्ट कहते हैं।

इष्ट साधन के दो आधार हैं–

(अ) सूर्योदय–यह भारतीय प्राचीन पद्धति है। सूर्योदय से अभीष्ट समय तक की समयावधि सूर्य से इष्ट (सूर्योदयादिष्टम्) कहलाता है।

(ब) साम्पातिक काल–अर्द्धरात्रि या मध्याह्न से अभीष्ट समय तक की अवधि इष्टकालिक साम्पातिक काल अथवा साम्पातिक इष्टकाल कहलाता है। यह पाश्चात्य पद्धति है, जो कम्प्यूटर ज्योतिष में भी प्रयोग में लायी जाती है।

अगले प्रकरण में दोनों विधियों से लग्न साधन समझाया जायेगा। अतः इस प्रकरण में सूर्योदय से तथा साम्पातिक काल दोनों से ही इष्ट ज्ञात करना उदाहरण सहित दिया गया है। चूंकि इष्ट पर ही आकाश के मानचित्र की शुद्धता निर्भर रहती है, इसलिए इष्ट अथवा साम्पातिक काल ज्ञात करने का पर्याप्त अभ्यास कर लेना चाहिए।

(अ) सूर्योदय से अभीष्ट काल ज्ञात करना (इष्ट), सूर्योदयादिष्टम्–जैसा कि पिछले प्रकरण में बताया गया है, पंचांगों में सूर्योदय, सूर्यास्त व दिनमान प्रत्येक दिन के लिए दिया हुआ रहता है।

सबसे पहले निम्न बातें देख लेनी चाहिए।

(i) सूर्योदय-सूर्यास्त किस इकाई में है? आई० एस० टी०, एल० एम० टी० या एल० टी० में?

(ii) सूर्योदय तथा सूर्यास्त से दिनमान की अवधि सही है?

(सूर्यास्त–सूर्योदय) × 2½ = दिनमान घटी-पल

(iii) बालक के जन्म का समय, जो आपको बताया गया है, किस इकाई में है?

(iv) बालक के जन्मस्थान का सही अक्षांश-देशान्तर क्या है?

(v) जन्म दिनांक का बेलान्तर, सूर्य क्रान्त्यंश तथा चरमिनट क्या हैं?

(vi) बच्चे का जन्म अर्द्धरात्रि और सूर्योदय के मध्य तो नहीं हुआ है? इस दशा में तारीख़

बदलेगी, परन्तु वार तथा तिथि पिछली ही रहेगी।

अत्यन्त महत्त्वपूर्ण–इष्ट ज्ञात करने का सामान्य सूत्र=जन्म समय–सूर्योदय है, परन्तु निम्न चेतावनी के साथ।

(i) जन्म समय (मानक समय) (–) सूर्योदय (मानक समय)

(ii) जन्म समय (मध्यम समय) (–) सूर्योदय (मध्यम समय)

(iii) जन्म समय (स्थानीय समय (–) सूर्योदय (स्थानीय समय)

अर्थात् दोनों समय एक ही इकाई के होंगे, तभी इष्ट सही निकलेगा।

इष्ट गणना के नियम

सामान्य नियम (जन्म समय घण्टा-मिनट (–) सूर्योदय घण्टा-मिनट
=इष्ट घण्टा-मिनट ×2½ = इष्ट घटी-पल

उपनियम

(1) यदि जन्म सूर्योदय से मध्याह्न के मध्य हो, तो

इष्ट सूत्र=(जन्म समय–सूर्योदय) × 2½ = इष्ट घटी-पल

उदाहरण–सूर्योदय 5 बजकर 40 मिनट (स्टैण्डडे)

जन्म समय 9 बजकर 48 मिनट (स्टैण्डडे)

इष्ट= जन्म समय–सूर्योदय

=9.48 (–) 5.40

=4 घण्टे 8 मिनट × 2½ = 10 घटी 20 पल इष्ट

(2) यदि जन्म मध्याह्न से सूर्यास्त के मध्य हो, तो

इष्ट सूत्र=दिनमान–(सूर्यास्त–जन्म समय) × 2½ = इष्ट घटी-पल

उदाहरण–सूर्योदय 6.38 (स्टैण्डडे), दिनमान 28 घटी 40 पल, जन्म समय सायं 4 बजकर 12 मिनट (स्टैण्डडे) सूर्यास्त 6.06 (स्टैण्डडे)

घटी पल घण्टे मिनट घण्टे मिनट

= 28.40 – (6. 06 – 4. 12) × 2½

= 28. 40 – (1. 54 × 2½)

(1 घण्टा 54 मिनट के घटी-पल बनायें)

= 28. 40 (–) 4. 45 घटी-पल

= 23 घटी 55 पल इष्ट

(3) यदि जन्म समय सूर्यास्त से अर्द्धरात्रि के मध्य हो, तो

इष्ट सूत्र=दिनमान + (जन्म समय–सूर्यास्त) ×2½ = इष्ट घटी-पल

उदाहरण–1-9-91 को सूर्योदय 5.30 (मध्यम समय), सूर्यास्त 6.42 (मध्यम समय), दिनमान 33 घटी, देशान्तर संस्कार (–) 24 मिनट, जन्म समय रात्रि 9 बजकर 20 मिनट (स्टैण्डर्ड टाइम)

हल–इसका इष्ट दो प्रकार से ज्ञात कर सकते हैं।

(i) सूर्योदय व सूर्यास्त को स्टैण्डर्ड टाइम में बदल कर
अथवा
(ii) जन्म समय को मध्यम समय में बदल कर
} समान इकाई करने पर

(i) सूर्योदय व सूर्यास्त को स्टैण्डर्ड टाइम में बदल कर

सूर्यास्त (मध्यम समय) घण्टे मिनट

6.42 (मध्यम से स्टैण्डर्ड समय बनाने के लिए)

विपरीत देशान्तर संस्कार (+) 24 (मध्यम समय से स्टैण्डर्ड समय बनाने के लिए)

सूर्यास्त (स्टैण्डर्ड समय) = 7 06

इष्ट सूत्र=दिनमान + (जन्म समय–सूर्यास्त) × 2½ = इष्ट घटी-पल

=33 घटी + (9.20) (–) (7.06) × 2½

=33 घटी + (2.14 × 2½)

=33 घटी + 5 घटी 35 पल=38 घटी 35 पल इष्ट

(ii) जन्म समय को स्टैण्डर्ड समय से मध्यम समय में बदलकर

जन्म रात्रि 9 बजकर 20 मिनट (मध्यम समय) (–) 24 मिनट देशान्तर संस्कार जन्म समय 8 बजकर 56 मिनट (मध्यम समय)

इष्ट सूत्र=दिनमान + (जन्म समय–सूर्यास्त) × 2½ = इष्ट घटी-पल

=33 घटी + (8.56) (–) (6.42) × 2½

=33 घटी +(2.14) × 2½

=33 घटी + 5 घटी 35 पल=38 घटी 35 पल इष्ट

(4) जन्म समय अर्द्धरात्रि से अगले सूर्योदय के मध्य हो, तो

इष्ट सूत्र=60 घटी–(सूर्योदय–जन्म समय) × 2½ = इष्ट घटी-पल

उदाहरण

सूर्योदय (स्थानीय समय) 5 बजकर 24 मिनट, देशान्तर संस्कार (–) 24 मिनट

सूर्यास्त (स्थानीय समय) 6 बजकर 36 मिनट 1-8-91 बेलान्तर (–) 6 मिनट

दिनमान 33 घटी 0 पल, जन्म समय रात्रि 3 बजकर 40 मिनट (स्टैण्डर्ड समय)

हल–इसका इष्ट भी दो प्रकार से ज्ञात कर सकते हैं :

(i) सूर्योदय (स्थानीय समय) को सूर्योदय (स्टैण्डर्ड समय) में बदलकर।

(ii) जन्म समय (स्टैण्डर्ड समय) को स्थानीय समय में बदलकर।

(i) सूर्योदय (स्थानीय समय) को स्टैण्डर्ड समय में बदलकर

सूर्योदय (स्थानीय समय) 5 बजकर 24 मिनट

विपरीत बेलान्तर संस्कार (+) 6 मिनट (स्थानीय समय को मध्यम समय बनाने हेतु)

सूर्योदय (मध्यम समय)	5 बजकर 30 मिनट	
विपरीत देशान्तर संस्कार (+)	24 मिनट	(मध्यम समय को स्टैण्डर्ड
सूर्योदय (स्टैण्डर्ड समय)	5 बजकर 54 मिनट	समय बनाने हेतु)

इष्ट सूत्र = 60 घटी – (सूर्योदय–जन्म समय) × 2½ = इष्ट घटी-पल

= 60 घटी – (5.54) (–) (3.40) × 2½

= 60 घटी – (2 घण्टे 14 मिनट × 2½)

= 60 घटी – 5 घटी 35 पल = 54 घटी 25 पल इष्ट

(ii) जन्म समय (स्टैण्डर्ड टाइम) को स्थानीय समय में बदल कर

जन्म समय (स्टैण्डर्ड टाइम)	3 बजकर 40 मिनट प्रातः	
देशान्तर संस्कार (–)	24 मिनट	(स्टैण्डर्ड समय से मध्यम
	3 बजकर 16 मिनट	समय बनाने हेतु)
बेलान्तर संस्कार (–)	6 मिनट	(मध्यम समय को स्थानीय
	3 बजकर 10 मिनट प्रातः	समय बनाने हेतु)

इष्ट सूत्र = 60 घटी – (सूर्योदय (–) जन्म समय) × 2½ = इष्ट घटी-पल

= 60 घटी – (5.24 (–) 3.10 × 2½)

= 60 घटी – (2 घण्टे 14 मिनट × 2½)

= 60 घटी – 5 घटी 35 पल

= 54 घटी 25 पल इष्ट

उपर्युक्त सभी उदाहरणों में हमने सूर्योदय तथा जन्म समय एक ही इकाई के बनाकर इष्ट निकाला है। भिन्न-भिन्न इकाइयों से इष्ट अशुद्ध निकलेगा।

उपर्युक्त चार सूत्रों के स्थान पर एक ही सरल विधि

उपर्युक्त चार विधियों में अन्तर यही है कि पहली में जन्म समय, सूर्योदय व मध्याह्न के बीच, दूसरी में मध्याह्न से सूर्यास्त के बीच, तीसरी में सूर्यास्त से मध्य रात्रि के बीच और चौथी में मध्य रात्रि से अगले सूर्योदय के बीच में है।

इन चारों सूत्रों को याद रखने के बजाय यदि निम्न बात याद रखी जाये, तो इष्ट सरलता से ज्ञात किया जा सकता है।

1. सूर्योदय से मध्याह्न तक जन्म समय (–) सूर्योदय = इष्ट
2. मध्याह्न से अर्द्धरात्रि तक जन्म समय + 12 (–) सूर्योदय = इष्ट
3. अर्द्धरात्रि से सूर्योदय तक जन्म समय + 24 (–) सूर्योदय = इष्ट

अर्द्धरात्रि को जब रेलवे समय के अनुसार 00 बजते हैं, वहां से समय की गणना लगातार करते चले जायें। जैसे, दोपहर 2 बजे को 12 + 2 = 14, रात्रि 9 बजे को 9 + 12=21 बजे मानें। अर्द्धरात्रि को 24 मानकर सूर्योदय तक 1, 2, 3, 4 व 5 बजे को 25, 26, 27, 28 व 29 बजे मानें। प्रत्येक बार सूर्योदय घटाने से सही इष्ट निकल आयेगा।

(ब) साम्पातिक काल से इष्ट समय ज्ञात करना (इष्टकालिक साम्पातिक काल)

साम्पातिक काल (Sidereal Time) द्वारा इष्ट ज्ञात करने के लिए सूर्योदय की आवश्यकता नहीं पड़ती, बल्कि 00 बजे के साम्पातिक काल की आवश्यकता होती है। प्रत्येक अर्द्धरात्रि 00 बजे अथवा मध्याह्न (जिसका भी समय दिया है) से अभीष्ट समय तक की अवधि को जोड़ना होता है, परन्तु यह विशेष ध्यान रखना होगा कि अभीष्ट समय तक की अवधि (जन्म समय) को मध्यम समय की इकाई में बदलकर साम्पातिक काल में जोड़ना पड़ेगा।

इसके पश्चात् अर्द्धरात्रि अथवा मध्याह्न के साम्पातिक काल तथा मध्यम समय इकाई में जन्म समय में कुछ संशोधन करने होंगे, तब दोनों जुड़ेंगे।

निम्न उदाहरण से उपर्युक्त प्रक्रियाएं स्पष्ट हो जायेंगी :

(i) इष्टकालिक साम्पातिक काल की गणना 00 बजे के आधार पर पंचांग से अभीष्ट दिनांक का 00 बजे का साम्पातिक काल नोट कर लें। यदि पंचांग में 00 बजे का साम्पातिक काल नहीं दिया है, तो इस पुस्तक में दी गयी तीन सारणियों 8/5, 8/6 एवं 8/7 की सहायता से अभीष्ट दिनांक का 00 बजे का साम्पातिक काल निम्नानुसार ज्ञात कर लें।

(अ) अभीष्ट वर्ष 1 जनवरी को 00 बजे का साम्पातिक काल।

(ब) अभीष्ट माह 1 तारीख़ को 00 बजे की साम्पातिक कालवृद्धि।

(स) अभीष्ट तारीख़ को 00 बजे की साम्पातिक कालवृद्धि।

उपर्युक्त तीनों को जोड़ने से अभीष्ट वर्ष, माह व तारीख़ का 00 बजे का साम्पातिक काल आ जायेगा।

(ii) इस साम्पातिक काल में 82½° से पश्चिम की ओर 2/3 सैकिण्ड प्रति देशान्तर धन तथा पूर्व की ओर ऋण कर साम्पातिक काल को अपने देशान्तर हेतु संशोधित कर लें। (सारणी 1/1)

(iii) जन्म समय (स्टैण्डर्ड समय) या (स्थानीय समय) को मध्यम समय में बदलना होगा। इसके लिए स्टैण्डर्ड समय में देशान्तर संस्कार तथा स्थानीय समय में विपरीत बेलान्तर करना होगा।

(iv) जन्म समय (मध्यम समय) को साम्पातिक काल के समकक्ष बनाने के लिए 10 सैकिण्ड प्रति घण्टा (वास्तव में 9. 8565 सैकिण्ड प्रति घण्टा) मध्यम समय में जोड़ना होगा। (सारणी 8/8)

साम्पातिक काल सम्बन्धी सारणी 8/5, 8/6 एवं 8/7 की रचना का सिद्धान्त

साम्पातिक काल की सारणियां 8/5, 8/6 एवं 8/7 क्रमशः वर्ष, माह तथा दिन के साम्पातिक काल की वृद्धियां दर्शाती हैं। निम्न सिद्धान्त के आधार पर आप स्वयं सारणियों का निर्माण कर सकते हैं तथा बिना सारणी के किसी भी दिन का साम्पातिक काल ज्ञात कर सकते हैं।

साम्पातिक काल में निम्नानुसार वृद्धि होती है :

	1 दिन	28 दिन	29 दिन	30 दिन	31 दिन	365 दिन	366 दिन
घण्टे	0	1	1	1	2	23	24
मिनट	3	50	54	58	2	59	2
सैकिण्ड	56.555	23.54	20.09	16.65	13.21	2.58	59.13

किसी भी वर्ष की पहली जनवरी, किसी भी माह की पहली तारीख़ या किसी भी माह की किसी भी तारीख़ का 00 बजे का साम्पातिक काल ज्ञात हो, तो उपर्युक्त में से सम्बन्धित गत अवधि की साम्पातिक काल वृद्धि ज्ञात काल में जोड़ने से अभीष्ट दिन का साम्पतिक काल प्राप्त हो जाता है। सायन तुला संक्रान्ति के समय 00 बजे का साम्पातिक काल रहता है। इस आधार पर भी अभीष्ट दिन का साम्पातिक काल ज्ञात किया जा सकता है।

उदाहरण (1)–1 जनवरी 1991 का साम्पातिक काल 6 घण्टे 39 मिनट 40 सैकिण्ड है। हमें 1 जनवरी 1995 का साम्पातिक काल ज्ञात करना है।

		घण्टे	मिनट	सैकिण्ड
1 जनवरी 1991 का साम्पातिक काल	=	6	39	40
1991 (365 दिन) की वृद्धि	+	23	59	2.58
1992 (366 दिन) की वृद्धि	+	24	2	59.13
1993 (365 दिन) की वृद्धि	+	23	59	2.58
1994 (365 दिन) की वृद्धि	+	23	59	2.58
24 का भाग लगाने से शेष	=	102	39	46.87
1 जनवरी 1995 का साम्पातिक काल	=	4	16	17.29

उदाहरण (2)–1 मार्च 1991 का साम्पातिक काल 10 घण्टे 32 मिनट 17 सैकिण्ड है। हमें 15 सितम्बर 1991 का साम्पातिक काल ज्ञात करना है।

		घण्टे	मिनट	सैकिण्ड
1 मार्च 1991 का साम्पातिक काल	=	10	32	17
मार्च (31 दिन) की वृद्धि	+	2	2	13.21
अप्रैल (30 दिन) की वृद्धि	+	1	58	16.65
मई (31 दिन) की वृद्धि	+	2	2	13.21
जून (30 दिन) की वृद्धि	+	1	58	16.65

जुलाई (31 दिन) की वृद्धि	+	2	2	13.21
अगस्त (31 दिन) की वृद्धि	+	2	2	13.21
1 सितम्बर 1991का साम्पातिक काल	=	22	37	43.14

1 सितम्बर से 15 सितम्बर तक गत दिवस 14

एक दिन की वृद्धि = 0 घण्टे 3 मिनट 56. 555 सैकिण्ड

अतः 14 दिन की वृद्धि= 14 × .0.3.56.555=0 घण्टे 55 मिनट 12 सैकिण्ड

		घण्टे	मिनट	सैकिण्ड
इसे 1 सितम्बर के साम्पातिक काल	=	22	37	43
में जोड़ने पर	+	0	55	12
15 सितम्बर 1991 00 बजे का साम्पातिक काल–	=	23	32	55

उपर्युक्त सूत्र अधिक परिश्रम करने वाले विद्वानों के लाभार्थ प्रस्तुत किया गया है, परन्तु सर्व साधारण के लाभार्थ सारणियां 8/5, 8/6 व 8/7 उपर्युक्त सिद्धान्त के आधार पर निर्मित कर आगे पृष्ठ 129-130 व 131 पर प्रस्तुत की जा रही है।

नोट–मध्याह्न का साम्पातिक काल ज्ञात करने के लिए 00 बजे के समय में 12 घण्टे 2 मिनट जोड़िये।

उदाहरण–17 अक्टूबर 1991 का 00 बजे का साम्पातिक काल ज्ञात करना है।

		घण्टे	मिनट	सैकिण्ड
1 जनवरी 1991 का साम्पातिक काल		6	39	40
1 अक्टूबर को साम्पातिक कालवृद्धि		17	56	20
17 तारीख को साम्पातिक कालवृद्धि		1	03	05
जोड़िये	(+)	25	39	05
24 से अधिक होने से 24 घटाइये	(–)	24	0	0
17 अक्टूबर 1991 को 00 बजे साम्पातिक काल		1	39	05

उदाहरण–13 घण्टे 54 मिनट (मध्यम समय) को साम्पातिक काल के समकक्ष बनाना है।

हल–

		मिनट	सैकिण्ड
13 घण्टे का संस्कार		2	8.2
54 मिनट का संस्कार	+	0	9.0
13 घण्टे 54 मिनट का संस्कार		=2	17.2

अतः संशोधित मध्यम समय

	घण्टे	मिनट	सैकिण्ड
	13	54	0
(+)		2	17
=	13	56	17

1901 = साधारण वर्ष
1904 = लौंद का वर्ष

विभिन्न वर्षों में 1 जनवरी को 00 बजे साम्पातिक काल
Sidereal Time On 1st January at Zero Hours

सारणी 8/5

1 जनवरी	साम्पातिक काल			1 जनवरी	साम्पातिक काल			1 जनवरी	साम्पातिक काल			1 जनवरी	साम्पातिक काल		
वर्ष	घं०	मि०	सै०	वर्ष	घं०	मि०	सै०	वर्ष	घं०	मि०	सै०	वर्ष	घं०	मि०	सै०
1901	6	38	53	1911	6	37	12	1921	6	39	29	1931	6	37	49
2	6	37	56	1912	6	36	15	22	6	38	32	1932	6	36	52
3	6	36	58	13	6	39	14	23	6	37	35	33	6	39	51
1904	6	36	01	14	6	38	17	1924	6	36	38	34	6	38	54
5	6	39	00	15	6	37	20	25	6	39	37	35	6	37	57
6	6	38	02	1916	6	36	23	26	6	38	38	1936	6	37	00
7	6	37	05	17	6	39	22	27	6	37	42	37	6	39	59
1908	6	36	08	18	6	38	25	1928	6	36	45	38	6	39	02
9	6	39	07	19	6	37	27	29	6	39	44	39	6	38	04
10	6	38	09	1920	6	36	30	30	6	38	47	1940	6	37	07

1901 = साधारण वर्ष
1904 = लौंद का वर्ष

विभिन्न वर्षों में 1 जनवरी को 00 बजे साम्पातिक काल

Sidereal Time On 1st January at Zero Hours

सारणी 8/5

1जनवरी	साम्पतिक काल			1 जनवरी	सम्पातिक काल			1 जनवरी	सम्पातिक काल			1 जनवरी	सम्पातिक काल		
वर्ष	घं॰	मि॰	सै॰	वर्ष	घं॰	मि॰	सै॰	वर्ष	घं॰	मि॰	सै॰	वर्ष	घ॰	मि॰	सै॰
1941	6	40	06	1956	6	37	37	1971	6	39	03	1986	6	40	30
42	6	39	09	57	6	40	36	1972	6	38	06	87	6	39	33
43	6	38	12	58	6	39	38	73	6	41	05	1988	6	38	36
1944	6	37	15	59	6	38	41	74	6	40	08	89	6	41	35
45	6	40	14	1960	6	37	44	75	6	39	11	90	6	40	37
46	6	39	17	61	6	40	43	1976	6	38	14	91	6	39	40
47	6	38	19	62	6	39	46	77	6	41	13	1992	6	38	43
1948	6	37	22	63	6	38	48	78	6	40	15	93	6	41	42
49	6	40	21	1964	6	37	51	79	6	39	18	94	6	40	45
50	6	39	24	65	6	40	50	1980	6	38	21	95	6	39	47
51	6	38	26	66	6	39	53	81	6	41	20	1996	6	38	50
1952	6	37	29	67	6	38	56	82	6	40	23	97	6	41	49
53	6	40	28	1968	6	37	59	83	6	39	25	98	6	40	52
54	6	39	31	69	6	40	58	1984	6	38	28	99	6	39	55
1955	6	38	34	1970	6	40	01	1985	6	41	27	2000	36	38	57

विभिन्न माहों की पहली तारीख को साम्पातिक काल वृद्धि 00 बजे

साधारण वर्ष

सारणी 8/6

माह / समय	जन॰	फर॰	मार्च	अप्रैल	मई	जून	जु॰	अग॰	सित॰	अक्टू॰	नव॰	दिस॰
घण्टा	0	2	3	5	7	9	11	13	15	17	19	21
मिनट	0	2	52	54	53	55	53	55	58	56	58	56
सैकिण्ड	0	13	37	50	07	20	37	50	03	20	33	50

लौंद का वर्ष

सारणी 8/6

घण्टा	0	2	3	5	7	9	11	13	16	18	20	22
मिनट	0	2	56	58	57	59	57	59	1	0	2	0
सैकिण्ड	0	13	33	47	03	16	33	46	59	16	29	46

प्रत्येक तारीख़ को साम्पातिक काल वृद्धि 00 बजे

सारणी 8/7

ता॰ / समय	1	2	3	4	5	6	7	8	9	10	11	12	13	14	15	
घण्टा	0	0	0	0	0	0	0	0	0	0	0	0	0	0	0	
मिनट	0	3	7	11	15	19	23	27	31	35	39	43	47	51	55	
सैकिण्ड	0	57	53	50	46	43	39	36	32	29	26	22	19	15	12	
तारीख	**16**	**17**	**18**	**19**	**20**	**21**	**22**	**23**	**24**	**25**	**26**	**27**	**28**	**29**	**30**	**31**
घण्टा	0	1	1	1	1	1	1	1	1	1	1	1	1	1	1	1
मिनट	59	3	7	10	14	18	22	26	30	34	38	42	46	50	54	58
सैकिण्ड	08	05	01	58	55	51	48	44	41	37	34	30	27	24	20	17

स्थानीय मध्यम समय (L. M. T.) को साम्पातिक काल में जोड़ने योग्य बनाने हेतु संशोधन

धनात्मक संस्कार

[अ] [प्रतिघण्टा 9.8565 सैकिण्ड लगभग 10 सैकिण्ड]

पूर्ण घण्टों के लिए संस्कार सारणी 8/8

मध्यम समय	संशोधन		मध्यम समय	संशोधन		मध्यम समय	संशोधन		मध्यम समय	संशोधन	
घण्टा	मिनट	सैकिण्ड	घण्टा	मिनट	सैकिण्ड	घण्टा	मिनट	सैकिण्ड	घण्टा	मिनट	सैकिण्ड
1	0	10	7	1	09.0	13	2	08.2	19	3	07.3
2	0	19.7	8	1	18.9	14	2	18	20	3	17.1
3	0	29.6	9	1	28.7	15	2	27.9	21	3	27
4	0	39.5	10	1	38.6	16	2	37.7	22	3	36.8
5	0	49.4	11	1	48.4	17	2	47.6	23	3	46.7
6	0	59.2	12	1	58.3	18	2	57.4	24	3	56.5

[ब] मिनटों के लिए संस्कार (धनात्मक)

मध्यम समय	संसकार संशोधन	मध्यम समय	संस्कार संशोधन	मध्यम समय	संस्कार संशोधन
मिनट	सैकिण्ड	मिनट	सैकिण्ड	मिनट	सैकिण्ड
6	1	24	4	42	7
12	2	30	5	48	8
18	3	36	6	54	9

यानी 13 घण्टे 56 मिनट 17 सैकिण्ड

(i) बिन्दु संख्या (ii) के अनुसार संशोधित साम्पातिक काल (00 बजे) में बिन्दु संख्या (iii) व (iv) के अनुसार संशोधित मध्यम जन्म समय जोड़ दें।

(v) यदि दोनों का योग 24 से अधिक हो तो 24 घण्टे घटा दें।

यह जन्म समय का इष्टकालिक साम्पातिक काल होगा।

उदाहरण--8 अप्रैल 1990 को प्रातः बजे (स्टैण्डर्ड समय) वारां नगर 76½° पूर्वी में एक बालक का जन्म हुआ। इस बालक इष्टकालिक साम्पातिक काल ज्ञात कीजिये।

हल– सारणी (8/5, 8/6, 8/7) की सहायता से ज्ञात कीजिये ।

	घण्टे	मिनट	सैकिण्ड
1. (i) जनवरी 1990 को 00 बजे साम्पातिक काल	6	40	37
(+) (ii) 1 अप्रैल को साम्पातिक क़ालवृद्धि	5	54	50
(+) (iii) 8 अप्रैल को साम्पातिक कालवृद्धि	0	27	36
8 अप्रैल को 00 बजे साम्पातिक काल	13	03	03
2. बिन्दु संख्या (iii) के अनुसार संशोधन (सारणी 1/1)			
82½°−76½°=6° ×2/3 सैकिण्ड = 4 सैकिण्ड	(+)		04
संशोधित साम्पातिक काल =	13	03	07

3. जन्म समय 8 बजे प्रातः (स्टैण्डर्ड टाइम) (–) 24 मिनट=(6° ×4= 24 मिनट)
संशोधित मध्यम जन्म समय=7.36

4. मध्यम समय में संशोधन 7 घण्टे 36 मिनट के लिए (सारणी 8/8) 7 घण्टे के लिए (+) 1 मिनट 9 सैकिण्ड तथा 36 मिनट के लिए (+) 6 सैकिण्ड

संशोधित मध्यम जन्म समय = 7 घण्टे 37 मिनट 15 सैकिण्ड

5. अब इस संशोधित जन्म समय को 00 बजे के संशोधित साम्पातिक कला में जोड़िये

	घण्टे	मिनट	सैकिण्ड
8-4-90 को 00 बजे साम्पातिक काल (बिन्दु 2)	13	03	07
संशोधित मध्यम जन्म समय (+)	7	37	15
अतः इष्टकालिक साम्पातिक काल =	20	40	22 हुआ

इस प्रकार जन्मकाल का इष्टकालिक समय दोनों प्रकार से–सूर्योदय से सूर्योदयादिष्टम् तथा साम्पातिक काल के रूप में साम्पातिक इष्ट काल ज्ञात किया जा सकता है। दोनों विधियों से लग्न-साधन अगले प्रकरण में समझाया जायेगा।

यदि अच्छा अभ्यास हो जाये, तो साम्पातिक काल इष्ट विधि में त्रुटि नहीं रहती। सूर्योदय सही ज्ञात न होने पर सूर्य द्वारा इष्ट निकालने में त्रुटि रहने की सम्भावना है।

कम्प्यूटर ज्योतिष में साम्पातिक काल विधि से इष्ट ज्ञात किया जाता है, इसीलिए उसे अधिक विश्वसनीय माना जाता है।

साम्पातिक काल के विषय में जानकारी समय प्रकरण में भी दी गयी है तथा सारणियां अपने आप में स्पष्ट हैं। इन सारणियों से सन् 1901 से 2000 तक के किसी भी दिन का 00 बजे का साम्पातिक काल ज्ञात किया जा सकता है। *

लग्न साधन

लग्न परिचय– लग्न का अर्थ है उदय होने वाला तारा समूह (Rising Stars)। अंग्रेज़ी में लग्न को Ascendent या आरोही या उठने वाला कहा जाता है। अभीष्ट समय, जिस राशि के तारों का उदय पूर्वी क्षितिज पर हो रहा है, वही लग्न होता है।

पृथ्वी की दैनिक गति के कारण प्रत्येक राशि के तारे क्रमशः पूर्वी क्षितिज पर उदय होकर आकाश में भ्रमण करते हुए पश्चिम में अस्त होते हैं। प्रत्येक राशि के तारे 0° से 30° तक क्रमशः पृथ्वी की आड़ में से निकलकर पूर्वी क्षितिज से ऊपर उठते हुए दिखाई पड़ते हैं। जब तक एक राशि के तारे उदय होते रहते हैं, तब तक उसी राशि का लग्न रहता है। जब उस राशि के पूरे 30° के तारे उदय हो जाते हैं, तो अगली राशि के तारे 0-1-2-3 अंश के क्रम में उदय होना प्रारम्भ हो जाते हैं, अर्थात् पहली राशि का लग्न समाप्त होकर दूसरी राशि का लग्न प्रारम्भ हो जाता है।

पृथ्वी 1° परिभ्रमण करने में 4 मिनट का समय लेती है। अतः एक राशि के भाग को उदय होने में लगभग $30 \times 4 = 120$ मिनट या 2 घण्टे का समय लगता है। इस प्रकार 24 घण्टे में 12 राशियों का उदयक्रम पूर्ण हो जाता है, परन्तु राशियों की अक्षांशीय स्थिति, पृथ्वी की गोलाई, धुरी का झुकाव, सूर्य की असमान गति तथा अक्षांशों के अन्तर के कारण प्रत्येक लग्न ठीक 2 घण्टे का नहीं होता। इनके उदयमान न्यूनाधिक हैं।

लग्न सम्बन्धी सामान्य सिद्धान्त

1. भूमध्य रेखा पर विभिन्न राशियों के उदयमान की गणना, (प्राचीन विद्वानों की भाषा में लंकोदय) भूमध्यरेखीय लग्नमान निम्नानुसार है।

राशि	उदयमान (पल)	राशि
मेष	278	मीन
वृषभ	299	कुम्भ
मिथुन	323	मकर
कर्क	323	धनु
सिंह	299	वृश्चिक
कन्या	278	तुला

मेष, मीन, कन्या व तुला के लग्नमान 278 पल, वृषभ, कुम्भ, सिंह व वृश्चिक राशियों के लग्नमान 299 पल तथा मिथुन, मकर, कर्क व धनु राशियों के लग्न 323 पल हैं।

2. ज्यों-ज्यों हम भूमध्य रेखा से उत्तर की ओर बढ़ते जाते हैं, मेष, मीन, वृषभ, कुम्भ, मिथुन तथा मकर राशियों के लग्नमान छोटे होते जाते हैं और शेष कर्क, धनु, सिंह, वृश्चिक, कन्या तथा तुला के लग्नमान उसी अनुपात में बढ़ते जाते हैं। दक्षिणी गोलार्द्ध में इससे विपरीत होता है। सभी 12 लग्नमानों का योग 24 घण्टे या 60 घटी या 3600 पल होता है।

3. समान अक्षांशों पर स्थित स्थानों पर किसी भी राशि के लग्नमान समान होते हैं।

4. जिस राशि में सूर्य संक्रान्ति होती है, सूर्योदय के समय उसी राशि का लग्न होता है।

5. सूर्य एक दिन में 1° आगे बढ़ता है। अतः लगभग 30 दिन (एक माह) तक एक ही राशि का लग्न प्रातःकाल रहता है, परन्तु उसी राशि में लग्नांश 1-1 अंश प्रतिदिन बढ़ता जाता है। अगले माह सूर्य संक्रान्ति परिवर्तन के साथ ही अगली राशि का लग्न प्रातःकाल रहता है। इस प्रकार 12 महीनों में सभी राशियों के लग्न बारी-बारी से प्रातःकाल रहते हैं।

6. प्रत्येक राशि के लग्नांश प्रतिदिन 1-1 अंश बढ़ने के कारण प्रतिदिन वह राशि गत दिवस की अपेक्षा 4 मिनट पहले उदय होती है (सूर्य का 1° = पृथ्वी की दैनिक गति के 4 मिनट)। उदाहरण के लिए आज वृषभ लग्न का 00 अंश 8 बजकर 40 मिनट पर उदय हुआ, तो कल 8 बजकर 40 मिनट पर 1 अंश उदय होगा, अर्थात् 00 अंश 8 बजकर 36 मिनट पर ही उदय हो जायेगा। परसों 8.40 पर 2 अंश उदय होंगे, अर्थात् 00 अंश 8 बजकर 32 मिनट पर उदय हो जायेगा। वृषभ लग्न उदय का तात्पर्य 1 राशि 0 अंश 0 कला और समाप्ति का तात्पर्य 2 राशि के 0 अंश 0 कला है, जहां से मिथुन लग्न प्रारम्भ हो जायेगा। विभिन्न पंचांगों में दैनिक लग्न सारणियां इसी आधार पर दी हुई होती हैं।

लग्न व जन्मकुण्डली का सम्बन्ध–जन्मकुण्डली में 12 भाव होते हैं। पहला मध्य या ऊपर का भाव सदैव उदय या पूर्व को दर्शाता है। अतः अभीष्ट समय पर जो राशि उदय हो, अर्थात् जिस राशि का लग्न हो, वही राशि पहले भाव में लिखी जाती है। इसीलिए प्रथम भाव को लग्न कहा जाता है।

शेष राशियां लग्न से बायीं ओर (घड़ी के विपरीत) आरोही क्रम में विभिन्न भावों में रखी जाती हैं। राशियों का उदयक्रम इस प्रकार रहेगा कि पहले भाव की राशि के बाद दूसरे भाव की राशि का उदय होगा। इसी क्रम में प्रत्येक राशि लग्न के रूप में उदय होती जाती है।

इष्ट व लग्न का सम्बन्ध– प्रत्येक लग्न उपर्युक्त लग्नमान के अनुसार (1½से 2½) उपर्युक्त घण्टे के लगभग रहता है। इसके पश्चात् अगली राशि का लग्न आ जाता है। प्रातः से ज्यों-ज्यों हम मध्याह्न, सायं व अर्द्धरात्रि की ओर बढ़ते हैं, सूर्योदय के समय वाले लग्न की अपेक्षा लग्न राशि भी बढ़ती जायेगी। दिन में 6 लग्न और रात्रि में 6 लग्न होते हैं। सूर्योदय के समय वही लग्न होगा। उदाहरणार्थ, यदि सूर्योदय के समय छठी राशि का लग्न है, तो मध्याह्न के समय नौवीं राशि, सूर्यास्त के समय बारहवीं राशि तथा अर्द्धरात्रि के समय तीसरी राशि का लग्न होगा।

जैसा कि ऊपर बताया गया है, सूर्योदय से बढ़ता हुआ यह समय ही इष्ट है। यदि इष्ट

साधन में थोड़ी-सी भी त्रुटि रह गयी, तो लग्नांश में तो अन्तर पड़ेगा ही, हो सकता है लग्न राशि ही बदल जाये और सारे ग्रह बायीं या दायीं ओर के भावों में खिसक जायें। अतः सही इष्ट व सही लग्न ही सही जन्मपत्र का आधार है।

लग्न साधन—लग्न साधन की अनेक विधियां हैं।

1. पलभा-चरखण्ड (परम्परागत प्राचीन) विधि।
2. लग्न सारणी विधि।
3. साम्पातिक काल विधि।
4. आनुपातिक लग्नोदय मान विधि।

1. **पलभा-चरखण्ड विधि**— यह परम्परागत विधि है। इसके द्वारा लग्न साधन हेतु निम्न सूचनाओं की आवश्यकता होती है।

(i) पलभा (ii) चरखण्ड (iii) लंकोदय लग्नमान (iv) तात्कालिक सूर्य स्पष्ट (v) अयनांश (iv) सही इष्ट।

(i) पलभा— सायन मेष अथवा तुला संक्रान्ति (21मार्च या 23 सितम्बर) के दिन 12 वजे (मध्याह्न) 12 अंगुल की शलाका की छाया की लम्बाई को पलभा, अक्षभा या विषुवती कहते हैं। यह छाया भूमध्य रेखा पर शून्य होती है तथा अक्षांश वृद्धि के साथ बढ़ती जाती है। किसी स्थान की पलभा त्रिकोणमिति से भी ज्ञात की जा सकती है। त्रिकोणमिति की पुस्तक से अक्षांश की स्पर्शज्या या छाया/शलाका लें। इसे शलाका की लम्बाई से गुणा करने पर छाया की लम्बाई प्राप्त हो जायेगी।

$$\text{स्पर्शज्या} = \frac{\text{छाया}}{\text{दण्ड}} \qquad \text{अतः पलभा} = \frac{\text{छाया}}{\text{दण्ड}} \times \text{दण्ड} = \text{छाया}$$

दूसरे शब्दों में पलभा=अक्षांश की स्पर्शज्या (Tan Latitude) × 12, इसे अंगुल, व्यंगुल व प्रतिव्यंगुल में व्यक्त करें। (1 अंगुल = 60 व्यंगुल, 1 व्यंगुल = 60 प्रतिव्यंगुल)

उदाहरण–25° अक्षांश की पलभा ज्ञात करना है।

25° की स्पर्शज्या = .46630 है, इसे 12 से गुणा करने पर पलभा=5 अंगुल 35 व्यंगुल 44 प्रतिव्यंगुल होगी।

भारत के अक्षांशों (8° से 38° उत्तरी) की स्पर्शज्या, पलभा चरखण्ड एवं लग्नोदय मान सारणी 9/9 पृष्ठ 141 से 143 तक में दिये गये हैं। दक्षिणी गोलार्द्ध में चरखण्डों को (+) के स्थान पर (–) तथा (–) के स्थान पर (+) करने पर लग्नोदय मान स्पष्ट होंगे।

अक्षांश यदि कला में हो, तो कला के लिए त्रैराशिक (अनुपात) से पलभा ज्ञात कर सकते हैं।

उदाहरण–25° 10' अक्षांश की पलभा ज्ञात करना है।

	अंगुल	व्यंगुल	प्रतिव्यंगुल
26° अक्षांश की पलभा =	5	51	10
25° अक्षांश की पलभा =	5	35	44
अन्तर =		15	26

1 अंश (60 कला) पर अन्तर 15/26 व्यंगुल या 926 प्रतिव्यंगुल

1 कला पर अन्तर 926 ÷ 60 प्रतिव्यंगुल

10 कला पर अन्तर 926 × 10 ÷ 60 = 154 प्रतिव्यंगुल

25° की पलभा	5	35	44
10 कला की पलभा		2	34
अतः 25° 10' की पलभा =	5	38	18

(ii) चरखण्ड–पलभा को 10, 8 एवं 10/3 से अलग-अलग गुणा करने पर तीन अंक आयेंगे, जो पलों में होंगे। इन अंकों को क्रमशः प्रथम, द्वितीय व तृतीय चरखण्ड कहते हैं। भूमध्यरेखीय लग्नमान में इन चरखण्डों को निम्नानुसार ऋण व धन करने से विभिन्न राशियों के स्थानीय (स्वोदय) लग्नमान पलों में (सायन सूर्यानुसार) प्राप्त होंगे।

स्वदेशी लग्नोदय मान की गणना

भूमध्यरेखीय (लंकोदय)	स्वदेशीय (स्वअक्षांशीय)
मेष एवं मीन	(–) प्रथम चरखण्ड = मेष एवं मीन
वृषभ एवं कुम्भ	(–) द्वितीय चरखण्ड = वृषभ एवं कुम्भ
मिथुन एवं मकर	(–) तृतीय चरखण्ड = मिथुन एवं मकर
कर्क एवं धनु	(+) तृतीय चरखण्ड = कर्क एवं धनु
सिंह एवं वृश्चिक	(+) द्वितीय चरखण्ड = सिंह एवं वृश्चिक
कन्या एवं तुला	(+) प्रथम चरखण्ड = कन्या एवं तुला

इस प्रकार मेष व मीन में से प्रथम चरखण्ड, वृषभ एवं कुम्भ में से द्वितीय चरखण्ड तथा मिथुन व मकर में से तृतीय चरखण्ड घटाने एवं इसके विपरीत कर्क व धनु में तृतीय चरखण्ड, सिंह व वृश्चिक में द्वितीय चरखण्ड तथा कन्या व तुला में प्रथम चरखण्ड जोड़ने से स्वदेशी लग्नोदय मान प्राप्त हो जाते हैं। ये स्वदेशी लग्नमान सायन सूर्यानुसार हैं। अक्षांशानुसार पलभा, चरखण्ड व लग्नोदय मान सारणी 9/9 पृष्ठ 141 से 143 तक में देखें।

(iii) भूमध्यरेखीय (लंकोदय) लग्नोदय मान निम्न प्रकार हैं।

मेष, वृषभ, कुम्भ व मीन 278 पल या 1 घण्टा 51 मिनट प्रत्येक।

मिथुन, कर्क, धनु व मकर 299 पल या 2 घण्टा प्रत्येक।

सिंह, कन्या, तुला व वृश्चिक 323 पल या 2 घण्टा 9 मिनट प्रत्येक।

(iv) सूर्य स्पष्ट–पंचांगों में जो सूर्य स्पष्ट दिया रहता है वह प्रातःकालीन निरयन सूर्य स्पष्ट होता है। अतः पहले तात्कालिक (इष्टकालिक) सूर्य स्पष्ट करना होता है। इसके पश्चात् तात्कालिक सायन सूर्य स्पष्ट बना लिया जाता है। इसके लिए निरयन सूर्य स्पष्ट में अयनांश जोड़ने पड़ते हैं। पलभा व चरखण्ड सायन सूर्य मेष अथवा तुला संक्रान्ति के दिन ही साधे जाते हैं। अतः इस विधि से लग्न साधन करने में सायन सूर्य के राश्यंश ही प्रयुक्त होते हैं।

(v) **अयनांश**–राशि प्रकरण में निरयन व सायन सूर्य का अन्तर (अयनांश) चित्र की सहायता से समझाया गया है तथा वर्ष के किसी भी दिन अयनांश गणना करने की विधि भी समझायी गयी है।

(vi) **इष्ट**–इष्ट प्रकरण में सूर्योदय से इष्ट ज्ञात करना बता दिया गया है। उपर्युक्त उपकरणों के आधार पर अब लग्न साधन समझाया जा रहा है।

पलभा-चरखण्ड विधि द्वारा लग्न साधन

(1) अपने अक्षांश की पलभा ज्ञात करें।

(2) पलभा को क्रमशः 10, 8 व 10/3 से गुणा कर चरखण्ड ज्ञात करें।

(3) चरखण्ड संस्कार कर भूमध्यरेखीय लग्नोदयमान से स्वदेशी लग्नमान बनायें।

(4) तात्कालिक सूर्य स्पष्ट कर उसमें अयनांश जोड़ते हुए तात्कालिक सायन सूर्य स्पष्ट ज्ञात करें।

(5) जिस राशि में सूर्य है, उस राशि में सूर्य के भोग्यांश ज्ञात करें।

(6) इन भोग्यांश को उसी राशि के स्वदेशी लग्नमान से गुणा कर प्रथम अंक में 30 का भाग लगायें। लब्धि को पल के रूप में ग्रहण करें।

(7) इष्ट काल के पल बनायें।

(8) पलात्मक इष्ट काल में से सूर्य के भोग्य पल (लब्धि) को घटा दें।

(9) इसके पश्चात् शेष में से अगली राशियों के स्वदेशी लग्नमान क्रमशः घटाते जायें, जब तक पूरे घटते जायें।

(10) जो लग्नमान पूरे घट जायें, वह शुद्ध राशि तथा जो नहीं घट सकें, वह अशुद्ध राशि कहलायेगी।

(11) शेष पल को 30 से गुणा कर अशुद्ध राशि के लग्नमान से भाग दें, तो अंश एवं शेष को 60 से गुणा कर लग्नमान का भाग देने से कला तथा इसी प्रकार विकला प्राप्त होंगी।

(12) अतः सायन लग्न शुद्ध राशि की संख्या तथा प्राप्त अंश-कला-विकला होगा।

(13) चूंकि यह सायन लग्न है, इसमें से अयनांश वापस घटाने से निरयन लग्न स्पष्ट प्राप्त होगा।

उदाहरण–11-10-91 को कोटा नगर में एक बालक का जन्म हुआ, जिसका इष्ट 32 घटी 40 पल था। प्रातः सूर्य 5/23/26/7 था। लग्न स्पष्ट कीजिये।

(1) कोटा नगर का अक्षांश 25° 10' उत्तर, (2) पलभा 5/38/18 (3) अयनांश 23/44/45, (4) तात्कालिक सूर्य स्पष्ट, (निरयन) = 5/24/00/45 है।

	प्रथम	द्वितीय	तृतीय
(5) चरखण्ड =	5. 38. 18 ×10	5. 38. 18 × 8	5. 38. 18 × 10/3
=	56.23.0	45.6.24	18.47.40
=	56	45	19

(6) स्वदेशी लग्नमान

भूमध्यरेखीय	मेष	वृषभ	मिथुन	कर्क	सिंह	कन्या
लग्नमान	278	299	323	323	299	278
(पल)	− 56	− 45	− 19	+ 19	+ 45	+ 56
स्वदेशी लग्नमान	= 222	254	304	342	344	334
भूमध्यरेखीय	**तुला**	**वृश्चिक**	**धनु**	**मकर**	**कुम्भ**	**मीन**
लग्नमान	278	299	323	323	299	278
(पल)	+ 56	+ 45	+19	− 19	− 45	− 56
स्वदेशी लग्नमान	= 334	344	342	304	254	222

(7) पलात्मक इष्टमान 32 घटी 40 पल

$32 \times 60 = 1920 + 40 = 1960$ पल

(8) निरयन तात्कालिक सूर्यस्पष्ट = 5/24/00/45

अयनांश (+) 23/44/45

सायन तात्कालिक सूर्य स्पष्ट = 6/17/45/30

(9) सूर्य के भुक्तांश 17/45/30

एक राशि के पूर्ण अंश 30/00/00

भुक्तांश (–) 17/45/30

अतः भोग्यांश = 12/14/30

(10) सूर्य तुला राशि में है। अतः तुला के लग्नमान 334 से भोग्यांश को गुणा किया।

12/14/30 × 334 = 4088/43/20

(11) इसमें 30 का भाग लगाया = 4088 ÷ 30 =136 लब्धि तुला के भोग्य पल

(12) इष्ट काल-पल 1960

(–) 136 तुला के भोग्य पल

1824

(–) 344 वृश्चिक का लग्नमान

1480

(–) 342 धनु का लग्नमान

1138

(–) 304 मकर का लग्नमान

834

(–) 254 कुम्भ का लग्नमान

580

(–) 222 मीन का लग्नमान

358

(—) 222 मेष का लग्नमान

136 अब नहीं घटता।

अतः मेष राशि शुद्ध तथा वृषभ राशि अशुद्ध हुई।

(13) शेष पल को 30 से गुणा कर वृषभ के लग्नमान से भाग लगाया।

136 × 30 = 4080

```
254) 4080 (16/3/46 = 16/3/47
     254
     1540
     1524
       16 × 60
     = 960
   –   762
     = 198 × 60
     = 11880
       1016
       1720
       1524
        196
```

(14) अतः सायन लग्न स्पष्ट = (मेष शुद्ध होने से 1 राशि तथा 16 अंश 3 कला तथा 47 विकला = 1.16. 3.47

(15) अयनांश घटाने पर (—) 23.44.45

अतः निरयन लग्न स्पष्ट = 0.22.19.02 हुआ।

2. लग्न सारणी से लग्न ज्ञात करना—लग्न ज्ञात करने की जो प्रक्रिया ऊपर बतायी गयी है, यद्यपि सर्वशुद्ध विधि है, परन्तु समय, श्रम व कष्टसाध्य है। अतः श्रम, समय व कष्ट को कम करने के लिए रेडीमेड सारणियों का उपयोग किया जाता है। लग्न सारणियां पलभा, चरखण्ड तथा अयनांश के आधार पर बनायी जाती हैं। अतः अक्षांश की भिन्नता से सारणियां भी अलग-अलग बनती हैं।

लग्न सारणी विधि– लग्न सारणी से लग्न ज्ञात करने से पूर्व निम्न बातों की आवश्यकता होती है।

(1) इष्ट, (2) अभीष्ट दिन सूर्य के राश्यंश, (3) अक्षांश व (4) अयनांश

सावधानी

(1) जैसा कि ऊपर बताया गया है, समान अक्षांश पर एक राशि का लग्नोदय मान समान होता है। अतः अपने नगर के अक्षांश पर बनी लग्न सारणी का ही प्रयोग करें।

(2) लग्न साधन में अयनांश का भी महत्त्व है। पहली विधि में सायन लग्न में से अयनांश घटाया था। निरयन लग्न सारणियां अयनांश घटाकर ही बनायी जाती हैं। अतः पुरानी सारणियों या वर्तमान से कम अयनांश पर बनी सारणियों से जो लग्न आयेगा, वह कुछ अधिक होगा। अतः उसमें से अयनांशान्तर (वर्तमान अयनांश (—) सारणी का अयनांश घटाने पर सही) निरयन

अक्षांशानुसार

स्पर्शज्या, पलभा, चरखण्ड एवं लग्नोदय मान

(सायन सूर्य के आधार पर)

लग्नोदय मान (पल)

सारणी 9/9

अक्षांश उत्तरी	स्पर्शज्या (tan-lat)	पलभा (अंगुल में) स्पर्शज्या × 12			चरखण्ड (पल)			–I	–II	–III	+III	+II	+I
		अ.	व्य.	प्र.व्य	I	II	III	मेष मीन	वृषभ कुम्भ	मिथुन मकर	कर्क धनु	सिंह वृश्चिक	कन्या तुला
0 भूमध्य रेखा	0		0		0	0	0	278	299	323	323	299	278
8	.14054	1	41	11	17	13	6	261	286	317	329	312	295
9	. 15838	1	54	2	19	15	6	259	284	317	329	314	297
10	.17633	2	6	57	21	17	7	257	282	316	330	316	299
11	.19438	2	19	57	23	19	8	255	280	315	331	317	301
12	.21256	2	33	2	25	20	8	253	279	315	331	319	303
13	.23087	2	46	14	27	22	9	251	277	314	332	321	305
14	.24932	2	59	31	30	24	10	248	275	313	333	323	308
15	.26795	3	12	55	32	26	11	246	273	312	334	325	310
16	.28674	3	26	27	34	28	11	244	271	312	334	327	312
17	.30573	3	40	7	36	29	12	242	270	311	335	328	314

अक्षांशानुसार
स्पर्शज्या, पलभा, चरखण्ड एवं लग्नोदय मान
(सायन सूर्य के आधार पर)
लग्नोदय मान (पल)

सारणी 9/9

अक्षांश उत्तरी	स्पर्शज्या (tan-lat)	पलभा (अंगुल में) स्पर्शज्या × 12			चरखण्ड (पल)			−I	−II	−III	+III	+II	+I
					I	II	III मीन	मेष कुम्भ	वृषभ मकर	मिथुन धनु	कर्क वृश्चिक	सिंह तुला	कन्या
0 भूमध्य रेखा	0	अ	0 व्य.	प्र.व्य	0	0	0	278	299	323	323	299	278
18	.32492	3	53	56	39	31	13	239	268	310	336	330	317
19	.34433	4	7	55	40	32	13	238	267	310	336	331	318
20	.36397	4	22	3	43	34	14	235	265	309	337	333	321
21	.38386	4	36	23	46	37	15	232	262	308	338	336	324
22	.40402	4	50	54	48	38	16	230	261	307	339	337	326
23	.42447	5	5	37	51	41	17	227	258	306	340	340	329
24	.44523	5	20	34	53	42	18	225	257	305	341	341	331
25	.46630	5	35	44	56	45	19	222	254	304	342	344	334
26	.48773	5	51	10	59	47	20	219	252	303	343	346	337
27	.50952	6	6	52	61	49	20	217	250	303	343	348	339

अक्षांशानुसार
स्पर्शज्या, पलभा, चरखण्ड एवं लग्नोदय मान
(सायन सूर्य के आधार पर)

लग्नोदय मान (पल)

सारणी 9/9

अक्षांश उत्तरी	स्पर्शज्या (tan-lat)	पलभा (अंगुल में) स्पर्शज्या × 12			चरखण्ड (पल)			−I	−II	−III	+III	+II	+I
					I	II	III	मेष मीन	वृषभ कुम्भ	मिथुन मकर	कर्क धनु	सिंह वृश्चिक	कन्या तुला
0 भूमध्य रेखा	0	0			0	0	0	278	299	323	323	299	278
		अ.	व्य.	प्र.व्य									
28	.53171	6	22	50	63	51	21	215	248	302	344	350	341
29	.55431	6	39	6	66	53	22	212	246	301	345	352	344
30	.57735	6	55	41	69	55	23	209	244	300	346	354	347
31	.60086	7	12	37	72	58	24	207	241	299	347	357	350
32	.62487	7	29	54	75	60	25	203	239	298	348	359	353
33	.64941	7	47	34	78	62	26	200	237	297	349	361	356
34	.67451	8	5	39	81	65	27	197	234	296	350	364	359
35	.70021	8	24	9	84	67	28	194	232	295	351	366	362
36	.72654	8	43	6	87	70	29	191	229	294	352	369	365
37	.75355	9	2	33	90	72	30	188	227	293	353	371	369
38	.78128	9	22	31	94	75	31	184	224	292	354	374	372

लग्न प्राप्त होगा। यदि सारणी का अयनांश वर्तमान अयनांश से अधिक है, तो अन्तर जोड़ना पड़ेगा।

लग्न सारणी परिचय–लग्न सारणियां अलग-अलग अक्षांशों पर तथा अलग-अलग अयनांशों पर आधारित होती हैं। इनमें एक ओर (खड़ी ओर) 0 से 11 अंक होते हैं, जो राशियों के परिचायक होते हैं (0 मेष से 11 मीन तक) दूसरी ओर (आड़ी पंक्ति में) 0 से 29 अंश के कालम होते हैं। इनमें घटी-पल के अंक होते हैं। ये अंक लग्नोदय मान तथा अयनांश के आधार पर होते हैं।

विधि– जिस दिन का लग्न ज्ञात करना हो, उस दिन के सूर्य के राश्यंश ज्ञात करें तथा उस राशि व अंशों के कालम में देखें। जो अंक (सूर्यफल) मिलें, उनमें इष्ट के घटी-पल जोड़ दें। यदि योग 60 घटी से अधिक हो, तो 60 घटी घटा दें। इस योग को पुनः इसी सारणी में देखें। जिस राशि व अंशों के कालम में यह योग मिले, उसी राशि के उतने ही अंश लग्न होगा। यदि वह योग कालम में नहीं मिले, तो उससे निकटतम पिछली संख्या के राशि-अंश ग्रहण करें तथा त्रैराशिक से शेष पल का मान ज्ञात कर प्राप्त राशि-अंश में जोड़ने से लग्न स्पष्ट हो जायेगा। यदि आपने सही अयनांश वाली सारणी ली है, तो यही स्पष्ट लग्न हुआ। यदि वर्तमान से न्यूनाधिक अयनांश वाली सारणी ली है, तो अयनांशान्तर द्वारा बतायी गयी विधि से सही निरयन स्पष्ट ज्ञात कर लें।

सुविधा के लिए 19, 23, 25, 26, एवं 28 अक्षांशों की 24 अयनांश पर सारणियां तैयार कर संलग्न कर दी गयी हैं। (सारणी क्रमांक 9/10, 9/11, 9/12, 9/13, 9/14 एवं 9/15)

उदाहरण–प्रथम विधि में जो उदाहरण लिया था उसे इस विधि से हल करते हैं।

उपकरण–(1) 25° वाली लग्न सारणी (2) सूर्य 5/24, (3) इष्ट 32 घटी 40 पल, (4) अयनांश 23/44/45 तथा (5) तात्कालिक सूर्य 5/24/0/45

विधि–तात्कालिक सूर्य 5/24 है। हमने 25° वाली 24 अयनांश पर निर्मित लग्न सारणी ली। इस सारणी में 5 राशि और 24 अंश के कालम में देखा तो 33.20 अंक मिले।

इनमें इष्ट जोड़ा		33	20
	+	32	40
		6	00

6.00 को पुनः इस सारणी में देखा। 6 तो नहीं मिले, पर इससे निकटतम कम 5.57 अंक 0 राशि के 22 कालम में मिले। अतः स्थूल रूप से लग्न 0 राशि 22 अंश लिया।

हमें 6.0 (–) 5.57 =03 पल का लग्न और निकालना है।

		घटी	पल
23वें अंश के कालम में		6	6
22वें अंश के कालम में	(–)	5	57
अन्तर			9 पल

लग्न सारणी 19° उत्तरी अक्षांश अक्षभा 4/07/55 अयनांश 24° चरखण्ड 40/32/13
(बम्बई, पूना, अहमदनगर, नादिड़, औरंगाबाद, अजन्ता आदि नगरों हेतु)

सारणी 9/10

राशि \ अंश	0	1	2	3	4	5	6	7	8	9	10	11	12	13	14	15
0 मेष	03	03	03	03	03	03	03	04	04	04	04	04	04	05	05	05
	10	18	26	34	42	50	58	06	15	24	33	42	51	00	09	18
1 वृषभ	07	07	07	07	08	08	08	08	08	08	09	09	09	09	09	09
	31	40	49	58	07	16	25	35	45	56	06	16	27	38	47	58
2 मिथुन	12	12	12	13	13	13	13	13	13	14	14	14	14	14	15	15
	33	43	53	04	14	24	35	46	57	08	19	31	42	53	04	15
3 कर्क	18	18	18	18	18	18	19	19	19	19	19	20	20	20	20	20
	03	15	26	37	48	59	11	22	33	44	55	06	17	28	39	50
4 सिंह	23	23	23	24	24	24	24	24	25	25	25	25	25	25	26	26
	35	47	58	09	20	31	42	52	03	13	24	35	45	56	06	17

लग्न सारणी 19° उत्तरी अक्षांश अक्षभा 4/07/55 अयनांश 24° चरखण्ड 40/32/13
(बम्बई, पूना, अहमदनगर, नादेड़, औरंगाबाद, अजन्ता आदि नगरों हेतु)

सारणी 9/10

राशि \ अंश	16	17	18	19	20	21	22	23	24	25	26	27	28	29	लग्नमान पल
0 मेष	05	05	05	05	06	06	06	06	06	06	06	07	07	07	238
	27	36	45	53	02	11	20	29	38	47	56	05	13	22	
1 वृषभ	10	10	10	10	10	11	11	11	11	11	11	12	12	12	
	08	18	29	39	49	00	10	20	31	41	51	02	12	22	267
2 मिथुन	15	15	15	16	16	16	16	16	16	17	17	17	17	17	
	27	38	49	00	11	23	34	45	56	07	19	30	41	52	310
3 कर्क	21	21	21	21	21	21	22	22	22	22	22	23	23	23	
	01	12	23	34	45	56	07	18	29	40	51	02	13	24	336
4 सिंह	26	26	26	26	27	27	27	27	27	28	28	28	28	28	
	28	38	49	59	10	21	31	42	52	03	14	24	35	45	331

लग्न सारणी 19° उत्तरी अक्षांश अक्षभा 4/07/55 अयनांश 24° चरखण्ड 40/32/13

(बम्बई, पूना, अहमदनगर, नादेड़, औरंगाबाद, अजन्ता आदि नगरों हेतु)

सारणी 9/10

अंश / राशि	0	1	2	3	4	5	6	7	8	9	10	11	12	13	14	15
5 कन्या	28 56	29 07	29 17	29 28	29 38	29 49	30 00	30 10	30 21	30 31	30 42	30 53	31 03	31 14	31 24	31 35
6 तुला	34 14	34 25	34 35	34 46	34 56	35 07	35 18	35 29	35 40	35 51	36 02	36 13	36 24	36 35	36 46	36 57
7 वृश्चिक	39 42	39 54	40 05	40 16	40 27	40 38	40 49	41 00	41 11	41 22	41 34	41 45	41 56	42 07	42 19	42 30
8 धनु	45 18	45 29	45 40	45 51	46 03	46 14	46 25	46 35	46 46	46 56	47 06	47 17	47 27	47 37	47 48	45 58
9 मकर	50 33	50 43	50 54	51 04	51 14	51 25	51 35	51 44	51 53	52 02	52 11	52 20	52 28	52 37	52 46	52 55
10 कुम्भ	55 09	55 18	55 26	55 35	55 44	55 53	56 02	56 10	56 18	56 26	56 34	56 42	56 49	56 57	57 05	57 13
11 मीन	59 11	59 20	59 28	59 36	59 44	59 52	00 00	00 08	00 16	00 24	00 32	00 40	00 47	00 55	01 03	01 11

लग्न सारणी 19° उत्तरी अक्षांश अक्षभा 4/07/55 अयनांश 24° चरखण्ड 40/32/13

(बम्बई, पूना, अहमदनगर, नांदेड़, औरंगाबाद, अजन्ता आदि नगरों हेतु)

सारणी 9/10

अंश / राशि	16	17	18	19	20	21	22	23	24	25	26	27	28	29	लग्नमान पल
5 कन्या	31 46	31 56	32 07	32 17	32 28	32 39	32 49	33 00	33 10	33 21	33 32	33 42	33 53	34 03	318
6 तुला	37 08	37 19	37 30	37 41	37 52	38 03	38 14	38 25	38 36	38 47	38 58	39 09	39 20	39 31	318
7 वृश्चिक	42 41	42 52	43 03	43 15	43 26	43 37	43 48	43 59	44 11	44 22	44 33	44 44	44 55	45 07	331
8 धनु	48 08	48 19	48 29	48 39	48 50	49 00	49 10	49 21	49 31	49 41	49 52	50 02	50 12	50 23	336
9 मकर	53 04	53 13	53 22	53 31	53 40	53 49	53 57	54 06	54 15	54 24	54 33	54 42	54 51	55 00	310
10 कुम्भ	57 21	57 29	57 37	57 45	57 53	58 01	58 09	58 17	58 25	58 33	58 41	58 48	58 56	59 04	267
11 मीन	01 19	01 27	01 35	01 43	01 51	01 59	02 07	02 15	02 23	02 31	02 39	02 46	02 54	03 01	238

लग्न सारणी 23° उत्तरी अक्षांश अक्षभा 5/5/38 अयनांश 24° चरखण्ड 51/41/17
(अहमदाबाद, उज्जैन, कांदला, जबलपुर, भोपाल, कलकत्ता आदि नगरों हेतु)

सारणी 9/11

राशि \ अंश	0	1	2	3	4	5	6	7	8	9	10	11	12	13	14	15
0 मेष	03	03	03	03	03	03	03	03	04	04	04	04	04	04	04	05
	01	09	17	24	32	39	47	56	04	13	21	30	39	47	56	04
1 वृषभ	07	07	07	07	07	07	08	08	08	08	08	08	09	09	09	09
	13	22	31	39	48	56	05	15	25	36	46	56	06	16	27	37
2 मिथुन	12	12	12	12	12	13	13	13	13	13	13	14	14	14	14	14
	10	20	30	40	51	01	11	22	34	45	56	08	19	30	42	53
3 कर्क	17	17	18	18	18	18	18	19	19	19	19	19	19	20	20	20
	43	54	05	17	28	40	51	02	14	25	36	48	59	10	22	33
4 सिंह	23	23	23	23	24	24	24	24	24	25	25	25	25	25	25	26
	23	34	46	57	08	20	31	42	53	04	15	26	37	48	59	10

लग्न सारणी 23° उत्तरी अक्षांश अक्षभा 5/5/38 अयनांश 24° चरखण्ड 51/41/17

(अहमदाबाद, उज्जैन, कांदला,जबलपुर, भोपाल, कलकत्ता आदि नगरों हेतु)

सारणी 9/11

अंश / राशि	16	17	18	19	20	21	22	23	24	25	26	27	28	29	लग्नमान पल
0 मेष	05 13	05 22	05 30	05 39	05 47	05 56	06 05	06 13	06 22	06 30	06 39	06 48	06 56	07 05	227
1 वृषभ	09 47	09 57	10 07	10 18	10 28	10 38	10 48	10 58	11 09	11 19	11 29	11 39	11 49	12 00	258
2 मिथुन	15 04	15 16	15 27	15 38	15 50	16 01	16 12	16 24	16 35	16 46	16 58	17 09	17 20	17 32	306
3 कर्क	20 44	20 56	21 07	21 18	21 30	21 41	21 52	22 04	22 15	22 26	22 38	22 49	23 00	23 12	340
4 सिंह	26 21	26 32	26 43	26 54	27 05	27 16	27 26	27 37	27 48	27 59	28 10	28 21	28 32	28 43	340

लग्न सारणी 23° उत्तरी अक्षांश अक्षभा 5/5/38 अयनांश 24° चरखण्ड 51/41/17
(अहमदाबाद, उज्जैन, कांदला, जबलपुर, भोपाल, कलकत्ता आदि नगरों हेतु)

सारणी 9/11

राशि \ अंश	0	1	2	3	4	5	6	7	8	9	10	11	12	13	14	15
5 कन्या	28 54	29 05	29 16	29 27	29 38	29 49	30 00	30 11	30 22	30 33	30 44	30 55	31 06	31 17	31 28	31 39
6 तुला	34 23	34 34	34 45	34 56	35 07	35 18	35 29	35 40	35 52	36 03	36 14	36 26	36 37	36 48	37 00	37 11
7 वृश्चिक	40 01	40 12	40 24	40 35	40 46	40 58	41 09	41 20	41 32	41 43	41 54	42 06	42 17	42 28	42 40	42 51
8 धनु	45 41	45 52	46 04	46 15	46 26	46 38	46 49	46 59	47 09	47 20	47 30	47 40	47 50	48 00	48 11	48 21
9 मकर	50 54	51 04	51 14	51 24	51 35	51 45	51 55	52 04	52 12	52 21	52 29	52 38	52 47	52 55	53 04	53 12
10 कुम्भ	55 21	55 30	55 39	55 47	55 56	56 04	56 13	56 21	56 28	56 36	56 43	56 51	56 58	57 06	57 14	57 21
11 मीन	59 15	59 22	59 30	59 37	59 45	59 52	00 00	00 07	00 15	00 23	00 30	00 38	00 45	00 53	01 01	01 08

लग्न सारणी 23° उत्तरी अक्षांश अक्षभा 5/5/38 अयनांश 24° चरखण्ड 51/41/17
(अहमदाबाद, उज्जैन, कांदला, जबलपुर, भोपाल, कलकत्ता आदि नगरों हेतु)

सारणी 9/11

राशि \ अंश	16	17	18	19	20	21	22	23	24	25	26	27	28	29	लग्नमान पल
5 कन्या	31 50	32 01	32 12	32 23	32 34	32 45	32 55	33 07	33 17	33 28	33 39	33 50	34 02	34 12	329
6 तुला	37 22	37 34	37 45	37 56	38 08	38 19	38 30	38 42	38 53	39 04	39 16	39 27	39 38	39 50	329
7 वृश्चिक	43 02	43 14	43 25	43 36	43 48	43 59	44 10	44 22	44 33	44 44	44 56	45 07	45 18	45 30	340
8 धनु	48 31	48 41	48 51	49 02	49 12	49 22	49 32	49 42	49 53	50 03	50 13	50 23	50 34	50 44	340
9 मकर	53 21	53 30	53 38	53 47	53 56	54 04	54 13	54 21	54 30	54 38	54 47	54 56	55 04	55 13	306
10 कुम्भ	57 29	57 36	57 44	57 51	57 59	58 06	58 14	58 22	58 29	58 37	58 44	58 52	58 59	59 07	258
11 मीन	01 16	01 23	01 31	01 39	01 46	01 54	02 01	02 09	02 16	02 24	02 31	02 39	02 46	02 54	227

लग्न सारणी 25° उत्तरी अक्षांश अक्षभा 5/35/42 अयनांश 24° चरखण्ड 56/45/19
(वाराणसी, इलाहाबाद, शिलांग, कोहिमा, पटना, बांदा, झांसी, शिवपुरी, बारां, कोटा, बूंदी, भीलवाड़ा, कांकरोली, नाथद्वारा, जालौर, बाड़मेर आदि नगरों हेतु)

सारणी 9/12

राशि \ अंश	0	1	2	3	4	5	6	7	8	9	10	11	12	13	14	15
0 मेष	02 58	03 05	03 12	03 20	03 27	03 35	03 42	03 50	03 59	04 07	04 16	04 24	04 33	04 41	04 50	04 59
1 वृषभ	07 05	07 14	07 22	07 31	07 39	07 48	07 56	08 06	08 16	08 26	08 37	08 47	08 57	09 07	09 17	09 27
2 मिथुन	11 59	12 09	12 19	12 30	12 40	12 50	13 00	13 11	13 23	13 34	13 46	13 57	14 08	14 20	14 31	14 43
3 कर्क	17 33	17 45	17 57	18 09	18 20	18 32	18 45	18 53	19 05	19 16	19 29	19 39	19 51	20 02	20 14	20 25
4 सिंह	23 17	23 29	23 40	23 52	24 03	24 15	24 26	24 37	24 48	24 59	25 10	25 22	25 33	25 44	25 55	26 06

लग्न सारणी 25° उत्तरी अक्षांश अक्षभा 5/35/42 अयनांश 24° चरखण्ड 56/45/19
(वाराणसी, इलाहाबाद, शिलांग, कोहिमा, पटना, बांदा, झांसी, शिवपुरी, बारां, कोटा, बूंदी, भीलवाड़ा, कांकरोली, नाथद्वारा, जालौर, बाड़मेर आदि नगरों हेतु)

सारणी 9/12

राशि \ अंश	16	17	18	19	20	21	22	23	24	25	26	27	28	29	लग्नमान पल
0 मेष	05	05	05	05	05	05	05	06	06	06	06	06	06	06	
	07	15	24	32	41	49	57	06	14	23	31	40	48	57	222
1 वृषभ	09	09	09	10	10	10	10	10	10	11	11	11	11	11	
	37	47	58	08	18	28	38	48	58	09	19	29	39	49	254
2 मिथुन	14	15	15	15	15	15	16	16	16	16	16	16	17	17	
	54	05	17	29	40	51	02	14	25	37	48	59	11	22	304
3 कर्क	20	20	21	21	21	21	21	21	22	22	22	22	22	23	
	37	48	00	11	23	34	45	57	08	20	31	43	54	06	342
4 सिंह	26	26	26	26	27	27	27	27	27	27	28	28	28	28	
	17	28	40	51	02	13	24	35	46	58	09	20	31	42	344

लग्न सारणी 25° उत्तरी अक्षांश अक्षभा 5/35/42 अयनांश 24° चरखण्ड 56/45/19
(वाराणसी, इलाहाबाद, शिलांग, कोहिमा, पटना, बांदा, झांसी, शिवपुरी, बारां, कोटा, बूंदी, भीलवाड़ा, कांकरोली, नाथद्वारा, जालौर, बाड़मेर आदि नगरों हेतु)

सारणी 9/12

राशि / अंश	0	1	2	3	4	5	6	7	8	9	10	11	12	13	14	15
5 कन्या	28	29	29	29	29	29	30	30	30	30	30	30	31	31	31	31
	53	04	16	27	38	49	00	11	22	33	45	56	07	18	28	40
6 तुला	34	34	34	35	35	35	35	35	35	36	36	36	36	36	37	37
	27	38	49	01	12	23	34	45	57	08	20	31	43	54	06	17
7 वृश्चिक	40	40	40	40	40	41	41	41	41	41	42	42	42	42	42	43
	09	21	32	44	56	07	18	31	41	52	04	15	26	38	49	01
8 धनु	45	46	46	46	46	46	47	47	47	47	47	47	48	48	48	48
	53	04	15	26	37	49	00	10	20	30	41	51	01	11	21	31
9 मकर	51	51	51	51	51	51	52	52	52	52	52	52	52	53	53	53
	04	14	24	34	44	54	04	12	21	29	38	46	55	03	12	20
10 कुम्भ	55	55	55	55	56	56	56	56	56	56	56	56	57	57	57	57
	28	36	44	53	01	10	18	25	33	40	48	55	02	10	17	25
11 मीन	59	59	59	59	59	59	00	00	00	00	00	00	00	00	00	01
	16	23	30	38	45	53	00	07	15	22	30	37	44	52	59	07

लग्न सारणी 25° उत्तरी अक्षांश अक्षभा 5/35/42 अयनांश 24° चरखण्ड 56/45/19
(वाराणसी, इलाहाबाद, शिलांग, कोहिमा, पटना, बांदा, झांसी, शिवपुरी, बारां, कोटा, बूंदी, भीलवाड़ा, कांकरोली, नाथद्वारा, जालौर, बाड़मेर आदि नगरों हेतु)

सारणी 9/12

अंश / राशि	16	17	18	19	20	21	22	23	24	25	26	27	28	29	लग्नमान पल
5 कन्या	31 51	32 02	32 14	32 25	32 36	32 47	32 58	33 09	33 20	33 32	33 43	33 54	34 05	34 16	334
6 तुला	37 29	37 40	37 52	38 03	38 15	38 26	38 37	38 49	39 00	39 12	39 23	39 25	39 46	39 58	334
7 वृश्चिक	43 12	43 23	43 35	43 46	43 58	44 09	44 20	44 32	44 43	44 55	45 06	45 17	45 29	45 40	334
8 धनु	48 41	48 51	49 02	49 12	49 22	49 32	49 42	49 52	50 02	50 13	50 23	50 33	50 43	50 53	342
9 मकर	53 29	53 37	53 46	53 54	54 03	54 11	54 19	54 28	54 36	54 39	54 53	55 02	55 10	55 19	304
10 कुम्भ	57 32	57 39	57 47	57 54	58 02	58 09	58 16	58 24	58 31	58 39	58 46	58 53	59 01	59 08	254
11 मीन	01 14	01 21	01 29	01 36	01 44	01 51	01 58	02 06	02 13	02 21	02 28	02 35	02 43	02 50	222

सारणी 9/13

लग्न सारणी 26° उत्तरी अक्षांश अक्षभा 5/51/07 अयनांश 24° चरखण्ड 59/47/20
(अजमेर, जोधपुर, कानपुर, ग्वालियर, दरभंगा, सवाईमाधोपुर, टौंक, गंगापुर आदि नगरों हेतु)

राशि \ अंश	0	1	2	3	4	5	6	7	8	9	10	11	12	13	14	15
0 मेष	02 54	03 01	03 08	03 16	03 23	03 30	03 38	03 46	03 54	04 03	04 11	04 19	04 28	04 36	04 44	04 53
1 वृषभ	06 58	07 07	07 15	07 23	07 32	07 40	07 49	08 59	08 09	08 19	08 29	08 39	08 49	08 59	09 09	09 19
2 मिथुन	11 51	12 01	12 11	12 21	12 30	12 42	12 52	13 03	13 14	13 26	13 37	13 49	14 00	14 11	14 23	14 34
3 कर्क	17 26	17 37	17 49	18 00	18 12	18 23	18 35	18 46	18 58	19 09	19 21	19 32	19 44	19 55	20 07	20 18
4 सिंह	23 12	23 24	23 34	23 47	23 58	24 10	24 23	24 33	24 44	24 55	25 07	25 18	25 29	25 40	25 52	26 03

लग्न सारणी 26° उत्तरी अक्षांश अक्षभा 5/51/07 अयनांश 24° चरखण्ड 59/47/20
(अजमेर, जोधपुर, कानपुर, ग्वालियर, दरभंगा, सवाईमाधोपुर, टौंक, गंगापुर आदि नगरों हेतु)

सारणी 9/13

राशि \ अंश	16	17	18	19	20	21	22	23	24	25	26	27	28	29	लग्नमान पल
0 मेष	05 01	05 10	05 18	05 26	05 35	05 43	05 51	06 00	06 08	06 16	06 25	06 33	06 42	06 50	219
1 वृषभ	09 30	09 40	09 50	10 00	10 10	10 20	10 30	10 40	10 50	11 00	11 11	11 21	11 31	11 41	252
2 मिथुन	14 46	14 57	15 09	15 20	15 31	15 43	15 54	16 06	16 17	16 29	16 40	16 52	17 03	17 14	303
3 कर्क	20 30	20 42	20 53	21 05	21 16	21 28	21 40	21 51	22 03	22 14	22 26	22 37	22 49	23 01	343
4 सिंह	26 14	26 25	26 37	26 48	26 59	27 11	27 22	27 33	27 44	27 56	28 07	28 18	28 29	28 41	346

लग्न सारणी 26° उत्तरी अक्षांश अक्षभा 5/51/07 अयनांश 24° चरखण्ड 59/47/20

(अजमेर, जोधपुर, कान्पुर, ग्वालियर, दरभंगा, सवाईमाधोपुर, टौंक, गंगापुर आदि नगरों हेतु)

सारणी 9/13

राशि \ अंश	0	1	2	3	4	5	6	7	8	9	10	11	12	13	14	15
5 कन्या	28 52	29 03	29 14	29 26	29 37	29 48	30 00	30 11	30 22	30 33	30 45	30 56	31 07	31 18	31 30	31 41
6 तुला	34 30	34 41	34 52	35 04	35 15	35 26	35 38	35 49	36 01	36 12	36 24	36 35	36 47	36 58	37 10	37 22
7 वृश्चिक	40 15	40 27	40 38	40 50	41 01	41 13	41 25	41 36	41 47	41 58	42 10	42 22	42 33	42 45	42 56	43 07
8 धनु	45 59	46 10	46 22	46 33	46 45	46 56	47 08	47 18	47 28	47 38	47 49	47 59	48 08	48 18	48 28	48 38
9 मकर	51 10	51 20	51 30	51 40	51 50	52 00	52 11	52 19	52 27	52 36	52 44	52 52	53 01	53 09	53 18	53 26
10 कुम्भ	55 31	55 40	55 48	55 56	56 05	56 13	56 22	56 29	56 36	56 43	56 51	56 58	57 05	57 12	57 20	57 27
11 मीन	59 16	59 23	59 30	59 38	59 45	59 52	00 00	00 07	00 14	00 21	00 29	00 36	00 43	00 50	00 58	01 05

लग्न सारणी 26° उत्तरी अक्षांश अक्षभा 5/51/07 अयनांश 24° चरखण्ड 59/47/20

(अजमेर, जोधपुर, कानपुर, ग्वालियर, दरभंगा, सवाईमाधोपुर, टोंक, गंगापुर आदि नगरों हेतु)

सारणी 9/13

राशि \ अंश	16	17	18	19	20	21	22	23	24	25	26	27	28	29	लग्नमान पल
5 कन्या	31	32	32	32	32	32	33	33	33	33	33	33	34	34	
	52	03	15	26	37	49	00	11	23	34	45	56	07	18	337
6 तुला	37	37	37	38	38	38	38	38	39	39	39	39	39	40	
	33	45	56	08	19	31	43	54	06	17	29	40	52	04	337
7 वृश्चिक	43	43	43	43	44	44	44	44	44	45	45	45	45	45	
	19	30	42	53	05	16	27	39	50	01	13	25	36	47	346
8 धनु	48	48	49	49	49	49	49	49	50	50	50	50	50	51	
	48	59	09	19	29	39	49	59	09	19	30	40	50	00	343
9 मकर	53	53	53	54	54	54	54	54	54	54	54	55	55	55	
	34	43	51	00	08	16	24	33	41	49	58	06	15	23	303
10 कुम्भ	57	57	57	57	58	58	58	58	58	58	58	58	59	59	
	34	41	48	56	03	11	18	25	32	40	47	54	01	09	252
11 मीन	01	01	01	01	01	01	01	02	02	02	02	02	02	02	
	12	19	27	34	41	49	56	03	10	18	25	32	39	47	219

लग्न सारणी 28° उत्तरी अक्षांश अक्षभा 6/22/48 अयनांश 24° चरखण्ड 63/51/21

(दिल्ली, मुरादाबाद, मेरठ, बरेली, अलीगढ़, चूरू, झुंझुनूं, बीकानेर, राजगढ़, रेवाड़ी, सीकर, हाथरस आदि नगरों हेतु) सारणी 9/14

राशि \ अंश	0	1	2	3	4	5	6	7	8	9	10	11	12	13	14	15
0 मेष	02	02	03	03	03	03	03	03	03	03	04	04	04	04	04	04
	52	59	06	13	20	27	35	43	51	59	08	16	24	32	41	49
1 वृषभ	06	07	07	07	07	07	07	07	08	08	08	08	08	08	09	09
	53	01	09	18	26	34	43	53	03	13	23	33	43	53	03	13
2 मिथुन	11	11	12	12	12	12	12	12	13	13	13	13	13	14	14	14
	44	54	04	14	24	34	45	56	07	19	30	42	53	05	16	28
3 कर्क	17	17	17	17	18	18	18	18	18	19	19	19	19	19	20	20
	20	31	43	54	06	17	29	40	52	04	15	27	39	50	02	14
4 सिंह	23	23	23	23	23	24	24	24	24	24	25	25	25	25	25	26
	09	20	32	44	55	07	19	30	41	53	04	15	27	38	49	01

लग्न सारणी 28° उत्तरी अक्षांश अक्षभा 6/22/48 अयनांश 24° चरखण्ड 63/51/21

(दिल्ली, मुरादाबाद, मेरठ, बरेली, अलीगढ़, चूरू, झुंझुनूं, बीकानेर, राजगढ़, रेवाड़ी, सीकर, हाथरस आदि नगरों हेतु) सारणी 9/14

राशि \ अंश	16	17	18	19	20	21	22	23	24	25	26	27	28	29	लग्नमान पल
0 मेष	04	05	05	05	05	05	05	05	06	06	06	06	06	06	
	57	05	14	22	30	39	47	55	03	12	20	28	36	45	215
1 वृषभ	09	09	09	09	10	10	10	10	10	10	11	11	11	11	
	23	33	43	53	03	14	24	34	44	54	04	14	24	34	248
2 मिथुन	14	14	15	15	15	15	15	15	16	16	16	16	16	17	
	39	51	02	14	25	37	48	59	11	22	34	45	57	08	302
3 कर्क	20	20	20	21	21	21	21	21	21	22	22	22	22	22	
	25	37	49	00	12	24	35	47	59	10	22	34	45	57	344
4 सिंह	26	26	26	26	26	27	27	27	27	27	28	28	28	28	
	12	24	35	46	58	09	20	32	43	54	06	17	29	40	350

लग्न सारणी 28° उत्तरी अक्षांश अक्षभा 6/22/48 अयनांश 24° चरखण्ड 63/51/21

(दिल्ली, मुरादाबाद, मेरठ, बरेली, अलीगढ़, चूरू, झुंझुनूं, बीकानेर, राजगढ़, रेवाड़ी, सीकर, हाथरस आदि नगरों हेतु) सारणी 9/14

राशि \ अंश	0	1	2	3	4	5	6	7	8	9	10	11	12	13	14	15
5 कन्या	28 51	29 03	29 14	29 25	29 37	29 49	30 00	30 11	30 22	30 34	30 45	30 56	31 08	31 19	31 30	31 42
6 तुला	34 32	34 44	34 55	35 06	35 18	35 30	35 41	35 52	36 04	36 16	36 27	36 39	36 51	37 02	37 14	37 26
7 वृश्चिक	40 21	40 32	40 44	40 56	41 07	41 19	41 31	41 42	41 53	42 05	42 16	42 28	42 39	42 51	43 02	43 14
8 धनु	46 06	46 17	46 29	46 40	46 52	47 04	47 15	47 25	47 35	47 45	47 55	48 05	48 15	48 25	48 35	48 45
9 मकर	51 16	51 26	51 36	51 46	51 56	52 06	52 17	52 25	52 33	52 41	52 50	52 58	53 06	53 14	53 23	53 31
10 कुम्भ	55 35	55 43	55 51	56 00	56 08	56 16	56 25	56 32	56 39	56 46	56 53	57 00	57 08	57 15	57 22	57 29
11 मीन	59 17	59 24	59 31	59 38	59 45	59 52	00 00	00 07	00 14	00 21	00 28	00 35	00 43	00 50	00 57	01 04

लग्न सारणी 28° उत्तरी अक्षांश अक्षभा 6/22/48 अयनांश 24° चरखण्ड 63/51/21

(दिल्ली, मुरादाबाद, मेरठ, बरेली, अलीगढ़, चूरू, झुंझुनं, बीकानेर, राजगढ़, रेवाड़ी, सीकर, हाथरस आदि नगरों हेतु) सारणी 9/14

राशि \ अंश	16	17	18	19	20	21	22	23	24	25	26	27	28	29	लग्नमान पल
5 कन्या	31 53	32 05	32 16	32 27	32 39	32 50	33 01	33 13	33 24	33 35	33 47	33 58	34 10	34 21	341
6 तुला	37 37	37 49	38 01	38 12	38 24	38 36	38 47	38 59	39 11	39 22	39 34	39 46	39 57	40 09	341
7 वृश्चिक	43 25	43 37	43 48	44 00	44 11	44 23	44 34	44 45	44 57	45 08	45 20	45 31	45 43	45 54	350
8 धनु	48 55	49 05	49 15	49 25	49 35	49 45	49 55	50 06	50 16	50 26	50 36	50 46	50 56	51 06	344
9 मकर	53 39	53 47	53 56	54 04	54 12	54 20	54 29	54 37	54 45	54 54	55 02	55 10	55 18	55 27	302
10 कुम्भ	57 36	57 43	57 51	57 58	58 05	58 12	58 19	58 26	58 34	58 41	58 48	58 55	59 02	59 09	248
11 मीन	01 11	01 18	01 26	01 33	01 40	01 47	01 54	02 03	02 09	02 16	02 23	02 30	02 37	02 45	215

यदि 9 पल अन्तर है 1° या 60 कला में

तो 1 पल अन्तर है = 60 ÷ 9 कला में

3 पल अन्तर है = 60 × 3 ÷ 9 = 20 कला

अतः लग्न हुआ	0	22	0
	+ 0	0	20
	0	22	20 = मेष राशि 22 अंश 20 कला

लग्न सारणी 24 अयनांश की थी। वर्तमान अयनांश है 23/44/45। अतः अन्तर 15/15 उक्त लग्न में जोड़ा, तो 0/22/35/15 लग्न स्पष्ट हुआ।

यह लग्न लगभग वही आया, जो पहली विधि से आया था।

3. साम्पातिक काल विधि से लग्न ज्ञात करना

साम्पातिक काल तथा साम्पातिक काल से इष्ट ज्ञात करना क्रमशः समय एवं इष्ट प्रकरणों में बताया जा चुका है। एक उदाहरण द्वारा साम्पातिक इष्ट काल से लग्न निकालने का अभ्यास करें।

उदाहरण–दिनांक 8 सितम्बर 91 को इलाहाबाद (25° 28' उत्तरी अक्षांश व 81° 52' पूर्वी देशान्तर) में एक बालक का जन्म अपराह्न 3 बजकर 33 मिनट पर हुआ। साम्पातिक इष्ट काल विधि से लग्न ज्ञात करें।

(1) सारणियों के अनुसार

		घण्टे	मिनट	सैकिण्ड
सारणी 8/5 से 1 जनवरी 1991 को 00 बजे साम्पातिक काल		6	39	40
सारणी 8/6 से 1 सितम्बर को साम्पातिक काल वृद्धि	(+)	15	58	03
सारणी 8/7 से 8 सितम्बर को साम्पातिक काल वृद्धि	(+)	0	27	36
8 सितम्बर 1991 को 00 बजे साम्पातिक काल=		23	05	19
(2) साम्पातिक काल संशोधन 2/3 सैकिण्ड				
प्रति देशान्तर 82½° पूर्व के निकट होने से संशोधन नहीं सारिणी 1/1	(+)	0	0	0
संशोधित साम्पातिक काल		23	05	19
(3) जन्म समय (स्टैण्डर्ड समय) देशान्तर संशोधन		15	33	0
(82° 30' – 81° 52'= 38' x 4 =	(–)		2	32
जन्म समय (मध्यम समय)		15	30	28

(4) मध्यम समय में संशोधन

सारणी 8/8 अ से 15 घण्टे का संशोधन

2 मिनट 28 सैकिण्ड

सारणी 8/8 ब से 30 मिनट का संशोधन 5 सैकिण्ड			
कुल संशोधन 2 मिनट 33 सैकिण्ड (+)		2	33
अतः संशोधित मध्यम समय काल	15	33	01

(5) 8 सितम्बर 1991 का 00 बजे का संशोधित	घण्टा	मिनट	सैकिण्ड
साम्पातिक काल =	23	05	19
संशोधित जन्म समय काल (+)	15	33	01
साम्पातिक इष्ट काल =	38	38	20
24 घण्टे से अधिक है। अतः 24 घटाने पर	– 24		
साम्पातिक इष्ट काल	14	38	20

(6) अब 25° अक्षांश वाली साम्पातिक निरयन लग्न सारणी में 14 घण्टे 38 मिनट 20 सैकिण्ड का लग्न देखा, तो सारणी में 14 घण्टे 38 मिनट 20 सैकिण्ड तो नहीं मिले, पर इससे निकटतम कम 14 घण्टे 36 मिनट 13 सैकिण्ड 9 राशि के 3 अंश के कालम में मिले, तो स्थूल रूप से 9/3 लग्न ग्रहण किया। (सारणी 9/15)

हमें लग्न ज्ञात करना था	14 घण्टे	38 मिनट	20 सैकिण्ड का
हमें लग्न मिला	14 घण्टे	36 मिनट	13 सैकिण्ड का
लग्न और ज्ञात करना है		2 मिनट	7 सैकिण्ड का
		या	127 सैकिण्ड का

	घण्टे	मिनट	सैकिण्ड
राश्यंश 9/4 को कालम में मिला	14	29	57
राश्यंश 9/3 के कालम में मिला	14	36	13
1 अंश में समयान्तर =		3	44

= 3 मिनट 44 सैकिण्ड या 224 सैकिण्ड

त्रैराशिक से ज्ञात करेंगे

224 सैकिण्ड का अन्तर 1° या 60 कला

अतः 127 सैकिण्ड का अन्तर 60 x127÷224 कला=34 कला 44 विकला

अतः लग्न स्पष्ट हुआ	राशि	अंश	कला	विकला
	9	3	–	–
	+ 0	0	34	44
	9	3	34	44

साम्पातिक लग्न सारणी 25° उत्तरी अक्षांश

(00 बजे से जन्म समय तक के स्टैण्डर्ड समय को मध्यम समय बनाकर साम्पातिक काल में जोड़ें) सारणी 9/15

राशि \ अंश	0	1	2	3	4	5	6	7	8	9	10	11	12	13	14	15
0 मेष	19	19	19	19	19	19	19	19	19	19	19	19	19	19	19	19
	10	13	16	19	22	25	29	32	35	38	41	44	47	51	54	57
	23	29	35	41	48	54	01	07	14	21	28	43	58	14	30	46
1 वृषभ	20	20	20	20	21	21	21	21	21	21	21	21	21	21	21	21
	48	52	55	59	03	06	10	14	17	21	25	29	33	36	40	44
	33	13	53	34	14	54	34	14	54	34	14	08	03	57	52	46
2 मिथुन	22	22	22	22	23	23	23	23	23	23	23	23	23	23	23	23
	45	50	54	58	03	07	11	16	20	24	29	33	08	42	47	51
	49	09	29	49	09	29	49	09	29	49	09	38	07	37	06	36
3 कर्क	00	01	01	01	01	01	01	01	01	01	01	01	01	01	02	02
	59	04	09	13	18	22	27	33	37	42	46	50	55	59	04	09
	48	26	04	42	20	57	34	12	50	27	04	41	18	55	31	08
4 सिंह	03	03	03	03	03	03	03	03	03	03	04	04	04	04	04	04
	17	22	27	31	36	40	45	49	54	58	03	07	12	16	21	25
	59	31	02	34	05	37	08	40	11	43	14	45	15	46	16	47

साम्पातिक लग्न सारणी 25° उत्तरी अक्षांश

(00 बजे से जन्म समय तक के स्टैण्डर्ड समय को मध्यम समय बनाकर साम्पातिक काल में जोड़ें)

सारणी 9/15

राशि \ अंश	16	17	18	19	20	21	22	23	24	25	26	27	28	29	राशि
0 मेष	20 01 01	20 04 16	20 07 32	20 10 48	20 14 04	20 17 31	20 20 58	20 24 25	20 27 52	20 31 18	20 34 45	20 38 12	20 41 39	20 25 06	0 मेष
1 वृषभ	21 48 41	21 52 35	21 56 30	22 00 24	22 04 18	22 08 27	22 12 36	22 16 46	22 20 55	22 25 04	22 29 13	22 33 22	22 37 31	22 41 40	1 वृषभ
2 मिथुन	23 56 05	00 00 34	00 05 03	00 09 32	00 14 01	00 18 36	00 23 11	00 27 46	00 32 21	00 36 56	00 41 31	00 46 06	00 50 40	00 55 14	2 मिथुन
3 कर्क	02 13 45	02 18 22	02 22 59	02 27 36	02 32 13	02 36 48	02 41 22	02 45 57	02 50 31	02 55 06	02 59 41	03 04 15	03 08 50	03 13 25	3 कर्क
4 सिंह	04 30 17	04 34 17	04 39 18	04 43 48	04 48 19	04 52 42	04 57 06	05 01 29	05 05 53	05 10 16	05 14 40	05 19 04	05 23 27	05 27 50	4 सिंह

साम्पातिक लग्न सारणी 25° उत्तरी अक्षांश

(00 बजे से जन्म समय तक के स्टैण्डर्ड समय को मध्यम समय बनाकर साम्पातिक काल में जोड़ें) सारणी 9/15

राशि \ अंश	0	1	2	3	4	5	6	7	8	9	10	11	12	13	14	15
5 कन्या	05 32 13	05 36 39	05 41 06	05 45 32	05 49 59	05 54 25	05 48 52	06 03 19	06 07 45	06 12 11	06 16 37	06 21 02	06 25 26	06 29 51	06 34 16	06 38 41
6 तुला	07 45 33	07 50 04	07 54 34	07 59 04	08 03 35	08 08 25	08 12 36	08 17 06	08 21 37	08 26 08	08 30 39	08 35 03	08 39 47	08 44 21	08 48 55	08 53 29
7 वृश्चिक	10 02 20	10 06 57	10 11 35	10 16 12	10 20 50	10 25 27	10 30 05	10 34 42	10 39 20	10 43 57	10 48 35	10 53 11	10 57 47	11 02 23	11 06 59	11 11 35
8 धनु	12 19 48	12 24 10	12 28 32	12 32 54	12 37 16	12 41 38	12 46 20	12 50 22	12 54 44	12 59 06	13 03 28	13 07 39	13 11 50	13 16 01	13 20 12	13 24 23

साम्पातिक लग्न सारणी 25° उत्तरी अक्षांश

(00 बजे से जन्म समय तक के स्टैण्डर्ड समय को मध्यम समय बनाकर साम्पातिक काल में जोड़ें)

सारणी 9/15

राशि \ अंश	16	17	18	19	20	21	22	23	24	25	26	27	28	29	राशि
5 कन्या	06 43 06	06 47 31	06 51 56	06 56 21	07 00 46	07 05 15	07 09 43	07 14 12	07 18 40	07 23 09	07 27 38	07 32 07	07 36 35	07 41 04	5 कन्या
6 तुला	08 58 03	09 02 37	09 07 11	09 11 45	09 16 17	09 20 53	09 25 29	09 30 05	09 34 42	09 39 19	09 43 55	09 48 31	09 53 07	09 57 44	6 तुला
7 वृश्चिक	11 16 11	11 20 47	11 25 23	11 29 59	11 34 35	11 39 06	11 43 38	11 48 09	11 52 41	11 57 12	12 01 43	12 06 14	12 12 45	12 15 16	7 वृश्चिक
8 धनु	13 28 34	13 32 45	13 36 56	13 41 07	13 45 18	13 49 16	13 53 14	13 57 13	14 01 11	14 05 10	14 09 08	14 13 06	14 17 04	14 21 02	8 धनु

साम्पातिक लग्न सारणी 25° उत्तरी अक्षांश

(00 बजे से जन्म समय तक के स्टैण्डर्ड समय को मध्यम समय बनाकर साम्पातिक काल में जोड़ें)

सारणी 9/15

राशि \ अंश	0	1	2	3	4	5	6	7	8	9	10	11	12	13	14	15
9 मकर	14	14	14	14	14	14	14	14	14	14	15	15	15	15	15	15
	25	28	32	36	39	43	47	51	54	58	02	05	09	12	16	19
	00	44	29	13	57	42	26	10	55	39	24	54	25	55	26	57
10 कुम्भ	16	16	16	16	16	16	16	16	16	16	16	16	16	16	16	16
	10	13	16	20	23	26	29	32	35	38	42	45	48	51	54	57
	38	47	56	05	13	22	31	40	49	58	07	08	10	12	13	15
11 मीन	17	17	17	17	17	17	17	18	18	18	18	18	18	18	18	18
	41	44	47	50	53	56	59	02	05	08	11	14	16	19	22	25
	52	47	43	38	33	29	24	19	14	09	04	00	56	52	49	45

साम्पातिक लग्न सारणी 25° उत्तरी अक्षांश

(00 बजे से जन्म समय तक के स्टैण्डर्ड समय को मध्यम समय बनाकर साम्पातिक काल में जोड़ें) **सारणी 9/15**

राशि \ अंश	16	17	18	19	20	21	22	23	24	25	26	27	28	29	राशि
9 मकर	15 23 30	15 27 00	15 30 30	15 34 00	15 37 30	15 40 49	15 44 07	15 47 26	15 50 45	15 54 03	15 57 22	16 00 41	16 04 00	16 07 19	9 मकर
10 कुम्भ	17 00 16	17 03 18	17 06 19	17 09 20	17 12 22	17 15 19	17 18 16	17 21 13	17 24 10	17 27 07	17 30 04	17 33 01	17 35 58	17 38 55	10 कुम्भ
11 मीन	18 28 41	18 31 37	18 34 33	18 37 29	18 40 25	18 43 25	18 46 24	18 49 24	18 52 23	18 55 23	18 58 23	19 01 23	19 04 23	19 07 23	11 मीन

(4) आनुपातिक लग्नोदयमान विधि

सबसे पहले दैनिक लग्न प्रवेश समय निकालना समझाया जा रहा है। सूर्योदय के समय उसी राशि का लग्न होता है, जिसमें सूर्य भ्रमणरत है। लग्नांश भी वही होते हैं, जो सूर्य स्पष्ट के अंश-कलादि होते हैं। चरखण्डों की सहायता से हम स्वदेशी सायन लग्नमान ज्ञात कर ही चुके हैं। इन्हें लग्न सारणी की सहायता से निरयन लग्नमान में परिवर्तित कर लें। सूर्य अमुक राशि (लग्न) के कितने अंश भोग चुका है और कितने अंश भोगना शेष है, इस आधार पर उक्त राशि के निरयन लग्नमान की सहायता से यह ज्ञात किया जा सकता है कि सूर्योदय के कितने समय पूर्व उक्त लग्न प्रारम्भ हुआ और सूर्योदय के पश्चात् कितने समय तक रहेगा। इसके पश्चात् अगले लग्नमान (घण्टा-मिनट) जोड़ते जाने से प्रत्येक लग्न प्रवेश का समय आ जायेगा। अगले दिन, अर्थात् मेष लग्न से प्रत्येक लग्न प्रवेश काल में 4-4 मिनट कम कर दें। इस प्रकार दैनिक लग्न सारणी तैयार हो जायेगी। इसी आधार पर पंचांगों व एफ़ेमरीज़ में भिन्न-भिन्न अंशों की दैनिक लग्न सारणियां दी जाती हैं।

उदाहरण—बारां नगर 25°6' उत्तरी के विभिन्न लग्नमान निम्नानुसार हैं :

राशि	सायन सूर्य (चरखण्ड) के आधार पर			निरयन सूर्य के आधार पर संशोधित		
	लग्नमान (पलात्मक)	घ. मि.	मिनट	लग्नमान (पलात्मक)	घ. मि.	मिनट
मेष	222	1. 29	89	247	1. 39	99
वृषभ	254	1. 41	101	294	1. 58	118
मिथुन	304	2. 01	121	334	2. 13	133
कर्क	342	2. 17	137	344	2. 18	138
सिंह	344	2. 18	138	336	2. 14	134
कन्या	334	2. 14	134	334	2. 13	133
तुला	334	2. 14	134	342	2. 17	137
वृश्चिक	344	2. 18	138	344	2. 18	138
धनु	342	2. 17	137	311	2. 04	124
मकर	304	2. 01	121	264	1. 46	106
कुम्भ	254	1. 41	101	228	1. 31	91
मीन	222	1. 29	89	222	1. 29	89
	3600	24. 00	1440	3600	24. 00	1440

हमें 5 दिसम्बर 1991 की दैनिक लग्न प्रवेश सारणी बनानी है। सूर्य प्रातः 7 राशि 18 अंश 41 कला है, जो वृश्चिक राशि में है। सूर्योदय के समय लग्न 7/18/41 ही था। सूर्य ने

वृश्चिक राशि के 18 अंश 41 कला भोग लिये, अब शेष 11 अंश 19 कला (30 में से घटाने पर) भोगना शेष है। बारां का वृश्चिक राशि का निरयन लग्नमान 138 मिनट तथा सूर्योदय (स्टैण्डर्ड टाइम) 6 बजकर 58 मिनट है।

उपर्युक्त के आधार पर वृश्चिक लग्न का प्रवेशकाल व समाप्तिकाल निम्न विधि से ज्ञात करेंगे :

सूर्य के वृश्चिक राशि में भुक्तांश 18 अंश 41 कला = 1121 कला 30 अंश (1800 कला) का लग्नमान = 138 मिनट

1121 कला का लग्नमान = 138 x1121÷1800 मिनट = 86 मिनट

सूर्योदय से पूर्व वृश्चिक लग्न का भुक्त काल = 86 मिनट एवं भोग्य काल 138–86=52 मिनट, **अर्थात् सूर्योदय से** 86 मिनट पूर्व वृश्चिक लग्न प्रारम्भ हुआ तथा सूर्योदय के 52 मिनट बाद तक रहा।

	घण्टे	मिनट
अतः वृश्चिक लग्न का प्रारम्भ समय सूर्योदय	6	58
(–)	1	26 (86 मिनट)
=	5	32 बजे से
वृश्चिक लग्न का समाप्ति समय सूर्योदय =	6	58
(+)	0	52
=	7	50 बजे तक

अतः वृश्चिक लग्न 5. 32 बजे से 7. 50 बजे तक रहा, अर्थात् **धनु** लग्न प्रवेश समय 7 बजकर 50 मिनट प्रातः हुआ।

इसके पश्चात् 7.50 में अलगे निरयन लग्नमान जोड़ते जायें, तो अभीष्ट दिन की दैनिक लग्न सारणी तैयार हो जायेगी। प्रत्येक लग्न प्रवेश समय में से 4-4 मिनट कम करने से अगले दिन के लग्न समय बन जायेंगे।

लग्न स्पष्ट–इस सारणी में हमें स्थूल रूप से यह ज्ञात हो गया कि जन्म के समय कौन-सा लग्न था। इसके आधार पर दिन के किसी भी भाग में जन्म होने पर लग्न स्पष्ट त्रैराशिक से ज्ञात किया जा सकता है। प्रत्येक लग्न 30° का होता है तथा उसकी अवधि निरयन लग्नमान के तुल्य होती है। अमुक लग्न प्रवेश के कितने समय पश्चात् बालक का जन्म हुआ, यह ज्ञात हो जाने पर त्रैराशिक से लग्न स्पष्ट किया जा सकता है। इस लग्न के जन्म तक के भुक्तांश लग्न के प्रारम्भिक अंश मान में जोड़ देने से लग्न स्पष्ट हो जायेगा।

उदाहरण–इलाहाबाद में जन्म दिनांक 8-9-91 समय 3 बजकर 33 मिनट (स्टैण्डर्ड समय) अपराह्न। दैनिक लग्न प्रवेश सारणी से ज्ञात हुआ है कि जन्म मकर लग्न में हुआ। मकर लग्न उक्त दिनांक को 3 बजकर 20 मिनट से 5 बजकर 7 मिनट तक 1 घण्टा 47 मिनट (107 मिनट) रहा। मकर लग्न के प्रारम्भ काल से जन्म समय तक का समय 3.33 (–) 3.20 = 13 मिनट

अब त्रैराशिक से ज्ञात करेंगे कि 13 मिनट में मकर लग्न के कितने अंश-कला भुक्त हुए।

107 मिनट में मकर लग्न का मान	= 30 अंश
1 मिनट में	= 30÷107 अंश
13 मिनट	= 30 × 13÷107 अंश
	= 3 अंश 38 कला 41 विकला

	राशि	अंश	कला	विकला
3 बजकर 20 मिनट पर मकर लग्न प्रारम्भ का अंशात्मक मान	= 9	0	0	0
मकर लग्न के 13 मिनट के भुक्तांश	0	3	38	41
अतः 3 बजकर 33 मिनट पर लग्न स्पष्ट	= 9	3	38	41

मकर राशि के 3 अंश 38 कला 41 विकला लग्न स्पष्ट हुआ, जो लगभग वही आया जो विधि क्रमांक 3 से आया था।

उपर्युक्त विधि बहुत सरल है, परन्तु शर्त यही है कि लग्न के प्रारम्भिक व समाप्तिकाल सही दिये गये हों, आपके अक्षांश-देशान्तर के हों तथा उसी इकाई में हों जिसमें जन्म समय हो। यदि लग्न काल आपके अक्षांश-देशान्तर के न हों, तो आप इन्हें अपने अक्षांश-देशान्तर व वांछित इकाई में संशोधित कर लें या उपर्युक्त विधि से स्वयं ज्ञात करें। तभी इस विधि का प्रयोग करें। यह विधि लेखक द्वारा स्वयं प्रयुक्त की जा रही है। उपर्युक्त चार विधियों में से किन्हीं दो विधियों से लग्न निकाल लिया जाये, तो लग्न की जांच हो जायेगी। लग्न ज्ञात हो जाने के पश्चात् हम जन्मकुण्डली बनाने को तैयार हैं। अगले प्रकरण में जन्मकुण्डली बनाना बताया जायेगा।

जन्मलग्नगत राशिफल

1. मेष–मध्यम क़द, गौर वर्ण, तीक्ष्ण नेत्र, श्वेत दन्त, साहसी, राज्यसम्मान व प्रसिद्धि प्राप्त।

2 वृषभ–मज़बूत शरीर, गौर वर्ण, चेहरा व हाथ लम्बे, ऊंचा ललाट, लम्बा कद, घुंघराले बाल, संगीत व काव्यप्रेमी, हंसमुख, ज़िद्दी।

3. मिथुन–पढ़ने-लिखने का शौक़ीन, परिश्रमी, निपुण वार्ताकार, लम्बा क़द, हिम्मती, चतुर।

4. कर्क–लम्बा क़द, गौर वर्ण, ज़िद्दी, तीव्र बुद्धि, न्यायशील, ईमानदार, जनप्रेमी, नेतृत्व वाला, त्यागी, ख़तरे से खेलने वाला, माता-पिता के सामीप्य का अभाव।

5. सिंह–मध्यम क़द, गोरा, क्रोधी, लाल नेत्र, अल्प केश, पूर्ण साहसी, आकर्षक, विजयी।

6. कन्या–मध्यम क़द, उभरा सीना, तीखी नाक, सघन केश, गौर वर्ण, स्वार्थी, कूटनीतिज्ञ, पढ़ने में कम रुचि।

7. तुला–मध्यम क़द, चौड़ा चेहरा, अल्प केश, शान्तिप्रिय, बड़ों का सम्मान करने वाला,

धर्म-विरोधी, कुशाग्र बुद्धि, संगीत में रुचि, जनप्रेमी, आदर्शवादी।

8. वृश्चिक–मध्यम क़द, गठा शरीर, गौर वर्ण, तामसी प्रवृत्ति, सम्मोहक एवं चुम्बकीय व्यक्तित्व, स्त्रियों पर आसक्त, परन्तु पत्नीव्रत, विद्वान्, स्वार्थी, धार्मिक, धन अर्जन करने वाला।

9. धनु–कांचन गौर वर्ण, लम्बा शरीर, पिंगल केश व नेत्र, विद्वान्, दूसरों का दिल जीतने वाला, माता-पिता का भक्त, फ़ैशन से दूर, मित्र अधिक, सामाजिक कार्यों में रुचि।

10. मकर–छोटा क़द, बड़ा सिर, चुस्त व फुर्तीला, पढ़ने में तेज़, परोपकारी, आदरशील, त्यागी, मोटे दांत, कम बाल, माता-पिता का भक्त, समाज व स्त्रियों में लोकप्रिय, ईश्वरीय शक्ति प्राप्त।

11. कुम्भ–लम्बा शरीर, स्थूल बदन, कम गोरा, स्पष्टवादी सहानुभूति, दया व परोपकार आदि गुणों से युक्त, दक्ष, तीव्र बुद्धि, शौकीन, नीच जाति की संगत, नेता बनने की आकांक्षा।

12. मीन–लम्बा क़द, काले घने घुंघराले बाल, सुन्दर नाक-नक्श वाला, सहनशील, दयालु, दार्शनिक, काव्य एवं नाट्य प्रेमी, सम्मान करने वाला।

*

जन्मकुण्डली

लग्न स्पष्ट कर लेने के पश्चात् जन्मकुण्डली बनायी जाती है। लग्न राश्यानुसार प्रथम भाव से माना जाता है। लग्न राशि की संख्या प्रथम भाव में रखकर बायीं ओर से अन्य राशियों की संख्या क्रमशः लिखते जाते हैं।

अभी उस दिन सभी ग्रहों की राश्यंशात्मक स्थिति पंचांगों से ज्ञात कर उन्हें सम्बन्धित राशि के कोष्ठक में लिख देते हैं। जन्मकुण्डली लिखने से पूर्व निम्नांकित बातों का विशेष ध्यान रखा जाना चाहिए।

1. कोई ग्रह प्रातः से जन्म समय तक राशि परिवर्तन तो नहीं कर रहा है। यदि हां, तो ऐसे ग्रह को सही राशि में लिखा जाना चाहिए।
2. कौन-कौन से ग्रह मार्गी या वक्री हैं। यह ग्रह की राशि परिवर्तन के सन्दर्भ में आवश्यक है, अर्थात् यदि ग्रह राशि परिवर्तन कर रहा है, तो वह अगली राशि में जा रहा है या पिछली में।
3. राहु-केतु सदा वक्री एवं सूर्य-चन्द्र सदैव मार्गी रहते हैं। राहु-केतु में सदैव 6 राशि (180°) का अन्तर रहता है, कला-विकला भी समान रहते हैं।
4. जन्म नक्षत्र का भुक्त (भयात) एवं कुल मान (भभोग) ज्ञात करना आवश्यक है। इसके अनेक उद्देश्य हैं।
   (i) नक्षत्र का चरण ज्ञात करना।
   (ii) चन्द्र स्पष्ट करना।
   (iii) नामकरण (चरणानुसार जातक का नाम रखना)।
   (iv) महादशा का भुक्त-भोग्यकाल ज्ञात करना।

नक्षत्र का औसत ठहराव 60 घटी होता है। अतः अनेक विद्वान् प्रति 15 घटी भुक्त होने पर एक चरण मान लेते हैं, परन्तु अनेक बार एक नक्षत्र का मान 52-53 घटी से 67 घटी तक भी रहता है। नक्षत्र से वास्तविक मान के चौथाई समय को एक चरण की संज्ञा दी जानी चाहिए। इस हेतु नक्षत्र का भभोग ज्ञात कर उसमें 4 का भाग लगा लेना चाहिए। उक्त नक्षत्र के प्रारम्भ से जन्म तक जितना काल भुक्त हो गया है, उसके अनुसार ही नक्षत्र का चरण होगा। नक्षत्र का भभोग व भयात पंचांग प्रकरण में समझाया जा चुका है। कई पंचांगों में नक्षत्र के प्रारम्भिक व समाप्ति काल या तो अशुद्ध रहते हैं या अन्य अक्षांश-देशान्तर के अनुसार किये हुए रहते

हैं। अतः इनके आधार पर कभी-कभी चरण, चन्द्र स्पष्ट एवं महादशा अशुद्ध हो जाते हैं। अतः सुझाव है कि चन्द्र स्पष्ट प्रातः 5½ बजे की ग्रहीय स्थिति तथा जन्मकाल के समयान्तर तथा ग्रह की दैनिक गति के आधार पर ही किया जाना चाहिए।

जब चन्द्र स्पष्ट सही होगा, तो चरण तथा महादशा का भुक्त-भोग्यकाल बिलकुल सही निकलेगा।

लेखक ने नक्षत्रों को चरणों में विभाजित कर कोणात्मक तालिका प्रस्तुत की है। चन्द्र स्पष्ट के आधार पर इस तालिका से राशि, राशि स्वामी, नक्षत्र, चरण, प्रथम नामाक्षर, चन्द्रमा के भुक्तांश-भोग्यांश तथा महादशा के स्वामी का नाम मय अवधि दिया हुआ है। यह तालिका नक्षत्र प्रकरण में पृष्ठ 56 से 68 तक दी गयी है।

चन्द्र स्पष्ट (लग्न प्रकरण में दिया हुआ उदाहरण)

	राशि	अंश	कला	विकला
9-9-91 को प्रातः 5.30 (स्टैण्डड) चन्द्रमा	4	29	16	47
8-9-91 को प्रातः 5.30 (स्टैण्डड) चन्द्रमा	4	14	57	25
चन्द्रमा की 24 घण्टे की गति		14	19	22

	घण्टे	मिनट	
जन्म समय 3 बजकर 33 मिनट (स्टैण्डड) =			
	15	33	
	−5	30	
चन्द्रमा का चालन ज्ञात करना है	= 10	03	मिनट का

यह चालन आया 6 अंश 0 कला 11 विकला।

नोट—चन्द्र स्पष्ट की विधियां विस्तृत रूप से ग्रह स्पष्ट प्रकरण में समझायी जायेंगी।

	राशि	अंश	कला	विकला
प्रातः 5½ बजे के चन्द्र स्पष्ट में	4	14	57	25
10 घण्टे 3 मिनट का चालन जोड़ने पर		6	0	11
तात्कालिक चन्द्र स्पष्ट	4	20	57	36

चरण—चन्द्र स्पष्ट को उक्त तालिका में देखा, तो ज्ञात हुआ कि सिंह राशि में पूर्वा फाल्गुनी नक्षत्र का तृतीय चरण 4.20 से 4:23.20 तक है। अतः इस बालक का जन्म पूर्वा फाल्गुनी नक्षत्र के तीसरे चरण में हुआ।

चन्द्रमा के भुक्तांश-भोग्यांश

भुक्तांश = चन्द्र स्पष्ट—नक्षत्र प्रारम्भ

	राशि	अंश	कला	विकला
	4	20	57	36
नक्षत्र प्रारम्भ (−)	4	13	20	0
चन्द्रमा के पूर्वा फाल्गुनी नक्षत्र के भुक्तांश		7	37	36

भोग्यांश = नक्षत्र समाप्ति—चन्द्र स्पष्ट

		राशि	अंश	कला	विकला
नक्षत्र समाप्ति		4	26	40	0
चन्द्र स्पष्ट	(−)	4	20	57	36
चन्द्रमा के पूर्वा फाल्गुनी नक्षत्र के भोग्यांश			5	42	24

उक्त भुक्तांश के आधार पर नक्षत्र का पूर्णकाल 13°20' मान कर महादशा का भुक्त-भोग्य काल सरलता से निकाला जा सकता है। इसे महादशा प्रकरण में विस्तृत रूप से समझाया गया है।

लेखक की यह धारणा है कि नक्षत्र के घटी पलात्मक भुक्त-भोग्य की अपेक्षा कोणात्मक भुक्त-भोग्य से चरण महादशा आदि सही निकलते हैं।

5. जन्मकुण्डली के ऊपर परिचयात्मक सूचनाएं भी दी जाती हैं। ईसवी सन्, विक्रमी व शक संवत्, माह, पक्ष, तिथि, वार, नक्षत्र, करण, योग, सूर्य राश्यंश, दिनमान, रात्रिमान, सूर्योदय, सूर्यास्त, इष्ट, लग्न आदि प्रारम्भिक सूचनाएं हैं। इन्हीं के आधार पर बालक का नक्षत्राधारित नाम, योनि, गण, वर्ण, वश्य, नाड़ी, राशि एवं राशि के स्वामी आदि की जानकारी दी जाती है।
6. **जन्म का पाद (पाया)**

   लग्न से जिस भाव में चन्द्रमा हो उसके अनुसार जन्म का पाया (पाद) कहलाता है, यथा

   लग्न से 1, 6 व 11वें भाव में चन्द्रमा होने पर स्वर्ण पाद (सोने का पाया)।
   लग्न से 2, 5 व 9वें भाव में चन्द्रमा होने पर रजत पाद (चांदी का पाया)।
   लग्न से 3, 7 व 10वें भाव में चन्द्रमा होने पर ताम्र पाद (तांबे का पाया)।
   लग्न से 4, 8 व 12वें भाव में चन्द्रमा होने पर लौह पाद (लोहे का पाया)।
   चांदी का पाया सर्वश्रेष्ठ होता है, इसके पश्चात् तांबे का, फिर सोने का पाया होता है। लोहे का पाया निकृष्ट होता है।

ग्रामीण इसी से याद रखते हैं कि लग्न से किस स्थान पर चन्द्रमा था। जन्म का पाया भी अनेक ज्योतिषी कुण्डली में लिखते हैं।

7. कुण्डली लेखन का एक विशिष्ट प्रारूप होता है। सुन्दर श्लोकों से जन्मपत्र को शुभ स्वरूप प्रदान किया जाता है।

आजकल अनेक प्रकार के सुन्दर भाषा में मुद्रित प्रारूप बाज़ार में उपलब्ध हो जाते हैं, जिनमें उक्त सूचनाएं भरने से ही जन्मपत्र बन जाता है।

8. हम 8-9-91 को 3 बजकर 33 मिनट पर इलाहाबाद में जन्मे (लग्न प्रकरण का उदाहरण) बालक की जन्मकुण्डली बनायेंगे। अतः 8-9-91 की प्रातः 5.30 बजे की ग्रहीय स्थिति ज्ञात करना है। लाहिड़ी के पंचांग में ग्रहीय स्थिति निम्न प्रकार है :

दिनांक 8-9-91 प्रातः 5.30 (भारतीय मानक समय) की ग्रहीय स्थिति

	सूर्य	चन्द्र	मंगल	बुध	गुरु	शुक्र	शनि	राहु	केतु
राशि	4	4	5	4	4	3	9	8	2
अंश	21	14	10	3	5	37	7	25	25
कला	6	57	36	6	21	5	2	41	41
विकला	52	25	0	0	0	0	0	0	0

उक्त बालक की जन्मकुण्डली अगले पृष्ठ पर दी गयी है। दो कुण्डलियां बनायी गयी हैं। एक जन्म लग्न से जिसमें लग्न में ही लग्न राशि है और दूसरी चन्द्र लग्न से, जिसमें लग्न में चन्द्र राशि रखी गयी है।

श्री

अथास्मिन् शुभ संवत्सरे श्री नृपति विक्रमार्क संवत् 2048 श्री शालिवाहने शाके 1913 ईसवी सन् 1991 प्रवर्तमाने सूर्य दक्षिणायने यशे ऋतु नाम वर्षा ऋतु, मासोत्तमे मासे शुभे भाद्रपद मासे, शुभे कृष्ण पक्षे, तिथौ अमावस्या। रविवासरे घटी 26 पल 0 दिनांक 8 सितम्बर 1991 नक्षत्रे पूर्वा फाल्गुनी, घटी 48 पल 10 नाग करण 16.31 सिद्ध योग 11.38 तदुपरान्त साध्य योग 8.29 दिनमान 31 घटी 0 पल, रात्रिमान 29 घटी 0 पल।

श्री सूर्योदयादिष्टम् 24 घटी 20 पल 11 सूर्य 4 राशि 21 अंश 11 सूर्योदय 5.49 (स्टे०) एवं सूर्यास्त 6.13 (स्टे०) 1 लग्न राशि 1 अंश 3 कला 42 विकला 1 भोगस्य।

जाति कायस्थ, गोत्र गौड़, कुल कमल दिवाकर श्रीमान स्वधर्मपरायण श्री रमेशचन्द्र गौड़ तत्पुत्र श्री विनोदकुमार गौड़, निवासी इलाहाबाद स्त्री कुक्षौ पुत्रः जातः।

जन्म नक्षत्र पूर्वा फाल्गुनी, चरण तृतीय जन्मः। जातकस्य नाम चिरंजीव टीकमचन्द, टीकाराम। राशि सिंह (5) स्वामी सूर्य।

वर्ण क्षत्रिय, योनि मूषक, गण मानव, वश्य, जलचर, नाड़ी मध्य

शुभं भूयात् श्रीरस्तु मंगलमस्तु। शुभम् शुभम्।।

जन्मदिनांक 8 सितम्बर 1991 अपराह 3 बजकर 33 मिनट (स्टैण्डर्ड टाइम)

जन्म लग्नम्

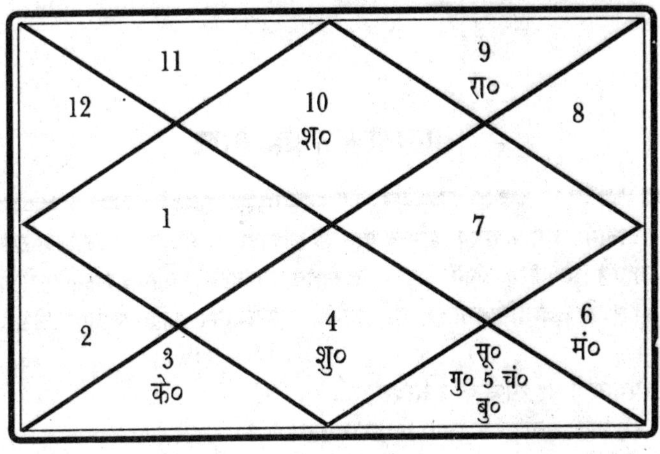

सूर्य 4.21 इष्ट 24.20

चन्द्र लग्नम्

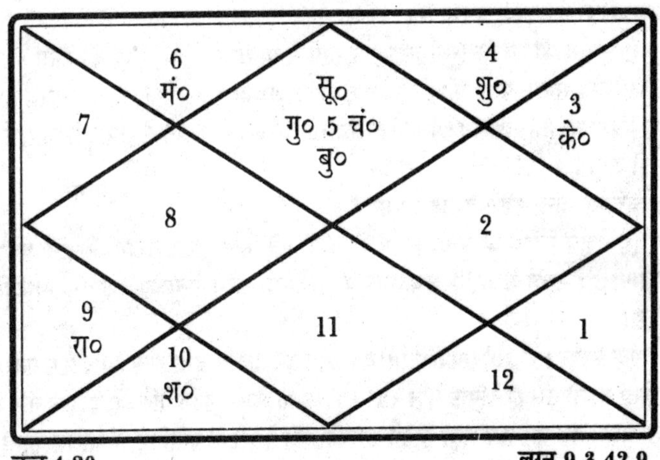

चन्द्र 4.20 लग्न 9.3.42.9

शुक्र महादशा मध्य जन्म

पूर्वा फाल्गुनी, सर्वर्क्ष 55 घटी 42 पल

भुक्त 31 घटी 52 पल

*

तात्कालिक ग्रह स्पष्ट

तात्पर्य–जन्म के समय विभिन्न ग्रहों की कोणात्मक स्थिति को तात्कालिक ग्रह स्पष्ट कहा जाता है। प्रत्येक ग्रह अपनी-अपनी गति से चलता रहता है। पंचांगों व एफ़ेमरीज़ में प्रतिदिन ग्रहों की स्थिति तथा दैनिक गति दी हुई रहती है। कुछ पंचांग 2-3 दिन के अन्तर से ग्रह स्पष्ट देते हैं।

पचांग में ग्रह स्पष्ट के 2 सन्दर्भ रहते हैं।

(i) प्रातः सूर्योदय के समय के ग्रह स्पष्ट

(ii) प्रातः 5.30 (स्टैण्डर्ड समय) के ग्रह स्पष्ट

दोनों में से जो सन्दर्भ दिया हो उससे अभीष्ट जन्म समय की ग्रहीय स्थिति ज्ञात करना ही तात्कालिक ग्रह स्पष्ट करना है।

सूर्य–सूर्य की स्थिति (सूर्य स्पष्ट) पंचांगों में या तो सूर्योदय समय की होती है अथवा 5.30 (स्टैण्डर्ड समय) प्रातः की होती है। सूर्योदय अथवा 5.30 प्रातः से जन्मसमय तक की अवधि का गत्यानुसार चालन ज्ञात कर सन्दर्भित स्थिति में जोड़ने से तात्कालिक सूर्य स्पष्ट प्राप्त हो जायेगा।

चन्द्रमा–चन्द्र स्पष्ट के दो आधार हैं।

(i) नक्षत्र विशेष के भुक्तकाल में दी गयी गति के अनुसार चन्द्रमा कितना चला, यह निकालकर उक्त नक्षत्र के प्रारम्भिक कोणात्मक मान में जोड़ देने से तात्कालिक चन्द्र स्पष्ट निकल आता है।

एक नक्षत्र 13° 20' (800 कला) का होता है। यदि चन्द्रमा ठीक 60 घटी में एक नक्षत्र भोग लेता है, तो उसकी दैनिक गति 13° 20' (800 कला) हुई। यदि 60 घटी से कम समय में उक्त नक्षत्र को पार कर लेता है, तो उसकी गति 13°20' प्रतिदिन से अधिक होगी।

इसके विपरीत यदि चन्द्रमा 60 घटी से अधिक समय में उक्त नक्षत्र को पार करता है, तो दैनिक गति 13° 20' से कम होगी, अर्थात् नक्षत्र के भभोग(सर्वक्षी) के आधार पर ही चन्द्रमा की न्यूनाधिक गति होती है।

अतः नक्षत्र के भुक्तकाल (जन्मसमय तक) को चन्द्र गति से गुणा करके अंश-कला-विकला बना लें तथा उन्हें नक्षत्र के प्रारम्भिक अंश-कला में जोड़ देने से चन्द्र स्पष्ट प्राप्त हो जायेगा।

(ii) प्रातः 5.30 बजे का चन्द्र स्पष्ट पंचांगों में दिया रहता है। 5.30 बजे से जन्मकाल

तक की अवधि का चालन दैनिक गति से ज्ञात कर उसे 5.30 बजे के चन्द्र स्पष्ट में जोड़ देने से तात्कालिक चन्द्र स्पष्ट प्राप्त हो जायेगा।

अन्य ग्रह—अन्य ग्रहों के स्पष्ट करने की सरल विधि यह है कि प्रातः 5.30 बजे के दिये गये ग्रह स्पष्ट में दैनिक गति के अनुसार 5.30 बजे से जन्मकाल तक की अवधि का चालन मार्गी ग्रह होने की स्थिति में जोड़ने तथा वक्री होने की स्थिति में घटा देने से तात्कालिक ग्रह स्पष्ट हो जायेंगे।

इनमें भी यह ध्यान रखना चाहिए कि यदि पंचांग में ग्रह स्पष्ट सूर्योदय काल के हों, तो इष्ट समय का चालन ज्ञात करना होगा। इसके विपरीत यदि 5.30 बजे प्रातः के ग्रह स्पष्ट दिये हों, तो प्रातः 5.30 से जन्म समय (स्टैण्डर्ड टाइम) तक घण्टा-मिनट अवधि का चालन ज्ञात करना होगा।

चालन की गणना—ग्रहों की गति की गणना का आधार त्रैराशिक है। त्रैराशिक विधि में समान छोटी इकाई बनाकर गणित की जाती है। प्राचीन विद्वानों ने अंश-कला-विकला को घटी-पल-विपल से गुणा करने हेतु अनेक सूत्र जैसे गोमूत्रिका विधि प्रतिपादित की थी।

आज के इस गणित युग में केल्क्यूलेटर तथा लघुगणक (Log Tables) की सहायता से आसानी एवं शीघ्रता से गुणा-भाग जैसी क्रियाएं की जा सकती हैं।

लघुगणक का उपयोग—ग्रहों की लघुगणक सारणी 23 घण्टे तथा 59 मिनट, न्यूनतम 1 मिनट (समय) एवं 23 अंश व 59 कला, न्यूनतम 1 कला के आधार पर तैयार की गयी है। (देखें सारणी 11/16 पृष्ठ 187 से 192)

उपयोग विधि—ग्रह की गति (24 घण्टे की) अंश-कला तथा जितने समय (घण्टा-मिनट) का चालन ज्ञात करना हो, उतने घण्टा-मिनट के अंक लें। दोनों अंकों को जोड़ लें। इस योग को पुनः इसी सारणी में देखें, तो अभीष्ट समय के ग्रह का चालन अंश-कला में आ जायेगा।

उदाहरण—बुध की 24 घण्टे की गति 1 अंश 4 कला (1°4') है, तो 10 घण्टे 3 मिनट का चालन ज्ञात करना है।

(i) 1° तथा 4 कला के कालम में अंक मिले	1.3522
(ii) 10 घण्टे 3 मिनट के कालम में अंक मिले	.3780
योग	1.7302

इस संख्या को पुनः सारणी में देखा, 1.7302 तो नहीं मिले, निकटवर्ती संख्या 1.7270 मिली, जिसके अनुसार बुध का 10 घण्टे 3 मिनट का चालन आया 0°27 कला प्राप्त हुआ।

इस चालन को प्रातः 5.30 बजे के बुध स्पष्ट में, यदि मार्गी हो, तो जोड़ने अथवा वक्री हो, तो घटाने से अभीष्ट समय का (तात्कालिक) बुध स्पष्ट प्राप्त हो जायेगा।

ग्रह स्पष्ट—उपर्युक्त उदाहरण में हमें 8 सितम्बर 91 को 3 बजकर 33 मिनट अपराह्न के ग्रह स्पष्ट करने हैं। पहले हमें 8 सितम्बर 91 की प्रत्येक ग्रह की दैनिक गति ज्ञात करनी है। इसके लिए 9 सितम्बर 91 को 5.30 बजे प्रातः की ग्रहीय स्थिति में से 8 सितम्बर 91 की 5.30 बजे प्रातः की ग्रहीय स्थिति को घटा दें; तो प्रत्येक ग्रह की 24 घण्टे की गति प्राप्त हो

जायेगी।

इसके पश्चात् अपराह्न 3.33 (15.33−5.30)=10 घण्टे 3 मिनट का प्रत्येक ग्रह का चालन ज्ञात करना होगा।

	(अ)					(ब)					(स)		
	9 सित. 91 की 5.30 बजे					8 सित. 91 को 5.30 बजे					24 घण्टे का गति चालन		
	रा.	अं.	क.	वि.		रा.	अं.	क.	वि.		अं.	क.	वि.
सूर्य	4	22	5	9	(−)	4	21	6	52		0	58	17 मार्गी
चन्द्रमा	4	29	16	47	(−)	4	14	57	25		14	19	22 मार्गी
मंगल	5	11	14	0	(−)	5	10	36	0		0	38	0 मार्गी
बुध	4	4	10	0	(−)	4	3	6	0		0	1	4 मार्गी
गुरु	4	5	34	0	(−)	4	5	21	0		0	13	0 मार्गी
शुक्र	3	27	38	0	(−)	3	27	50	0	(−)	0	12	0 वक्री
शनि	9	7	0	0	(−)	9	7	2	0	(−)	0	2	0 वक्री
राहु	8	23	33	0	(−)	8	23	41	0	(−)	0	8	0 वक्री
केतु	2	23	33	0	(−)	2	23	41	0	(−)	0	8	0 वक्री

कालम (अ) में प्रत्येक ग्रह की 9-9-91 प्रात 5.30 बजे की स्थिति तथा कालम (ब) में 8-9-91 की स्थिति हैं। (अ) में से (ब) को घटाने परं कालम (स) में प्रत्येक ग्रह की 24 घण्टे की गति आ गयी। जिन ग्रहों की स्थिति 9-9-91 की अपेक्षा 8-9-91 की आगे थी, वे वक्री हैं तथा उनकी गति (−) में आयी।

अब हमें प्रत्येक ग्रह का 10 घण्टे 3 मिनट का चालन ज्ञात करना है।

1. सूर्य स्पष्ट (अ) प्रातः 5.30 बजे के ग्रह स्पष्ट के आधार पर।

दिनांक 8-9-91 को प्रातः 5.30 बजे सूर्य स्पष्ट 4.21.6.52

दैनिक गति 58 कला 17 विकला

ज्ञात करना है 10 घण्टे 3 मिनट का चालन। उपर्युक्त को विभिन्न पद्धतियों द्वारा हल किया जा रहा है।

(i) लघुतम इकाई बनाकर त्रैराशिक द्वारा

दैनिक गति 58 कला 17 विकला के विकला बनाने पर (58x60)+17=3480 +17=3497 विकला

समय 10 घण्टे 3 मिनट के मिनट बनाने पर (10x60)+3=603 मिनट 24 घण्टे (1440 मिनट) की गति =3497 विकला

इसलिए 1 मिनट की गति = $\frac{3497}{1440}$ विकला

603 मिनट की गति = $\frac{3497}{1440} \times 603$ विकला = $\frac{2108691}{1440}$ विकला

= 1464 विकला व शेष 531

सूर्य का 10 घण्टे 3 मिनट का चालन = $\frac{1464}{60}$ 24 कला 24 विकला

(ii) प्राचीन विधि द्वारा 10 घण्टे 3 मिनट =25 घटी 7 पल

58 कला 17 विकला को 25 घटी 7 पल से सीधे ही गुणा करने पर घटी को कला-विकला से तथा पल को भी कला-विकला से गुणा कर सम्बन्धित कालम में रखें। दायें नीचे कालम में 119 में 60 का भाग लगायें, लब्धि 1 को उससे ऊपर के कालम 425 में जोड़ दें। शेष को नीचे 59 लिख दें। इसके पश्चात् तिरछा जोड़ लगायें जैसे 425 + 1 + 406 = 832 इसे नीचे लिख दें। अब 832 में 60 का भाग लगायें, लब्धि 13 को ऊपर 1450 में जोड़ें जो 1463 हुआ। शेष 52 को नीचे रख दें, अब 1463 में 60 का भाग लगायें, तो 24 कला 23 शेष (विकला) आये। पहले 52 शेष बचे थे जो 1 विकला मानकर 24 विकला हुए। इस प्रकार 10 घण्टे 3 मिनट या 25 घटी 7 पल का सूर्य का चालन 24 कला 24 विकला आया।

गोमूत्रिका विधि द्वारा

गुणन क्रिया

गुणनफल	कला 58	विकला 17
घटी 25	1450 + 13	425 + 1
पल 7	406 +	119
	832 शेष 52	शेष 59

=1450 + 13

= 1463 ÷ 60

= 24 कला 23 विकला 52 प्रतिविकला

= 24 कला 24 विकला

(iii) लघुगणक के द्वारा

(क) दैनिक गति 58'17" समय 10 घण्टे 3 मिनट

0 और 58 के कालम में	1.3949
10 और 3 के कालम में +	.3780
जोड़	1.7729

अब 1. 7729 को सारणी में देखा, तो निकटतम 1.7781 मिला, जिसके अनुसार चालन 0.24 आया, परन्तु 1.7781−1.7729 =52 अंक का अन्तर चालन और निकालना है। 0.25 के कालम में 1.7604 और 0.24 के कालम में 1.7781 है। अतः दोनों का अन्तर 177 है।

हमें 177 के प्रति 52 अंक का चालन निकालना है, जो त्रैराशिक से 0.0.17 और आया। इस प्रकार 58 कला गति के अनुसार चालन हुआ 0.24.17। सूर्य की वास्तविक गति 58 कला 17 विकला थी। अतः 17 विकला गति के अनुसार–

0 और 17 के कालम में	1.9279
10 और 3 के कालम में	.3780
जोड़	2.3059

2.3059 को सारणी में देखने पर इसका चालन 0.0.7 आया।

अतः सूर्य का कुल चालन हुआ	0.24.17
(+)	0.0.7
=	0.24.24=24 कला 24 विकला

(ख) ऊपर की क्रिया में अधिक कठिनाई आयी, अतः इसकी एक सरल क्रिया और है। चूंकि सारणी में 58.17 नहीं है, इस संख्या के तीन टुकड़े जैसे 23+23.0+12.17 कर लें। इनका चालन अलग-अलग निकाल कर जोड़ दें।

23 और 0 के कालम में	.0185
10 और 3 के कालम में	.3780
जोड़	.3965 चालन 9.38
अब 12 व 17 के कालम में	.2909
10 और 3 के कालम में	.3780
जोड़	.6689 चालन 5.8

अतः 58.17 गति के 10 घण्टे 3 मिनट का कुल चालन हुआ

(9. 38+ 9.38 +5.8) =24.24=24 कला 24 विकला

इस चालन को प्रातः 5.30 बजे के सूर्य स्पष्ट में जोड़ने पर

	राशि	अंश	कला	विकला	
	4	21	6	32	
+			24	24	अतः तात्कालिक सूर्य स्पष्ट
	4	21	30	56	= 4 राशि 21 अंश 30 कला 56 विकला

प्राप्त हुआ।

ग्रहगति आनुपातिक लघुगणक सारणी

सारणी 11/16

कला अथवा मिनट

मिनट	अंश अथवा घण्टे													मिनट
	0	1	2	3	4	5	6	7	8	9	10	11	12	
0	—	1.3802	1.0792	9031	7781	6812	6021	5351	4771	4260	3802	3388	3010	0
1	3.1584	1.3730	1.0756	9007	7763	6798	6009	5341	4762	4252	3795	3382	3004	1
2	2.8573	1.3660	1.0720	8983	7745	6784	5997	5330	4753	4244	3788	3375	2998	2
3	2.6812	1.3590	1.0685	8959	7728	6769	5985	5320	4744	4236	3780	3368	2992	3
4	2.5563	1.3522	1.0649	8935	7710	6755	5973	5310	4735	4228	3773	3362	2986	4
5	2.4594	1.3454	1.0614	8912	7692	6741	5961	5300	4726	4220	3766	3355	2980	5
6	2.3802	1.3388	1.0580	8888	7674	6726	5949	5289	4717	4212	3759	3349	2974	6
7	2.3133	1.3323	1.0546	8865	7657	6712	5937	5279	4708	4204	3752	3342	2968	7
8	2.2553	1.3258	1.0511	8842	7639	6698	5925	5269	4699	4196	3745	3336	2962	8
9	2.2041	1.3195	1.0478	8819	7622	6684	5913	5259	4690	4188	3737	3329	2956	9
10	2.1584	1.3133	1.0444	8796	7604	6670	5902	5249	4682	4180	3730	3323	2950	10
11	2.1170	1.3071	1.0411	8773	7587	6656	5890	5239	4673	4172	3723	3316	2944	11
12	2.0792	1.3010	1.0378	8751	7570	6642	5878	5229	4664	4164	3716	3310	2938	12
13	2.0444	1.2950	1.0345	8728	7552	6628	5866	5219	4655	4156	3709	3303	2933	13
14	2.0122	1.2891	1.0313	8706	7535	6614	5855	5209	4646	4148	3702	3297	2927	14
15	1.9823	1.2833	1.0280	8683	7518	6600	5843	5199	4638	4141	3695	3291	2921	15
16	1.9542	1.2775	1.0248	8661	7501	6587	5832	5189	4629	4133	3688	3284	2915	16
17	1.9279	1.2719	1.0216	8639	7484	6573	5820	5179	4620	4125	3681	3278	2909	17
18	1.9031	1.2663	1.0185	8617	7467	6559	5809	5169	4611	4117	3674	3271	2903	18
19	1.8796	1.2607	1.0153	8595	7451	6546	5797	5159	4603	4109	3667	3265	2897	19
20	1.8573	1.2553	1.0122	8573	7434	6532	5786	5149	4594	4102	3660	3258	2891	20

सारणी 11/16

ग्रहगति आनुपातिक लघुगणक सारणी

कला अथवा मिनट

मिनट	अंश अथवा घण्टे													मिनट
	0	1	2	3	4	5	6	7	8	9	10	11	12	
21	1.8361	1.2499	1.0091	8552	7417	6519	5774	5139	4585	4094	3653	3252	2885	21
22	1.8159	1.2445	1.0061	8530	7401	6505	5763	5129	4577	4086	3646	3246	2880	22
23	1.7966	1.2393	1.0030	8509	7384	6492	5752	5120	4568	4079	3639	3239	2874	23
24	1.7781	1.2341	1.0000	8487	7368	6478	5740	5110	4559	4071	3632	3233	2868	24
25	1.7604	1.2289	0.9970	8466	7351	6465	5729	5100	4551	4063	3625	3227	2862	25
26	1.7434	1.2239	0.9940	8445	7335	6451	5718	5090	4542	4055	3618	3220	2856	26
27	1.7270	1.2188	0.9910	8424	7318	6438	5706	5081	4534	4048	3611	3214	2850	27
28	1.7112	1.2139	0.9881	8403	7302	6425	5695	5071	4525	4040	3604	3208	2845	28
29	1.6960	1.2090	0.9852	8382	7286	6412	5684	5061	4516	4032	3597	3201	2839	29
30	1.6812	1.2041	0.9823	8361	7270	6398	5673	5051	4508	4025	3590	3195	2833	30
31	1.6670	1.1993	0.9794	8341	7254	6385	5662	5042	4499	4017	3583	3189	2827	31
32	1.6532	1.1946	0.9765	8320	7238	6372	5651	5032	4491	4010	3576	3183	2821	32
33	1.6398	1.1899	0.9737	8300	7222	6359	5640	5023	4482	4002	3570	3176	2816	33
34	1.6269	1.1852	0.9708	8279	7206	6346	5629	5013	4474	3994	3563	3170	2810	34
35	1.6143	1.1806	0.9680	8259	7190	6333	5618	5003	4466	3987	3556	3164	2804	35
36	1.6021	1.1761	0.9652	8239	7174	6320	5607	4994	4457	3979	3549	3157	2798	36
37	1.5902	1.1716	0.9625	8219	7159	6307	5596	4984	4449	3972	3542	3151	2793	37
38	1.5786	1.1671	0.9597	8199	7143	6294	5585	4975	4440	3964	3535	3145	2787	38
39	1.5673	1.1627	0.9570	8179	7128	6282	5574	4965	4432	3957	3529	3139	2781	39
40	1.5563	1.1584	0.9542	8159	7112	6269	5563	4956	4424	3949	3522	3133	2775	40
41	1.5456	1.1540	0.9515	8140	7097	6256	5552	4947	4415	3942	3515	3126	2770	41

ग्रहगति आनुपातिक लघुगणक सारणी

कला अथवा मिनट

मिनट	अंश अथवा घण्टे													मिनट
	0	1	2	3	4	5	6	7	8	9	10	11	12	
42	1.5351	1.1498	0.9488	8120	7081	6243	5541	4937	4407	3934	3508	3120	2764	42
43	1.5249	1.1455	0.9462	8101	7066	6231	5531	4928	4399	3927	3501	3114	2758	43
44	1.5149	1.1413	0.9435	8081	7050	6218	5520	4818	4390	3919	3495	3108	2753	44
45	1.5051	1.1372	0.9409	8062	7035	6205	5509	4909	4382	3912	3488	3102	2747	45
46	1.4956	1.1331	0.9383	8043	7020	6193	5498	4900	4374	3905	3481	3096	2741	46
47	1.4863	1.1290	0.9356	8023	7005	6180	5488	4890	4365	3897	3475	3089	2736	47
48	1.4771	1.1249	0.9330	8004	6990	6168	5477	4881	4357	3890	3468	3083	2730	48
49	1.4682	1.1209	0.9305	7985	6975	6155	5466	4872	4349	3882	3461	3077	2724	49
50	1.4594	1.1170	0.9297	7966	6960	6143	5456	4863	4341	3875	3454	3071	2719	50
51	1.4508	1.1130	0.9254	7947	6945	6131	5445	4853	4333	3868	3448	3065	2713	51
52	1.4424	1.1091	0.9228	7929	6930	6118	5435	4844	4324	3860	3441	3059	2707	52
53	1.4341	1.1053	0.9203	7910	6915	6106	5424	4835	4316	3853	3434	3053	2702	53
54	1.4260	1.1015	0.9178	7891	6900	6094	5414	4826	4308	3846	3428	3047	2696	54
55	1.4180	1.0977	0.9153	7873	6885	6081	5403	4817	4300	3838	3421	3041	2691	55
56	1.4102	1.0939	0.9128	7854	6871	6069	5393	4808	4292	3831	3415	3034	2685	56
57	1.4025	1.0902	0.9104	7836	6856	6057	5382	4798	4284	3824	3408	3028	2679	57
58	1.3949	1.0865	0.9079	7818	6841	6045	5372	4789	4276	3817	3401	3022	2674	58
59	1.3875	1.0828	0.9055	7800	6827	6033	5361	4780	4268	3809	3395	3016	2668	59
	0	1	2	3	4	5	6	7	8	9	10	11	12	

ग्रहगति आनुपातिक लघुगणक सारणी

सारणी 11/16

कला अथवा मिनट

मिनट	अंश अथवा घण्टे											मिनट
	13	14	15	16	17	18	19	20	21	22	23	
0	2663	2341	2041	1761	1498	1249	1015	0792	0580	0378	0185	0
1	2657	2336	2036	1756	1493	1245	1011	0788	0577	0375	0182	1
2	2652	2330	2032	1752	1489	1241	1007	0785	0573	0371	0179	2
3	2646	2325	2027	1747	1485	1237	1003	0781	0570	0368	0175	3
4	2640	2320	2022	1743	1481	1233	0999	0777	0566	0365	0172	4
5	2635	2315	2017	1738	1476	1229	0996	0774	0563	0361	0169	5
6	2629	2310	2012	1734	1472	1225	0992	0770	0559	0358	0166	6
7	2624	2305	2008	1729	1468	1221	0988	0767	0556	0355	0163	7
8	2618	2300	2003	1725	1464	1217	0984	0763	0552	0352	0160	8
9	2613	2295	1998	1720	1459	1213	0980	0759	0549	0348	0157	9
10	2607	2289	1993	1716	1455	1209	0977	0756	0546	0345	0154	10
11	2602	2284	1989	1711	1451	1205	0973	0752	0542	0342	0150	11
12	2596	2279	1984	1707	1447	1201	0969	0749	0539	0339	0147	12
13	2591	2274	1979	1702	1443	1197	0965	0745	0535	0335	0144	13
14	2585	2269	1974	1698	1438	1193	0962	0741	0532	0332	0141	14
15	2580	2264	1969	1694	1434	1190	0958	0738	0529	0329	0138	15
16	2574	2259	1965	1689	1430	1186	0954	0734	0525	0326	0135	16
17	2569	2254	1960	1685	1426	1182	0950	0731	0522	0322	0132	17
18	2564	2249	1955	1680	1422	1178	0947	0727	0518	0319	0129	18
19	2558	2244	1950	1676	1417	1174	0943	0724	0515	0316	0126	19
20	2553	2239	1946	1671	1413	1170	0939	0720	0512	0313	0122	20

ग्रहगति आनुपातिक लघुगणक सारणी

सारणी 11/16

कला अथवा मिनट

मिनट	अंश अथवा घण्टे											मिनट
	13	14	15	16	17	18	19	20	21	22	23	
21	2547	2234	1941	1667	1409	1166	0935	0716	0508	0309	0119	21
22	2542	2229	1936	1662	1405	1162	0932	0713	0505	0306	0116	22
23	2536	2223	1932	1658	1401	1158	0928	0709	0501	0303	0113	23
24	2531	2218	1927	1654	1397	1154	0924	0706	0498	0300	0110	24
25	2526	2213	1922	1649	1392	1150	0920	0702	0495	0296	0107	25
26	2520	2208	1917	1645	1388	1146	0917	0699	0491	0293	0104	26
27	2515	2203	1913	1640	1384	1142	0913	0695	0488	0290	0101	27
28	2509	2198	1908	1636	1380	1138	0909	0692	0484	0287	0098	28
29	2504	2193	1903	1632	1376	1134	0906	0688	0481	0284	0095	29
30	2499	2188	1899	1627	1372	1130	0902	0685	0478	0280	0091	30
31	2493	2183	1894	1623	1368	1127	0898	0681	0474	0277	0088	31
32	2488	2178	1889	1618	1364	1123	0894	0678	0471	0274	0085	32
33	2483	2173	1885	1614	1359	1119	0891	0674	0468	0271	0082	33
34	2477	2168	1880	1610	1355	1115	0887	0671	0464	0267	0079	34
35	2472	2164	1875	1605	1351	1111	0883	0667	0461	0264	0076	35
36	2467	2159	1871	1601	1347	1107	0880	0663	0458	0261	0073	36
37	2461	2154	1866	1597	1343	1103	0876	0660	0454	0258	0070	37
38	2456	2149	1862	1592	1339	1099	0872	0656	0451	0255	0067	38
39	2451	2144	1857	1588	1335	1095	0868	0653	0448	0251	0064	39
40	2445	2139	1852	1584	1331	1091	0865	0649	0444	0248	0061	40
41	2440	2134	1848	1579	1326	1088	0861	0646	0441	0245	0058	41

ग्रहगति आनुपातिक लघुगणक सारणी

सारणी 11/16

कला अथवा मिनट

मिनट	अंश अथवा घण्टे											मिनट
	13	14	15	16	17	18	19	20	21	22	23	
42	2435	2129	1843	1575	1322	1084	0858	0642	0438	0242	0055	42
43	2430	2124	1838	1571	1318	1080	0854	0639	0434	0239	0052	43
44	2424	2119	1834	1566	1314	1076	0850	0635	0431	0236	0049	44
45	2419	2114	1829	1562	1310	1072	0847	0632	0428	0232	0046	45
46	2414	2109	1825	1558	1306	1068	0843	0628	0424	0229	0042	46
47	2409	2104	1820	1553	1302	1064	0839	0625	0421	0226	0039	47
48	2403	2099	1816	1549	1298	1061	0835	0622	0418	0223	0036	48
49	2398	2095	1811	1545	1294	1057	0832	0618	0414	0220	0033	49
50	2393	2090	1806	1540	1290	1053	0828	0615	0411	0216	0030	50
51	2388	2085	1802	1536	1286	1049	0825	0611	0408	0213	0027	51
52	2382	2080	1797	1532	1282	1045	0821	0608	0404	0210	0024	52
53	2377	2075	1793	1528	1278	1041	0817	0604	0401	0207	0021	53
54	2372	2070	1788	1523	1274	1038	0814	0601	0398	0204	0018	54
55	2367	2065	1784	1519	1270	1034	0810	0597	0394	0201	0015	55
56	2362	2061	1779	1515	1266	1030	0806	0594	0391	0197	0012	56
57	2356	2056	1774	1510	1261	1026	0803	0590	0388	0194	0009	57
58	2351	2051	1770	1506	1257	1022	0799	0587	0384	0191	0006	58
59	2346	2046	1765	1502	1253	1018	0795	0583	0381	0188	0003	59
	13	14	15	16	17	18	19	20	21	22	23	

लघुगणक सारणी का उपयोग

ऊपर की ओर आड़ी रेखा में 0 से 23 अंश या घण्टे की संख्या लिखी है तथा खड़ी रेखा में 0 से 59 तक कला या मिनट की संख्या दी गयी है। मान लीजिये, चन्द्रमा की दैनिक गति 14 अंश 36 कला है और आपको 8 घण्टे 20 मिनट की गति ज्ञात करनी है।

(i) 14 अंश और 36 कला के सामने वाले कोष्ठक में संख्या	.2159
(ii) 8 घण्टे और 20 मिनट के सामने वाले कोष्ठक में संख्या	.4594
जोड़िये	.6753

अब इस संख्या को पुनः इसी सारणी में देखिये 1.6753 तो नहीं मिली, पर .6755 संख्या 5 अंश 4 कला के कोष्ठक में मिल गयी, अतः यह चन्द्रमा की अभीष्ट अवधि की गति आयी।

(ब) सूर्योदय समय के सूर्य स्पष्ट के आधार पर तात्कालिक सूर्य स्पष्ट

सूर्योदय 5.49 प्रातः, जन्म 3.33 अपराह्न, गति 58 कला 17 विकला, इष्ट 24 घटी 30 पल या 9 घण्टा 44 मिनट

		राशि	अंश	कला	विकला
सूर्योदय समय सूर्य स्पष्ट		4	21	7	6
9 घण्टे 44 मिनट (24 घटी 20 पल) का चालन +				23	50
अतः तात्कालिक सूर्य स्पष्ट	=	4	21	30	56

4 राशि 21 अंश 30 कला 56 विकला

2. चन्द्र स्पष्ट

(क) नक्षत्र के कोणात्मक मान द्वारा

जन्म नक्षत्र पूर्वा फाल्गुनी, सर्वर्क्ष 55 घटी 42 पल, गतर्क्ष 31 घटी 52 पल, पलात्मक मान सर्वर्क्ष 3342, गतर्क्ष 1912, एक नक्षत्र का कोणात्मक मान 800 कला

गतर्क्ष का चालन=800 x 1912÷3342=7 अंश 37 कला 40 विकला

		राशि	अंश	कला	विकला
पूर्वा फाल्गुनी का प्रारम्भिक कोणात्मक मान		4	13	20	0
गतर्क्ष का चालन (+)			7	37	40
अतः तात्कालिक चन्द्र स्पष्ट	=	4	20	57	40

(ख) प्रातः 5.30 बजे के चन्द्र स्पष्ट द्वारा

चन्द्रमा की गति 14 अंश 19 कला 22 विकला

		राशि	अंश	कला	विकला
अतः 10 घण्टे 3 मिनट का चालन	=		6	0	11
प्रातः 5.30 बजे चन्द्र स्पष्ट	=	4	14	57	25
अतः तात्कालिक चन्द्र स्पष्ट	=	4	20	57	36

3. मंगल स्पष्ट

24 घण्टे की गति 38 कला

		राशि	अंश	कला	विकला
10 घण्टे 3 मिनट की गति	=	0	0	16	0
प्रातः 5.30 बजे मंगल स्पष्ट	(+)	5	10	36	0
अतः तात्कालिक मंगल स्पष्ट	=	5	10	52	0

4. बुध स्पष्ट

24 घण्टे की गति 1 अंश 4 कला

		राशि	अंश	कला	विकला
10 घण्टे 3 मिनट का चालन	=	0	0	27	0
प्रातः 5.30 बजे बुध स्पष्ट	(+)	4	3	6	0
अतः तात्कालिक बुध स्पष्ट	=	4	3	33	0

5. गुरु स्पष्ट

24 घण्टे की गति 13 कला

		राशि	अंश	कला	विकला
10 घण्टे 3 मिनट का चालन	=			5	25
प्रातः 5.30 बजे गुरु स्पष्ट	(+)	4	5	21	0
अतः तात्कालिक गुरु स्पष्ट	=	4	5	26	25

6. शुक्र स्पष्ट

24 घण्टे की गति (–) 12 कला

10 घण्टे 3 मिनट का (–) 5 कला

प्रातः 5.30 बजे शुक्र स्पष्ट	=	3	27	50	0
10 घण्टे 3 मिनट का चालन	(–)			5	0 वक्री
अतः तात्कालिक शुक्र स्पष्ट	=	3	27	45	0

7. शनि स्पष्ट

24 घण्टे की गति (–) 2 कला (वक्री)

10 घण्टे 3 मिनट का चालन (–) 50 विकला		राशि	अंश	कला	विकला
प्रातः 5.30 बजे शनि स्पष्ट	=	9	7	2	0
10 घण्टे 3 मिनट का चालन	(–)	0	0	0	50 वक्री
अतः तात्कालिक शनि स्पष्ट	=	9	7	1	10

8. राहु स्पष्ट

24 घण्टे की गति (–) 8 कला

10 घण्टे 3 मिनट का चालन		राशि	अंश	कला	विकला
प्रातः 5.30 बजे राहु स्पष्ट	=	8	23	41	0
10 घण्टे 3 मिनट का चालन	(–)			3	20 वक्री
अतः तात्कालिक राहु स्पष्ट	=	8	23	37	40

9. केतु स्पष्ट

24 घण्टे की गति (–) 8 कला

		राशि	अंश	कला	विकला
10 घण्टे 3 मिनट का चालन					
प्रातः 5. 30 बजे केतु स्पष्ट	=	2	23	41	0
10 घण्टे 3 मिनट का चालन	(–)			3	20 वक्री
अतः तात्कालिक केतु स्पष्ट	=	2	23	37	40

उपर्युक्त ग्रह स्पष्ट त्रैराशिक, गोमूत्रिका, पलात्मक मान द्वारा लघुगणक या केल्क्यूलेटर किसी से भी कर सकते हैं। विभिन्न विधियों से उदाहरण ऊपर हल किये गये हैं।

सभी ग्रह स्पष्ट करने के उपरान्त निम्नानुसार एक समेकित तात्कालिक ग्रह स्पष्ट तालिका बना लेनी चाहिए।

तात्कालिक ग्रह स्पष्ट

	सूर्य	चन्द्र	मंगल	बुध	गुरु	शुक्र	शनि	राहु	केतु
राशि	4	4	5	4	4	3	9	8	2
अंश	21	20	10	3	5	27	7	23	23
कला	30	57	52	33	26	45	1	37	37
विकला	56	36	0	0	25	0	10	40	40
गति अंश	0	14	0	1	0	0	0	0	0
कला	58	19	38	4	13	12	2	8	8
विकला	17	22	0	0	0	0	0	0	0
चालन	मार्गी	मार्गी	मार्गी	मार्गी	मार्गी	वक्री	वक्री	वक्री	वक्री

*

द्वादश भाव स्पष्ट

गत प्रकरणों में हमने लग्न ज्ञात कर प्रत्येक भाव में राशियों को अपना-अपना स्थान दिया, ग्रहों को यथास्थान सम्बन्धित राशियों में रखा तथा प्रत्येक ग्रह को तात्कालिक रूप से स्पष्ट कर लिया। प्रत्येक भाव में किसी भी राशि एवं ग्रह का होना स्थूल रूप है। एक राशि का विस्तार 30° तक होता है। किस भाव में कौन-सी राशि कहां से प्रारम्भ हुई है और कहां पर समाप्त हुई है या उक्त राशि के सन्दर्भ में उस भाव का मध्य कहां है और प्रारम्भिक व समाप्ति की सीमाएं कहां हैं, यह बात स्थूल राश्यादि विवरण से ज्ञात नहीं हो सकती। इसीलिए भाव स्पष्ट करने की आवश्यकता होती है। भाव स्पष्ट तथा ग्रह स्पष्ट की तुलना करने से यह ज्ञात हो सकेगा कि प्रत्येक भाव की सीमाओं के सन्दर्भ में किस ग्रह की क्या स्थिति है।

हम लग्न को स्पष्ट कर चुके हैं। यह लग्न अथवा प्रथम भाव का मध्य है। हमें प्रत्येक भाव का प्रारम्भ, मध्य एवं अन्त ज्ञात करना है। इसी प्रकार 12 भावों के मध्य की सीमाएं या सन्धियां भी ज्ञात करनी हैं। लग्न की तरह ही दशम लग्न का भी साधन करना पड़ता है।

दशम लग्न (Tenth House)—दशम लग्न को जन्मकुण्डली का मध्याह्न कहते हैं। यह कुण्डली का दशम भाव है। जिस प्रकार जन्म इष्ट द्वारा जन्म लग्न का साधन करते हैं, उसी प्रकार दशम इष्ट द्वारा या साम्पातिक काल द्वारा दशम भाव का मध्य ज्ञात करना होता है। इसके उपरान्त लग्न तथा दशम लग्न की सहायता से अन्य सभी भावों के मध्य तथा उनकी सन्धियों के राश्यंश स्पष्ट किये जाते हैं। जन्म इष्ट सूर्योदय से जन्म समय तक की अवधि है, परन्तु दशम इष्ट जन्म के जितने समय पीछे मध्याह्न छूट गया, वह अवधि है। उदाहरण के लिए प्रातः 6 बजे सूर्योदय होने पर बालक का जन्म अपराह्न 3 बजे हुआ, तो इष्ट 15−6=9 घण्टे होगा, परन्तु दशम इष्ट 15−12 = 3 घण्टे होगा। यदि जन्म 8 बजे प्रातः होता, तो इष्ट 8−6=2 घण्टे होता, परन्तु दशम इष्ट 8−12 (24+8−12) =20 घण्टे होगा, अर्थात् प्रातः 8 बजे से 20 घण्टे पूर्व मध्याह्न था।

इसका तात्पर्य यह हुआ कि इष्ट में हम समयान्तर को सीधे नाप रहे हैं, तो दशम इष्ट में जन्म से विपरीत दिशा में मध्याह्न तक। जन्म इष्ट=सूर्योदय से कितने समय बाद जन्म हुआ? दशम इष्ट=जन्म समय से कितने समय पूर्व मध्याह्न था?

दशम इष्ट ज्ञात करने की परम्परागत विधि पूर्व नत-उन्नत या पश्चिम नत-उन्नत द्वारा इष्ट साधन करने की है, परन्तु लेखक द्वारा एक सरल विधि प्रस्तुत की जा रही है। निम्नांकित

रेखाचित्र द्वारा दिन के चारों भागों से एक-एक जन्म का उदाहरण लेकर जन्म इष्ट व दशम इष्ट तथा जन्म लग्न व दशम लग्न साधन की प्रक्रिया समझायी जा रही है, जिससे दोनों में अन्तर स्पष्ट हो सकेगा।

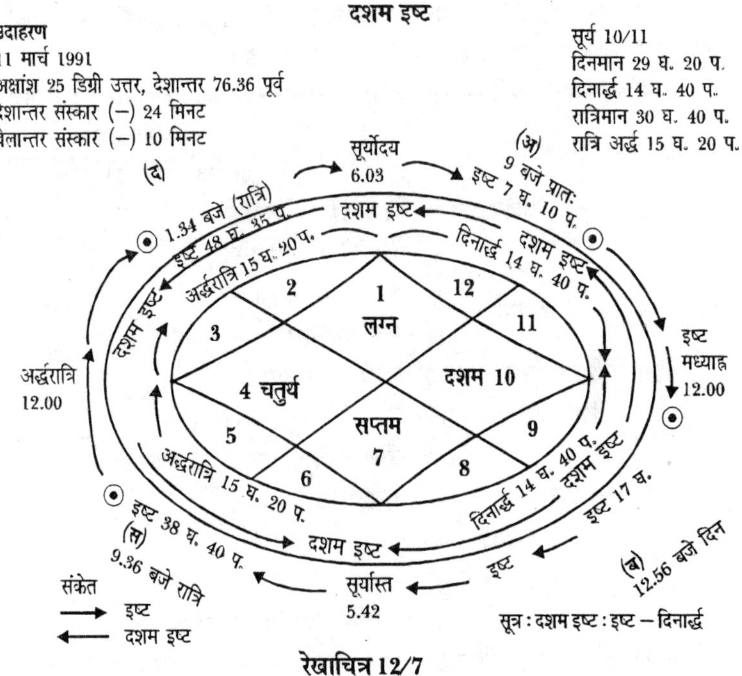

रेखाचित्र 12/7

उपर्युक्त रेखाचित्र में तीरों की सहायता से इष्ट, सूर्योदय से मध्याह्न, सूर्यास्त, अर्द्धरात्रि एवं अगले सूर्योदय तक इस क्रम में ज्ञात किया जाता है, परन्तु दशम इष्ट विपरीत दिशा में जन्म से मध्याह्न तक की दूरी को कहते हैं। स्थानीय समय के अनुसार सूर्योदय व सूर्यास्त के ठीक मध्य में मध्याह्न होता है।

उपर्युक्त रेखाचित्र में अहोरात्र के अलग-अलग भागों से **अ, ब, स** तथा **द** चार जन्म समय लिये गये हैं। इन चारों के जन्म इष्ट व दशम इष्ट मय लग्न के साधन करते हैं। इस विधि में सर्वत्रोपयोगी दशम लग्न सारणी का प्रयोग भी किया जाता है, जो भूमध्यरेखीय लग्नमान के आधार पर प्रत्येक दिन का दिनमान 30 घटी मानते हुए निर्मित की गयी है।

पहली विधि (दशम इष्ट द्वारा)

दशम इष्ट का पारम्परिक सूत्र–

(i) यदि जन्म सूर्योदय व मध्याह्न के मध्य हो, तो (अ)

दशम इष्ट = 60 घटी–(दिनार्द्ध–जन्म इष्ट)

या 60 घटी + जन्म इष्ट—दिनार्द्ध

(ii) यदि जन्म मध्याह्न से अगले सूर्योदय के मध्य हो, तो (ब,स,द)

दशम इष्ट= जन्म समय – दिनार्द्ध

दशम इष्ट ज्ञात करने के पश्चात् दशम लग्न सारिणी 12/17 (पृष्ठ 203 से 206) की सहायता से जन्म लग्न की तरह दशम लग्न ज्ञात करते हैं।

(अ) जन्म इष्ट 7 घटी 10 पल, सूर्य 10.27 सूर्यफल 58.53 (लग्न सारणी 25° अक्षांश)

इष्ट जोड़ा + 7.10 लग्न 0/22

06.03 **मेष** (1)

दशम इष्ट = 60 + इष्ट – दिनार्द्ध

= 60 + 7.10 –14.40

= 67.10 (–) 14.40

= 52.30 घटी-पल

सूर्य 10.27 सूर्यफल = 58.37 (दशम लग्न सारणी)

दशम इष्ट (+) 52.30

51.07 घटी-पल दशम लग्न 9/10 **मकर** (10)

(ब) जन्म इष्ट = 17 घटी 0 पल, सूर्य 10.27

सूर्यफल 58.53

इष्ट जोड़ा 17.00

15.53 लग्न 2/21 **मिथुन** (3)

दशम इष्ट= इष्ट – दिनार्द्ध = 17.00 –14.40 = 2.20 दशम इष्ट

सूर्य 10.27 सूर्यफल = 58.37

दशम इष्ट (+) 2.20

0.57 दशम लग्न 11/12 **मीन** (12)

(स) जन्म इष्ट = 38 घटी 40 पल, सूर्य 10.27

सूर्यफल 58.53

इष्ट जोड़ा 38.40 जन्म

37.33 लग्न 6/16 **तुला** (7)

दशम इष्ट = इष्ट – दिनार्द्ध = 38.40 (–) 14.40 = 24.0 दशम इष्ट

सूर्य 10.27 सूर्यफल 58.37

दशम इष्ट (+) 24.00

22.37 दशम लग्न 3/19 **कर्क** (4)

(द) जन्म इष्ट = 48 घटी 35 पल, सूर्य 10/27

सूर्यफल 58.53
इष्ट जोड़ा 48.35 जन्म
47.28 लग्न 8/19 धनु (9)

दशम इष्ट = इष्ट – दिनार्द्ध = 48 घटी 35 पल–14.40= 33.55 दशम इष्ट

सूर्य 10.27, सूर्यफल 58.37
दशम इष्ट (+) 33.55
32.32 दशम लग्न 5/22 कन्या (6)

उपर्युक्त चारों जन्म समय (उदाहरण अ, ब, स तथा द) के लग्न व दशम लग्न स्थूल हैं। कला-विकला त्रैराशिक से ज्ञात करें। इन दोनों लग्नों का अन्तर निम्नांनुसार है।

उदाहरण	जन्म लग्न	दशम लग्न	अन्तर
(अ)	0/22 मेष (1)	9/10 मकर (10)	+9
(ब)	2/21मिथुन (3)	11/12 मीन (12)	+ 9
(स)	6/16 तुला (7)	3/19 कर्क (4)	– 3 या + 9
(द)	8/19 धनु (9)	5/22 कन्या (6)	– 3 या + 9

अधिकांश स्थिति में जन्म लग्न व दशम लग्न में 9 या 3 का अन्तर रहता है। कभी-कभी जन्म लग्न के अंश अगली या पिछली राशि के अंशों के अधिक निकट हों, तो यह अन्तर +10 या–2 भी हो सकता है, जो उस राशि के सन्धिकाल के निकट पहुंच जाता है। यह बात चलित के साथ बतायी जायेगी।

निष्कर्ष–प्रत्येक उदारहण में इष्ट में से सूर्योदय से मध्याह्न तक की अवधि (दिनार्द्ध) घटाने से दशम इष्ट प्राप्त हो जाता है। यह बात उपर्युक्त रेखाचित्र द्वारा भली-भांति समझ आ गयी होगी।

बिना दशम इष्ट ज्ञात किये दशम लग्न ज्ञात करना–

(1) **सुगम दशम लग्न सारणी द्वारा**–सूर्य के राश्यंश अपने अक्षांश की लग्न सारणी में देखकर सूर्यफल ले लें। इस सूर्यफल में जन्म इष्ट जोड़ें, जैसा कि जन्म लग्न ज्ञात करने के लिए करते हैं, परन्तु फल व इष्ट के योग को उक्त लग्न सारणी में देखने के बजाय सुगम दशम लग्न सारणी 12/18 (पृष्ठ 205 से 208) में देखें तो दशम लग्न प्राप्त हो जायेगा।

उदाहरण (स) सूर्य 10.27 इष्ट 38.40

लग्न सारणी 9/12 अक्षांश 25 में सूर्यफल 58.53
जन्म इष्ट जोड़ें 38.40
37.33

इस योग को उक्त लग्न सारणी 9/12 में देखा तो जन्म लग्न 6.16 (तुला) आया, परन्तु इसी योग को सुगम दशम लग्न सारणी 12/18 में देखा तो दशम लग्न 3.19 (कर्क) आया।

(2) **लग्न से दशम लग्न सारणी द्वारा**–यह लग्न के राश्यंश से सीधे ही दशम लग्न निकालने

की विधि है। इसके लिए एक अलग प्रकार की सारणी 12/19 (पृष्ठ 214 से 221) काम में ली जाती है। लग्न के राशि व अंशों को सीधे ही इस सारणी में देखा तो दशम लग्न 3.18 (कर्क) आया।

(3) **साम्पातिक इष्ट काल द्वारा**–साम्पातिक इष्ट काल जो हमने पिछले प्रकरण में ज्ञात किया था, उसको साम्पातिक काल दशम लग्न सारणी में देखने पर दशम लग्न प्राप्त हो जायेगा। सारिणी 12/20 (पृष्ठ 222 से 227)

हमने जिस बालक की कुण्डली जन्मकुण्डली प्रकरण में बनायी थी, उसी बालक का दशम लग्न साधन कर लें, ताकि उसी बालक के ग्रह स्पष्ट तथा भाव स्पष्ट किये जा सकें।

इलाहाबाद में 8-9-91 को अपराह्न 3 बजकर 33 मिनट पर जन्मे बालक का जन्म इष्ट 24.20 घटी-पल तथा सूर्य 4.21 है। दिनमान 31 घटी 0 पल है। लग्न 9.3.42.9 है। आइये, इसका दशम लग्न स्पष्ट करते हैं।

		घटी	पल
जन्म इष्ट		24	20
दिनार्द्ध	(–)	15	30
दशम इष्ट		8	50
दशम लग्न सारणी में सूर्यफल		27	41
दशम इष्ट जोड़ा		8	50
योग		36	31

दशम लग्न सारणी 12/17 में 36.28 अंक 6 राशि के 17 अंश पर मिले।

अतः स्थूल दशम लग्न 6/17 हुआ।

हमें लग्न निकालना था 36.31 का। अतः 36.31 (–) 36.28 = 3 पल का लग्न और ज्ञात करना है।

18° के कालम में 36.38

17° के कालम में 36.28

1° के कालम में 10 विकला

त्रैराशिक से 10 पल के प्रति 3 पल का लग्नान्तर 3 x60 ÷10 = 18 कला आया। अतः दशम लग्न स्पष्ट हुआ 6 राशि 17 अंश 18 कला 0 विकला = तुला (7)

अन्य भाव तथा सन्धियां स्पष्ट करना–जन्म लग्न में से दशम लग्न स्पष्ट को घटा कर शेष में 6 का भाग लगायें।

	राशि	अंश	कला	विकला
जन्म लग्न (प्रथम भाव मध्य)	9	3	42	9
दशम लग्न (दशम भाव मध्य) (–)	6	17	18	0
घटाने पर	2	16	24	9 ÷ 6

दशम लग्न सारणी (सर्वत्रोपयोगी)

(भूमध्यरेखीय लग्नोदय मान पर आधारित) अयनांश 24°

(दशम इष्ट ज्ञात कर सूर्य राश्यंश के आधार पर सूर्यफल व दशम इष्ट जोड़कर प्राप्त योगफल से दशम लग्न देखें)

दशम इष्ट = इष्ट – दिनार्द्ध

सारणी 12/17

अंश / राशि	0	1	2	3	4	5	6	7	8	9	10	11	12	13	14	15
0 मेष	3 43	3 52	4 2	4 11	4 20	4 28	4 38	4 48	4 58	5 8	5 18	5 28	5 38	5 48	5 58	6 8
1 वृषभ	8 37	8 47	8 57	9 7	9 17	9 27	9 37	9 48	9 59	10 9	10 20	10 31	10 42	11 52	11 3	11 14
2 मिथुन	13 55	14 6	14 17	14 28	14 38	14 49	15 0	15 11	15 22	15 32	15 43	15 54	16 5	16 15	16 26	16 37
3 कर्क	19 18	19 29	19 40	19 51	20 1	20 12	20 23	20 33	20 43	20 53	21 3	21 13	21 23	21 33	21 43	21 53
4 सिंह	24 22	24 32	24 42	24 52	25 2	25 12	25 22	25 31	25 41	25 50	25 59	26 8	26 18	26 27	26 36	26 45

दशम लग्न सारणी (सर्वत्रोपयोगी)

(भूमध्यरेखीय लग्नोदय मान पर आधारित) अयनांश 24°

(दशम इष्ट ज्ञात कर सूर्य राश्यंश के आधार पर सूर्यफल व दशम इष्ट जोड़कर प्राप्त योगफल से दशम लग्न देखें)

दशम इष्ट = इष्ट – दिनार्द्ध

सारणी12/17

राशि \ अंश	16	17	18	19	20	21	22	23	24	25	26	27	28	29	लग्नमान
0 मेष	6 18	6 28	6 38	6 48	6 58	7 8	7 17	7 27	7 37	7 47	7 57	8 7	8 17	8 27	278
1 वृषभ	11 25	11 35	11 46	11 57	12 8	12 18	12 29	12 40	12 51	13 2	13 12	13 23	13 34	13 45	299
2 मिथुन	16 48	16 58	17 9	17 19	17 31	17 41	17 52	18 3	18 14	18 25	18 35	18 46	18 57	19 8	323
3 कर्क	22 3	22 13	22 23	22 33	22 43	22 52	23 2	23 12	23 22	23 32	23 42	23 52	24 2	24 12	323
4 सिंह	26 55	27 4	27 13	27 22	27 32	27 41	27 50	27 59	28 9	28 18	28 27	28 37	28 46	28 55	299

दशम लग्न सारणी (सर्वत्रोपयोगी)

(भूमध्यरेखीय लग्नोदय मान पर आधारित) अयनांश 24°

(दशम इष्ट ज्ञात कर सूर्य राश्यंश के आधार पर सूर्यफल व दशम इष्ट जोड़कर प्राप्त योगफल से दशम लग्न देखें)

सारणी 12/17

दशम इष्ट = इष्ट – दिनार्द्ध

राशि \ अंश	0	1	2	3	4	5	6	7	8	9	10	11	12	13	14	15
5 कन्या	29 4	29 14	29 23	29 32	29 41	29 51	30 0	30 9	30 19	30 28	30 37	30 46	30 56	31 5	31 14	31 23
6 तुला	33 42	33 52	34 1	34 10	34 19	34 29	34 38	34 48	34 58	35 8	35 18	35 28	35 38	35 48	35 58	36 8
7 वृश्चिक	38 37	38 47	38 57	39 7	39 17	39 27	39 37	39 47	39 58	40 9	40 20	40 31	40 42	40 52	41 3	41 14
8 धनु	43 55	44 6	44 17	44 28	44 38	44 49	45 0	45 11	45 22	45 32	45 43	45 54	46 5	46 15	46 26	46 37
9 मकर	49 18	49 29	49 40	49 51	50 1	50 12	50 23	50 33	50 43	50 53	51 3	51 13	51 23	51 33	51 43	51 53
10 कुम्भ	54 22	54 32	54 42	54 52	55 2	55 12	55 22	55 31	55 41	55 50	55 59	56 8	56 18	56 27	56 36	56 45
11 मीन	59 4	59 14	59 23	59 32	59 41	59 51	0 0	0 9	0 19	0 28	0 37	0 46	0 56	1 5	1 14	1 23

दशम लग्न सारणी (सर्वत्रोपयोगी)

(भूमध्यरेखीय लग्नोदय मान पर आधारित) अयनांश 24°

(दशम इष्ट ज्ञात कर सूर्य राश्यंश के आधार पर सूर्यफल व दशम इष्ट जोड़कर प्राप्त योगफल से दशम लग्न देखें)

दशम इष्ट = इष्ट – दिनार्द्ध

सारणी 12/17

राशि \ अंश	16	17	18	19	20	21	22	23	24	25	26	27	28	29	लग्नमान
5 कन्या	31	31	31	32	32	32	32	32	32	32	33	33	33	33	
	33	42	51	0	10	19	28	38	47	56	5	15	24	33	278
6 तुला	36	36	36	36	36	37	37	37	37	37	37	38	38	38	
	18	28	38	48	58	7	17	27	37	47	57	7	17	27	278
7 वृश्चिक	41	41	41	41	42	42	42	42	42	43	43	43	43	43	
	25	35	46	57	8	18	29	40	51	2	12	23	34	45	299
8 धनु	46	46	47	47	47	47	47	48	48	48	48	48	48	49	
	48	58	9	20	31	41	52	3	14	25	35	46	57	8	323
9 मकर	52	52	52	52	52	52	53	53	53	53	53	53	54	54	
	3	13	23	33	43	53	2	12	22	32	42	52	2	12	323
10 कुम्भ	56	57	57	57	57	57	57	58	58	58	58	58	58	58	
	55	4	13	22	32	41	50	0	9	18	27	37	46	55	299
11 मीन	1	1	1	2	2	2	2	2	2	2	3	3	3	3	
	33	42	51	0	10	19	28	38	47	56	5	15	24	43	278

सुगम दशम लग्न सारणी (सर्वत्रोपयोगी)

(भूमध्यरेखीय लग्नोदय मान पर आधारित)

अयनांश 24°

(सूर्य राश्यंश के अनुसार सूर्यफल तथा इष्ट का योग, जो लग्न सारणी से लिया गया था, उन्हीं अंकों को सीधे इस सारणी में देखें) सारणी 12/18

राशि \ अंश	0	1	2	3	4	5	6	7	8	9	10	11	12	13	14	15
0 मेष	18 42	18 51	19 0	19 10	19 19	19 28	19 38	19 48	19 58	20 8	20 18	20 28	20 38	20 48	20 58	21 8
1 वृषभ	23 37	23 47	23 57	24 7	24 17	24 27	24 37	24 48	24 58	25 10	25 20	25 31	25 42	25 52	26 3	26 13
2 मिथुन	28 55	29 6	29 16	29 27	29 38	29 49	30 0	30 10	30 21	30 32	30 43	30 53	31 4	31 15	31 26	31 36
3 कर्क	34 18	34 29	34 39	34 50	35 1	35 10	35 23	35 33	35 43	35 53	36 3	36 13	36 23	36 33	36 43	36 53
4 सिंह	39 22	39 32	39 42	39 52	40 2	40 12	40 22	40 31	40 40	40 49	40 59	41 8	41 17	41 26	41 36	41 45

सुगम दशम लग्न सारणी (सर्वत्रोपयोगी)
(भूमध्यरेखीय लग्नोदय मान पर आधारित)
अयनांश 24°

(सूर्य राश्यंश के अनुसार सूर्यफल तथा इष्ट का योग, जो लग्न सारणी से लिया गया था, उन्हीं अंकों को सीधे ही इस सारणी में देखें) सारणी 12/18

राशि \ अंश	16	17	18	19	20	21	22	23	24	25	26	27	28	29	लग्नमान पल
0 मेष	21 18	21 27	21 37	21 47	21 57	22 7	22 17	22 27	22 37	22 47	22 57	23 7	23 17	23 27	278
1 वृषभ	26 24	26 35	26 46	26 56	27 7	27 18	27 29	27 40	27 50	28 1	28 12	28 23	28 33	28 44	299
2 मिथुन	31 47	31 58	32 9	32 19	32 30	32 41	32 52	33 3	33 13	33 24	33 35	33 46	33 56	34 7	323
3 कर्क	37 2	37 12	37 22	37 32	37 42	37 52	38 2	38 12	38 22	38 32	38 42	38 52	39 2	39 12	323
4 सिंह	41 54	42 3	42 13	42 22	42 32	42 41	42 50	42 59	43 8	43 18	43 27	43 36	43 45	43 55	299

सुगम दशम लग्न सारणी (सर्वत्रोपयोगी)

(भूमध्यरेखीय लग्नोदय मान पर आधारित)

अयनांश 24°

(सूर्य राश्यंश के अनुसार सूर्यफल तथा इष्ट का योग, जो लग्न सारणी से लिया गया था, उन्हीं अंकों को सीधे इस सारणी में देखें) . सारणी 12/18

राशि \ अंश	0	1	2	3	4	5	6	7	8	9	10	11	12	13	14	15
5 कन्या	44 4	44 13	44 22	44 32	44 41	44 50	45 0	45 9	45 18	45 27	45 37	45 46	45 55	46 4	46 14	46 23
6 तुला	48 11	48 51	49 0	49 10	49 19	49 28	49 38	49 48	49 58	50 8	50 18	50 28	50 38	50 48	50 58	51 8
7 वृश्चिक	53 37	53 47	53 57	54 7	54 17	54 27	54 37	54 48	54 58	55 9	55 20	55 30	55 41	55 52	56 3	56 13
8 धनु	58 55	59 6	59 16	59 27	59 38	59 49	0 0	0 10	0 21	0 32	0 43	0 53	1 4	1 15	1 26	1 36
9 मकर	4 19	4 30	4 41	4 51	5 1	5 12	5 23	5 33	5 43	5 53	6 3	6 13	6 23	6 33	6 43	6 53
10 कुम्भ	9 22	9 32	9 42	9 52	10 2	10 12	10 22	10 31	10 40	10 49	10 59	11 8	11 17	11 26	11 36	11 45
11 मीन	14 4	14 13	14 22	14 32	14 41	14 50	15 0	15 9	15 18	15 27	15 37	15 46	15 55	16 4	16 14	16 23

सुगम दशम लग्न सारणी (सर्वत्रोपयोगी)

(भूमध्यरेखीय लग्नोदय मान पर आधारित)

अयनांश 24°

(सूर्य राश्यंश के अनुसार सूर्यफल तथा इष्ट का योग, जो लग्न सारणी से लिया गया था, उन्हीं अंकों को सीधे इस सारणी में देखें) सारणी 12/18

राशि \ अंश	16	17	18	19	20	21	22	23	24	25	26	27	28	29	लग्नमान पल
5 कन्या	46	46	46	47	47	47	47	47	47	47	48	48	48	48	
	32	41	51	0	8	18	27	37	46	53	4	14	23	32	278
6 तुला	51	51	51	51	51	52	52	52	52	52	52	53	53	53	
	18	28	37	47	57	7	17	27	37	47	57	7	17	27	278
7 वृश्चिक	56	56	56	56	57	57	57	57	57	58	58	58	58	58	
	34	35	46	56	7	18	29	40	50	1	12	23	33	44	299
8 धनु	1	1	2	2	2	2	2	3	3	3	3	3	3	4	
	47	58	9	19	30	41	52	3	13	24	35	46	58	9	323
9 मकर	7	7	7	7	7	7	8	8	8	8	8	8	9	9	
	2	12	22	32	42	52	2	12	22	32	42	52	2	12	323
10 कुम्भ	11	12	12	12	12	12	12	12	13	13	13	13	13	13	
	54	4	13	22	31	41	50	59	8	18	27	36	46	55	299
11 मीन	16	16	16	17	17	17	17	17	17	17	18	18	18	18	
	32	41	51	0	9	19	28	37	46	56	5	14	23	33	278

इस अन्तर में 6 का भाग लगाने पर 0 12 44 1½ षष्ठांश

उपर्युक्त के आधार पर	राशि	अंश	कला	विकला	
10 दशम भाव मध्य	6	17	18	0	
+षष्ठांश	0	12	44	1	
10/11 दशम व एकादश भावों की सन्धि	7	00	02	1	
+षष्ठांश	0	12	44	2	विकला का
11 एकादश भाव मध्य	7	12	46	3	समायोजन
+ षष्ठांश	0	12	44	1	
11/12 एकादश व द्वादश भाव सन्धि	7	25	30	4	
+षष्ठांश	0	12	44	2	
12 द्वादश भाव स्पष्ट	8	08	14	6	
+षष्ठांश	0	12	44	1	
12/1 द्वादश व लग्न की सन्धि	8	20	58	7	
+षष्ठांश	0	12	44	2	
1 (पूर्व में निकाला हुआ) लग्न स्पष्ट	9	03	42	9	

इसके पश्चात् लग्न से चतुर्थ स्थान तक भाव मध्य तथा सन्धियां निम्न प्रकार से स्पष्ट कीजिये।

12/1 द्वादश व लग्न की सन्धि	8	20	58	7
+ 1 राशि	1			
=1/2 लग्न व द्वितीय भाव की सन्धि	**9**	**20**	**58**	**7**
12 द्वादश भाव मध्य	8	08	14	6
+ 2 राशि	2	0	0	0
=2 द्वितीय भाव मध्य	**10**	**08**	**14**	**6**
12/11 द्वादश व एकादश भाव की सन्धि	7	25	30	4
+ 3 राशि	3	0	0	0
2/3 द्वितीय व तृतीय भाव की सन्धि	**10**	**25**	**30**	**4**
11 एकादश भाव मध्य	7	12	46	3
+ 4 राशि	4	0	0	0
=3 तृतीय भाव मध्य	**11**	**12**	**46**	**3**
10/11 दशम व एकादश भाव की सन्धि	7	0	2	1
+5 राशि	5	0	0	0
=3/4 तृतीय व चतुर्थ भाव की सन्धि	**0**	**0**	**2**	**1**
10 दशम भाव मध्य	6	17	18	0

+6 राशि	6	0	0	0
=4 चतुर्थ भाव	0	17	18	0

चतुर्थ भाव से दशम भाव तक मय सन्धियों के स्पष्ट हो गये। अब इनमें 6 राशि जोड़ते जायें। इन भावों या सन्धियों के विपरीत (सामने) दशम से चतुर्थ (पंचम से दशम तक) भाव एवं उनकी सन्धियां स्पष्ट हो जायेंगी।

10/11 दशम व एकादश सन्धि +6 = 4/5 चतुर्थ व पंचम भाव की सन्धि
11 एकादश भाव मध्य + 6 = 5 पंचम भाव मध्य
11/12 एकादश व द्वादश भाव सन्धि +6 = 5/6 पंचम व षष्ठ की सन्धि
12 द्वादश भाव मध्य +6 = 6 षष्ठ भाव मध्य
12/1 द्वादश भाव मध्य +6 = 6/7 षष्ठ व सप्तम भाव की सन्धि
1 लग्न मध्य +6 = 7 सप्तम भाव मध्य
1/2 लग्न व द्वितीय भाव मध्य = 7/8 सप्तम व अष्टम भाव की संधि
2 द्वितीय भाव मध्य +6 = 8 अष्टम भाव मध्य
2/3 द्वितीय व तृतीय भाव मध्य +6 = 8/9 अष्टम व नवम भाव मध्य
3 तृतीय भाव मध्य + 6 = 9 नवम भाव मध्य
3/4 तृतीय व चतुर्थ भाव सन्धि +6 = 9/10 नवभ व दशम भाव सन्धि

इस प्रकार सभी 12 भाव तथा 12 भाव सन्धियां स्पष्ट करके निम्न प्रकार से भाव स्पष्ट चक्र बना लेना चाहिए।

तात्कालिक द्वादश भाव स्पष्ट चक्र

भाव / स्पष्ट	प्रथम	सन्धि	द्वितीय	सन्धि	तृतीय	सन्धि	चतुर्थ	सन्धि	पंचम	सन्धि	षष्ठ	सन्धि
राशि	9	9	10	10	11	0	0	1	1	1	2	2
अंश	3	20	8	25	12	0	17	0	12	25	8	20
कला	42	58	14	30	46	2	18	2	46	30	14	58
विकला	9	7	6	4	3	1	0	1	3	4	6	7

भाव / स्पष्ट	सप्तम	सन्धि	अष्टम	सन्धि	नवम	सन्धि	दशम	सन्धि	एकादश	सन्धि	द्वादश	सन्धि
राशि	3	3	4	4	5	6	6	7	7	7	8	8
अंश	3	20	8	25	12	0	17	0	12	25	8	20
कला	42	58	14	30	46	2	18	2	46	30	14	58
विकला	9	7	6	4	3	1	0	1	3	4	6	7

चलित चक्र

चलित का तात्पर्य—स्थूल रूप से हमने ग्रहों को प्रातःकाल के राश्यंश के अनुसार सम्बन्धित भावों में स्थापित कर दिया। इसके पश्चात् ग्रह स्पष्ट किये। ग्रह स्पष्ट करने से यह पता लगा कि किस भाव की सीमा राश्यंश के सन्दर्भ में कहां से प्रारम्भ हुई और कहां समाप्त हुई तथा भाव का मध्य कहां था।

ग्रह स्पष्ट को भाव स्पष्ट के सन्दर्भ में देखकर यह पता लगाना है कि अमुक ग्रह उसी भाव में रहेगा या पिछले व अगले भाव में चला जायेगा या पिछली व अगली सन्धि में चला जायेगा।

ग्रहों की स्थिति के इस प्रकार के निर्धारण को चलित कहते हैं। चलित के आधार पर जो कुण्डली बनती है, उसे चलित चक्र या चलित कुण्डली कहते हैं।

साधारणतया ग्रह मार्गी होते हैं। केवल राहु व केतु सदैव वक्री होते हैं।

मार्गी ग्रह आरोही क्रम में अगली राशि की ओर बढ़ने की चेष्टा करता है। एक राशि के अन्तिम अंशों में वह अगली राशि का फल देने लग जाता है। सन्धि में भी ग्रह अगली राशि का फल देते हैं।

आइये, उदाहरण कुण्डली के ग्रह स्पष्ट के ग्रह एवं भाव स्पष्ट को आपस में मिलाकर चलित चक्र बनाते हैं।

सूर्य=राशयंश 4/21/20/26 हैं। अतः हमने इसे पांचवीं राशि (अष्टम भाव) में रखा था। अष्टम भाव 3/20/58/7 से 4/25/30/4 तक है। अतः सूर्य को चलित में भी अष्टम भाव में ही रखा जायेगा।

चन्द्रमा=राश्यंश 4/20/57/36 हैं। अतः सूर्य की भांति इसे भी अष्टम भाव में ही रखा जायेगा।

मंगल=राश्यंश 5/10/52 हैं। अतः इसे छठी राशि (नवम भाव) में रखा था। नवम भाव

का प्रारम्भ 4/25/30/4 है तथा समाप्ति 6/0/2/1 है। राश्यंश इसके बीच में होने से मंगल को चलित में यथावत् नवम भाव में ही रखा जायेगा।

बुध=राश्यंश 4/3/30/0 हैं। अतः इसे पांचवीं राशि (अष्टम भाव) में रखा था। अष्टम का विस्तार 3/20/58/7 से 4/25/30/4 तक होने से चलित में भी बुध को यथावत् अष्टम भाव में ही रखा जायेगा।

गुरु=राश्यंश 4/5/26/25 हैं। अतः हमें गुरु को पांचवीं राशि (अष्टम भाव) में रखा था। बुध की भांति गुरु को भी चलित में यथावत् अष्टम भाव में रखा जायेगा।

शुक्र=राश्यंश 3/27/45/0 होने से हमने चौथी राशि (सप्तम भाव) में रखा था। षष्ठ-सप्तम की सन्धि 2/20/58/7, सप्तम का मध्य 3/3/42/9 तथा सप्तम/अष्टम की सन्धि 3/20/58/7 है। शुक्र सप्तम-अष्टम की सन्धि से भी आगे निकल गया। अतः चलित में शुक्र को सप्तम के बजाय सीधे ही अष्टम स्थान में रखा जायेगा।

शनि=राश्यंश 9/7/1/10 हैं। अतः हमने मकर राशि (लग्न) में रखा था। लग्न का विस्तार 8/20/58/7 से 9/20/58/7 तक है। अतः चलित में शनि को यथावत् लग्न में ही रखा जायेगा।

राहु=राश्यंश 8/23/27/40 होने से हमने राहु को धनु राशि (द्वादश भाव) में रखा था। द्वादश भाव 7/25/30/4 से 8/20/58/7 तक है। राहु वक्री होता है। अतः यह लग्न से द्वादश की ओर बढ़ रहा है, परन्तु अभी इसने लग्न व द्वादश की सन्धि पार नहीं की है। अतः राहु को चलित में लग्न में ही रखा जायेगा।

केतु=राहु की भांति इसे भी षष्ठ के बजाय सप्तम में ही रखा जायेगा।

इस प्रकार जन्मकुण्डली की तुलना में चलित कुण्डली में ग्रहों की स्थिति निम्न प्रकार हो गयी।

ग्रह	**जन्मकुण्डली में भाव**	**चलित में भाव**	**ग्रह**	**जन्कुण्डली में भाव**	**चलित में भाव**
सूर्य	अष्टम	अष्टम	शुक्र	सप्तम	अष्टम
चन्द्र	अष्टम	अष्टम	शनि	लग्न	लग्न
मंगल	नवम	नवम	राहु	द्वादश	लग्न
बुध	अष्टम	अष्टम	केतु	षष्ठ	सप्तम
गुरु	अष्टम	अष्टम			

यदि किसी ग्रह के राश्यंश अपने भाव की पिछली या अगली सन्धि के बराबर होते, तो उसे उक्त सन्धि में रखते। किसी भी भाव का विस्तार पिछली सन्धि से अगली सन्धि तक होता है, जबकि सन्धि एक सीमा रेखामात्र होती है।

कुछ विद्वान् ग्रह के राश्यंश भाव मध्य से न्यूनाधिक होते ही पिछली या अगली सन्धि में ग्रह को रख देते हैं। यह सिद्धान्त युक्तिसंगत प्रतीत नहीं होता है।

इस सम्बन्ध में एक बात और स्पष्ट समझ लेनी चाहिए। चलित में ग्रह केवल भाव बदल सकता है, राशि नहीं। उक्त उदाहरण में शुक्र सप्तम से अष्टम स्थान में चला गया। सप्तम स्थान में वह कर्क राशि का है। अष्टम स्थान में जाने का यह अर्थ नहीं है कि शुक्र सिंह का हो गया, बल्कि अर्थ यह है कि कर्क का शुक्र अष्टम स्थान का फल देगा। इसलिए चलित कुण्डली में भावों में राशि संख्या नहीं लिखी जानी चाहिए। ग्रहों की राशियां वे ही रहेंगी, जो जन्मकुण्डली में हैं। चलित कुण्डली में भावों के नाम या भाव संख्या लिखी जा सकती है।

जन्मकुण्डली

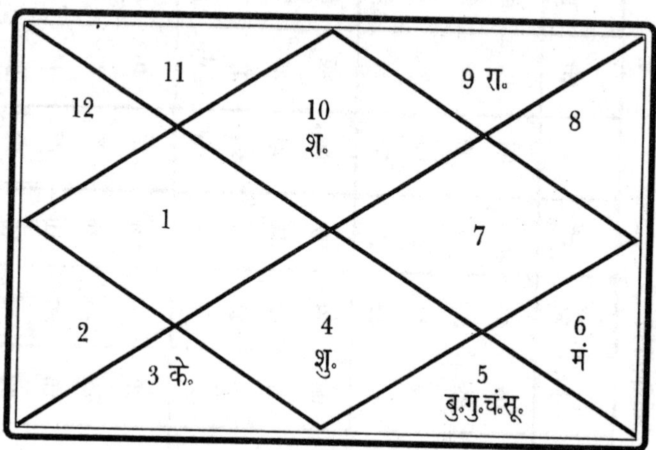

चलित कुण्डली

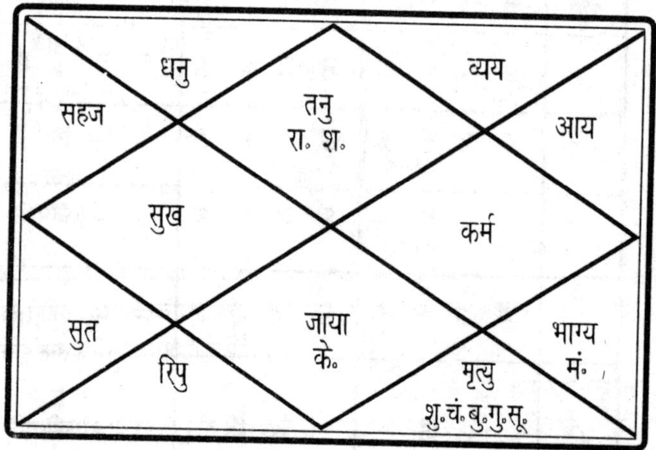

लग्न से दशम लग्न सारणी

(सर्वत्रोपयोगी)

सारणी 12/19

राशि \ अंश	0	1	2	3	4	5	6	7	8	9	10	11	12	13	14
0 मेष	08 23 56 26	08 24 37 56	08 25 18 26	08 25 59 38	08 26 40 43	08 27 21 42	08 28 02 47	08 28 43 22	08 29 24 27	09 00 05 52	09 00 40 11	09 01 28 59	09 02 15 26	09 03 05 03	09 03 46 38
1 वृषभ	09 16 43 39	09 17 23 21	09 18 29 06	09 19 19 24	09 20 10 41	09 21 52 06	09 21 52 06	09 22 43 54	09 23 33 44	09 24 24 30	09 25 18 18	09 26 06 02	09 27 08 54	09 28 09 54	09 29 10 54
2 मिथुन	10 15 46 48	10 16 52 42	10 17 57 58	10 19 03 02	10 20 09 27	10 21 15 03	10 22 20 38	10 23 29 13	10 24 31 51	10 25 27 24	10 26 41 20	10 27 51 23	10 29 05 13	11 00 09 08	11 01 32 53

लग्न से दशम लग्न सारणी

(सर्वत्रोपयोगी)

सारणी 12/19

अंश / राशि	15	16	17	18	19	20	21	22	23	24	25	26	27	28	29
0 मेष	09 04 36 49	09 05 23 10	09 06 10 46	09 06 57 46	09 07 44 48	09 08 31 40	09 09 18 51	09 10 05 01	09 11 07 14	09 11 42 50	09 12 32 43	09 13 24 48	09 14 24 50	09 15 06 01	09 15 56 48
1 वृषभ	10 00 11 54	10 01 12 54	10 02 13 54	10 03 13 54	10 04 15 54	10 05 16 54	10 06 17 54	10 07 18 54	10 08 18 54	10 09 20 54	10 10 21 54	10 11 24 34	10 12 23 30	10 13 35 40	10 14 47 17
2 मिथुन	11 02 46 27	11 04 00 38	11 05 14 24	11 06 28 10	11 07 41 55	11 08 55 50	11 10 09 40	11 11 23 29	11 12 37 17	11 13 51 02	11 15 04 57	11 16 18 42	11 17 31 27	11 18 46 21	11 20 00 13

लग्न से दशम लग्न सारणी

(सर्वत्रोपयोगी)

सारणी 12/19

राशि \ अंश	0	1	2	3	4	5	6	7	8	9	10	11	12	13	14
	11	11	11	11	11	11	11	11	0	0	0	0	0	0	0
3	21	22	23	24	26	27	28	29	01	02	03	04	06	07	08
कर्क	14	17	41	55	09	23	36	50	04	18	32	47	02	19	31
	00	45	35	23	16	24	41	26	53	19	07	51	22	41	15
	.0	0	0	01	01	01	01	01	01	01	01	01	01	01	01
4	27	28	29	00	01	02	04	05	06	07	.08	09	10	12	13
सिंह	09	18	57	37	46	55	04	14	23	32	22	06	20	35	44
	25	29	52	06	19	33	48	02	16	30	54	32	05	08	12
	01	02	02	02	02	02	02	02	02	02	02	02	02	02	02
5	29	00	01	02	03	04	05	06	07	08	10	11	12	13	14
कन्या	38	41	43	45	47	50	02	54	59	59	01	03	05	07	10
	02	08	10	12	01	00	05	08	03	07	13	21	35	52	08

लग्न से दशम लग्न सारणी

(सर्वत्रोपयोगी)

सारणी 12/19

राशि \ अंश	15	16	17	18	19	20	21	22	23	24	25	26	27.	28	29
3 कर्क	0 09 45 42	0 11 00 13	0 12 09 35	0 13 18 39	0 14 27 52	0 15 37 06	0 16 46 19	0 17 55 35	0 19 04 48	0 20 14 12	0 21 23 16	0 22 32 29	0 23 41 43	0 24 50 56	0 26 00 12
4 सिंह	01 14 37 12	01 15 44 19	01 16 10 20	01 17 12 55	01 18 14 04	01 19 16 08	01 20 18 09	01 21 37 10	01 22 30 15	01 23 32 55	01 24 34 07	01 25 36 02	01 26 38 05	01 27 40 08	01 28 52 01
5 कन्या	02 15 12 01	02 16 14 00	02 17 16 07	02 18 14 14	02 19 21 22	02 20 21 30	02 21 29 32	02 22 27 01	02 23 30 05	02 24 32 08	02 25 35 09	02 26 37 07	02 27 40 25	02 28 42 50	02 29 43 59

लग्न से दशम लग्न सारणी

(सर्वत्रोपयोगी)

सारणी 12/19

राशि \ अंश	0	1	2	3	4	5	6	7	8	9	10	11	12	13	14
6 तुला	03 00 45 07	03 01 04 05	03 02 50 08	03 03 52 13	03 04 54 15	03 05 59 19	03 06 59 22	03 08 01 02	03 09 02 05	03 10 05 14	03 11 08 38	03 12 15 55	03 13 23 17	03 14 34 12	03 15 42 03
7 वृश्चिक	04 04 10 07	04 05 19 05	04 06 29 03	04 07 38 02	04 08 43 00	04 09 53 01	04 11 03 05	04 12 20 13	04 13 35 25	04 14 49 35	04 16 04 45	04 17 16 08	04 18 30 03	04 19 44 10	04 20 58 01
8 धनु	05 10 39 14	05 11 53 01	05 13 06 05	05 14 20 03	05 15 34 15	05 16 48 22	05 18 02 11	05 19 15 03	05 20 29 29	05 21 43 10	05 22 57 15	05 24 11 25	05 25 14 48	05 26 19 37	05 27 27 37

लग्न से दशम लग्न सारणी

(सर्वत्रोपयोगी)

सारणी 12/19

राशि \ अंश	15	16	17	18	19	20	21	22	23	24	25	26	27	28	29
6 तुला	03 16 50 00	03 18 01 01	03 19 10 08	03 20 59 15	03 21 28 22	03 22 38 08	03 23 48 09	03 24 56 35	03 26 09 42	03 27 15 56	03 28 24 02	03 29 33 08	04 00 42 05	04 52 01 03	04 03 01 07
7 वृश्चिक	04 22 12 02	04 23 25 05	04 24 38 03	04 25 55 57	04 27 07 12	04 28 19 25	04 29 34 18	05 00 48 21	05 02 02 07	05 03 16 04	05 04 30 05	05 05 43 03	05 06 53 01	05 08 11 15	05 09 25 00
8 धनु	05 28 30 37	05 29 30 42	06 00 42 03	06 01 47 04	06 02 53 05	06 03 58 03	06 05 04 15	06 06 10 12	06 07 15 20	06 08 21 30	06 09 26 05	06 10 32 08	06 11 34 03	06 12 36 45	06 13 40 00

लग्न से दशम लग्न सारणी

(सर्वत्रोपयोगी)

सारणी 12/19

राशि \ अंश	0	1	2	3	4	5	6	7	8	9	10	11	12	13	14
9 मकर	06 14 38 01	06 15 39 02	06 16 40 05	06 17 41 02	06 18 42 01	06 19 43 00	06 20 44 03	06 21 45 01	06 22 46 50	06 23 47 22	06 24 48 11	06 25 49 08	06 26 50 15	06 27 52 03	06 28 10 32
10 कुम्भ	07 11 40 51	07 12 05 32	07 13 22 32	07 14 09 33	07 14 56 30	07 15 43 22	07 16 30 07	07 17 21 05	07 18 14 09	07 18 51 10	07 19 38 52	07 20 24 08	07 21 05 03	07 21 46 15	07 22 38 27
11 मीन	08 03 24 39	08 04 05 12	08 04 49 05	08 05 28 03	08 06 09 00	08 06 50 08	08 07 32 02	08 08 12 06	08 09 03 07	08 09 34 05	08 10 15 03	08 10 56 45	08 11 27 47	08 12 13 36	08 12 59 26

लग्न से दशम लग्न सारणी

(सर्वत्रोपयोगी)

सारणी 12/19

राशि \ अंश	15	16	17	18	19	20	21	22	23	24	25	26	27	28	29
9 मकर	06 29 01 40	07 00 01 45	07 00 52 50	07 01 43 07	07 02 33 03	07 03 24 04	07 04 15 09	07 05 06 13	07 05 57 21	07 06 46 27	07 07 38 35	07 08 29 40	07 09 20 45	07 10 10 50	07 11 07 50
10 कुम्भ	07 23 39 37	07 24 16 48	07 24 59 59	07 25 12 01	07 25 56 02	07 26 34 03	07 27 15 06	07 27 56 08	07 28 37 10	07 29 18 12	07 29 59 05	08 00 40 30	08 01 21 15	08 02 30 16	08 02 03 04
11 मीन	08 13 40 12	08 14 20 42	08 15 00 35	08 15 35 01	08 16 24 02	08 17 05 08	08 17 46 05	08 18 28 07	08 19 09 03	08 19 57 53	08 20 31 59	08 21 12 01	08 21 53 05	08 22 34 03	08 23 15 04

साम्पातिक काल निरयन दशम लग्न सारणी

(सर्वत्रोपयोगी)

सारणी 12/20

राशि \ अंश		0	1	2	3	4	5	6	7	8	9	10	11	12	13	14
	घण्टे	01	01	01	01	01	01	01	01	01	02	02	02	02	02	02
0 मेष	मिनट	27	31	35	39	42	46	50	54	58	01	05	09	13	17	21
	सैकिण्ड	50	37	23	10	56	43	30	16	02	49	36	33	30	26	23
	घण्टे	03	03	03	03	03	03	03	03	03	04	04	04	04	04	04
1 वृषभ	मिनट	25	29	33	37	42	46	50	54	58	02	06	11	15	19	24
	सैकिण्ड	21	31	41	50	00	09	19	28	38	48	58	13	29	44	00
	घण्टे	05	05	05	05	05	05	05	06	06	06	06	06	06	06	06
2 मिथुन	मिनट	32	37	41	45	50	54	58	03	07	12	16	20	25	29	33
	सैकिण्ड	49	10	32	53	15	36	58	19	41	02	23	43	04	24	45
	घण्टे	07	07	07	07	07	08	08	08	08	08	08	08	08	08	08
3 कर्क	मिनट	42	46	50	54	58	03	07	11	15	19	23	28	32	36	40
	सैकिण्ड	21	30	40	49	59	08	18	27	37	46	55	00	05	10	14

साम्पातिक काल निरयन दशम लग्न सारणी

(सर्वत्रोपयोगी)

सारणी 12/20

15	16	17	18	19	20	21	22	23	24	25	26	27	28	29	अंश / राशि
02	02	02	02	02	02	02	02	02	03	03	03	03	03	03	घण्टे
25	29	33	37	41	45	49	53	57	01	05	09	13	17	21	मिनट मेष 0
19	16	12	09	06	03	05	07	08	10	12	13	15	17	19	सैकिण्ड
04	04	04	04	04	04	04	04	05	05	05	05	05	05	05	घण्टे
28	32	36	41	45	49	53	58	02	06	11	15	19	24	28	मिनट वृषभ 1
15	31	36	01	17	33	53	12	32	51	11	30	50	09	29	सैकिण्ड
06	06	06	06	06	06	07	07	07	07	07	07	07	07	07	घण्टे
38	42	46	51	55	59	04	08	12	16	21	25	29	33	38	मिनट मिथुन 2
05	26	46	07	27	47	02	18	33	49	04	20	35	51	06	सैकिण्ड
08	08	08	08	09	09	09	09	09	09	09	09	09	09	09	घण्टे
44	48	52	56	00	04	08	12	16	20	24	28	32	36	40	मिनट कर्क 3
19	24	29	34	39	44	41	37	34	30	27	23	20	16	13	सैकिण्ड

साम्पातिक काल निरयन दशम लग्न सारणी

(सर्वत्रोपयोगी)

सारणी 12/20

राशि \ अंश		0	1	2	3	4	5	6	7	8	9	10	11	12	13	14
	घण्टे	09	09	09	09	09	10	10	10	10	10	10	10	10	10	10
4 सिंह	मिनट	44	48	51	55	59	03	07	11	14	18	22	26	30	33	37
	सैकिण्ड	10	00	50	41	31	21	12	02	52	42	32	17	02	47	32
	घण्टे	11	11	11	11	11	11	11	12	12	12	12	12	12	12	12
5 कन्या	मिनट	36	40	40	47	51	55	58	02	06	09	13	17	20	24	28
	सैकिण्ड	59	41	15	54	32	11	49	28	06	44	22	05	48	31	14
	घण्टे	13	13	13	13	13	13	13	13	13	14	14	14	14	14	14
6 तुला	मिनट	27	31	35	39	43	46	50	54	58	02	05	09	13	17	21
	सैकिण्ड	50	38	27	15	04	52	41	30	18	07	55	50	44	39	33
	घण्टे	15	15	15	15	15	15	15	15	15	16	16	16	16	16	16
7 वृश्चिक	मिनट	25	29	33	37	41	46	50	54	58	02	07	11	15	19	24
	सैकिण्ड	03	15	26	38	48	00	12	24	36	48	00	15	39	46	01

साम्पातिक काल निरयन दशम लग्न सारणी

(सर्वत्रोपयोगी)

सारणी 12/20

15	16	17	18	19	20	21	22	23	24	25	26	27	28	29	अंश / राशि
10	10	10	10	10	11	11	11	11	11	11	11	11	11	11	घण्टे
41	45	48	52	56	00	03	07	11	14	18	22	25	29	33	मिनट सिंह 4
17	02	47	32	17	02	44	26	07	49	39	12	53	35	17	सैकिण्ड
12	12	12	12	12	12	12	12	13	13	13	13	13	13	13	घण्टे
31	35	39	43	46	50	54	57	01	05	09	12	16	20	24	मिनट कन्या 5
57	40	23	06	49	32	18	59	43	27	11	55	39	23	07	सैकिण्ड
14	14	14	14	14	14	14	14	14	15	15	15	15	15	15	घण्टे
25	29	33	37	41	45	49	53	57	01	05	09	13	17	21	मिनट तुला 6
28	22	17	12	07	02	02	02	02	03	03	03	03	03	03	सैकिण्ड
16	16	16	16	16	16	16	16	17	17	17	17	17	17	17	घण्टे
28	32	36	41	45	49	53	58	02	06	11	15	19	24	28	मिनट वृश्चिक 7
16	31	46	02	17	33	53	12	32	51	11	30	50	10	30	सैकिण्ड

साम्पातिक काल निरयन दशम लग्न सारणी

(सर्वत्रोपयोगी)

सारणी 12/20

राशि \ अंश		0	1	2	3	4	5	6	7	8	9	10	11	12	13	14
	घण्टे	17	17	17	17	17	17	17	18	18	18	18	18	18	18	18
8 धनु	मिनट	32	37	41	45	50	54	58	03	07	12	16	20	25	29	33
	सैकिण्ड	49	10	32	53	15	30	58	19	40	02	23	43	04	24	45
	घण्टे	19	19	19	19	19	20	20	20	20	20	20	20	20	20	20
9 मकर	मिनट	42	46	50	54	59	03	07	11	15	19	24	28	32	36	40
	सैकिण्ड	21	31	42	52	03	13	24	34	45	55	05	09	13	16	20
	घण्टे	21	21	21	21	21	22	22	22	22	22	22	22	22	22	22
10 कुम्भ	मिनट	44	48	51	55	59	03	07	11	14	18	22	26	30	33	37
	सैकिण्ड	10	00	50	41	31	21	11	02	52	42	32	17	02	47	32
	घण्टे	23	23	23	23	23	23	23	0	0	0	0	0	0	0	0
11 मीन	मिनट	36	40	44	47	51	55	59	02	06	10	13	17	21	24	28
	सैकिण्ड	59	39	19	59	40	20	00	40	20	01	42	23	04	45	26

साम्पातिक काल निरयन दशम लग्न सारणी

(सर्वत्रोपयोगी)

सारणी 12/20

15	16	17	18	19	20	21	22	23	24	25	26	27	28	29	अंश / राशि	
18	18	18	18	18	18	19	19	19	19	19	19	19	19	19	घण्टे	
38	42	46	51	55	59	00	05	09	14	19	23	28	33	37	मिनट	धनु 8
05	26	46	06	27	47	26	06	45	24	03	42	22	01	40	सैकिण्ड	
20	20	20	20	21	21	21	21	21	21	21	21	21	21	21	घण्टे	
44	48	52	56	00	04	08	12	16	20	24	28	32	36	40	मिनट	मकर 9
24	28	31	35	39	43	40	36	33	30	26	23	19	16	13	सैकिण्ड	
22	22	22	22	22	23	23	23	23	23	23	23	23	23	23	घण्टे	
41	45	48	52	56	00	03	07	11	14	18	22	25	29	33	मिनट	कुम्भ 10
17	02	47	32	17	02	44	25	07	49	31	12	54	35	17	सैकिण्ड	
0	0	0	0	0	0	0	0	01	01	01	01	01	01	01	घण्टे	
31	35	39	43	46	50	54	58	01	05	09	12	16	20	24	मिनट	मीन 11
07	48	29	10	51	32	16	00	43	27	11	55	38	22	06	सैकिण्ड	

वर्ग साधन

ग्रह भिन्न-भिन्न राशियों एवं भावों में भिन्न प्रकार का फल देते हैं। एक राशि में 30° होते हैं। इस स्थूल स्थिति से ग्रह का स्थूल फल ही ज्ञात होगा। यदि ग्रहों के फल का सूक्ष्म विचार करना हो, तो मापक को छोटा करना होगा। इसी उद्देश्य से प्रत्येक राशि को अनेक मापकों पर विभाजित करके यह ज्ञात किया जाता है कि अमुक ग्रह लघुमापक के अनुसार कहां स्थित है।

इसके लिए राशि के 2, 3, 7, 9, 10, 12, 16 व 30 भाग अंशानुसार किये जाते हैं तथा प्रत्येक ग्रह को तात्कालिक स्पष्ट के आधार पर इन मापकों (वर्गों) में यथास्थान स्थापित कर वर्ग कुण्डलियां बनायी जाती हैं। इन लघुमापकों को निम्न क्रम से पुकारा जाता है।

क्रम संख्या	राशि के भाग	प्रत्येक के अंश	वर्ग
1	2	15°	होरा
2	3	10°	द्रेष्काण
3	7	4°17' 8"	सप्तमांश
4	9	3° 20'	नवमांश
5	10	3°	दशमांश
6	12	2° 30'	द्वादशांश
7	16	1° 52' 30'	षोडशांश
8	30	1°	त्रिंशांश (सम-विषम राशियों के अंशानुसार 5/5 विभाग

प्रत्येक वर्ग में ग्रहों की स्थिति ज्ञात करने की विधि स्पष्ट की जा रही है। साथ ही जिस बालक के ग्रह व भाव स्पष्ट किये थे, उसी बालक की निम्न लघुमापकों (वर्गों) के आधार पर ग्रहों की स्थिति के अनुसार वर्ग कुण्डलियां बनायेंगे।

एक वर्ग (स्थूल वर्ग) जन्मकुण्डली के रूप में हमने तैयार कर ही लिया। जन्म लग्न के साथ होरा, द्रेष्काण, सप्तमांश, नवमांश, द्वादशांश और त्रिंशांश को मिलाकर सप्तवर्ग कहते हैं।

1. होरा– होरा का शाब्दिक अर्थ एक घण्टा है। एक अहोरात्र में 24 होरा होती हैं। एक होरा 15×4 = 60 मिनट की होती है। एक राशि का ½भाग 15° होता है। एक अहोरात्र में 2 होरा होती हैं। इसी प्रकार एक राशि जिसका मान लगभग 2 घण्टे होता है, उसका ½ भाग भी लगभग 1 घण्टे का होता है। अतः एक राशि के आधे भाग को होरा कहते हैं।

प्रत्येक राशि की प्रथम होरा 1° से 15° तक तथा द्वितीय होरा 15° से 30° तक होती है। विषम राशियों–मेष, मिथुन, सिंह, तुला, धनु और कुम्भ की प्रथम होरा सूर्य की तथा दूसरी होरा चन्द्रमा की होती है। इसके विपरीत सम राशियों–वृषभ, कर्क, कन्या, वृश्चिक, मकर तथा मीन की प्रथम होरा चन्द्रमा की तथा दूसरी होरा सूर्य की होती है। सूर्य की राशि सिंह (5) तथा चन्द्रमा की राशि कर्क (4) है। अतः ग्रह स्पष्टानुसार होरा चक्र में सभी ग्रह दो भागों में बंट जाते हैं, कुछ सूर्य की होरा (5) में तथा शेष चन्द्रमा की होरा (4) में। प्रत्येक वर्ग में भी लग्न की स्थिति ज्ञात की जी है। होरा में भी लग्न के राश्यंश के अनुसार सूर्य (5) अथवा चन्द्रमा (4) का लग्न मानते हैं।

होरा चक्र

होरा राशि	मेष 1	वृषभ 2	मिथुन 3	कर्क 4	सिंह 5	कन्या 6
प्रथम 1° से 15°	सूर्य 5	चन्द्र 4	सूर्य 5	चन्द्र 4	सूर्य 5	चन्द्र 4
द्वितीय 15° से 30°	चन्द्र 4	सूर्य 5	चन्द्र 4	सूर्य 5	चन्द्र 4	सूर्य 5

होरा राशि	तुला 7	वृश्चिक 8	धनु 9	मकर 10	कुम्भ 11	मीन 12
प्रथम 1° से 15°	सूर्य 5	चन्द्र 4	सूर्य 5	चन्द्र 4	सूर्य 5	चन्द्र 4
द्वितीय 15° से 30°	चन्द्र 4	सूर्य 5	चन्द्र 4	सूर्य 5	चन्द्र 4	सूर्य 5

ग्रहस्पष्टानुसार पूर्वार्द्ध (1° से 15°) या उत्तरार्द्ध (15° से 30°) विषम या सम राशि होने

से सूर्य अथवा चन्द्रमा की होरा में ग्रह स्थापित किये जाते हैं।

आइये, हम उक्त बालक की होरा कुण्डली बनायें।

ग्रहस्पष्ट	लग्न	सूर्य	चन्द्रमा	मंगल	बुध	गुरु	शुक्र	शनि	राहु	केतु
	9	4	4	5	4	4	3	9	8	2
	3	21	20	10	3	5	27	7	23	23

होरा

लग्न – सम राशि (10) पूर्वार्द्ध। अतः चन्द्रमा (4) लग्न।

सूर्य – विषम राशि (5) उत्तरार्द्ध। अतः चन्द्रमा(4) की होरा में

चन्द्रमा – विषम राशि (5) उत्तरार्द्ध। अतः चन्द्रमा (4) की होरा में।

मंगल – सम राशि (6) पूर्वार्द्ध। अतः चन्द्रमा (4) की होरा में।

बुध – विषम राशि (5) पूर्वार्द्ध। अतः सूर्य (5) की होरा में।

गुरु – विषम राशि (5) पूर्वार्द्ध। अतः सूर्य (5) की होरा में।

शुक्र – सम राशि (4) उत्तरार्द्ध। अतः सूर्य (5) की होरा में।

शनि – सम राशि (10) पूर्वार्द्ध। अतः चन्द्रमा (4) की होरा में।

राहु – विषम राशि (9) उत्तरार्द्ध। अतः चन्द्रमा (4) की होरा में

केतु – विषम राशि (3) उत्तरार्द्ध। अतः चन्द्रमा (4) की होरा में।

इसके आधार पर एक द्विकोष्ठकीय कुण्डली बनाकर सभी ग्रह उसमें यथास्थान स्थापित कर दियें जाते हैं।

होरा कुण्डली

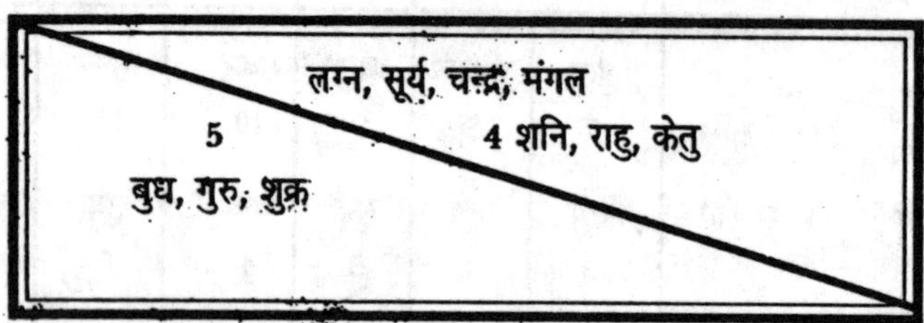

2. द्रेष्काण– राशि के 10-10 अंश के तीन भाग किये जायें, तो एक भाग को द्रेष्काण कहते हैं। प्रथम द्रेष्काण 1 से 10 अंश तक, द्वितीय 10 से 20 अंश तक तथा तृतीय 20 से 30 अंश तक होता हैं। कोई भी ग्रह प्रथम द्रेष्काण में उसी राशि का, द्वितीय द्रेष्काण में उससे पांचवीं राशि का तथा तृतीय द्रेष्काण में उससे नौवीं राशि का होता है।

निम्नांकित द्रेष्काण चक्र से यह बात आसानी से समझ में आ जायेगी

द्रेष्काण	अंश	मेष	वृषभ	मिथुन	कर्क	सिंह	कन्या
प्रथम	1° से 10° राशियां	1	2	3	4	5	6
द्वितीय	10° से 20° राशियां	5	6	7	8	9	10
तृतीय	20° से 30° राशियां	9	10	11	12	1	2

द्रेष्काण	अंश	तुला	वृश्चिक	धनु	मकर	कुम्भ	मीन
प्रथम	1° से 10° राशियां	7	8	9	10	11	12
द्वितीय	10° से 20° राशियां	11	12	1	2	3	4
तृतीय	20° से 30° राशियां	3	4	5	6	7	8

उदाहरण–

लग्न – 9/3 मकर के प्रथम द्रेष्काण में। अतः मकर (10) लग्न।

सूर्य – 4/21 सिंह से तृतीय द्रेष्काण में। अतः मेष (1) राशि में।

चन्द्रमा – 4/20/57/36 सिंह से तृतीय द्रेष्काण में। अतः मेष (1) राशि में।

मंगल – 5/10/52 कन्या के तृतीय द्रेष्काण में। अतः मकर (10) राशि में।

बुध -- 4/3 सिंह के प्रथम द्रेष्काण में। अतः सिंह (5) राशि में।

गुरु – 4/5 सिंह के प्रथम द्रेष्काण में। अतः सिंह (5) राशि में।

शुक्र – 3/27 कर्क के तृतीय द्रेष्काण में। अतः मीन (12) राशि में।

शनि– 9/7 मकर के प्रथम द्रेष्काण में। अतः मकर (10) राशि में।

राहु – 8/23 धनु के तृतीय द्रेष्काण में। अतः सिंह (5) राशि में।

केतु – 2/23 मिथुन के तृतीय द्रेष्काण में। अतः कुम्भ (11) राशि में।

उपर्युक्त के आधार पर द्रेष्काण कुण्डली निम्न प्रकार बनेगी।

द्रेष्काण कुण्डली

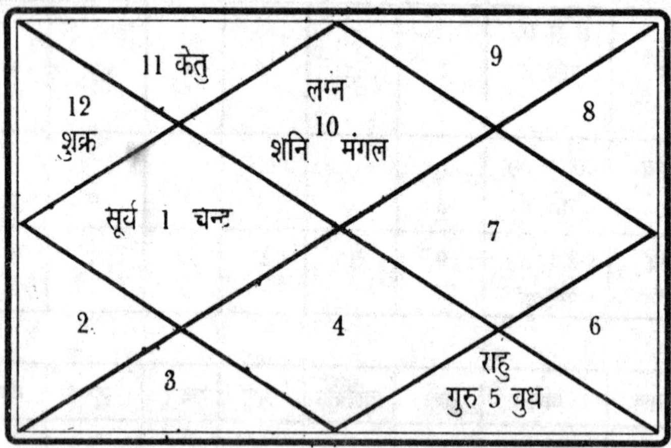

3. सप्तमांश – एक राशि के 7 भाग करने पर प्रत्येक भाग 30 ÷ 7 = 4 अंश 17 कला व 8 विकला का एक सप्तमांश कहलाता है। लग्न और सप्तमांश ज्ञात करने के लिए विषम राशियों में उसी राशि से तथा सम राशियों में उस राशि से सातवीं राशि से सप्तमांश प्रारम्भ होता है। उसके पश्चात् क्रमशः राशियां अंशानुसार सप्तमांश में होती हैं।

निम्नांकित सप्तमांश से यह क्रम भली-भांति समझ में आ जायेगा।

उदाहरण–

लग्न – 9/3/42/9 मकर के प्रथम सप्तमांश में। अतः कर्क (4) राशि में।

सूर्य – 4/21/30/56 सिंह के षष्ठ सप्तमांश में। अतः मकर (10) राशि में।

चन्द्रमा – 4/20/57/36 सिंह के पंचम सप्तमांश में। अतः धनु (9) राशि में।

मंगल – 5/10/52/0 कन्या के तृतीय सप्तमांश में। अतः वृषभ (2) राशि में।

बुध – 4/3/33/0 सिंह के प्रथम सप्तमांश में। अतः सिंह (5) राशि में।

गुरु – 4/5/26/25 सिंह के द्वितीय सप्तमांश में। अतः कन्या (6) राशि में।

शुक्र – 3/27/45/0 कर्क के सप्तम सप्तमांश में। अतः कर्क (4) राशि में।

शनि – 9/7/1/10 मकर के द्वितीय सप्तमांश में। अतः सिंह (5) राशि में।

राहु – 8/23/37/40 धनु के षष्ठ सप्तमांश में। अतः वृषभ (2) राशि में।

केतु – 2/23/37/40 मिथुन के षष्ठ सप्तमांश में। अतः वृश्चिक (8) राशि में।

सप्तमांश चक्र

सप्तमांश	अंश तक			मेष	वृषभ	मिथुन	कर्क	सिंह	कन्या
	अंश	कला	विकला						
प्रथम	4	17	8	1	8	3	10	5	12
द्वितीय	8	34	16	2	9	4	11	6	1
तृतीय	12	51	3	3	10	5	12	7	2
चतुर्थ	17	8	32	4	11	6	1	8	3
पंचम	21	25	40	5	12	7	2	9	4
षष्ठ	25	42	48	6	1	8	3	10	5
सप्तम	राशि	समाप्ति	तक	7	2	9	4	11	6

सप्तमांश	अंश तक			तुला	वृश्चिक	धनु	मकर	कुम्भ	मीन
	अंश	कला	विकला						
प्रथम	4	17	8	7	2	9	4	11	6
द्वितीय	8	34	16	8	3	10	5	12	7
तृतीय	12	51	24	9	4	11	6	1	8
चतुर्थ	17	8	32	10	5	12	7	2	9
पंचम	21	25	40	11	6	1	8	3	10
षष्ठ	25	42	48	12	7	2	9	4	11
सप्तम	राशि	समाप्ति	तक	1	8	3	10	5	12

सप्तमांश कुण्डली

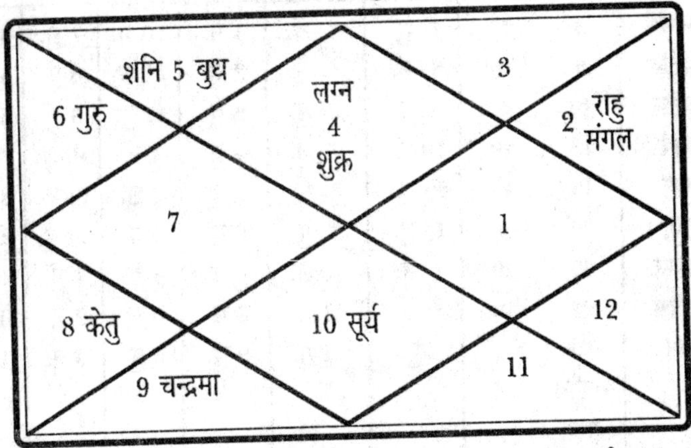

4. **नवमांश**–एक राशि के 9 भाग प्रत्येक 30÷9 = 3° 20" एक नवमांश कहलाता है। मेष राशि में प्रथम नवमांश मेष का और नवम नवमांश धनु का होता है। वृषभ राशि में धनु से अगली राशि मकर का पहला तथा कुम्भ से नवम नवमांश कन्या का होता है। इसी क्रम से सभी राशियों के नवमांश होते हैं।

नवमांश चक्र से यह क्रम अच्छी तरह से समझ में आ जायेगा।

नवमांश	अंश तक		मेष	वृषभ	मिथुन	कर्क	सिंह	कन्या
	अंश	कला						
प्रथम	3	20	1 मं.	10 श.	7 शु.	4 चं.	1 मं.	10 श.
द्वितीय	6	40	2 शु.	11 श.	8 मं.	5 सू.	2 शु.	11 श.
तृतीय	10	0	3 बु.	12 गु.	9 गु.	6 बु.	3 बु.	12 गु.
चतुर्थ	13	20	4 चं.	1 मं.	10 श.	7 शु.	4 चं.	1 मं.
पंचम	16	40	5 सू.	2 शु.	11 श.	8 मं.	5 सू.	2 शु.
षष्ठ	20	0	6 बु.	3 बु.	12 गु.	9 गु.	6 बु.	3 बु.
सप्तम	23	20	7 शु.	4 चं.	1 मं.	10 श.	7 शु.	4 चं.
अष्टम	26	40	8 मं.	5 सू.	2 शु.	11 श.	8 मं.	5 सू.
नवम	राशि समाप्ति तक		9 गु.	6 बु.	3 बु.	12 गु.	9 गु.	6 बु.

नवमांश	अंश तक		तुला	वृश्चिक	धनु	मकर	कुम्भ	मीन
	अंश	कला						
प्रथम	3	20	7 शु.	4 चं.	1 मं.	10 श.	7 शु.	4 चं.
द्वितीय	6	40	8 मं.	5 सू.	2 शु.	11 श.	8 मं.	5 सू.
तृतीय	10	0	9 गु.	6 बु.	3 बु.	12 गु.	9 गु.	6 बु.
चतुर्थ	13	20	10 श.	7 शु.	4 चं.	1 मं.	10 श.	7 शु.
पंचम	16	40	11 श.	8 मं.	5 सू.	2 शु.	11 श.	8 मं.
षष्ठ	20	0	12 गु.	9 गु.	6 बु.	3 बु.	12 गु.	9 गु.
सप्तम	23	20	1 मं.	10 श.	7 श.	4 चं.	1 मं.	10 श.
अष्टम	26	40	2 शु.	11 श.	8 म.	5 सू.	2 शु.	11 श.
नवम	राशि समाप्ति तक		3 बु.	12 गु.	9 गु.	6 बु.	3 बु.	12 गु.

उपर्युक्त नवमांश चक्र में राशि संख्या के साथ-साथ राशि स्वामी के नाम भी दिये गये हैं।

उदाहरण–

लग्न–9/3/42/9 मकर के द्वितीय नवमांश में। अतः कुम्भ (11) गुरु के नवमांश में।

सूर्य–4/21/30/56 सिंह के सप्तम नवमांश में। अतः तुला (7) शुक्र के नवमांश में।

चन्द्रमा–4/20/57/36 सिंह के सप्तम नवमांश में। अतः तुला (7) शुक्र के नवमांश में।

मंगल–5/10/52/0 कन्या के चतुर्थ नवमांश में। अतः मेष (1) मंगल के नवमांश में।

बुध– 4/3/33/0 सिंह के द्वितीय नवमांश में। अतः वृषभ (2) शुक्र के नवमांश में।

गुरु–4/5/26/25 सिंह के द्वितीय नवमांश में। अतः वृषभ (2) शुक्र के नवमांश में।

शुक्र–3/27/45/0 कर्क के नवम नवमांश में। अतः मीन (12) गुरु के नवमांश में।

शनि–9/7/2/10 मकर के तृतीय नवमांश में। अतः मीन (12) गुरु के नवमांश में।

राहु–8/23/37/40 धनु के अष्टम नवमांश में। अतः वृश्चिक (8) मंगल के नवमांश में।

केतु–2/23/37/40 मिथुन के अष्टम नवमांश में। अतः वृषभ (2) शुक्र के नवमांश में।

उपर्युक्त के आधार पर नवमांश कुण्डली निम्न प्रकार से बनेगी :

नवमांश कुण्डली

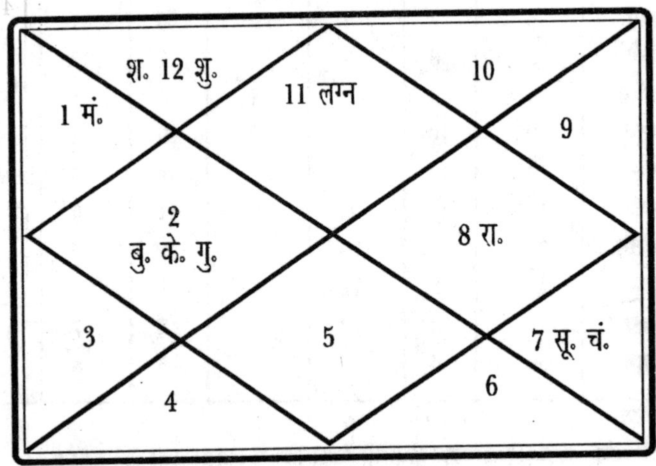

5. दशमांश–एक राशि के 10 भाग किये जाते हैं। प्रत्येक 3 अंश का भाग एक दशमांश कहलाता है। विषम राशि में प्रथम दशमांश उसी राशि का तथा सम राशि में राशि से दशम राशि का प्रथम दशमांश होता है। इसके पश्चात् क्रम से राशियों के दशमांश बारी-बारी से होते हैं।

दशमांश चक्र

नवमांश	अशं तक	मेष	वृषभ	मिथुन	कर्क	सिंह	कन्या
प्रथम	3	1	10	3	12	5	2
द्वितीय	6	2	11	4	1	6	3
तृतीय	9	3	12	5	2	7	4
चतुर्थ	12	4	1	6	3	8	5
पंचम	15	5	2	7	4	9	6
षष्ठ	18	6	3	8	5	10	7
सप्तम	21	7	4	9	6	11	8
अष्टम	24	8	5	10	7	12	9
नवम	27	9	6	11	8	1	10
दशम	30	10	7	12	9	2	11

नवमांश	अंश तक	तुला	वृश्चिक	धनु	मकर	कुम्भ	मीन
प्रथम	3	7	4	9	6	11	8
द्वितीय	6	8	5	10	7	12	9
तृतीय	9	9	6	11	8	1	10
चतुर्थ	12	10	7	12	9	2	11
पंचम	15	11	8	1	10	3	12
षष्ठ	18	12	9	2	11	4	1
सप्तम	21	1	10	3	12	5	2
अष्टम	24	2	11	4	1	6	3
नवम	27	3	12	5	2	7	4
दशम	30	4	1	6	3	8	5

उदाहरण–

लग्न–9/3/42/9 मकर के द्वितीय दशमांश में। अतः तुला (7) लग्न।

सूर्य–4/21/30/56 सिंह के अष्टम दशमांश में। अतः मीन (12) राशि में।

चन्द्रमा–4/20/57/36 सिंह के सप्तम दशमांश में। अतः कुम्भ (11) राशि में।

मंगल–5/10/52/0 कन्या के चतुर्थ दशमांश में। अतः सिंह (5) राशि में।

बुध–4/3/33/0 सिंह के द्वितीय दशमांश में। अतः कन्या (6) राशि में।

गुरु–4/5/26/25 सिंह के द्वितीय दशमांश में। अतः कन्या (6) राशि में।

शुक्र–3/27/45/0 कर्क के दशम दशमांश में। अतः धनु (9) राशि में।

शनि—9/7/1/10 मकर के तृतीय दशमांश में। अतः वृश्चिक (8) राशि में।

राहु—8/23/27/40 धनु के अष्टम दशमांश में। अतः कर्क (4) राशि में।

केतु— 2/23/27/40 मिथुन के अष्टम दशमांश में। अतः मकर (10) राशि में।

दशमांश कुण्डली

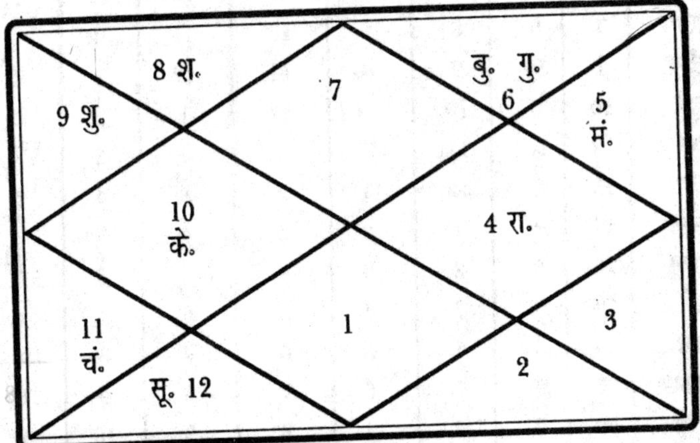

6. द्वादशांश—एक राशि के 12 भाग किये जाते हैं। एक भाग 30 ÷12 =2° 30' (अंश) द्वादशांश कहलाता है। प्रत्येक राशि में प्रंथम द्वादशांश अपनी ही राशि का होता है। उसके बाद क्रमशः सभी राशियों की बारी आती है।

द्वादशांश चक्र

द्वादशांक	अंश तक		मेष	वृषभ	मिथुन	कर्क	सिंह	कन्या
	अंश	कला						
प्रथम	2	30	1	2	3	4	5	6
द्वितीय	5	0	2	3	4	5	6	7
तृतीय	7	30	3	4	5	6	7	8
चतुर्थ	10	0	4	5	6	7	8	9
पंचम	12	30	5	6	7	8	9	10
षष्ठ	15	0	6	7	8	9	10	11
सप्तम	17	30	7	8	9	10	11	12
अष्टम	20	0	8	9	10	11	12	1
नवम	22	30	9	10	11	12	1	2
दशम	25	0	10	11	12	1	2	3
एकादश	27	30	11	12	1	2	3	4
द्वादश	30	0	12	1	2	3	4	5

द्वादशांश चक्र

द्वादशांश	अंश तक		तुला	वृश्चिक	धनु	मकर	कुम्भ	मीन
	अंश	कला						
प्रथम	2	30	7	8	9	10	11	12
द्वितीय	5	0	8	9	10	11	12	1
तृतीय	7	30	9	10	11	12	1	2
चतुर्थ	10	0	10	11	12	1	2	3
पंचम	12	30	11	12	1	2	3	4
षष्ठ	15	0	12	1	2	3	4	5
सप्तम	17	30	1	2	3	4	5	6
अष्टम	20	0	2	3	4	5	6	7
नवम	22	30	3	4	5	6	7	8
दशम	25	0	4	5	6	7	8	9
एकादश	27	30	5	6	7	8	9	10
द्वादश	30	0	6	7	8	9	10	11

उदाहरण–

लग्न–9/3/42/9 मकर के द्वितीय द्वादशांश में। अतः कुम्भ (11) लग्न।

सूर्य–4/21/30/56 सिंह के नवम द्वादशांश में। अतः मकर (1) राशि में।

चन्द्रमा–4/20/57/36 सिंह के नवम द्वादशांश में। अतः मेष (1) राशि में।

मंगल–5/10/52/0 कन्या के पंचम द्वादशांश में। अतः मकर (10) राशि में।

द्वादशांश कुण्डली

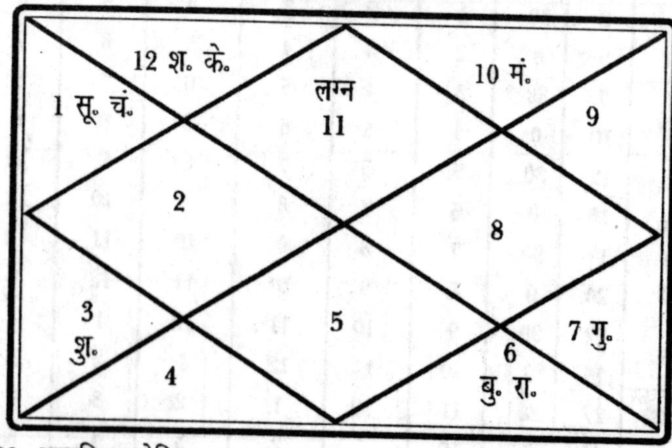

बुध—4/3/33/0 सिंह के द्वितीय द्वादशांश में। अतः कन्या (6) राशि में।
गुरु—4/5/26/25 सिंह के तृतीय द्वादशांश में। अतः तुला (7) राशि में।
शुक्र—3/27/45/0 कर्क के द्वादश द्वादशांश में। अतः मिथुन (3) राशि में।
शनि—9/7/1/10 मकर के तृतीय द्वादशांश में। अतः मीन (12) राशि में।
राहु—8/23/27/40 धनु के दशम द्वादशांश में। अतः कन्या (6) राशि में।
केतु—2/3/27/40 मिथुन के दशम द्वादशांश में। अतः मीन (12) राशि में।

षोडशांश चक्र

षोडशांश	1	2	3	4	5	6	7	8
अंश तक कला विकला	1 52 30	3 45 0	5 37 30	7 30 0	9 22 30	11 15 0	13 7 30	15 0 0
चर मेष, कर्क, तुला, मकर	1	2	3	4	5	6	7	8
स्थिर वृषभ, सिंह, वृश्चिक, कुम्भ	5	6	7	8	9	10	11	12
द्विस्वभाव मिथुन, कन्या धनु, मीन	9	10	11	12	1	2	3	4

षोडशांश चक्र

षोडशांश	9	10	11	12	13	14	15	16
अंश तक कला विकला	16 52 30	18 45 30	20 37 30	22 30 0	24 22 30	26 15 0	28 7 30	30 0 0
चर मेष, कर्क, तुला, मकर	9	10	11	12	1	2	3	4

स्थिर वृषभ, सिंह, वृश्चिक, कुम्भ	1	2	3	4	5	6	7	8
द्विस्वभाव मिथुन, कन्या धनु, मीन	5	6	7	8	9	10	11	12

7. षोडशांश–एक राशि के 16 भाग, प्रत्येक 30÷16 = 1° 52' 30" का एक षोडशांश कहलाता है। इसमें चर, स्थिर व द्विस्वभाव राशियों के आधार पर लग्न तथा अन्य ग्रहों के षोडशांश निर्धारित किये जाते हैं। चर राशियों–मेष, कर्क, तुला एवं मकर में प्रथम षोडशांश मेष का, स्थिर राशियों– वृषभ, सिंह, वृश्चिक तथा कुम्भ में प्रथम षोडशांश मेष से पांचवीं, अर्थात् सिंह राशि का तथा द्विस्वभाव मिथुन, कन्या, धनु व मीन का प्रथम षोडशांश सिंह राशि से पांचवीं धनु राशि का होता है। इसके पश्चात् बारी-बारी से सभी राशियों का क्रम होता है।

उदाहरण–

लग्न–9/3/42/9 मकर (चर) के द्वितीय षोडशांश में। अतः वृषभ (2) लग्न।

सूर्य–4/21/30/56 सिंह (स्थिर) के द्वादश षोडशांश में। अतः कर्क (4) राशि में।

चन्द्रमा–4/20/57/36 सिंह (स्थिर) के द्वादश षोडशांश में। अतः कर्क (4) राशि में।

मंगल–5/10/52/0 कन्या (द्विस्वभाव) के षष्ठ षोडशांश में। अतः वृषभ (2) राशि में।

बुध–4/3/33/0 सिंह (स्थिर) के द्वितीय षोडशांश में। अतः कन्या (6) राशि में।

षोडशांश कुण्डली

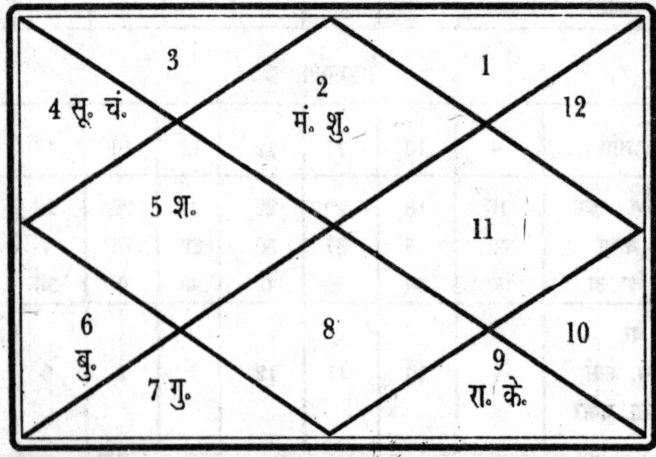

गुरु–4/5/26/25 सिंह (स्थिर) के तृतीय षोडशांश में। अतः तुला (7) राशि में।

शुक्र–3/27/45/0 कर्क (चर) के द्वितीय षोडशांश में। अतः वृषभ (2) राशि में।

शनि–9/7/1/10 मकर (चर) के पंचम षोडशांश में। अतः सिंह (5) राशि में।

राहु–8/23/27/40 धनु (द्विस्वभाव) के त्रयोदश षोडशांश में। अतः धनु (9) राशि में।

केतु–2/23/27/40 मिथुन (द्विस्वभाव) के त्रयोदश षोडशांश में। अतः धनु (9) राशि में।

(अ) विषम राशि त्रिंशांश चक्र

त्रिंशांश	अंश तक	मेष 1	मिथुन 3	सिंह 5	तुला 7	धनु 9	कुम्भ 11
प्रथम	5	1 मं.	1 मं.	1 मं.	1 मं.	1 मं.	1 मं.
द्वितीय	10	11 श.	11 श.	11 श.	11 श.	11 श.	11 श.
तृतीय	18	9 गु.	9 गु.	9 गु.	9 गु.	9 गु.	9 गु.
चतुर्थ	25	3 बु.	3 बु.	3 बु.	3 बु.	3 बु.	3 बु.
पंचम	30	7 शु.	7 शु.	7 शु.	7 शु.	7 शु.	7 शु.

(ब) समराशि त्रिंशांश चक्र

त्रिंशांश	अंश तक	वृष 2	कर्क 4	कन्या 6	वृश्चिक 8	मकर 10	मीन 12
प्रथम	5	2 शु.	2 शु.	2 शु.	2 शु.	2 शु.	2 शु.
द्वितीय	12	6 बु.	6 बु.	6 बु.	6 बु.	6 बु.	6 बु.
तृतीय	20	12 गु.	12 गु.	12 गु.	12 गु.	12 गु.	12 गु.
चतुर्थ	25	10 श.	10 श.	10 श.	10 श.	10 श.	10 श.
पंचम	30	8 मं.	8 मं.	8 मं.	8 मं.	8 मं.	8 मं.

8. **त्रिंशांश**–इस वर्ग का नाम तो त्रिंशांश (तीसवां भाग) है, परन्तु इसमें राशि के 5 भाग ही किये जाते हैं। विषम राशियों में 1° से 5° तक मंगल, 5° से 10° तक शनि, 10° से 18° तक गुरु तथा 25° से 30° तक शुक्र के त्रिंशांश होते हैं। सम राशियों में 1° से 5° तक शुक्र, 5° से 12° तक बुध, 12° से 20° तक गुरु, 20° से 25° तक शनि तथा 25° से 30° तक मंगल के त्रिंशांश होते हैं।

उदाहरण–

	स्पष्ट	सम-विषम राशि	त्रिंशांश	राशि	स्वामी
लग्न	9/3	मकर सम	प्रथम	वृषभ(2)	शुक्र
सूर्य	4/21	सिंह विषम	चतुर्थ	वृषभ (3)	बुध
चन्द्रमा	4/20	सिंह विषम	चतुर्थ	मिथुन(3)	बुध
मंगल	5/10/5	कन्या सम	द्वितीय	कन्या (6)	बुध
बुध	4/3	सिंह विषम	प्रथम	मेष (1)	मंगल
गुरु	4/5/26	सिंह विषम	द्वितीय	कुम्भ (11)	शनि
शुक्र	3/27	कर्क सम	पंचम	वृश्चिक (8)	मंगल
शनि	9/7	मकर सम	द्वितीय	कन्या (6)	बुध
राहु	8/23	धनु विषम	चतुर्थ	मिथुन (3)	बुध
केतु	2/23	मिथुन विषम	चतुर्थ	मिथुन (3)	बुध

त्रिंशांश कुण्डली

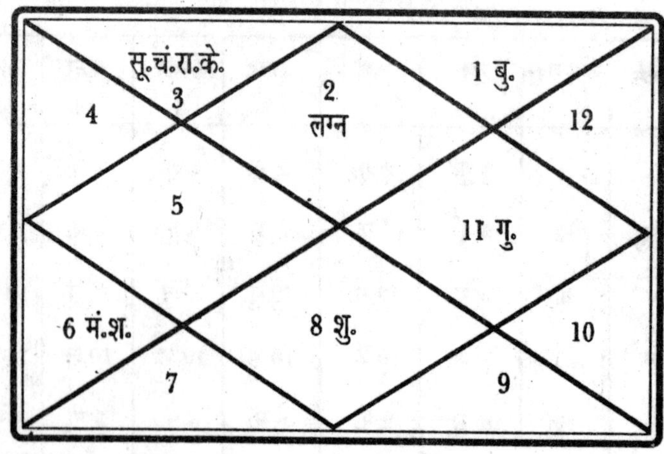

हमने पिछले पृष्ठों में एक राशि के लघुमापकों पर अनेक उप-विभाग कर लग्न व ग्रहों को अंशादि के आधार पर यथास्थान कुंण्डलियों में स्थापित किया।

इन सब वर्गों का समेकित विवरण एक चक्र में तैयार कर लेते हैं, जिससे विभिन्न वर्गों में ग्रहों की स्थिति ज्ञात हो सके.। इस चक्र से ग्रहों की स्थिति, बल व प्रभाव की तुलना की जा सकती है। इस अष्टवर्गी (या जितने वर्ग सम्मिलित करें–सप्तवर्गी या षडवर्गी) चक्र में लग्न तथा सभी ग्रहों की राशिगत स्थिति दर्शायी जाती है।

उक्त बालक का अष्टवर्गी चक्र नीचे दिया जा रहा है।

1. सप्तवर्गी गृह बल ऐक्य–उपर्युक्त वर्गों में से जन्म, होरा, द्रेष्काण, सप्तमांश, नवमांश, द्वादशांश और त्रिंशांश को मिलाकर सप्तवर्ग कहते हैं। इनमें से प्रत्येक ग्रह की स्थिति पंचधा मैत्री (पंचधा मैत्री अगले प्रकरण में समझायी जायेगी) के आधार पर मित्रामित्र के गृह में होने से निम्नानुसार गृह बल निकालना चाहिए।

अष्टवर्गी चक्र

लग्न व ग्रह	स्पष्ट	जन्म	होरा	द्रेष्काण	सप्तमांश	नवमांश
लग्न	9/3/42/9	10	4	10	4	11
सूर्य	4/21/30/56	5	4	1	10	7
चन्द्रमा	4/20/57/36	5	4	1	9	7
मंगल	5/10/52/0	6	4	10	2	1
बुध	4/3/33/0	5	5	5	5	2
गुरु	4/5/26/25	5	5	5	6	2
शुक्र	3/27/45/0	4	5	12	4	5
शनि	9/7/1/10	10	4	10	5	12
राहु	8/23/27/40	9	4	5	2	8
केतु	2/23/27/40	3	4	11	8	2

लग्न व ग्रह	स्पष्ट	दशमांश	द्वादशांश	षोडशांश	त्रिंशांश
लग्न	9/3/42/9	7	11	2	2
सूर्य	4/21/30/56	12	1	4	3
चन्द्रमा	4/20/57/36	11	1	4	3
मंगल	5/10/52/0	5	10	2	6
बुध	4/3/33/0	6	6	6	1
गुरु	4/5/26/25	6	7	7	11
शुक्र	3/27/45/0	9	3	2	8
शनि	9/7/1/10	8	12	5	6
राहु	8/23/27/40	4	6	9	3
केतु	2/23/27/40	10	12	9	3

सप्तवर्गी गृह बल

	अंश	कला	विकला
(i) स्वगृही ग्रह	0	30	00
(ii) अधिमित्रगृही ग्रह	0	22	30
(iii) मित्रगृही ग्रह	0	15	00
(iv) समगृही ग्रह	0	7	30
(v) शत्रुगृही ग्रह	0	3	45
(vi) अधिशत्रुगृही ग्रह	0	1	52½

सभी ग्रहों का सातों वर्गों में गृह बल निकालकर इनका योग करें तथा योग में 60 का भाग लगाने से सप्तवर्गी गृह बल ऐक्य प्राप्त होता है। सप्तवर्गी गृह बल ग्रह का स्थान बल ज्ञात करने के लिए जोड़ा जाता है।

2. युगायुग्म बल–जन्मलग्न तथा नवांश बल को मिलाकर युगायुग्म बल निकाला जाता है। यह भी ग्रह के स्थान बल का एक घटक है। जन्म व नवांश कुण्डलियों के सम्मिलित आधार पर सम व विषम राशियों के अनुसार युगायुग्म बल निम्नानुसार ज्ञात किया जाता है :

ग्रह	जन्म राशि	नवांश राशि	बल (कला)
चन्द्रमा व शुक्र	सम	सम	30
	सम	विषम	15
	विषम	सम	15
	विषम	विषम	0
सूर्य, मंगल, बुध	विषम	विषम	30
गुरु व शनि	विषम	सम	15
	सम	विषम	15
	सम	सम	0

उक्त बल को भी ग्रह के स्थान बल में जोड़ा जाता है।

3. द्रेष्काण बल–यह बल भी ग्रह के स्थान बल निकालने में जोड़ा जाता है। द्रेष्काण बल निम्न मापदण्डानुसार निकाला जाता है :

ग्रह	प्रथम द्रेष्काण में बल (कला)	द्वितीय द्रेष्काण में बल (कला)	तृतीय द्रेष्काण में बला (कला)
1. सूर्य, मंगल, गुरु (पुरुष ग्रह)	15	0	0
2. शुक्र, चन्द्रमा (स्त्री ग्रह)	0	0	15
3. बुध, शनि (नपुंसक ग्रह)	0	15	0

उपर्युक्त तीनों प्रकार के बल सप्तवर्ग से सम्बन्धित होने के कारण इस प्रकरण में समझाये गये हैं। अन्य सभी प्रकार के बल अगले प्रकरण में समझाये जायेंगे। उपर्युक्त तीनों प्रकार के बल ग्रह के स्थान बल निकालने में जोड़े जाते हैं। *

ग्रह

अवस्थाएं, बल एवं पारस्परिक सम्बन्ध

राशि, अंशों, भावों तथा पारस्परिक सम्बन्धों के अनुसार ग्रहों की भिन्न-भिन्न प्रकार से अवस्थाएं मानी गयी हैं। ग्रह अपनी अवस्थानुसार ही फल देते हैं। ग्रहों की अवस्थाओं का वर्गीकरण निम्नानुसार है।

1. अंशों के आधार पर अवस्था

अंशों के आधार पर ग्रहों को पांच आयुवर्गों में बांटा गया है। विषम राशियों में बढ़ते हुए अंशों में बालक से मृत तथा सम राशियों में घटते हुए अंशों में बालक से मृत के क्रम में ग्रहों की आयु मानी गयी है।

(i) ग्रह विषम राशियों में 6° तक बालक, 6° से 12° तक कुमार, 12° से 18° तक युवा, 18° से 24° तक वृद्ध तथा 24° से 30° तक मृत अवस्था में रहता है।

(ii) ग्रह सम राशियों में 30° से 24° तक बालक, 24° से 18° तक कुमार, 18° से 12° तक युवा, 12° से 6° तक वृद्ध तथा 6° से नीचे मृत अवस्था में होता है।

इस वर्गीकरण को नीचे दिये गये चक्र में दर्शाया गया है।

अवस्था	बालक	कुमार	युवा	वृद्ध	मृत	
विषम राशि में	6	12	18	24	30	**अंश तक**
सम राशि में	30	24	18	12	6	**अंश तक**

बाल्यावस्था में ग्रह का फल कम, कुमारावस्था में आधा, युवावस्था में पूर्ण, वृद्धावस्था में कम तथा मृतावस्था में नगण्य रहता है।

2. चैतन्यता के आधार पर अवस्था

(i) विषम राशि में ग्रह 10° तक जागृत, 10° से 20° तक स्वप्न तथा 20° से 30° तक सुषुप्तावस्था में रहता है।

(ii) सम राशि में ग्रह 10° तक सुषुप्त, 10° से 20° तक स्वप्न तथा 20° से 30° तक जागृत अवस्था में रहता है।

राशि अंश	0 से 10	10 से 20	20 से 30
विषम राशि में	जागृत	स्वप्न	सुषुप्त
सम राशि में	सुषुप्त	स्वप्न	जागृत

ग्रह की जागृत अवस्था कार्यसिद्धि करती है, स्वप्नावस्था मध्यम फल देती है तथा सुषुप्तावस्था निष्फल होती है।

3. दीप्ति के अनुसार अवस्था

(i) **दीप्त**–उच्च राशिस्थ ग्रह **दीप्त** कहलाता है, जिसका फल कार्यसिद्धि है।

(ii) **स्वस्थ**–स्वगृही ग्रह **स्वस्थ** होता है, जिसका फल लक्ष्मी व कीर्ति प्राप्ति है।

(iii) **मुदित**–मित्रक्षेत्री ग्रह **मुदित** होता है, जो आनन्द देता है।

(iv) **दीन**– नीच राशिस्थ ग्रह **दीन** होता है, जो कष्टदायक होता है।

(v) **सुप्त**–शत्रुक्षेत्री ग्रह **सुप्त** होता है, जिसका फल शत्रु से भय होता है।

(vi) **निपीड़ित**–जो ग्रह किसी अन्य ग्रह से अंशों में पराजित हो जाये, उसे निपीड़ित कहते हैं, अर्थात् एक ग्रह की गति तीव्र हो तथा वह किसी दूसरे ग्रह से कम अंश पर उसी राशि में हो, परन्तु गति वाला ग्रह उस ग्रह के बराबर अंशों में आकर आगे बढ़ जाये, तो पीछे रहने वाला ग्रह **पराजित** अथवा **निपीड़ित** ग्रह कहलता है, जिसका फल धनहानि है।

(vii) **हीन**–नीच अंशोन्मुखी ग्रह **हीन** कहलाता है, जिसका फल धनहानि है।

(viii) **सुवीर्य**–उच्चअंशोन्मुखी ग्रह **सुवीर्य** कहलाता है, जो सम्पत्ति वृद्धि करता है।

(ix) **मुषित**–अस्त होने वाले ग्रह को **मुषित** कहते हैं, जिसका फल कार्यनाश है।

(x) **अधिवीर्य**–शुभ वर्ग में अच्छी कान्ति वाले ग्रह को **अधिवीर्य** कहते हैं, जिसका फल कार्यसिद्धि है।

4. क्षेत्र, युति तथा दृष्टि के आधार पर अवस्था

(i) **लज्जित**–पंचम स्थान में राहु-केतु के साथ अथवा सूर्य, शनि या मंगल के साथ अन्य ग्रह **लज्जित** कहलाता है।

(ii) **गर्वित**–उच्च राशि या मूल त्रिकोण का ग्रहण **गर्वित** होता है।

(iii) **क्षुधित**–शत्रु के घर में, शत्रु से युक्त अथवा दृष्ट अथवा शनि से दृष्ट ग्रह **क्षुधित** होता है।

(iv) **तृषित**–जल राशि (कर्क, वृश्चिक, मीन) में शत्रु से दृष्ट, परन्तु शुभ ग्रह से दृष्ट न हो, तो वह ग्रह **तृषित** कहलाता है।

(v) **मुदित**–मित्र के घर में, मित्र से युक्त अथवा दृष्ट अथवा गुरु से युक्त ग्रह **मुदित** कहलाता है।

(vi) **क्षोभित**–सूर्य से युक्त, पाप या शत्रु से दृष्ट ग्रह **क्षोभित** कहलाता है।

फल– (1) जिस भाव में क्षुधित या क्षोभित ग्रह हों, उस भाव की हानि करते हैं।

(2) गर्वित या मुदित ग्रह भाव की वृद्धि करते हैं।

(3) यदि कर्म स्थान में क्षोभित, क्षुधित, तृषित अथवा लज्जित ग्रह हों, तो जातक दरिद्र तथा दुखी होता है।

(4) पंचम स्थान में लज्जित ग्रह सन्तान नष्ट करता है।

(5) सप्तम स्थान में क्षोभित, क्षुधित अथवा तृषित ग्रह पत्नी का नाश करता है।

सारांशतः गर्वित व मुदित ग्रह सब प्रकार का सुख देते हैं, जबकि लज्जित, क्षुधित, तृषित एवं क्षोभित ग्रह कष्ट देने वाले होते हैं।

5. सूर्य से दूरी के अनुसार अवस्था

(1) **अस्तंगत**–सूर्य से युक्त ग्रह (राहु-केतु को छोड़कर) अस्त कहलाते हैं। चन्द्रमा सूर्य से 12°, मंगल 10°, वक्री बुध 12°, मार्गी बुध 14°, गुरु 11°, वक्री शुक्र 8°, मार्गी शुक्र 10° तथा शनि 15° की दूरी तक सूर्य की प्रखर किरणों के कारण **अस्तंगत** होते हैं। ऐसे ग्रहों को **मुषित** कहते हैं।

(2) **उदयी**–सूर्य से उपर्युक्त अंशों से अधिक दूर हो जाने पर ग्रह उदय हो जाते हैं।

(i) **पूर्वोदयी**–जो ग्रह सूर्य से धीमा हो तथा सूर्य से अंशों में कम हो, उसका उदय पूर्व में होता है।

(ii) पश्चिमोदयी–जो ग्रह सूर्य की अपेक्षा तीव्र हो तथा सूर्य से अधिक अंशों पर हो, उसका उदय पश्चिम में होता है।

(iii) पूर्वास्त–जो ग्रह सूर्य की अपेक्षा तीव्र हो और सूर्य से कम अंशों में हो, उसका अस्त पूर्व में होता है।

(iv) पश्चिमास्त–जो ग्रह सूर्य की अपेक्षा धीमा हो और सूर्य से अधिक अंशों में हो, उस ग्रह का अस्त पश्चिम में होता है।

6. गति के अनुसार अवस्था

(i) सूर्य तथा चन्द्रमा सदैव मार्गी रहते हैं। मेष से वृषभ, मिथुन आदि के क्रम में चलने वाले।

(ii) राहु और केतु सदैव वक्री रहते हैं। मिथुन से वृषभ आदि के क्रम में चलने वाले।

(iii) शेष ग्रह मंगल, बुध, गुरु व शनि सामान्यतया मार्गी होते हैं, पर बीच-बीच में वक्री भी हो जाते हैं।

(iv) इन ग्रहों की गति मार्गी से वक्री तथा वक्री से मार्गी होते समय अति मन्द हो जाती हैं।

(v) ये ग्रह वक्री होने के कुछ दिन पहले व कुछ दिन बाद तक स्थिर दिखाई पड़ते हैं।

इनकी वक्री व स्थिर होने की अवधि निम्नानुसार है–

ग्रह	वक्र काल	स्थिर काल (वक्री होने से)
मंगल	80 दिन	3 दिन पूर्व से 3 दिन पश्चात् तक
बुध	24 दिन	1 दिन पूर्व से 1 दिन पश्चात् तक
गुरु	120 दिन	5 दिन पूर्व से 5 दिन पश्चात् तक

ग्रह	वक्र काल	स्थिर काल (वक्री होने से)
शुक्र	42 दिन	2 दिन पूर्व से 2 दिन पश्चात् तक
शनि	140 दिन	5 दिन पूर्व से 5 दिन पश्चात् तक

वास्तव में कोई ग्रह वक्री या स्थिर नहीं होता, परन्तु पृथ्वी तथा उस ग्रह की पारस्परिक गतियां तथा सूर्य के सन्दर्भ में उस ग्रह की सापेक्ष स्थिति के सम्मिलित प्रभाव से ऐसा लगता है मानो कोई ग्रह ठहर गया हो या उलटा चलने लग गया हो। इसका सबसे अच्छा उदाहरण यह है कि जब आपकी बस किसी दूसरी बस को ओवरटेक करती है, तो उस समय आपको ऐसा लगेगा कि दूसरी बस ठहर गयी हो या पीछे चल रही हो।

7. सूर्य से भावों की दूरी के अनुसार अवस्था

(i) सूर्य से दूसरे स्थान पर ग्रहों की गति तीव्र हो जाती है।

(ii) सूर्य से तीसरे स्थान पर सम तथा चौथे स्थान पर गति मन्द हो जाती है।

(iii) सूर्य से पांचवें व छठे स्थान पर ग्रह वक्री हो जाता है।

(iv) सूर्य से सातवें व आठवें स्थान पर ग्रह अतिवक्री हो जाता है।

(v) सूर्य से नौवें व दसवें स्थान पर ग्रह मार्गी हो जाता है।

(vi) सूर्य से ग्यारहवें व बारहवें स्थान पर ग्रह पुनः तीव्र हो जाता है।

फल--क्रूर ग्रह वक्री होने पर अधिक क्रूर फल देते हैं, परन्तु सौम्य ग्रह वक्री होने पर अति शुभ फल देते हैं।

ग्रह बल

जन्मलग्न अथवा वर्षलग्न में ग्रहों का सूक्ष्म प्रभाव ज्ञात करने के लिए ग्रहों के बल पर विचार करना आवश्यक है। ग्रह का बल 6 प्रकार का होता है।

(1) स्थान बल (2) दिग्बल (3) काल बल (4) चेष्टा बल (5) नैसर्गिक बल और (6) दृग्बल।

1. स्थान बल– ग्रह पांच प्रकार से स्थान बली होता है। निम्न पांच प्रकार के बलों का योग स्थान बल होता है।

(i) उच्च बल, (ii) भाव बल, (iii) सप्तवर्गी बल, (iv) युगायुग्म बल और (v) द्रेष्काण बल।

इनमें से सप्तवर्गी बल, युगायुग्म बल तथा द्रेष्काण बल ज्ञात करने की विधि वर्ग साधन प्रकरण में दी जा चुकी है। यहां उच्च बल तथा भाव बल ज्ञात करने की विधि दी जा रही है।

(i) उच्च बल--यह पहले ही बताया जा चुका है कि प्रत्येक ग्रह एक राशि विशेष में निश्चित अंशों पर परमोच्च अथवा परम नीच होता है। सुविधा के लिए इसे एक तालिका में दर्शाया जा रहा है।

ग्रह	सूर्य रा. अं.	चन्द्र रा. अं.	मंगल रा. अं.	बुध रा. अं.	गुरु रा. अं.	शुक्र रा. अं.	शनि रा. अं.
परमोच्च	0 10	1 3	9 28	5 15	3 5	11 27	6 20
परमनीच	6 10	7 3	3 28	11 15	9 5	5 27	0 20

उपर्युक्त तालिका से स्पष्ट है कि परमोच्च तथा परम नीच अंशों में ठीक 6 राशि (180 अंश) का अन्तर रहता है। ग्रह का बल परमोच्च अंश पर उच्चतम तथा परम नीच अंश पर शून्य (0) होता है। अतः परम नीच अंश से परमोच्च अंश के मध्य अंशानुसार आनुपातिक बल होता है।

परमोच्च से 45° (परम नीच से 135° दूर) पर ¾ बल, परमोच्च से 90°, (परम नीच से 90° दूर) पर ½ बल तथा परमोच्च से 135° (परम नीच से 45° दूर) पर ¼ बल होगा।

उपर्युक्त से यह स्पष्ट हुआ कि ग्रह परमोच्च से जितना निकट होगा, उसका बल उतना ही अधिक होगा। दूसरे शब्दों में कहा जा सकता है कि परम नीच अंश से ग्रह जितना दूर होगा, बल उतना ही अधिक होगा। ग्रह का बल परम नीच अंश से दूरी एवं 180° अनुपात में तथा परमोच्च अंश से दूरी एवं 180° के विपरीत अनुपात में होता है। इसीलिए ग्रह का बल परम नीच अंश से दूरी के आधार पर आसानी से ज्ञात किया जा सकता है।

जन्मलग्न में उच्च बल का मानदण्ड 60 कला तथा वर्षलग्न में 20 कला होता है।

उच्च बल ज्ञात करने का सूत्र–(परम नीच से अंशात्मक दूरी के आधार पर)

विधि–(i) ग्रह स्पष्ट और परम नीच में जो अधिक हो, उसमें से कम को घटा दें। दोनों का अन्तर ज्ञात कर लें।

(ii) इस अन्तर के अंश बनाकर 180° में से त्रैराशिक द्वारा बल ज्ञात कर लें।

उदाहरण–चन्द्र स्पष्ट 4/18 परम नीच अंश 7/3

अन्तर परम नीच अंश (–) चन्द्र स्पष्ट = अन्तर = 7/3–4/18 = 2/15 अंश बनाने पर 2×30 = 60+15 = 75° दूरी

त्रैराशिक (अ) जन्म लग्न में (60 मानदण्डानुसार)

180° अन्तर पर बल 60 कला

1° अन्तर पर बल 60÷180 कला

75° अन्तर पर बल 60÷180 x75

अतः चन्द्र बल = 25 कला

(ब) वर्षलग्न में (20 मानदण्डानुसार)

चन्द्र बल = 20÷180 × 75 कला = 75÷9 = 8 कला 20 विकला

नोट–(1) परमोच्च अंशों से दूरी के अनुसार भी बल ज्ञात किया जा सकता है, पर वह बल विपरीत प्राप्त होगा। उसे 60 या 20 पूर्णांक में से घटाने पर बल आयेगा।

(2) जन्मलग्न में अंशात्मक दूरी में 3 का भाग लगाने से तथा वर्षलग्न में दूरी में 9 का भाग देने से ग्रह बल आ जायेगा।

(3) जन्म लग्न में प्रति 3 अंश पर उच्च बल का मान 1 कला तथा वर्षलग्न में प्रति 9 अंश पर उच्च बल का माना 1 कला होगा।

भाव बल– जन्मकुण्डली में ग्रह के विभिन्न भावों में स्थित होने पर उसका भाव बल अलग-अलग होता है। भाव बल का मानदण्ड निम्नानुसार है।

(i) केन्द्र (1, 4, 7 व 10) में स्थित ग्रहों का बल 1 अंश होता है।

(ii) पणफर (2, 5, 8 व 11) में स्थित ग्रहों का बल ½ अंश 30 कला होता है।

(iii) आपोक्लिम (3, 6, 9 व 12) में स्थिति ग्रहों का बल ¼ अंश या 15 कला होता है।

उदाहरण–नीचे दी जा रही कुण्डली में ग्रहों का भाव बल (राहु-केतु को छोड़कर) निम्न प्रकार से होगा।

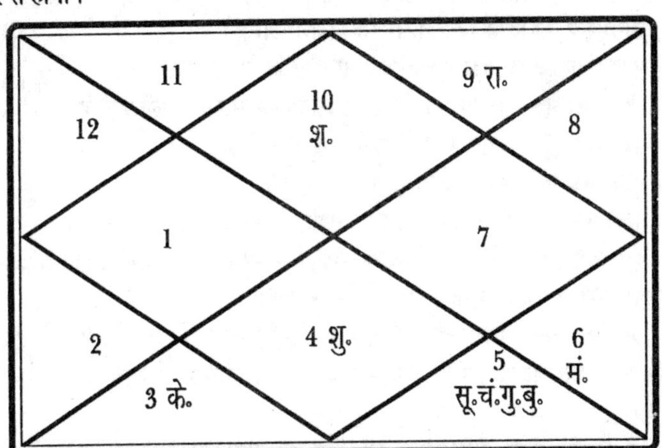

भाव बल

ग्रह		सूर्य	चन्द्रमा	मंगल	बुध	गुरु	शुक्र	शनि
गृह (भाव)		8	8	9	8	8	7	1
बल	अंश	0	0	0	0	0	1	1
	कला	30	15	30	30	0	0	0

उच्च बल, भाव बल, युगायुग्म बल, द्रेष्काण बल तथा सप्तवर्गी बल ऐक्य को जोड़ने से ग्रह का स्थान बल निकल आयेगा।

2. दिग्बल–लग्न (पूर्व) में बुध व गुरु, दशम (दक्षिण) में सूर्य व मंगल, सप्तम (पश्चिम) में शनि तथा चतुर्थ (उत्तर) में चन्द्र व शुक्र दिग्बली होते हैं।

विधि—जो ग्रह जिस भाव में बली बताया गया है, उससे विपरीत (सातवां) भाव स्पष्ट तथा उक्त ग्रह स्पष्ट का अन्तर ज्ञात कर लें। इस अन्तर की कलाएं बनाकर 6 राशि (180°) का भाग लगाने पर उक्त ग्रह का दिग्बल कला-विकला में आ जायेगा।

उदाहरण—उक्त बालक की कुण्डली में सूर्य अष्टम स्थान पर है। सूर्य दशम भाव में दिग्बली होता है। अतः इससे विपरीत चतुर्थ भाव और सूर्य स्पष्ट में अन्तर ज्ञात किया।

सूर्य स्पष्ट 4/21/30/56—चतुर्थ भाव स्पष्ट 0/17/18/0

अन्तर 4/21/30/56
(–) 0/17/18/00
4/ 4/12/56

कला बनाने पर 4 x 30 = 120 + 4 = 124 x 60 = 7440 + 12 = 7452 + 1 = 7453 कला ÷ 180 = 42 कला 13 विकला।

अतः सूर्य का दिग्बल 42 कला 13 विकला आया।

इसी प्रकार अन्य ग्रहों का दिग्बल भी ज्ञात किया जा सकता है।

3. काल बल—(i) चन्द्रमा, मंगल व शनि रात्रि में काल बली होते हैं।

(ii) सूर्य, गुरु व शुक्र दिन में काल बली होते हैं।

(iii) बुध दिन व रात दोनों में बली होता है।

(iv) शुभ ग्रह शुक्ल पक्ष, उत्तरायण तथा पूर्णिमा को काल बली होते हैं।

(v) पाप ग्रह कृष्ण पक्ष, दक्षिणायन तथा अमावस्या को काल बली होते हैं। काल के सभी अंग जन्म समय के सन्दर्भ में समझे जाने चाहिए।

4. चेष्टा बल—उत्तरायण की स्थिति में, अर्थात् मकर से मिथुन राशियों में सूर्य तथा चन्द्रमा चेष्टा बली होते हैं। मंगल, बुध, गुरु, शुक्र व शनि चन्द्रमा के साथ रहने से चेष्टा बली होते हैं।

5. नैसर्गिक बल—शनि, मंगल, बुध, गुरु, शुक्र, चन्द्रमा व सूर्य उत्तरोत्तर बली होते हैं। शनि सबसे कम तथा सूर्य सबसे अधिक बली होता है।

सूर्य का बल 1 अंश मानते हुए शेष ग्रहों का नैसर्गिक बल निम्नानुसार होता है :

नैसर्गिक बल

शनि	मंगल	बुध	गुरु	शुक्र	चन्द्र	सूर्य	बल
1/7	2/7	3/7	4/7	5/7	6/7	1	भिन्न में
0	0	0	0	0	0	1	अंश
8	17	25	34	42	51	0	कला
34	9	43	17	51	26	0	विकला

6. दृग्बल–जिस ग्रह पर अधिक शुभ ग्रहों की पूर्ण दृष्टि हो, वह दृग्बली होता है। इसके विपरीत पाप ग्रहों से दृष्ट ग्रह निर्बल हौता है।

शुभ ग्रह पर पाप ग्रह की दृष्टि हो, तो वह अपना पूर्ण शुभ फल नहीं दे पाता। इसके विपरीत पाप ग्रह पर शुभ ग्रह की पूर्ण दृष्टि होने से वह अपना पूर्ण दुष्ट फल नहीं दे सकता।

उपर्युक्त छह प्रकार के बलों में से किसी भी प्रकार से बली ग्रह अपनी शुभाशुभतानुसार अपने भाव का फल जातक को देता है।

बल साधन, वर्ग साधन तथा वर्षलग्न प्रकरण में भी उदाहरण सहित समझाया गया है।

ग्रहों का पारस्परिक सम्बन्ध

1. दृष्टि सम्बन्ध–जब एक ग्रह दूसरे ग्रह या भाव को देखता हो, तो इस सम्बन्ध को दृष्टि सम्बन्ध कहते हैं।

2. पारस्परिक दृष्टि सम्बन्ध–जब दो ग्रह एक-दूसरे को देखते हों, तो ऐसा सम्बन्ध पारस्परिक दृष्टि सम्बन्ध कहलाता है।

उदाहरण–चतुर्थ स्थान में मंगल तथा सप्तम स्थान में शनि हो, तो मंगल शनि को चौथी दृष्टि से देखता है व शनि मंगल को दसवीं दृष्टि से देखता है।

3. स्थान सम्बन्ध

(i) एक ही राशि (भाव) में दो ग्रह बैठे हों।

(ii) दो ग्रह एक-दूसरे के क्षेत्र में बैठे हों, जैसे चन्द्रमा धनु राशि में व गुरु कर्क राशि में।

उपर्युक्त चार प्रकार के सम्बन्धों में सबसे अधिक बलवान् सम्बन्ध क्रम सं 3(ii) उसके बाद क्रम संख्या 2, फिर 1 तथा सबसे कम बलवान् 3 (i) होता है।

4. कोणात्मक (अंशात्मक) सम्बन्ध

जन्मकुण्डली में ग्रहों के पारस्पारिक स्थैतिक सम्बन्ध को एक-दूसरे से अंशात्मक दूरी के आधार पर निम्नानुसार व्यक्त कर सकते हैं :

क्रम संख्या	पारस्परिक कोणात्मक स्थिति	राश्यंतर	पारस्परिक सम्बन्ध का प्रकार	राशिगत उदाहरण	
				प्रथम ग्रह	द्वितीय ग्रह
1	0°	0	युति (एक ही राशि में) conjunction	कर्क 4	कर्क 4
2	30°	1	द्वि-द्वादश (अर्द्धषष्ठांश) semi-sextile	कर्क 4	सिंह 5
3	60°	2	त्रिएकादश (षष्ठांश) sextile	कर्क 4	कन्या 6
4	90°	3	चतुर्थ-दशम (केन्द्र योग) समकोण square	कर्क 4	तुला 7

क्रम संख्या	पारस्परिक कोणात्मक स्थिति	राश्यंतर	पारस्परिक सम्बन्ध का प्रकार	राशिगत उदाहरण	
				प्रथम ग्रह	द्वितीय ग्रह
5	120°	4	पंचम-नवम (त्रिकोण) Trine	कर्क 4	वृश्चिक 8
6	150°	5	षडाष्टक (पंचकान्तर) Quincunx	कर्क 4	धनु 9
7	180°	6	सम-सप्तम (प्रतियुति) विपरीत opposition	कर्क 4	मकर 10

उपर्युक्त तालिका से ग्रहों की दृष्टि एवं भृकूट आसानी से समझ में आ जायेंगे। भृकूट विवाह गुण मेलापक में एक महत्त्वपूर्ण क्षेत्र है, जिसे मेलापक प्रकरण में समझाया जायेगा।

5. मित्र शत्रु सम्बन्ध

(i) नैसर्गिक मित्रामित्रता–नैसर्गिक रूप से ग्रहों की मित्रामित्रता तथा समता ग्रह प्रकरण में समझायी है।

(ii) तात्कालिक मित्रामित्रता–जन्मकुण्डली में विभिन्न ग्रहों की स्थिति के अनुसार तात्कालिक मित्रामित्रता का निर्णय होता है।

(अ) किसी भी ग्रह से दूसरे, तीसरे, चौथे, दसवें, ग्यारहवें तथा बारहवें भाव में स्थित ग्रह तात्कालिक मित्र होते हैं।

(ब) जो ग्रह एक ही भाव में होते हैं, वे आपस में तात्कालिक शत्रु होते हैं।

(स) किसी भी ग्रह से पांचवें, छठे, सातवें, आठवें व नौवें भाव में स्थित ग्रह तात्कालिक शत्रु होते हैं।

वर्षलग्न में तात्कालिक मित्रामित्रता के सिद्धान्त जन्मलग्न से भिन्न हैं।

निम्न तालिका जन्मलग्न व वर्षलग्न में ग्रहों की मित्रामित्रता को दर्शाती है :

तात्कालिक मित्रामित्रता

लग्न सम्बन्ध	जन्मलग्न	वर्षलग्न
मित्र	2, 3, 4, 10, 11, 12	3, 5, 9, 11
सम	x-x	2, 6, 8, 12
शत्रु	1, 5, 6, 7, 8, 9	1, 4, 7, 10

(iii) पंचधा मैत्री—ग्रहों की नैसर्गिक तथा तात्कालिक मित्रामित्रता मिलाने से पांच प्रकार के पारस्परिक सम्बन्ध बनते हैं। इन सम्बन्धों को पंचधा मैत्री कहते हैं। चूंकि जन्मलग्न व वर्षलग्न में तात्कालिक मैत्री के सिद्धान्त अलग-अलग-हैं, अतः दोनों का पंचधा मैत्री चक्र अलग

बनेगा। नैसर्गिक और तात्कालिक मैत्री को मिलाने से निम्न प्रकार के सम्बन्ध बनते हैं :

पंचधा मैत्री का आधार

नैसर्गिक	तात्कालिक	पंचधा
1 मित्र	मित्र	अधिमित्र या अतिमित्र
2 सम	मित्र	मित्र
3 मित्र/शत्रु	शत्रु/मित्र	सम
4 सम	शत्रु	शत्रु
5 शत्रु	शत्रु	अधिशत्रु या अतिशत्रु

तात्कालिक मैत्री चक्र कुण्डली विशेष के आधार पर ही तैयार किया जाता है। प्रकरण 10 में बनायी गयी जन्मकुण्डली की पंचधा मैत्री तैयार की जा रही है। तात्कालिक सन्दर्भ हेतु नैसर्गिक, तात्कालिक एवं पंचधा मैत्री चक्र एक साथ बनाये जा रहे हैं।

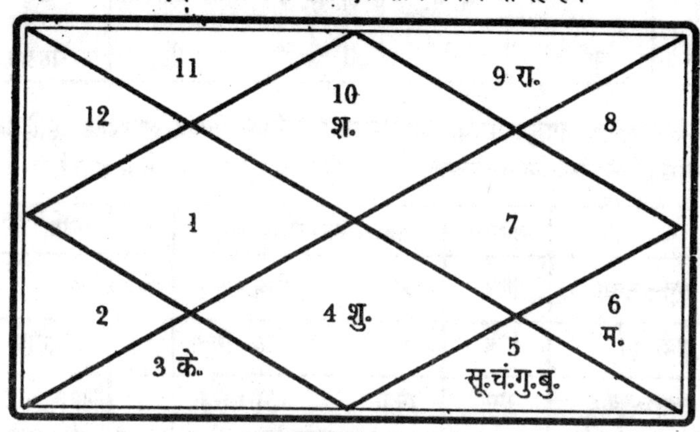

मैत्री चक्र

ग्रह	नैसर्गिक मैत्री			तात्कालिक मैत्री	
	मित्र	सम	शत्रु	मित्र	शत्रु
सूर्य	चं. मं. गु.	बु.	शु. श.	मं. शु.	चं.बु.गु.श.
चन्द्र	सू. बु.	मं. गु. शु.	×	मं. शु.	सू.बु.गु.श
मंगल	सू. चं. गु.	श.	बुध	शु.सू.चं.बु.गु.	श.
बुध	सू. शु.	शु. श.	चं.	मं. शु.	सू.गु.श.चं.
गुरु	सू. चं. मं.	मं. गु. श.	बु. शु.	मं. शु.	सू.चं.बु.श.
शुक्र	बु. श.	श.	सू. चं.	सू.चं.बु.गु.मं.	श.
शनि	बु. शु.	मं. गु.	सू. चं. मं.	मं.	शु.सू.चं.बु.गु.

तात्कालिक मैत्री में सम नहीं होता। अगला चक्र इन दोनों के आधार पर उक्त पंचबिन्दु मापदण्ड के अनुसार पंचधा मैत्री का है।

पंचधा मैत्री चक्र

ग्रह	अधिमित्र	मित्र	सम	शत्रु	अधिशत्रु
सूर्य	मंगल	–	गु. चं. शु.	बु.	श.
चन्द्र	–	मं. शु.	सू. बु.	गु. श.	–
मंगल	सू. चं. गु.	शु.	बु.	श.	–
बुध	शु.	सू. मं.	–	श. गु.	चं.
गुरु	मं.	–	सू. मं. शु.	श.	बु.
शुक्र	बु.	मं. गु.	श. सू. चं.	–	–
शनि	–	–	बु. शु. मं.	गु.	सू. चं.

कुछ ग्रहों की उपर्युक्त पंचधा मैत्री निकालने की विधि आगे दी जा रही हैं। इसी प्रकार से अन्य ग्रहों की नैसर्गिक व तात्कालिक मैत्री के आधार पर पंचधा मैत्री ज्ञात करें।

	नैसर्गिक	**तात्कालिक**	**नै॰ + ता॰**	**=**	**पंचधा**
1. सूर्य-चन्द्रमा	मित्र	शत्रु	मित्र +शत्रु	=	सम
2. शुक्र-बुध	मित्र	मित्र	मित्र+ मित्र	=	अधिमित्र
3. मंगल-शुक्र	सम	मित्र	सम +मित्र	=	मित्र
4. शनि-सूर्य	शत्रु	शत्रु	शत्रु +शत्रु	=	अधिशत्रु
5. चन्द्रमा-गुरु	सम	शत्रु	सम +शत्रु	=	शत्रु

नैसर्गिक परम मित्रता एवं परम शत्रुता निम्नानुसार है।

1. परम मित्र—सूर्य-मंगल, चन्द्र-गुरु, राहु-शनि।

2. परम शत्रु—सूर्य-राहु, गुरु-शुक्र, चन्द्र-बुध, सूर्य-शनि।

*

योगिनी दशा

जन्म से मृत्यपर्यन्त मानव-जीवन में किसी-न-किसी ग्रह की महादशा रहती है। महादशा का निर्धारण जन्म नक्षत्र के आधार पर होता है। महादशाएं तीन प्रकार की होती हैं।

1. योगिनी दशा
2. विंशोत्तरी महादशा
3. अष्टोत्तरी महादशा

योगिनी दशा

योगिनी आठ होती हैं। योगिनी महादशा का एक सम्पूर्ण चक्र 36 वर्ष में पूरा हो जाता है। इसके पश्चात् इसकी पुनरावृत्ति होती है। ऐसा विद्वान् मानते हैं। केतु को छोड़कर सभी ग्रह एक-एक योगिनी के स्वामी हैं।

प्रत्येक योगिनी दशा के जन्म नक्षत्र तथा स्वामी निश्चित हैं, जो निम्न तालिका से स्पष्ट हो जायेंगे।

योगिनी दशा चक्र

दशा	मंगला	पिंगला	धन्या	भ्रामरी	भद्रा	उल्का	सिद्धा	संकटा
जन्म नक्षत्र	6 आर्द्रा 14 चित्रा 22 श्रवण	7 पुनर्वसु 15 स्वाति 23 धनिष्ठा	8 पुष्य 16 विशाखा 24 अभिजित	1 अश्विनी 9 आश्लेषा 17 अनुराधा 25 पू.भा.	2 भरणी 10 मघा 18 ज्येष्ठा 26 उ.भा.	3 कृतिका 11 पू.फा. 19 मूल 27 रेवती	4 रोहिणी 12 उ.फा. 20 पू.षा.	5 मृगशिर 13 हस्त 21 उ.षा.
दशावर्ष	1	2	3	4	5	6	7	8
स्वामी	चन्द्र	सूर्य	गुरु	मंगल	बुध	शनि	शुक्र	राहु

भ्रामरी दशा अश्विनी नक्षत्र में होती है। इसके पश्चात् सभी नक्षत्रों में एक-एक योगिनी दशा होती है। अतः 8-8 जन्म नक्षत्रों के बाद पुनः जन्म नक्षत्रों की आवृत्ति उसी दशा में होती है, जैसे भ्रामरी क्रमांक 1, 9, 17 व 25 में प्रथम 3 (मंगला, पिंगला तथा धन्या) एवं अन्तिम 2 (सिद्धा व संकटा) प्रत्येक दशा 3-3 नक्षत्रों में होती है, जबकि बीच की 3 (भ्रामरी, भद्रा तथा उल्का) दशाएं 4-4 नक्षत्रों में होती हैं।

जन्म समय पर योगिनी दशा का निर्धारण–प्रथम नक्षत्र चौथी योगिनी दशा से प्रारम्भ होता है तथा योगिनी 8 होती हैं। अतः इस आधार पर जन्म नक्षत्र पर योगिनी दशा के निर्धारण हेतु सूत्र यह है कि जन्म नक्षत्र में 3 जोड़कर 8 का भाग लगाने से जो शेष (1से 8 या 0 तक) बचे, उसी क्रम में मंगला, पिंगला, धन्या, भ्रामरी, भद्रा, उल्का, सिद्धा व संकटा दशाएं जन्म के समय होती हैं। शेष के अनुसार ही इन दशाओं के वर्ष हैं, जैसा कि उपर्युक्त तालिका में दिखाया गया है।

शेषानुसार जन्म समय दशा

शेष	1,	2,	3,	4,	5,	6,	7,	8 या 0
	मंगला	पिंगला	धन्या	भ्रामरी	भद्रा	उल्का	सिद्धा	संकटा

उदाहरण–जन्म नक्षत्र अनुराधा 17 है।

17+3 = 20÷8 = शेष 4। अतः जन्म के समय भ्रामरी दशा होगी।

दशा का जन्म के समय भुक्त-भोग्य ज्ञात करना–जन्म नक्षत्र से पूर्व दशा की कितनी अवधि बीत चुकी है और कितनी भोग्य है, यह एक महत्त्वपूर्ण विषय है। इसका आधार जन्म नक्षत्र के भोग्य (शेष) तथा भभोग (कुल अवधि) का आनुपातिक काल है।

उदाहरण–एक बालक का जन्म अनुराधा नक्षत्र में हुआ। इससे पूर्व विशाखा नक्षत्र गत दिवस 48 घटी 28 पल तक था तथा आज अनुराधा नक्षत्र 46 घटी 28 पल तक रहेगा। जन्म इष्ट 18 घटी 42 पल था। भ्रामरी दशा का भुक्त-भोग्यकाल निकालना है। सबसे पहले अनुराधा नक्षत्र का भयात व भभोग निकालना है।

	60 घटी		60 घटी
(–)	48.28 गत नक्षत्र का मान	(–)	48.28 गत नक्षत्र का मान
	11.32		11.32
(+)	18.42 इष्ट	(+)	46.28 वर्तमान नक्षत्र का मान
	30.14 भयात (भुक्तकाल)		58.00 भभोग (सम्पूर्ण काल)

भ्रामरी दशा 4 वर्ष की होती है। अतः 4 वर्ष में से आनुपातिक विधि से भोग्य अवधि निम्न प्रकार से ज्ञात की जाती है :

58 घटी का मान है = 4 वर्ष

1 घटी का मान होगा = 4 ÷ 58 वर्ष

30 घटी 14 पल का मान होगा = 4 x 30 घटी 14 पल÷58 = वर्ष पल बनाने पर = 4 × 1814 ÷ 3480 वर्ष

भुक्त काल = 2 वर्ष 1 माह 0 दिन 37 घटी 14 पल

(योगिनी दशा में घटी-पल छोड़ने पर) = 2 वर्ष 1 माह 1 दिन

अतः कुल अवधि 4 वर्ष में से भुक्तकाल घटाने पर भ्रामरी दशा का भोग्यकाल आ जायेगा।

	वर्ष	मास	दिन
कुल अवधि	4	0	0
भुक्त अवधि	2	1	1
भोग्य अवधि	1	10	29

योगिनी दशा लिखने की विधि

दशाओं को संवत् तथा सूर्य की राशि, अंश, कला, विकला के आधार पर लिखते हैं तथा अवधि भी इन्हीं राश्यंशों में व्यक्त करते हैं। संवत् तथा सूर्य राश्यंश से अंग्रेज़ी तारीख़, माह व वर्ष निकल जाते हैं।

यदि अनुराधा नक्षत्र प्रारम्भ होने के साथ ही जन्म हो जाता, तो पूरी 4 वर्ष की अवधि भ्रामरी दशा की शेष रहती तथा जन्म के सूर्य राश्यंश से ही भ्रामरी दशा का प्रारम्भ होता, परन्तु ऐसा नहीं है। भ्रामरी दशा का कुछ काल भुक्त हो चुका और कुछ काल (1 वर्ष 10 माह 29 दिन) शेष है। अतः जन्म समय के सूर्य स्पष्ट में केवल भोग्यकाल जोड़ने से ही भ्रामरी दशा की समाप्ति का समय (सूर्य राश्यंश व संवत् के रूप में) ज्ञात हो जायेगा।

संवत् में वर्ष, राशि में मास, अंश में दिन, कला में घटी तथा विकला में पल जोड़े जाते हैं।

उक्त उदाहरण में संवत् 2045 में सूर्य स्पष्ट 3/10/27/20 था। जन्म समय तक भ्रामरी के 2 वर्ष 1 माह 1 दिन भुक्त हो चुके थे तथा 1 वर्ष 10 माह 29 दिन भोग्य थे।

उक्त के आधार पर योगिनी दशा चक्र निम्नानुसार बनेगा :

भ्रामरी									
भुक्त	**भोग्य**	**भद्रा**	**उल्का**	**सिद्धा**	**संकटा**	**मंगला**	**पिंगला**	**धन्या**	
2	1	5	6	7	8	1	2	3	**वर्ष**
1	10	0	0	0	0	0	0	0	**मास**
1	29	0	0	0	0	0	0	0	**दिन**
2045 से	2047 तक	2052 तक	2058 तक	2065 तक	2073 तक	2074 तक	2076 तक	2079 तक	**संवत्**
3	2	2	2	2	2	2	2	2	**राशि**
10	9	9	9	9	9	9	9	9	**अंश**
27	27	27	27	27	27	27	27	27	**कला**
20	20	20	20	20	20	20	20	20	**विकला**

संवत् 2045 में सूर्य 3 राशि के 10 अंश जिस दिन हों, उस दिन से भ्रामरी दशा के शेष 1 वर्ष 10 माह 29 दिन संवत् 2047 में सूर्य 2 राशि के 9 अंश वाले दिन तक समाप्त हो जायेंगे।

वहां से अगली भद्रा दशा 5 वर्ष की प्रारम्भ हो जायेगी।

अन्तर्दशा–प्रत्येक दशा में प्रत्येक योगिनी की अन्तर्दशा होती है, पहली अन्तर्दशा उसी की होती है, जिसकी दशा होती है।

अन्तर्दशा निकालने की विधि–प्रत्येक दशा में अन्तर्दशाएं दशा वर्षों के अनुपात में होती हैं।

$$\text{सूत्र} = \frac{\text{दशावर्ष x दशावर्ष}}{36} = \text{वर्ष}, \frac{\text{शेष x 12}}{36} = \text{माह}, \frac{\text{शेष x 30 दिन}}{36} = \text{दिन}$$

$$\frac{\text{दशावर्ष x दशावर्ष}}{36} \text{x12x30 दिन या दशावर्ष x दशावर्ष x 10 दिन}$$

उदाहरण–भ्रामरी में भ्रामरी की अन्तर्दशा

दशावर्ष x दशावर्ष x 10 = दिन

= 4 x 4 x 10 =160 दिन

=5 माह 10 दिन

इसी प्रकार भ्रामरी में भद्रा 4 x 5 x 10 = 200 दिन=6 माह 20 दिन

उल्का 4 x 6 x 10 =240 दिन = 8 माह 0 दिन

सिद्धा 4 x 7 x 10 = 280 दिन = 9 माह 10 दिन

संकटा 4 x 8 x 10 = 320 दिन = 10 माह 20 दिन

मंगला 4 x 1 x 10 = 40 दिन = 1 माह 10 दिन

पिंगला 4 x 2 x 10 = 80 दिन = 2 माह 20 दिन

धन्या 4 x 3 x 10 = 120 दिन = 4 माह 0 दिन

योग = 4 वर्ष

अन्तर्दशा चक्र बनाने के लिए उस बालक का उदाहरण लेते हैं, जिसके भ्रामरी दशा के 1 वर्ष 10 माह 29 दिन भोग्य थे। पहले यह देखना है कि भ्रामरी में किस-किस योगिनी का प्रत्यन्तर भुक्त हो चुका है और किस-किस का कितना-कितना बाकी है। इसे दो विधियों से निकाला जाता है।

(i) भोग्यकाल से

(ii) भुक्तकाल से

भोग्यकाल से

भ्रामरी का भोग्यकाल

वर्ष	माह	दिन
1	10	29
(–)	4	0 धन्या
1	6	29

भुक्तकाल से

भ्रामरी का भुक्त काल

वर्ष	माह	दिन
2	1	1
(–)	5	10 भ्रामरी
1	7	21

(–)	2	20 पिंगला
1	4	9
(–)	1	10 मंगला
1	2	29
(–)	10	20 संकटा
0	4	9 सिद्धा का भोग्यकाल

(–)	6	20 भद्रा
1	1	1
(–)	8	0 उल्का
0	5	1

सिद्धा का भुक्तकाल

(पीछे से घटायें)

अतः सिद्धा का भोग्य काल = सिद्धा की कुल अवधि (–) सिद्धा का भुक्तकाल=9 माह 10 दिन (–) 5 माह 1 दिन = 4 माह 9 दिन।

भ्रामरी के प्रारम्भ में सिद्धा के 4 माह 9 दिन भोग्य हैं। इसे तालिका में निम्न प्रकार दर्शाते हैं :

भ्रामरी योगिनी मध्य अन्तर्दशा

	सिद्धा	संकटा	मंगला	पिंगला	धन्या	
	4	10	1	2	4	**माह**
	9	20	10	20	0	**दिन**
2045	2045	2046	2046	2046	2047	**संवत्**
3	7	6	7	10	2	**राशि**
10	19	9	19	7	9	**अंश**
27	27	27	27	27	27	**कला**
20	20	20	20	20	20	**विकला**

अन्तिम अन्तर्दशा का समाप्तिकाल, योगिनी दशा चक्र में भ्रामरी दशा के समाप्ति काल के बराबर आ जाना चाहिए। दोनों के अनुसार भ्रामरी 2047 में 2 राशि 9 अंश 27 कला 20 विकला को समाप्त हो रही है।

इसके पश्चात् भद्रा, उल्का, सिद्धा, संकटा, मंगला, पिंगला व धन्या योगिनियों की दशाओं में अन्तर्दशाएं ज्ञात कर लिखी जानी चाहिए।

सुविधा के लिए सभी आठ योगिनियों के अन्तर्गत अन्तर्दशा काल का चक्र नीचे दिया जा रहा है :

योगिनी दशान्तर्दशा चक्र सारणी 15/21

मंगला 1 वर्ष				पिंगला 2 वर्ष			
अन्तर्दशा	वर्ष	मास	दिन	अन्तर्दशा	वर्ष	मास	दिन
मंगला	0	0	10	पिंगला	0	1	10
पिंगला	0	0	20	धन्या	0	2	0
धन्या	0	1	0	भ्रामरी	0	2	20
भ्रामरी	0	1	10	भद्रा	0	3	10
भद्रा	0	1	20	उल्का	0	4	0
उल्का	0	2	0	सिद्धा	0	4	20
सिद्धा	0	2	10	संकटा	0	5	10
संकटा	0	2	20	मंगला	0	0	20

योगिनी दशान्तर्दशा चक्र सारणी 15/21

धन्या 3 वर्ष				भ्रामरी 4 वर्ष			
अन्तर्दशा	वर्ष	मास	दिन	अन्तर्दशा	वर्ष	मास	दिन
धन्या	0	3	0	भ्रामरी	0	5	10
भ्रामरी	0	4	0	भद्रा	0	6	20
भद्रा	0	5	0	उल्का	0	8	0
उल्का	0	6	0	सिद्धा	0	9	10
सिद्धा	0	7	0	संकटा	0	10	20
संकटा	0	8	0	मंगला	0	1	10
मंगला	0	1	0	पिंगला	0	2	20
पिंगला	0	2	0	धन्या	0	4	0

योगिनी दशान्तर्दशा चक्र सारणी 15/21

भद्रा 5 वर्ष				उल्का 6 वर्ष			
अन्तर्दशा	वर्ष	मास	दिन	अन्तर्दशा	वर्ष	मास	दिन
भद्रा	0	8	10	उल्का	1	0	0
उल्का	0	10	0	सिद्धा	1	2	0
सिद्धा	0	11	20	संकटा	1	4	0
संकटा	1	1	10	मंगला	0	2	0
मंगला	0	1	20	पिंगला	0	4	0
पिंगला	0	3	10	धन्या	0	6	0
धन्या	0	5	0	भ्रामरी	0	8	0
भ्रामरी	0	6	20	भद्रा	0	10	0

योगिनी दशान्तर्दशा चक्र सारणी 15/21

सिद्धा 7 वर्ष				संकटा 8 वर्ष			
अन्तर्दशा	वर्ष	मास	दिन	अन्तर्दशा	वर्ष	मास	दिन
सिद्धा	1	4	10	संकटा	1	9	10
संकटा	1	6	20	मंगला	0	2	20
मंगला	0	2	10	पिंगला	0	5	10
पिंगला	0	4	20	धन्या	0	8	0
धन्या	0	7	0	भ्रामरी	0	10	20
भ्रामरी	0	9	10	भद्रा	1	1	10
भद्रा	0	11	20	उल्का	1	4	0
उल्का	1	2	0	सिद्धा	1	6	20

*

विंशोत्तरी महादशा

विंशोत्तरी का शाब्दिक अर्थ 120 है। मानव की आयु को 120 वर्ष की मानकर ही विंशोत्तरी महादशा पद्धति बनायी गयी है।

विभिन्न ग्रहों की महादशा जन्म के समय जन्म नक्षत्र के आधार पर होती है। 27 नक्षत्रों को 9 ग्रहों में वितरित किया गया है। प्रत्येक ग्रह की महादशा 3-3 नक्षत्रों में होती है। कृतिका नक्षत्र से क्रमशः नौ नक्षत्रों तक सूर्य, चन्द्रमा, मंगल, राहु, गुरु, शनि, बुध, केतु और शुक्र की महादशा होती है। इसी प्रकार दो आवृत्तियां और होती हैं। इस प्रकार प्रत्येक ग्रह को जो नक्षत्र आवंटित होते हैं, उनमें क्रमान्तर 9 होता है, यथा सूर्य कृतिका (3), उत्तराफल्गुनी (12) तथा उत्तराषाढा (21) आदि।

सूर्य की महादशा 6 वर्ष, चन्द्रमा की 10 वर्ष, मंगल की 7 वर्ष, राहु की 18 वर्ष, गुरु की 16 वर्ष, शनि की 19 वर्ष, बुध की 17 वर्ष, केतु की 7 वर्ष तथा शुक्र की महादशा 20 वर्ष की होती है।

जन्म नक्षत्रानुसार ग्रह महादशा

ग्रह	सूर्य	चन्द्र	मंगल	राहु	गुरु
दशावर्ष	6	10	7	18	16
जन्म नक्षत्र	3 कृतिका 12 उ. फा. 21 उ. षा.	4 रोहिणी 13 हस्त 22 श्रवण	5 मृग. 14 चित्रा 23 धनि.	6 आर्द्रा 15 स्वाति 24 शत.	7 पुन. 16 विशाखा 25 पू.भा.

ग्रह	शनि	बुध	केतु	शुक्र
दशावर्ष	19	17	7	20
जन्म नक्षत्र	8 पुष्य 17 अनु. 26 उ. भा.	9 आश्ले 18 ज्ये. 27 रेवती	10 मघा 19 मूल 1 अश्विनी	11 पू. फा. 20 पू. षा. 2 भरणी

जातक शास्त्र के ज्ञाता विंशोत्तरी महादशा को ही ग्रहों के फल का आधार मानते

हैं। मारकेश के निर्णय में भी विंशोत्तरी महादशा को ही प्रधानता दी जाती है।

विंशोत्तरी दशा के ग्रहों का क्रम याद रखने के लिए निम्न सूत्र याद रखना चाहिए।

आ चं भौ रा जी श बु के शु **आ** = आदित्य (सूर्य)

भौ = भौम (मंगल) **जी** = जीव (गुरु)

जन्मदशा का सूत्र–(सूर्य प्रथम ग्रह) को कृतिका (तीसरे नक्षत्र) से प्रारम्भ किया गया है और ग्रह 9 होते हैं। अतः उक्त तालिका के अभाव में निम्न सूत्र से जन्म महादशा ज्ञात की जा सकती है। जन्म नक्षत्र – 2 ÷ 9 = शेष जो भी बचे उसी क्रम के ग्रह की जन्म महादशा होती है।

उदाहरण–जन्म नक्षत्र ज्येष्ठा 18–2 ÷ 9 = 16 ÷ 9 शेष 7। अतः सातवें ग्रह बुध की महादशा जन्म के समय रहेगी।

जन्म के समय महादशा के भुक्त-भोग्य का निर्धारण

विधि 1. जन्म के समय जन्म नक्षत्र के भुक्त एवं भोग्यकाल के आधार पर महादशा के भुक्त एवं भोग्यकाल का निर्धारण किया जाता है। जन्म नक्षत्र के भुक्त (भयात) काल का जो अनुपात नक्षत्र के कुल काल यानी भभोग के साथ होता है, महादशा के भुक्तकाल का वही समानुपात महादशा के कुल वर्षों के साथ होता है।

सूत्र (1) महादशा का भुक्तकाल = भयात × दशावर्ष ÷ भभोग

(2) महादशा का भोग्यकाल = कुल दशावर्ष (–) भुक्तकाल

उदाहरण–इलाहाबाद में 8 सितम्बर 91 को जन्मे बालक, जिसकी कुण्डली हमने बनायी थी, उसी बालक की महादशा का साधन करते हैं।

जन्म – पूर्वाफाल्गुनी नक्षत्र, तृतीय चरण। इष्ट 24 घटी 20 पल।

गत नक्षत्र मध्य 7-9-91 = 52 घटी 28 पल

वर्तमान नक्षत्र पू. फा. 8.9.91 = 48 घटी 10 पल

भयात		**भभोग**	
	60 घटी 0 पल		60 घटी 0 पल
(–)	52 घटी 28 पल गत नक्षत्र	(–)	52 घटी 28 पल गत नक्षत्र
	7 घटी 32 पल		7 घटी 32 पल
(+)	24 घटी 20 पल इष्ट	(+)	48 घटी 10 पल वर्तमान नक्षत्र
	31 घटी 52 पल भयात		55 घटी 42 पल भभोग
	(पू. फा. का भुक्तकाल)		(पू. फा. का कुल मान)

पूर्वा फाल्गुनी में जन्म होने के कारण शुक्र की महादशा में जन्म हुआ।

सूत्रानुसार– शुक्र की महादशा का भुक्तकाल

= भयात् × 20 वर्ष ÷ भभोग = 31 घटी 52 पल × 20 ÷ 55 घटी 42 पल वर्ष

पल बनाने पर $= \dfrac{1912 \times 20 \div 3342}{38240 \div 3342} =$ वर्ष

भाग बनाने पर लब्धि वर्ष, शेष को 12 से गुणा कर पुनः भाग लगाने पर माह, शेष को 30 से गुणा कर भाग लगाने पर दिन प्राप्त होंगे। महादशा में घटी-पल का महत्त्व नहीं है। केवल प्रत्यन्तर व सूक्ष्म दशा में होता है। फिर भी यदि शेष बचे, तो 60 से गुणा कर भाग देने से घटी तथा इसी प्रकार पल भी प्राप्त होंगे।

शुक्र दशावर्ष = 20 वर्ष 0 माह 0 दिन

उक्त गणना के आधार पर शुक्र महादशा का भुक्तकाल (–) 11 वर्ष 5 माह 9 दिन।

20 वर्ष में से घटाने पर शुक्र महादशा का भोग्यकाल = 8 वर्ष 6 माह 21 दिन।

विधि–2. चन्द्र स्पष्ट द्वारा–चन्द्र स्पष्ट द्वारा भी महादशा का भुक्त व भोग्यकाल ज्ञात किया जा सकता है। चन्द्र स्पष्ट द्वारा भी यह दो विधियों द्वारा ज्ञात किया जा सकता है।

(अ) अनेक पंचांगों व एफ़ेमरीज़ में चन्द्र स्पष्ट अंश-कला के आधार पर प्रत्येक ग्रह के भोग्य वर्ष, माह, दिन दिये हुए रहते हैं। इन तालिकाओं से न्यूनतम 1 कला तक का ही भोग्यकाल ज्ञात किया जा सकता है। इसके अतिरिक्त राउण्ड फ़िगर करने के कारण एक-दो दिन का अन्तर पड़ सकता है (सारणी 16/22 व सारणी 16/23)।

उदाहरण–चन्द्र स्पष्ट 4/20/57/36 महादशा भोग्यकाल तालिका (अ) के अनुसार सिंह राशि में चन्द्रमा होने से 20 अंश 40 कला के सामने शुक्र का भोग्यकाल 9 वर्ष दिया हुआ है। जितने अंश-कला अधिक होंगे, उतना ही भोग्यकाल कम होता जायेगा। इसी सिद्धान्त के अनुसार 17 कला का भुक्तकाल 9 वर्ष में से कम करना है।

चन्द्र स्पष्ट भुक्त तालिका (ब) जो लघुमापक (न्यूनतम 1 कला) पर बनी है, के अनुसार शुक्र के कालम में 17 कला के सामने 5 माह 3 दिन भुक्तकाल (17 कला का) उपर्युक्त भोग्यकाल में से घटाने हैं।

चन्द्र स्पष्ट में 36 कला भी हैं। अतः 36 कला के $36 \times 9 \div 60 = 5$ दिन (आनुपातिक) और घटाने चाहिए। इस प्रकार 5 माह 8 दिन 9 वर्ष में से घटाने पर शुक्र का भोग्यकाल प्राप्त हो जायेगा।

अतः 9 वर्ष (–) 5 माह 8 दिन = 8 वर्ष 6 माह 22 दिन शुक्र का भोग्यकाल हुआ।

(ब) जन्म नक्षत्र का प्रारम्भिक व समाप्ति कोणात्मक मान राश्यंशादि में ज्ञात कर लें। देखें तालिका अध्याय तीन।

पूर्वा फाल्गुनी का मान 4/13/20 से 4/26/40 कुल 13° 20' है। इसी तालिका से चन्द्र स्पष्टानुसार नक्षत्र का चरण भी ज्ञात हो जायेगा। चन्द्र स्पष्ट 4/20/57/36 है।

उ० फा० नक्षत्र प्रारम्भ 4/13/20/0, समाप्त 4/26/40/0।

(क) चन्द्र भोग्यांश		(ख) चन्द्र भुक्तांश	
समाप्तिमान	= 4 26 40 0	चन्द्र स्पष्ट	= 4 20 57 36
चन्द्र स्पष्ट	− 4 20 57 36	प्रारम्भ काल	− 4 13 20 0
चन्द्र भोग्यांश	= 0 5 42 24	चन्द्र भुक्तांश	= 0 7 37 36

उपर्युक्त दोनों (क) और (ख) से आप गणना कर सकते हैं। (क) से ग्रह का भोग्य काल प्राप्त होगा और (ख) से भुक्तकाल, जिसे दशावर्ष में से घटाना होगा।

त्रैराशिक

नक्षत्र के कुल अंश 13° 20' शुक्र के 20 वर्ष के बराबर हैं, तो 5° 42' 24" कितने समय के बराबर होगा?

= 5° 42' 24" × 20 ÷ 13° 20' = वर्ष

विकला बनाने पर $\frac{20544 \times 20}{48000}$ वर्ष = $\frac{410880}{48000}$ वर्ष

अतः शुक्र का भोग्य काल = 8 वर्ष 6 माह 22 दिन।

अनेक पंचांगों में गत नक्षत्र व वर्तमान नक्षत्र समाप्ति काल में पलों का अन्तर रह जाता है, तो भुक्त एवं भोग्यकाल में कई दिनों का अन्तर पड़ जाता है। शुक्र की महादशा में भयात में 6½ पल (2½ सैकिण्ड) का अन्तर पड़ने से 1 दिन न्यूनाधिक हो जाता है। अतः लेखक की राय में चन्द्र स्पष्ट वाली (कोणात्मक मान वाली) विधियां अधिक उपयुक्त हैं।

महादशाओं का लेखन (चक्र)

महादशा का चक्र संवत् तथा सूर्य राश्यंश के आधार पर तैयार किया जाता है। भोग्यकाल के वर्ष संवत् में, माह राशि में, दिन अंशों में, घटी कला में तथा पल विकला में जोड़िये।

विंशोत्तरी महादशा चक्र

शुक्र		सू०	चं०	मं०	रा०	गु०	श०	बु०	के०	
भुक्त	भोग्य									
11	8	6	10	7	18	16	19	17	7	वर्ष
5	6	0	0	0	0	0	0	0	0	माह
8	22	0	0	0	0	0	0	0	0	दिन
2048	2056	2062	2072	2079	2097	2113	2132	2149	2156	संवत्
4	11	11	11	11	11	11	11	11	11	राशि
21	13	13	13	13	13	13	13	13	13	अंश
30	30	30	30	30	30	30	30	30	30	कला
56	56	56	56	56	56	56	56	56	56	विकला
जन्म										

महादशान्तर्दशा–प्रत्येक महादशा में सभी ग्रहों की अन्तर्दशाएं होती हैं, जो अपेक्षाकृत सूक्ष्म फल के लिए ज्ञात की जाती हैं। प्रत्येक ग्रह की महादशा में सर्वप्रथम उसकी स्वयं की अन्तर्दशा होती है। अन्तर्दशा की अवधि त्रैराशिक से ज्ञात की जाती है, जिसका सूत्र निम्न है–

$$\frac{\text{दशावर्ष} \times \text{दशावर्ष}}{120} = \text{वर्ष या } \frac{\text{दशावर्ष} \times \text{दशावर्ष}}{120} \times 12 = \text{माह या}$$

$$\frac{\text{दशावर्ष} \times \text{दशावर्ष}}{10} = \text{माह}$$

उदाहरण–सूर्य की अन्तर्दशा

$$\frac{6 \times 6 \times 12}{10120} = 36 \div 10 \text{ वर्ष} = 3 \text{ वर्ष } 18 \text{ दिन}$$

दूसरी सरल विधि–दशावर्षों को दशावर्षों से गुणा करने पर जो संख्या आये उसकी इकाई को छोड़कर शेष अंक या अंकों (सैकड़ा व दहाई) को माह मानें तथा इकाई को 3 से गुणा कर दिन मानें। अन्तर्दशा का काल आ जायेगा।

उदाहरण– गुरु में राहु की अन्तर्दशा

गुरु दशावर्ष × राहु दशावर्ष

16 × 18 = 288 = 28 माह एवं (8 × 3) = 24 दिन

= 2 वर्ष 4 माह 24 दिन

इस प्रकार सभी 9 ग्रहों की महादशा में 9-9 ग्रहों की अन्तर्दशा अवधि ज्ञात कर तालिका बना ली जाती है, ताकि तात्कालिक सन्दर्भ मिल सके। (सारिणी 16/24)

उपर्युक्त उदाहरण में शुक्र में प्रत्येक ग्रह की अन्तर्दशा निम्न प्रकार रहेगी :

शुक्र महादशान्तर्गत अन्तर्दशा चक्र

अन्तर्दशा	शुक्र	सूर्य	चन्द्र	मंगल	राहु	गुरु	शनि	बुध	केतु
वर्ष	3	1	1	1	3	2	3	2	1
माह	4	0	8	2	0	8	2	10	2

उक्त उदाहरण में अब यह देखना है कि शुक्र के भोग्यकाल 8 वर्ष 6 माह 22 दिन में किस-किस ग्रह के प्रत्यन्तर भोग्य हैं। इसे निम्न प्रकार से निकालेंगे–

	वर्ष	माह	दिन
शुक्र का भोग्य काल	8	6	22
(पीछे से) केतु (–)	1	2	0
	7	4	22

	7	4	22
बुध (–)	2	10	0
	4	6	22
शनि (–)	3	2	0
अतः गुरु का भोग्य काल =	1	4	22

गुरु का प्रत्यन्तर इससे अधिक है। इसका अर्थ यह हुआ कि शुक्र महादशा में शुक्र, सूर्य, चन्द्र, मंगल व राहु के पूरे प्रत्यन्तर तथा गुरु के प्रत्यन्तर के 1 वर्ष 3 माह 8 दिन भुक्त हो चुके हैं। गुरु के 1 वर्ष 4 माह 22 दिन तथा शनि, बुध व केतु के पूरे प्रत्यन्तर भोग्य हैं।

उपर्युक्तानुसार उक्त बालक की शुक्र महादशा के अन्तर्गत अन्तर्दशाओं का चक्र निम्नानुसार बनेगा :

शुक्र महादशान्तर्गत चक्र

गुरु		शनि	बुध	केतु	
भुक्त	भोग्य				
1	1	3	2	1	वर्ष
3	4	2	10	2	माह
8	22	0	0	0	दिन
2048	2049	2052	2055	2056	संवत्
4	9	11	9	11	राशि
21	13	13	13	13	अंश
30	30	30	30	30	कला
56 जन्म	56	56	56	56	विकला

अन्तर्दशा में प्रत्यन्तर

प्रत्येक ग्रह की महादशा की प्रत्येक अन्तर्दशा में प्रत्येक ग्रह का प्रत्यन्तर भी रहता है। इससे और भी सूक्ष्म फल बताने की सुविधा रहती है। प्रत्यन्तर की अवधि भी त्रैराशिक से ज्ञात की जाती है।

विधि– अन्तर्दशा के दिन बनायें। उन्हें सम्बन्धित ग्रह (जिसका प्रत्यन्तर ज्ञात करना है) के वर्षों से गुणा करें व 120 का भाग लगायें, तो दिन, शेष को 60 से गुणाकर 120

का भाग दें, तो घटी प्राप्त होगी।

उदाहरण– शुक्र की महादशा के अन्तर्गत शनि की अन्तर्दशा में गुरु का प्रत्यन्तर ज्ञात करना है।

गुरु 16 वर्ष, शनि 19 वर्ष, शुक्र 20 वर्ष

शुक्र में शनि की अन्तर्दशा = 3 वर्ष 2 माह

इनके दिन बनाये = $3 \times 12 \times 30 = 1080$ = 3 वर्ष के

$2 \times 30 = 60$ = 2 माह के

= 1140 दिन

इन दिनों को गुरु के वर्षों से गुणां कर 120 का भाग लगाना है।

$1140 \times 16 \div 120 = 152$ दिन = 5 माह 2 दिन

सरल सूत्र–

अन्तर्दशा सूत्र प्रत्यन्तर सूत्र

$$\frac{20 \times 19 \times \cancel{12}}{\cancel{120}_{10}} \times \frac{\cancel{30} \times 16}{\cancel{120}_{4}} = \text{अतः सरल सूत्र } \frac{20 \times 19 \times 16}{40}$$

तीनों ग्रहों के वर्ष = अन्तर्दशा के दिन

उक्त सूत्रानुसार – महादशा अन्तर्दशा प्रत्यन्तर

$$\frac{\text{शुक्र} \times \text{शनि} \times \text{गुरु}}{40} = \frac{20 \times 19 \times 16}{40} = \text{दिन}$$

$= 6080 \div 40 = 152$ दिन = 5 माह 2 दिन।

इसी प्रकार किसी भी विधि से प्रत्येक ग्रह की महादशान्तर्दशाओं में प्रत्येक ग्रह का प्रत्यन्तर निकालना होगा। प्रत्येक ग्रह की महादशा की अन्तर्दशा में प्रत्येक ग्रह का प्रत्यन्तर सारणी 16/25 में दिया गया है।

प्रत्यन्तर में सूक्ष्म दशा– प्रत्यन्तर में सूक्ष्म दशा भी निकाली जाती है। यह घटी-पल तक का ग्रह फल सही-सही बताने में सहयोग प्रदान करती है। साधारण जीवन में इसका उपयोग भले ही कम हो, परन्तु सट्टे वाले, घुड़दौड़ वाले तथा बड़े व्यापारी, जिन्हें पल-पल पर बदलते हुए आकाशीय मानचित्र से लाभ अथवा खतरा है, उनके लिए सूक्ष्म दशा अत्यन्त उपयोगी होती है।

विधि–1. प्रत्यन्तर काल की घटियां बना लें। इसको वर्षों (जिस ग्रह की सूक्ष्म दशा निकालनी हो) से गुणा कर 120 का भाग लगा देने से सूक्ष्म दशा घटी में प्राप्त होगी। इन घटियों के आवश्यकतानुसार दिन-घटी बना लें।

उदाहरण–महादशा सूर्य (6 वर्ष) अन्तर्दशा गुरु (16 वर्ष) प्रत्यन्तर केतु (7 वर्ष)

ज्ञात करना है सूक्ष्म दशा चन्द्रमा (10 वर्ष)

सूर्य में गुरु में केतु का प्रत्यन्तर 6 × 16 × 7 ÷ 40 = 672 ÷ 40 = 16 दिन 48 घटी

16 दिन 48 घटी की घटियां बना लें–

16 × 60 = 960 + 48 = 1008 घटी

इनको चन्द्रमा के वर्षों से गुणाकर 120 का भाग लगायें

1008 × 10 ÷ 120 = 84 घटी = 1 दिन 24 घटी

सरल सूत्र

महादशा, अन्तर्दशा, प्रत्यन्तर तथा सूक्ष्म अन्तर वाले चारों ग्रहों के वर्षों को आपस में गुणा कर 80 से भाग देने से सूक्ष्म दशा घटी में प्राप्त होगी। उसके दिन-घटी बना लें।

नोट–प्रत्यन्तर ज्ञात करने के लिए 40 का भाग लगाया था। सूक्ष्म दशा निकालने में 60 से गुणा कर 120, अर्थात् 2 का भाग लगाया था। अतः 80 का भाग लगाना है।

सूत्रानुसार– सूर्य × गुरु × केतु × चन्द्रमा

6 × 16 × 7 × 10 ÷ 80

6720 ÷ 80 = 84 घटी = 1 दिन 24 घटी

उपर्युक्त वर्गीकरण को निम्न प्रकार से याद रख सकते हैं–

महादशा → ← अन्तर्दशा → ← प्रत्यन्तर → ← सूक्ष्म दशा

(9 ग्रहों की) (9×9=81 ग्रहों की) (9×9×9=729) (9×9×9×9= 6561)

ग्रहों की ग्रहों की

इस प्रकार मानव-जीवन को 6561 सूक्ष्म विभागों में बांटा गया है, ताकि सूक्ष्म फलादेश प्राप्त किया जा सके।

सारणी 16/22 (अ)

चन्द्रस्पष्टानुसार विंशोत्तरी महादशा भोग्यकाल (अ) (न्यूनतम 20 कला)

चन्द्र स्पष्ट		चन्द्र राशि मेष, सिंह, धनु				चन्द्र राशि वृषभ, कन्या, मकर				चन्द्र राशि मिथुन, तुला, कुम्भ				चन्द्र राशि मकर, वृश्चिक, मीन			
अंश	कला	ग्रह	व.	मा.	दि.	ग्रह	व.	मा.	दि.	ग्रह	व.	मा.	दि.	ग्रह	व.	मा.	दि.
0	0	केतु	7	0	0	सूर्य	4	6	0	मंगल	3	6	0	गुरु	4	0	0
0	20		6	9	27		4	4	6		3	3	27		3	7	6
0	40		6	7	24		4	2	12		3	1	24		3	2	12
1	0		6	5	21		4	0	18		2	11	21		2	9	18
1	20		6	3	18		3	10	24		2	9	18		2	4	24
1	40		6	1	15		3	9	0		2	7	15		2	0	0
2	0		5	11	12		3	7	6		2	5	12		1	7	6
2	20		5	9	9		3	5	12		2	3	9		1	2	12
2	40		5	7	6		3	3	18		2	1	6		0	9	18
3	0		5	5	3		3	1	24		1	11	3		0	4	24
3	20		5	3	0		3	0	0		1	9	0	शनि	19	0	0
3	40		5	0	27		2	10	6		1	6	27		18	6	9

चन्द्रस्पष्टानुसार विंशोत्तरी महादशा भोग्यकाल (अ) (न्यूनतम 20 कला) सारणी 16/22 (अ)

चन्द्र स्पष्ट		चन्द्र राशि मेष, सिंह, धनु				चन्द्र राशि वृषभ, कन्या, मकर				चन्द्र राशि मिथुन, तुला, कुम्भ				चन्द्र राशि मकर, वृश्चिक, मीन			
अंश	कला	ग्रह	व॰	मा॰	दि॰	ग्रह	व॰	मा॰	दि॰	ग्रह	व॰	मा॰	दि॰	ग्रह	व॰	मा॰	दि॰
4	0		4	10	24		2	8	12		1	4	24		18	0	18
4	20		4	8	21		2	6	18		1	2	21		17	6	27
4	40		4	6	18		2	4	24		1	0	18		17	1	6
5	0		4	4	15		2	3	0		0	10	15		16	7	15
5	20		4	2	12		2	1	6		0	8	12		16	1	24
5	40		4	0	9		1	11	12		0	6	9		15	8	3
6	0		3	10	6		1	9	18		0	4	6		15	2	12
6	20		3	8	3		1	7	24		0	2	3		14	8	21
6	40		3	6	0		1	6	0	राहु	18	0	0		14	3	0
7	0		3	3	27		1	4	6		17	6	18		13	9	9
7	20		3	1	24		1	2	12		17	1	6		13	3	18
7	40		2	11	21		1	0	18		16	7	24		12	9	27

चन्द्रस्पष्टानुसार विंशोत्तरी महादशा भोग्यकाल (अ) (न्यूनतम 20 कला) सारणी 16/22 (अ)

चन्द्र स्पष्ट		चन्द्र राशि मेष, सिंह, धनु				चन्द्र राशि वृषभ, कन्या, मकर				चन्द्र राशि मिथुन, तुला, कुम्भ				चन्द्र राशि मकर, वृश्चिक, मीन			
अंश	कला	ग्रह	व.	मा.	दि.	ग्रह	व.	मा.	दि.	ग्रह	व.	मा.	दि.	ग्रह	व.	मा.	दि.
8	0		2	9	18		0	10	24		16	2	12		12	4	6
8	20		2	7	15		0	9	0		15	9	0		11	10	15
8	40		2	5	12		0	7	6		15	3	18		11	4	24
9	0		2	3	9		0	5	12		14	10	6		10	11	3
9	20		2	1	6		0	3	18		14	4	24		10	5	12
9	40		1	11	3		0	1	24		13	11	12		9	11	21
10	0		1	9	0	चन्द्रमा	10	0	0		13	6	0		9	6	0
10	20		1	6	27		9	9	0		13	0	18		9	0	9
10	40		1	4	24		9	6	0		12	7	6		8	6	18
11	0		1	2	21		9	3	0		12	1	24		8	0	27
11	20		1	0	18		9	0	0		11	8	12		7	7	6
11	40		0	10	15		8	9	0		11	3	0		7	1	15

चन्द्रस्पष्टानुसार विंशोत्तरी महादशा भोग्यकाल (अ) (न्यूनतम 20 कला) सारणी 16/22 (अ)

चन्द्र स्पष्ट		चन्द्र राशि मेष, सिंह, धनु				चन्द्र राशि वृषभ, कन्या, मकर				चन्द्र राशि मिथुन, तुला, कुम्भ				चन्द्र राशि मकर, वृश्चिक, मीन			
अंश	कला	ग्रह	व॰	मा॰	दि॰	ग्रह	व॰	मा॰	दि॰	ग्रह	व॰	मा॰	दि॰	ग्रह	व॰	मा॰	दि॰
12	0		0	8	12		8	6	0		10	9	18		6	7	24
12	20		0	6	9		8	3	0		10	4	6		6	2	3
12	40		0	4	6		.8	0	0		9	10	24		5	8	12
13	0		0	2	3		7	9	0		9	5	12		5	2	21
13	20	शुक्र	20	0	0		7	6	0		9	0	0		4	9	0
13	40		19	6	0		7	3	0		8	6	18		4	3	9
14	0		19	0	0		7	0	0		8	1	6		3	9	18
14	20		18	6	0		6	9	0		7	7	24		3	3	27
14	40		18	0	0		6	6	0		7	2	12		2	10	6
15	0		17	6	0		6	3	0		6	9	0		2	4	15
15	20		17	0	0		6	0	0		6	3	18		1	10	24
15	40		16	6	0		5	9	0		5	10	6		1	5	3

चन्द्रस्पष्टानुसार विंशोत्तरी महादशा भोग्यकाल (अ) (न्यूनतम 20 कला) सारणी 16/22 (अ)

चन्द्र स्पष्ट		चन्द्र राशि मेष, सिंह, धनु				चन्द्र राशि वृषभ, कन्या, मकर				चन्द्र राशि मिथुन, तुला, कुम्भ				चन्द्र राशि मकर, वृश्चिक, मीन			
अंश	कला	ग्रह	व.	मा.	दि.	ग्रह	व.	मा.	दि.	ग्रह	व.	मा.	दि.	ग्रह.	व.	मा.	दि.
16	0		16	0	0		5	6	0		5	4	24		0	11	12
16	20		15	6	0		5	3	0		4	11	12		0	5	21
16	40		15	0	0		5	0	0		4	6	0	बुध	17	0	0
17	0		14	6	0		4	9	0		4	0	18		16	6	21
17	20		14	0	0		4	6	0		3	7	6		16	1	24
17	40		13	6	0		4	3	0		3	1	24		15	8	21
18	0		13	0	0		4	0	0		2	8	12		15	3	18
18	20		12	6	0		3	9	0		2	3	0		14	10	15
18	40		12	0	0		3	6	0		1	9	18		14	5	12
19	0		11	6	0		3	3	0		1	4	6		14	0	9
19	20		11	0	0		3	0	0		0	10	24		13	7	6
19	40		10	6	0		2	9	0		0	5	12		13	2	3

चन्द्रस्पष्टानुसार विंशोत्तरी महादशा भोग्यकाल (अ) (न्यूनतम 20 कला)   सारणी 16/22 (अ)

चन्द्र स्पष्ट		चन्द्र राशि मेष, सिंह, धनु				चन्द्र राशि वृषभ, कन्या, मकर				चन्द्र राशि मिथुन, तुला, कुम्भ				चन्द्र राशि मकर, वृश्चिक, मीन			
अंश	कला	ग्रह	व॰	मा॰	दि॰	ग्रह	व॰	मा॰	दि॰	ग्रह	व॰	मा॰	दि॰	ग्रह	व॰	मा॰	दि॰
20	0		10	0	0		2	6	0	गुरु	16	0	0		12	9	0
20	20		9	6	0		2	3	0		15	7	6		12	3	27
20	40		9	0	0		2	0	0		15	2	12		11	10	24
21	0		8	6	0		1	9	0		14	9	18		11	5	21
21	20		8	0	0		1	6	0		14	4	24		11	0	18
21	40		7	6	0		1	3	0		14	0	0		10	7	15
22	0		7	0	0		1	0	0		13	7	6		10	2	12
22	20		6	6	0		0	9	0		13	2	12		9	9	9
22	40		6	0	0		0	6	0		12	9	18		9	4	6
23	0		5	6	0		0	3	0		12	4	24		8	11	3
23	20		5	0	0	मंगल	7	0	0		12	0	0		8	6	0
23	40		4	6	0		6	9	27		11	7	6		8	0	27

चन्द्रस्पष्टानुसार विंशोत्तरी महादशा भोग्यकाल (अ) (न्यूनतम 20 कला) सारणी 16/22 (अ)

चन्द्र स्पष्ट		चन्द्र राशि मेष, सिंह, धनु				चन्द्र राशि वृषभ, कन्या, मकर				चन्द्र राशि मिथुन, तुला, कुम्भ				चन्द्र राशि मकर, वृश्चिक, मीन			
अंश	कला	ग्रह	व.	मा.	दि.	ग्रह	व.	मा.	दि.	ग्रह	व.	मा.	दि.	ग्रह	व.	मा.	दि.
24	0		4	0	0		6	7	24		11	2	12		7	7	24
24	20		3	6	0		6	5	21		10	9	18		7	2	21
24	40		3	0	0		6	3	18		10	4	24		6	9	18
25	0		2	6	0		6	1	15		10	0	0		6	4	15
25	20		2	0	0		5	11	12		9	7	6		5	11	12
25	40		1	6	0		5	9	9		9	2	12		5	6	9
26	0		1	0	0		5	7	6		8	9	18		5	1	6
26	20		0	6	0		5	5	3		8	4	24		4	8	3
26	40	सूर्य	6	0	0		5	3	0		8	0	0		4	3	0
27	0		5	10	6		5	0	27		7	7	6		3	9	27
27	20		5	8	12		4	10	24		7	2	12		3	4	24
27	40		5	6	18		4	8	21		6	9	18		2	11	21

चन्द्रस्पष्टानुसार विंशोत्तरी महादशा भोग्यकाल (अ) (न्यूनतम 20 कला)

सारणी 16/22 (अ)

चन्द्र स्पष्ट		चन्द्र राशि मेष, सिंह, धनु				चन्द्र राशि वृषभ, कन्या, मकर				चन्द्र राशि मिथुन, तुला, कुम्भ				चन्द्र राशि मकर, वृश्चिक, मीन			
अंश	कला	ग्रह	व॰	मा॰	दि॰	ग्रह	व॰	मा॰	दि॰	ग्रह	व॰	मा॰	दिं॰	ग्रह	व॰	मा॰	दि॰
28	0		5	4	24		4	6	18		6	4	24		2	6	18
28	20		5	3	0		4	4	15		6	0	0		2	1	15
28	40		5	1	6		4	2	12		5	7	6		1	8	12
29	0		4	11	12		4	0	9		5	2	12		1	3	9
29	20		4	9	18		2	10	6		4	9	18		0	10	6
29	40		4	7	24		3	8	3		4	4	24		0	5	3
30	0		4	6	0		3	6	0		4	0	0		0	0	0

चन्द्र स्पष्टानुसार विंशोत्तरी महादशा भुक्तकाल (ब) (न्यूनतम 1 कला) सारणी 16/23 (ब)

कला	केतु		शुक्र		सूर्य		चन्द्रमा		मंगल		राहु		गुरु		शनि		बुध	
	मा०	दि०	मा०	दि०	मा०	दि०	मा०	दि०	मा०	दि०	मा०	दि०	मा०	दि०	मा०	दि०	मा०	दि०
1	0	3	0	9	0	3	0	5	0	3	0	8	0	7	0	9	0	8
2	0	6	0	18	0	5	0	9	0	6	0	16	0	14	0	17	0	15
3	0	9	0	27	0	8	0	14	0	9	0	24	0	22	0	26	0	23
4	0	13	1	6	0	11	0	18	0	13	1	2	0	29	1	4	1	1
5	0	16	1	15	0	14	0	23	0	16	1	11	1	6	1	13	1	8
6	0	19	1	24	0	16	0	27	0	19	1	19	1	13	1	21	1	16
7	0	22	2	3	0	19	1	2	0	22	1	27	1	20	2	0	1	25
8	0	25	2	12	0	22	1	6	0	25	2	5	1	28	2	8	2	1
9	0	28	2	21	0	24	1	11	0	28	2	13	2	5	2	17	2	19
10	1	1	3	0	0	27	1	15	1	1	2	21	2	12	2	26	2	17
11	1	4	3	9	1	0	1	20	1	4	2	29	2	19	3	4	2	25

चन्द्र स्पष्टानुसार विंशोत्तरी महादशा भुक्तकाल (ब) (न्यूनतम 1 कला)

सारणी 16/23 (ब)

कला	केतु		शुक्र		सूर्य		चन्द्रमा		मंगल		राहु		गुरु		शनि		बुध	
	मा.	दि.	मा.	दि.	मा.	दि.	मा.	दि.	मा.	दि.	मा.	दि.	मा.	दि.	मा.	दि.	मा.	दि.
12	1	7	3	18	1	2	1	24	1	7	3	7	2	27	3	13	3	2
13	1	11	3	27	1	5	1	29	1	10	3	15	3	4	3	21	3	10
14	1	14	4	6	1	8	2	3	1	14	3	23	3	11	4	0	3	18
15	1	17	4	15	1	11	2	8	1	17	4	2	3	18	4	8	3	25
16	1	20	4	24	1	13	2	12	1	20	4	10	3	25	4	17	4	3
17	1	23	5	3	1	16	2	17	1	23	4	18	4	3	4	25	4	11
18	1	27	5	12	1	19	2	21	1	27	4	26	4	10	5	4	4	18
19	2	0	5	21	1	21	2	26	2	0	5	4	4	17	5	12	4	26
20	2	3	6	0	1	24	3	0	2	3	5	12	4	24	5	21		

नोट–सारणी-अ में चन्द्र स्पष्ट को (न्यूनतम 20 कला) देखने के बाद जितनी कलाएं बढ़ें उतनी कलाओं (न्यूनतम एक कला) की अवधि सारणी-ब से लेकर सारणी-अ से प्राप्त अवधि में से घटायें। सारणी-अ से भोग्यकाल आता है, जबकि सारणी-ब से कलागत भुक्तकाल। इसीलिए इसे घटाने से शुद्ध भोग्यकाल शेष रहेगा।

सारणी 16/24

विंशोत्तरी महादशान्तर्दशा सारणी

सूर्य 6 वर्ष				चन्द्रमा 10 वर्ष				मंगल 7 वर्ष			
ग्रह	वर्ष	माह	दिन	ग्रह	वर्ष	माह	दिन	ग्रह	वर्ष	माह	दिन
सूर्य	0	3	18	चन्द्र	0	10	0	मंगल	0	4	27
चन्द्र	0	6	0	मंगल	0	7	0	राहु	1	0	18
मंगल	0	4	6	राहु	1	6	0	गुरु	0	11	6
राहु	0	10	24	गुरु	1	4	0	शनि	1	1	9
गुरु	0	9	18	शनि	1	7	0	बुध	0	11	27
शनि	0	11	12	बुध	1	5	0	केतु	0	4	27
बुध	0	10	6	केतु	0	7	0	शुक्र	1	2	0
केतु	0	4	6	शुक्र	1	8	0	सूर्य	0	4	6
शुक्र	1	0	0	सूर्य	0	6	0	चन्द्र	0	7	0

विंशोत्तरी महादशान्तर्दशा सारणी

सारणी 16/24

राहु 18 वर्ष				गुरु 16 वर्ष				शनि 19 वर्ष			
ग्रह	वर्ष	माह	दिन	ग्रह	वर्ष	माह	दिन	ग्रह	वर्ष	माह	दिन
राहु	2	8	12	गुरु	2	1	18	शनि	3	0	3
गुरु	2	4	24	शनि	2	6	12	बुध	2	8	9
शनि	2	10	6	बुध	2	3	4	केतु	1	1	9
बुध	2	6	18	केतु	0	11	6	शुक्र	3	2	0
केतु	1	0	18	शुक्र	2	8	0	सूर्य	0	11	12
शुक्र	3	0	0	सूर्य	0	9	18	चन्द्र	1	7	0
सूर्य	0	10	24	चन्द्र	1	4	0	मंगल	1	0	9
चन्द्र	1	6	0	मंगल	0	11	6	राहु	2	10	6
मंगल	1	0	18	राहु	2	9	24	गुरु	2	6	12

विंशोत्तरी महादशान्तर्दशा सारणी

सारणी 16/24

बुध 17 वर्ष				केतु 7 वर्ष				शुक्र 20 वर्ष			
ग्रह	वर्ष	माह	दिन	ग्रह	वर्ष	माह	दिन	ग्रह	वर्ष	माह	दिन
बुध	2	4	27	केतु	0	4	27	शुक्र	3	4	0
केतु	0	11	27	शुक्र	1	2	0	सूर्य	1	0	0
शुक्र	2	10	0	सूर्य	0	4	6	चन्द्र	1	3	0
सूर्य	0	10	6	चन्द्र	0	7	0	मंगल	1	2	0
चन्द्र	1	5	0	मंगल	0	4	27	राहु	3	0	0
मंगल	0	11	27	राहु	1	0	18	गुरु	2	8	0
राहु	2	6	18	गुरु	0	11	6	शनि	3	2	0
गुरु	2	3	6	शनि	1	1	9	बुध	2	10	0
शनि	2	8	9	बुध	0	11	27	केतु	1	2	0

विंशोत्तरी महादशाओं की अन्तर्दशाओं में प्रत्यन्तर

महादशा सूर्य

सारणी 16/25

सूर्य अन्तर्दशा					चन्द्रमा अन्तर्दशा					मंगल अन्तर्दशा				
ग्रह	मा॰	दि॰	घ॰	प॰	ग्रह	मा॰	दि॰	घ॰	प॰	ग्रह	ा॰	दि॰	घ॰	प॰
सू॰	0	5	24	0	च॰	0	15	0	0	मं॰	0	7	21	0
चं॰	0	9	0	0	म॰	10	30	0	0	रा॰	0	18	54	0
मं॰	0	6	18	0	रा॰	0	27	0	0	गु॰	0	16	48	0
रा॰	0	16	12	0	गु॰	0	24	0	0	श॰	0	18	57	0
गु॰	0	14	24	0	श॰	0	28	30	0	बु॰	0	17	51	0
श॰	0	17	6	0	बु॰	0	25	30	0	के॰	0	7	21	0
बु॰	0	15	18	0	के॰	0	10	30	0	शु॰	1	21	0	0
के॰	0	6	18	0	शु॰	1	0	0	0	सू॰	0	6	18	0
शु॰	0	18	0	0	सू॰	0	9	0	0	चं॰	0	10	30	0

विंशोत्तरी महादशाओं की अन्तर्दशाओं में प्रत्यन्तर

महादशा सूर्य

सारणी 16/25

राहु अन्तर्दशा					गुरु अन्तर्दशा					शनि अन्तर्दशा				
ग्रह	मा॰	दि॰	घ॰	प॰	ग्रह	मा॰	दि॰	घ॰	प॰	ग्रह	मा॰	दि॰	घ॰	प॰
रा॰	1	18	36	0	गु॰	1	8	24	0	श॰	1	24	9	0
गु॰	1	13	12	0	श॰	1	15	36	0	बु॰	1	18	27	0
श॰	1	21	18	0	बु॰	1	10	48	0	के॰	0	19	57	0
बु॰	1	15	54	0	के॰	0	16	48	0	शु॰	1	27	0	0
के॰	0	18	54	0	शु॰	1	18	0	0	सू॰	0	17	6	0
शु॰	1	24	0	0	सू॰	0	14	24	0	चं॰	0	28	30	0
सू॰	0	16	12	0	चं॰	0	24	0	0	मं॰	0	19	57	0
चं॰	0	24	0	0	मं॰	0	16	48	0	रा॰	1	21	28	0
मं॰	0	18	54	0	रा॰	1	13	12	0	गु॰	1	15	36	0

विंशोत्तरी महादशाओं की अन्तर्दशाओं में प्रत्यन्तर

महादशा सूर्य

सारणी 16/25

बुध अन्तर्दशा					केतु अन्तर्दशा					शुक्र अन्तर्दशा				
ग्रह	मा॰	दि॰	घ॰	प॰	ग्रह	मा॰	दि॰	घ॰	प॰	ग्रह	मा॰	दि॰	घ॰	प॰
बु॰	1	13	21	0	के॰	0	7	21	0	शु॰	2	0	0	0
के॰	0	17	51	0	शु॰	0	21	0	0	सू॰	0	18	0	0
शु॰	1	21	0	0	सू॰	0	6	18	0	चं॰	1	0	0	0
सू॰	0	15	18	0	चं॰	0	10	30	0	मं॰	0	21	0	0
चं॰	0	25	30	0	मं॰	0	7	21	0	रा॰	1	24	0	0
मं॰	0	17	51	0	रा॰	0	18	54	0	गु॰	1	18	0	0
रा॰	1	15	54	0	गु॰	0	16	48	0	श॰	1	27	0	0
गु॰	1	10	45	0	श॰	0	19	57	0	बु॰	1	21	0	0
श॰	1	18	27	0	बु॰	0	17	51	0	के॰	0	21	0	0

विंशोत्तरी महादशाओं की अन्तर्दशाओं में प्रत्यन्तर

महादशा चन्द्रमा

सारणी 16/25

चन्द्रमा अन्तर्दशा					मंगल अन्तर्दशा					राहु अन्तर्दशा				
ग्रह	मा॰	दि॰	घ॰	प॰	ग्रह	मा॰	दि॰	घ॰	प॰	ग्रह	मा॰	दि॰	घ॰	प॰
चं.	0	25	0	0	मं.	0	12	15	0	रा.	2	21	0	0
मं.	0	17	30	0	रा.	1	1	30	0	गु.	2	12	0	0
रा.	1	15	0	0	गु.	0	28	0	0	श.	2	25	30	0
गु.	1	10	0	0	श.	1	3	15	0	बु.	2	16	30	0
श.	1	17	30	0	बु.	0	29	45	0	के.	1	1	30	0
बु.	1	12	30	0	के.	0	12	15	0	शु.	3	0	0	0
के.	0	17	30	0	शु.	1	5	0	0	सू.	0	27	0	0
शु.	1	20	0	0	सू.	0	10	30	0	चं.	1	15	0	0
सू.	0	15	0	0	चं.	0	17	30	0	मं.	1	1	30	0

विंशोत्तरी महादशाओं की अन्तर्दशाओं में प्रत्यन्तर

महादशा चन्द्रमा

सारणी 16/25

गुरु अन्तर्दशा					शनि अन्तर्दशा					बुध अन्तर्दशा				
ग्रह	मा॰	दि॰	घ॰	प॰	ग्रह	मा॰	दि॰	घ॰	प॰	ग्रह	मा॰	दि॰	घ॰	प॰
गु॰	2	4	0	0	श॰	3	0	15	0	बु॰	2	12	15	0
श॰	2	16	0	0	बु॰	2	20	45	0	के॰	0	29	45	0
बु॰	2	8	0	0	के॰	1	3	15	0	शु॰	2	25	0	0
के॰	0	28	0	0	शु॰	3	5	0	0	सू॰	0	25	30	0
शु॰	2	20	0	0	सू॰	0	28	30	0	चं॰	1	12	30	0
सू॰	0	24	0	0	चं॰	1	17	30	0	मं॰	0	29	45	0
चं॰	1	10	0	0	मं॰	1	3	15	0	रा॰	2	16	30	0
मं॰	0	28	0	0	रा॰	2	25	30	0	गु॰	2	8	0	0
रा॰	2	12	0	0	गु॰	2	16	0	0	श॰	2	20	45	0

विंशोत्तरी महादशाओं की अन्तर्दशाओं में प्रत्यन्तर

महादशा चन्द्रमा

सारणी 16/25

केतु अन्तर्दशा					शुक्र अन्तर्दशा					सूर्य अन्तर्दशा				
ग्रह	मा॰	दि॰	घ॰	प॰	ग्रह	मा॰	दि॰	घ॰	प॰	ग्रह	मा॰	दि॰	घ॰	प॰
के॰	0	12	15	0	शु॰	3	10	0	0	सू॰	0	9	0	0
शु॰	1	5	0	0	सू॰	1	0	0	0	चं॰	0	15	0	0
सू॰	0	10	30	0	चं॰	1	20	0	0	मं॰	0	10	30	0
चं॰	0	17	30	0	मं॰	1	5	0	0	रा॰	0	27	0	0
मं॰	0	12	15	0	रा॰	3	0	0	0	गु॰	0	24	0	0
रा॰	1	1	30	0	गु॰	2	20	0	0	श॰	0	28	30	0
गु॰	0	28	0	0	श॰	3	5	0	0	बु॰	0	25	30	0
श॰	1	3	15	0	बु॰	2	25	0	0	के॰	0	10	30	0
बु॰	0	29	45	0	के॰	1	5	0	0	शु॰	1	0	0	0

विंशोत्तरी महादशाओं की अन्तर्दशाओं में प्रत्यन्तर

महादशा मंगल

सारणी 16/25

मंगल अन्तर्दशा					राहु अन्तर्दशा					गुरु अन्तर्दशा				
ग्रह	मा॰	दि॰	घ॰	प॰	ग्रह,	मा॰	दि॰	घ॰	प॰	ग्रह	मा॰	दि॰	घ॰	प॰
मं॰	0	8	34	30	रा॰	1	26	42	0	गु॰	1	14	48	0
रा॰	0	12	2	0	गु॰	1	20	24	0	श॰	1	23	12	0
गु॰	0	19	36	0	श॰	1	29	51	0	बु॰	1	17	36	0
श॰	0	23	16	30	बु॰	1	23	33	0	के॰	0	19	36	0
बु॰	0	20	49	30	के॰	0	22	3	0	शु॰	1	26	0	0
के॰	0	8	34	30	शु॰	2	3	0	0	सू॰	0	16	48	0
शु॰	0	24	30	0	सू॰	0	18	54	0	चं॰	0	28	0	0
सू॰	0	7	21	0	चं॰	1	1	30	0	मं॰	0	19	36	0
चं॰	0	12	15	0	मं॰	0	22	3	0	रा॰	1	20	24	0

विंशोत्तरी महादशाओं की अन्तर्दशाओं में प्रत्यन्तर

महादशा मंगल

सारणी 16/25

शनि अन्तर्दशा					बुध अन्तर्दशा					केतु अन्तर्दशा				
ग्रह	मा॰	दि॰	घ॰	प॰	ग्रह	मा॰	दि॰	घ॰	प॰	ग्रह	मा॰	दि॰	घ॰	प॰
श॰	2	3	10	30	बु॰	1	20	34	30	के॰	0	8	34	30
बु॰	1	26	31	30	के॰	0	20	49	30	शु॰	0	24	30	0
के॰	0	23	16	30	शु॰	1	29	30	0	सू॰	0	7	21	0
शु॰	2	6	30	0	सू॰	0	17	51	0	चं॰	0	12	15	0
सू॰	0	19	57	0	चं॰	0	29	45	0	मं॰	0	8	34	30
चं॰	1	3	15	0	मं॰	0	20	49	30	रा॰	0	22	3	0
मं॰	0	23	16	30	रा॰	1	23	33	0	गु॰	0	19	36	0
रा॰	1	29	51	0	गु॰	1	17	36	0	श॰	0	23	16	30
गु॰	1	23	12	0	श॰	1	26	31	30	बु॰	0	20	49	30

विंशोत्तरी महादशाओं की अन्तर्दशाओं में प्रत्यन्तर

महादशा मंगल

सारणी 16/25

शुक्र अन्तर्दशा					सूर्य अन्तर्दशा					चन्द्रमा अन्तर्दशा				
ग्रह	मा०	दि०	घ०	प०	ग्रह	मा०	दि०	घ०	प०	ग्रह	मा०	दि०	घ०	प०
शु०	2	10	0	0	सू०	0	6	18	0	चं०	0	17	30	0
सू०	0	21	0	0	चं०	0	10	30	0	मं०	0	12	15	0
चं०	1	5	0	0	मं०	0	7	21	0	रा०	1	1	30	0
मं०	0	24	30	0	रा०	0	18	54	0	गु०	0	28	0	0
रा०	2	3	0	0	गु०	0	16	48	0	श०	1	3	15	0
गु०	1	26	0	0	श०	0	19	57	0	बु०	0	29	45	0
श०	2	6	30	0	बु०	0	17	51	0	के०	0	12	15	0
बु०	1	29	30	0	के०	0	7	21	0	शु०	1	5	0	0
के०	0	24	30	0	शु०	0	0	21	0	सू०	0	10	30	0

विंशोत्तरी महादशाओं की अन्तर्दशाओं में प्रत्यन्तर

महादशा राहु

सारणी 16/25

राहु अन्तर्दशा					गुरु अन्तर्दशा					शनि अन्तर्दशा				
ग्रह	मा॰	दि॰	घ॰	प॰	ग्रह	मा॰	दि॰	घ॰	प॰	ग्रह	मा॰	दि॰	घ॰	प॰
रा॰	4	25	48	0	गु॰	4	25	12	0	श॰	5	12	27	0
गु॰	4	9	36	0	श॰	4	16	48	0	बु॰	4	25	21	0
श॰	5	3	54	0	बु॰	4	2	24	0	के॰	1	29	51	0
बु॰	4	17	42	0	के॰	1	20	24	0	शु॰	5	21	0	0
के॰	1	26	42	0	शु॰	4	24	0	0	सू॰	1	21	18	0
शु॰	5	12	0	0	सू॰	1	13	12	0	चं॰	2	25	30	0
सू॰	1	18	36	0	चं॰	2	12	0	0	मं॰	1	29	51	0
चं॰	2	21	0	0	मं॰	1	20	24	0	रा॰	5	3	54	0
मं॰	1	26	42	0	रा॰	4	9	36	0	गु॰	4	16	48	0

विंशोत्तरी महादशाओं की अन्तर्दशाओं में प्रत्यन्तर

महादशा राहु

सारणी 16/25

बुध अन्तर्दशा					केतु अन्तर्दशा					शुक्र अन्तर्दशा				
ग्रह	मा॰	दि॰	घ॰	प॰	ग्रह	मा॰	दि॰	घ॰	प॰	ग्रह	मा॰	दि॰	घ॰	प॰
बु॰	4	10	3	0	के॰	0	22	3	0	शु॰	6	0	0	0
के॰	1	23	33	0	शु॰	2	3	0	0	सू॰	1	24	0	0
शु॰	5	3	0	0	सू॰	0	18	54	0	च॰	3	0	0	0
सू॰	1	15	54	0	चं॰	1	1	30	0	मं॰	2	3	0	0
चं॰	2	16	30	0	मं॰	0	22	3	0	रा॰	5	12	0	0
मं॰	1	23	33	0	रा॰	1	26	42	0	गु॰	4	24	0	0
रा॰	4	17	42	0	गु॰	1	20	24	0	श॰	5	21	0	0
गु॰	4	2	24	0	श॰	1	29	51	0	बु॰	5	3	0	0
श॰	4	25	21	0	बु॰	1	23	33	0	के॰	2	3	0	0

विंशोत्तरी महादशाओं की अन्तर्दशाओं में प्रत्यन्तर

महादशा राहु

सारणी 16/25

सूर्य अन्तर्दशा					चन्द्रमा अन्तर्दशा					मंगल अन्तर्दशा				
ग्रह	मा॰	दि॰	घ॰	प॰	ग्रह	मा॰	दि॰	घ॰	प॰	ग्रह	मा॰	दि॰	घ॰	प॰
सू॰	0	16	12	0	चं॰	1	15	0	0	मं॰	0	22	3	0
चं॰	0	27	0	0	मं॰	1	1	30	0	रा॰	1	26	42	0
मं॰	0	18	54	0	रा॰	2	21	0	0	गु॰	1	20	24	0
रा॰	1	18	36	0	गु॰	2	12	0	0	श॰	1	29	51	0
गु॰	1	13	12	0	श॰	2	25	30	0	बु॰	0	23	33	0
श॰	1	21	18	0	बु॰	2	16	30	0	के॰	0	22	3	0
बु॰	1	15	54	0	के॰	1	1	30	0	शु॰	2	3	0	0
के॰	0	18	54	0	शु॰	3	0	0	0	सू॰	0	18	54	0
शु॰	1	24	0	0	सू॰	0	27	0	0	चं॰	1	1	3	0

विंशोत्तरी महादशाओं की अन्तर्दशाओं में प्रत्यन्तर

सारणी 16/25

महादशा गुरु

गुरु अन्तर्दशा					शनि अन्तर्दशा					बुध अन्तर्दशा				
ग्रह	मा॰	दि॰	घ॰	प॰	ग्रह	मा॰	दि॰	घ॰	प॰	ग्रह	मा॰	दि॰	घ॰	प॰
गु॰	3	12	24	0	श॰	4	24	24	0	बु॰	3	24	25	0
श॰	4	1	36	0	बु॰	4	9	12	0	के॰	1	17	36	0
बु॰	3	18	48	0	के॰	1	23	12	0	शु॰	4	16	0	0
के॰	1	14	48	0	शु॰	5	2	0	0	सू॰	1	10	48	0
शु॰	4	8	0	0	सू॰	1	15	36	0	चं॰	2	8	0	0
सू॰	1	8	24	0	चं॰	2	16	0	0	मं॰	1	17	36	0
चं॰	2	4	0	0	मं॰	1	23	12	0	रा॰	4	2	24	0
मं॰	1	14	48	0	रा॰	4	16	48	0	गु॰	3	18	48	0
रा॰	3	25	12	0	गु॰	4	1	36	0	श॰	4	9	12	0

विंशोत्तरी महादशाओं की अन्तर्दशाओं में प्रत्यन्तर

महादशा गुरु

सारणी 16/25

केतु अन्तर्दशा					शुक्र अन्तर्दशा					सूर्य अन्तर्दशा				
ग्रह	मा॰	दि॰	घ॰	प॰	ग्रह	मा॰	दि॰	घ॰	प॰	ग्रह	मा॰	दि॰	घ॰	प॰
के॰	0	19	36	0	शु॰	5	10	0	0	सू॰	0	14	24	0
शु॰	1	26	0	0	सू॰	1	18	0	0	चं॰	0	24	0	0
सू॰	0	16	48	0	चं॰	2	20	0	0	मं॰	0	16	48	0
चं॰	0	28	0	0	मं॰	1	26	0	0	रा॰	1	13	12	0
मं॰	0	19	36	0	रा॰	4	24	0	0	गु॰	1	8	24	0
रा॰	1	20	24	0	गु॰	4	8	0	0	श॰	1	15	36	0
गु॰	1	14	48	0	श॰	5	2	0	0	बु	1	10	48	0
श॰	1	23	12	0	बु॰	4	16	0	0	के॰	0	16	48	0
बु॰	1	17	36	0	के॰	1	26	0	0	शु॰	1	18	0	0

विंशोत्तरी महादशाओं की अन्तर्दशाओं में प्रत्यन्तर

महादशा गुरु

सारणी 16/25

चन्द्रमा अन्तर्दशा					मंगल अन्तर्दशा					राहु अन्तर्दशा				
ग्रह	मा॰	दि॰	घ॰	प॰	ग्रह	मा॰	दि॰	घ॰	प॰	ग्रह	मा॰	दि॰	घ॰	प॰
चं॰	1	10	0	0	मं॰	0	19	36	0	रा॰	4	9	36	0
मं॰	0	28	0	0	रा॰	1	20	24	0	गु॰	3	25	12	0
रा॰	2	12	0	0	गु॰	1	14	48	0	श॰	4	16	48	0
गु॰	2	4	0	0	श॰	1	23	12	0	बु॰	4	2	24	0
श॰	2	16	0	0	बु॰	1	17	36	0	के॰	1	20	24	0
बु	2	8	0	0	के॰	0	19	36	0	शु॰	4	24	0	0
के॰	0	28	0	0	शु॰	1	26	0	0	सू॰	1	13	12	0
शु॰	2	20	0	0	सू॰	0	16	48	0	चं॰	2	12	0	0
सू॰	0	24	0	0	चं॰	0	28	0	0	मं॰	1	20	24	0

विंशोत्तरी महादशाओं की अन्तर्दशाओं में प्रत्यन्तर

महादशा शनि

सारणी 16/25

शनि अन्तर्दशा					बुध अन्तर्दशा					केतु अन्तर्दशा				
ग्रह	मा॰	दि॰	घ॰	प॰	ग्रह	मा॰	दि॰	घ॰	प॰	ग्रह	मा॰	दि॰	घ॰	प॰
श॰	5	21	28	30	बु॰	4	17	16	30	के॰	0	23	16	30
बु॰	5	3	25	30	के॰	1	26	31	30	शु॰	2	6	30	0
के॰	2	3	10	30	शु॰	5	11	30	0	सू॰	0	19	57	0
शु॰	6	0	30	0	सू॰	1	18	27	0	चं॰	1	3	15	0
सू॰	1	24	9	0	चं॰	2	20	45	0	मं॰	0	23	16	30
चं॰	3	0	15	0	मं॰	1	26	31	30	रा॰	1	29	51	0
मं॰	2	3	10	30	रा॰	4	25	21	0	गु॰	1	23	12	0
रा॰	5	12	27	0	गु॰	4	9	12	0	श॰	2	3	10	30
गु॰	4	24	24	0	श॰	5	3	25	30	बु॰	1	26	31	30

विंशोत्तरी महादशाओं की अन्तर्दशाओं में प्रत्यन्तर

महादशा शनि

सारणी 16/25

शुक्र अन्तर्दशा					सूर्य अन्तर्दशा					चन्द्रमा अन्तर्दशा				
ग्रह	मा॰	दि॰	घ॰	प॰	ग्रह	मा॰	दि॰	घ॰	प॰	ग्रह	मा॰	दि॰	घ॰	प॰
शु॰	6	10	0	0	सू॰	0	17	6	0	चं॰	1	17	30	0
सू॰	1	27	0	0	चं॰	0	28	30	0	मं॰	1	3	15	0
चं॰	3	5	0	0	मं॰	0	19	57	0	रा॰	2	25	30	0
मं॰	2	6	30	0	रा॰	1	21	18	0	गु॰	2	16	0	0
रा॰	5	21	0	0	गु॰	1	15	36	0	श॰	3	0	15	0
गु॰	5	2	0	0	श॰	1	24	9	0	बु॰	2	20	45	0
श॰	6	0	30	0	बु॰	1	18	27	0	के॰	1	3	15	0
बु॰	5	11	30	0	के॰	0	19	57	0	शु॰	3	5	0	0
के॰	2	6	30	0	शु॰	1	27	0	0	सू॰	0	28	30	0

विंशोत्तरी महादशाओं की अन्तर्दशाओं में प्रत्यन्तर

महादशा शनि

सारणी 16/25

मंगल अन्तर्दशा					राहु अन्तर्दशा					गुरु अन्तर्दशा				
ग्रह	मा०	दि०	घ०	प०	ग्रह	मा०	दि०	घ०	प०	ग्रह	मा०	दि०	घ०	प०
मं०	0	23	16	30	रा०	5	3	54	0	गु०	4	1	36	0
रा०	1	29	51	0	गु०	4	16	48	0	श०	4	24	24	0
गु०	1	23	12	0	श०	5	12	27	0	बु०	4	9	12	0
श०	2	3	10	30	बु०	4	25	21	0	के०	1	23	12	0
बु०	1	26	31	30	के०	1	29	51	0	शु०	5	2	0	0
के०	0	23	16	30	शु०	5	21	0	0	सू०	1	15	36	0
शु०	2	6	30	0	सू०	1	21	18	0	चं०	2	16	0	0
सू०	0	19	57	0	चं०	2	25	30	0	मं०	1	23	12	0
चं०	1	3	15	0	मं०	1	29	51	0	रा०	4	16	48	0

विंशोत्तरी महादशाओं की अन्तर्दशाओं में प्रत्यन्तर

महादशा बुध

सारणी 16/25

बुध अन्तर्दशा					केतु अन्तर्दशा					शुक्र अन्तर्दशा				
ग्रह	मा॰	दि॰	घ॰	प॰	ग्रह	मा॰	दि॰	घ॰	प॰	ग्रह	मा॰	दि॰	घ॰	प॰
बु॰	4	2	49	30	के॰	0	20	49	0	शु॰	5	20	0	0
के॰	1	20	34	30	शु॰	1	29	30	0	सू॰	1	21	0	0
शु॰	4	24	30	0	सू॰	0	17	51	0	चं॰	2	25	0	0
सू॰	1	13	21	0	चं॰	0	29	45	0	मं॰	1	29	30	0
चं॰	2	12	15	0	मं॰	0	20	49	30	रा॰	5	3	0	0
मं॰	1	20	34	30	रा॰	1	23	33	0	गु॰	4	16	0	0
रा॰	4	10	3	0	गु॰	1	17	36	0	श॰	5	11	30	0
गु॰	3	25	36	0	श॰	1	26	31	30	बु॰	4	24	30	0
श॰	4	17	16	30	बु॰	1	20	34	30	के॰	1	29	30	0

विंशोत्तरी महादशाओं की अन्तर्दशाओं में प्रत्यन्तर

महादशा बुध

सारणी 16/25

सूर्य अन्तर्दशा					चन्द्रमा अन्तर्दशा					मंगल अन्तर्दशा				
ग्रह	मा॰	दि॰	घ॰	प॰	ग्रह	मा॰	दि॰	घ॰	प॰	ग्रह	मा॰	दि॰	घ॰	प॰
सू॰	0	15	18	0	चं॰	1	12	30	0	मं॰	0	20	49	30
चं॰	0	25	30	0	मं॰	0	29	45	0	रा॰	1	23	33	0
मं॰	0	17	51	0	रा॰	2	16	30	0	गु॰	1	17	36	0
रा॰	0	15	54	0	गु॰	2	8	0	0	श॰	1	26	31	30
गु॰	1	10	48	0	श॰	2	20	39	0	बु॰	1	20	34	30
श॰	1	18	27	0	बु॰	2	12	15	0	के॰	0	20	49	30
बु॰	1	13	21	0	के॰	0	29	45	0	शु॰	1	29	30	0
के॰	0	17	51	0	शु॰	2	25	0	0	सू॰	0	17	51	0
शु॰	1	21	0	0	सू॰	0	25	30	0	चं॰	0	29	45	0

विंशोत्तरी महादशाओं की अन्तर्दशाओं में प्रत्यन्तर

महादशा बुध

सारणी 16/25

राहु अन्तर्दशा					गुरु अन्तर्दशा					शनि अन्तर्दशा				
ग्रह	मा॰	दि॰	घ॰	प॰	ग्रह	मा॰	दि॰	घ॰	प॰	ग्रह	मा॰	दि॰	घ॰	प॰
रा॰	4	17	42	0	गु॰	3	18	48	0	श॰	5	3	25	30
गु॰	4	2	24	0	श॰	4	9	12	0	बु॰	4	17	16	30
श॰	4	25	21	0	बु॰	3	25	36	0	के॰	1	26	31	30
बु॰	4	10	3	0	के॰	1	17	36	0	शु॰	5	11	30	0
के॰	1	23	33	0	शु॰	4	16	0	0	सू॰	1	18	27	0
शु॰	5	3	0	0	सू॰	1	10	48	0	चं॰	2	20	45	0
सू॰	1	15	54	0	चं॰	8	8	0	0	मं॰	1	26	31	30
चं॰	2	16	30	0	मं॰	1	17	36	0	रा॰	4	25	21	0
मं॰	1	23	33	0	रा॰	4	2	24	0	गु॰	4	9	12	0

विंशोत्तरी महादशाओं की अन्तर्दशाओं में प्रत्यन्तर

महादशा केतु

सारणी 16/25

केतु अन्तर्दशा					शुक्र अन्तर्दशा					सूर्य अन्तर्दशा				
ग्रह	मा॰	दि॰	घ॰	प॰	ग्रह	मा॰	दि॰	घ॰	प॰	ग्रह	मा॰	दि॰	घ॰	प॰
के॰	0	8	34	30	शु॰	2	10	0	0	सू॰	0	6	18	0
शु॰	0	24	30	0	सू॰	0	21	0	0	चं॰	0	10	30	0
सू॰	0	7	21	0	चं॰	1	5	0	0	मं॰	0	7	21	0
चं॰	0	12	15	0	मं॰	0	24	30	0	रा॰	0	18	53	0
मं॰	0	8	34	30	रा॰	2	3	0	0	गु॰	0	16	48	0
रा॰	0	22	3	0	गु॰	1	26	0	0	श॰	0	19	57	0
गु॰	0	19	36	0	श॰	2	6	30	0	बु॰	0	17	51	0
श॰	0	23	16	30	बु॰	1	29	30	0	के॰	0	7	21	0
बु॰	0	20	49	30	के॰	0	24	30	0	शु॰	0	21	0	0

विंशोत्तरी महादशाओं की अन्तर्दशाओं में प्रत्यन्तर

महादशा केतु

सारणी 16/25

चन्द्रमा अन्तर्दशा					मंगल अन्तर्दशा					राहु अन्तर्दशा				
ग्रह	मा॰	दि॰	घ॰	प॰	ग्रह	मा॰	दि॰	घ॰	प॰	ग्रह	मा॰	दि॰	घ॰	प॰
चं॰	0	17	30	0	मं॰	0	8	34	30	रा॰	1	26	24	0
मं॰	0	12	15	0	रा॰	0	22	3	0	गु॰	1	20	24	0
रा॰	1	1	30	0	गु॰	0	19	36	0	श॰	1	29	51	0
गु॰	0	28	0	0	श॰	0	23	16	30	बु॰	1	23	33	0
श॰	1	3	15	0	बु॰	0	20	49	30	के॰	0	22	3	0
बु॰	0	29	45	0	के॰	0	8	34	30	शु॰	2	3	0	0
के॰	0	12	15	0	शु॰	0	24	30	0	सू॰	0	18	54	0
शु॰	1	5	0	0	सू॰	0	7	21	0	चं॰	1	1	30	0
सू॰	0	10	30	0	चं॰	0	12	15	0	मं॰	0	22	3	0

विंशोत्तरी महादशाओं की अन्तर्दशाओं में प्रत्यन्तर

महादशा केतु

सारणी 16/25

गुरु अन्तर्दशा					शनि अन्तर्दशा					बुध अन्तर्दशा				
ग्रह	मा॰	दि॰	घ॰	प॰	ग्रह	मा॰	दि॰	घ॰	प॰	ग्रह	मा॰	दि॰	घ॰	प॰
गु॰	1	14	48	0	श॰	2	3	10	30	बु॰	1	20	34	30
श॰	1	23	12	0	बु॰	1	26	31	30	के॰	0	20	49	30
बु॰	1	17	36	0	के॰	0	23	16	30	शु॰	1	29	30	0
के॰	0	19	36	0	शु॰	2	6	30	0	सू॰	0	17	51	0
शु॰	1	26	0	0	सू॰	0	19	57	0	चं॰	0	29	45	0
सू॰	0	16	48	0	चं॰	1	3	15	0	मं॰	0	20	49	0
चं॰	0	28	0	0	मं॰	0	23	16	30	रा॰	1	23	33	0
मं॰	0	19	36	0	रा॰	1	29	51	0	गु॰	1	17	36	0
रा॰	1	20	24	0	गु॰	1	23	12	0	श॰	1	26	31	30

विंशोत्तरी महादशाओं की अन्तर्दशाओं में प्रत्यन्तर

महादशा शुक्र

सारणी 16/25

शुक्र अन्तर्दशा					सूर्य अन्तर्दशा					चन्द्रमा अन्तर्दशा				
ग्रह	मा॰	दि॰	घ॰	प॰	ग्रह	मा॰	दि॰	घ॰	प॰	ग्रह	मा॰	दि॰	घ॰	प॰
शु॰	6	20	0	0	सू॰	0	18	0	0	चं॰	1	20	0	0
सू॰	2	0	0	0	चं॰	1	0	0	0	मं॰	1	5	0	0
चं॰	3	10	0	0	मं॰	0	21	0	0	रा॰	3	0	0	0
मं॰	2	10	0	0	रां॰	1	24	0	0	गु॰	2	20	0	0
रा॰	6	0	0	0	गु॰	1	18	0	0	श॰	3	5	0	0
गु॰	5	10	0	0	श॰	1	27	0	0	बु॰	2	25	0	0
श॰	6	10	0	0	बु॰	1	21	0	0	के॰	1	5	0	0
बु॰	5	20	0	0	के॰	0	21	0	0	शु॰	3	10	0	0
के॰	2	10	0	0	शु॰	2	0	0	0	सू॰	1	0	0	0

विंशोत्तरी महादशाओं की अन्तर्दशाओं में प्रत्यन्तर

महादशा शुक्र

सारणी 16/25

मंगल अन्तर्दशा					राहु अन्तर्दशा					गुरु अन्तर्दशा				
ग्रह	मा॰	दि॰	घ॰	प॰	ग्रह	मा॰	दि॰	घ॰	प॰	ग्रह	मा॰	दि॰	घ॰	प॰
मं.	0	24	30	0	रा.	5	15	0	0	गु.	4	8	0	0
रा.	2	3	0	0	गु.	4	24	0	0	श.	5	2	0	0
गु.	1	26	0	0	श.	5	21	0	0	बु.	4	16	0	0
श.	2	6	30	0	बु.	5	3	0	0	के.	1	26	0	0
बु.	1	29	30	0	के.	2	3	0	0	शु.	5	10	0	0
के.	0	24	30	0	शु.	6	0	0	0	सू.	1	18	0	0
शु.	2	10	0	0	सू.	1	24	0	0	चं.	2	20	0	0
सू.	0	21	0	0	चं.	3	0	0	0	मं.	1	26	0	0
चं.	1	5	0	0	मं.	2	3	0	0	रा.	4	24	0	0

विंशोत्तरी महादशाओं की अन्तर्दशाओं में प्रत्यन्तर

महादशा शुक्र

सारणी 16/25

शनि अन्तर्दशा					बुध अन्तर्दशा					केतु अन्तर्दशा				
ग्रह	मा॰	दि॰	घ॰	प॰	ग्रह	मा॰	दि॰	घ॰	प॰	ग्रह	मा॰	दि॰	घ॰	प॰
श॰	6	0	30	0	बु॰	4	24	30	0	के॰	0	24	30	0
बु॰	5	11	30	0	के॰	1	29	30	0	शु॰	2	10	0	0
के॰	2	6	30	0	शु॰	5	20	0	0	सू॰	0	21	0	0
शु॰	6	10	0	0	सू॰	1	21	0	0	चं॰	1	5	0	0
सू॰	1	27	0	0	चं॰	2	25	0	0	मं॰	0	24	30	0
चं॰	3	5	0	0	मं॰	1	29	30	0	रा॰	2	3	0	0
मं॰	2	6	30	0	रा॰	5	3	0	0	गु॰	1	25	0	0
रा॰	5	21	0	0	गु॰	4	16	0	0	श॰	2	6	30	0
गु॰	5	2	0	0	श॰	5	11	30	0	बु॰	1	29	30	0

अष्टोत्तरी महादशा

अष्टोत्तरी महादशा के अन्तर्गत जातक का जीवन 108 वर्ष का मानकर विभिन्न ग्रहों की महादशाएं उसके जीवन में गुज़रती हैं।

इस पद्धति का प्रचार दक्षिण भारत में अधिक है। अष्टोत्तरी पद्धति में केतु को छोड़कर सूर्य की 6 वर्ष, चन्द्रमा की 15 वर्ष, मंगल की 8 वर्ष, बुध की 17 वर्ष, शनि की 10 वर्ष, गुरु की 19 वर्ष, राहु की 12 वर्ष तथा शुक्र की 21 वर्ष की महादशा रहती है। विशेष ग्रह की महादशा-अन्तर्दशा में उस ग्रह के शुभाशुभ फल का भी विचार किया जाता है।

इस पद्धति में भी जन्म नक्षत्र के अनुसार ही प्रथम महादशा निर्धारित की जाती है।

(1) इस पद्धति में केतु को सम्मिलित नहीं किया जाता है।

(2) इसमें अभिजित नक्षत्र को भी सम्मिलित किया जाता है।

(3) चार पापी ग्रहों को 4-4 तथा चार शुभ ग्रहों को 3-3 नक्षत्र आवंटित किये जाते हैं।

(4) पहले अश्विनी नक्षत्र में राहु की महादशा होती है तथा क्रम से सभी नक्षत्रों को वितरित करने के पश्चात् अन्तिम नक्षत्र रेवती भी राहु के क्षेत्र में ही आता है।

निम्न तालिका से जन्म नक्षत्रानुसार प्रथम महादशा ज्ञात हो सकेगी।

जन्म नक्षत्र एवं अष्टोत्तरी महादशा

ग्रह	सूर्य	चन्द्र	मंगल	बुध	शनि	गुरु	राहु	शुक्र
जन्म नक्षत्र	6 आर्द्रा 7 पुन. 8 पुष्य 9 आश्ले.	10 मघा 11 पू.फा. 12 उ.फा.	13 हस्त 14 चित्रा 15 स्वाति 16 विशाखा	17 अनु. 18 ज्ये. 19 मूल	20 पू.षा. 21 उ.षा 22 अभि. 23 श्रवण	24 धनि. 25 शत. 26 पू. भा.	27 उ.भा. 28 रेवती 1 अश्विनी 2 भरणी	3 कृतिका 4 रोहिणी 5 मृग.
वर्ष	6	15	8	17	10	19	12	21

भुक्त-भोग्यकाल ज्ञात करने की विधि–विंशोत्तरी महादशा की भांति जन्म नक्षत्र का भुक्त (भयात) ज्ञात करके महादशा का भुक्त-भोग्यकाल भी ज्ञात किया जाता है।

उदाहरण– श्रवण नक्षत्र में जन्म है, भभोग 56 घटी तथा भयात 26 घटी 40 पल है। श्रवण नक्षत्र में जन्म होने से शनि की 10 वर्ष की महादशा है।

$$\text{शनि का भुक्त काल} = \frac{\text{26 घटी 40 पल} \times 10}{56} = \text{वर्ष}$$

$$= \frac{\text{1600 पल} \times 10}{3360} = \text{वर्ष}$$

= 4 वर्ष 9 माह 4 दिन

		वर्ष	माह	दिन
शनि महादशा का पूर्ण काल	=	10	0	0
शनि महादशा का भुक्तकाल	(–)	4	9	4
शनि का भोग्यकाल	=	5	2	26

अष्टोत्तरी महादशा का चक्र निम्नानुसार बनाया जाता है :

मान लीजिये, उपर्युक्त बालक का जन्म सम्वत् 2047 सूर्य 5 राशि 20 अंश 12 कला 8 विकला पर हुआ था। इस बालक का अष्टोत्तरी महादशा चक्र निम्नानुसार बनेगा।

अष्टोत्तरी महादशा चक्र

शनि		गुरु	राहु	शुक्र	सूर्य	चन्द्र	मंगल	बुध	
भुक्त	भोग्य								
4	5	19	12	21	6	15	8	17	वर्ष
9	2	0	0	0	0	0	0	0	मास
4	26	0	0	0	0	0	0	0	दिन
2047	2052	2071	2083	2103	2109	2124	2132	2149	संवत्
5	8	8	8	8	8	8	8	8	राशि
20	16	16	16	16	16	16	16	16	अंश
12	12	12	12	12	12	12	12	12	कला
8 जन्म	8	8	8	8	8	8	8	8	विकला

अष्टोत्तरी दशा में अन्तर्दशा ज्ञात करना

जिस ग्रह की महादशा में जिस ग्रह की अन्तर्दशा ज्ञात करनी हो, उन दोनों ग्रहों के वर्षों को गुणा करके 108 का भाग देने से अन्तर्दशा के वर्ष, शेष को 12 से गुणा कर 108 का भाग देने से माह, शेष को 30 से गुणा करके 108 का भाग देने से दिन आते हैं। फिर भी शेष बचे, तो 60 से गुणा करके भाग देने से कलाएं और इसी प्रकार विकलाएं

आती हैं।

उदाहरण–शनि में चन्द्रमा की अन्तर्दशा ज्ञात करनी है।

शनि के दशावर्ष 10, चन्द्रमा के दशावर्ष 15

$$\text{सूत्र} = \frac{\text{शनि के वर्ष} \times \text{चन्द्र के वर्ष}}{108} = \text{वर्ष} = 1 \text{ वर्ष } 4 \text{ माह } 20 \text{ दिन।}$$

इसी प्रकार आठों ग्रहों की महादशाओं में आठों ग्रहों की अन्तर्दशाएं निकाल कर निम्नानुसार अन्तर्दशा चक्र तात्कालिक सन्दर्भ हेतु बना लेना चाहिए।

अष्टोत्तरी महादशान्तर्दशा चक्र **सारणी 17/26**

सूर्य 6 वर्ष				चन्द्रमा 15 वर्ष				मंगल 8 वर्ष				बुध 17 वर्ष			
अन्त	व॰	मा॰	दि॰	अन्त	व॰	मा॰	दि॰	अन्त	व॰	मा॰	दि॰	अन्त	व॰	मा॰	दि॰
सू॰	0	4	0	चं॰	2	1	0	मं॰	0	7	3	बु॰	2	8	3
चं॰	0	10	0	मं॰	1	1	10	बु॰	1	3	3	श॰	1	6	27
मं॰	0	5	10	बु॰	2	4	10	श॰	0	8	27	गु॰	2	11	27
बु॰	0	11	10	श॰	1	4	20	गु॰	1	4	27	रा॰	1	10	20
श॰	0	6	20	गु॰	2	7	20	रा॰	0	10	20	शु॰	3	3	20
गु॰	1	0	6	रा॰	1	8	0	शु॰	1	6	20	सू॰	0	11	10
रा॰	0	8	0	शु॰	2	11	0	सू॰	0	5	10	चं॰	2	4	10
शु॰	1	2	0	सू॰	0	10	0	चं॰	1	1	10	मं॰	1	3	3

अष्टोत्तरी महादशान्तर्दशा चक्र **सारणी 17/26**

शनि 10 वर्ष				गुरु 19 वर्ष				राहु 12 वर्ष				शुक्र 21 वर्ष			
अन्त	व॰	मा॰	दि॰	अन्त	व॰	मा॰	दि॰	अन्त	व॰	मा॰	दि॰	अन्त	व॰	मा॰	दि॰
श॰	0	11	3	गु॰	3	4	3	रा॰	1	4	0	शु॰	4	1	0
गु॰	1	8	3	रा॰	2	1	10	शु॰	2	4	0	सू॰	1	2	0
रा॰	1	1	1	शु॰	3	8	10	सू॰	0	8	0	चं॰	2	11	0
शु॰	1	11	10	सू॰	1	0	20	चं॰	1	8	0	मं॰	1	6	20
सू॰	0	6	20	चं॰	2	7	20	मं॰	0	10	20	बु॰	3	3	20
चं॰	1	4	20	मं॰	1	4	27	बु॰	1	10	20	श॰	1	11	10
मं॰	0	8	27	बु॰	2	11	27	श॰	1	1	10	गु॰	3	8	10
बु॰	1	6	27	श॰	1	9	3	गु॰	2	1	10	रा॰	2	4	0

*

वर्ष लग्न (ताजिक शास्त्र)

प्रत्येक मनुष्य के मन में यह उत्सुकता रहती है कि मेरा अमुक वर्ष ज्योतिष की दृष्टि से कैसा रहेगा। वर्ष में प्रत्येक ग्रह का फल जानने के लिए वर्ष लग्न का साधन किया जाता है। इस विषय को ज्योतिष शास्त्र में ताजिक शास्त्र भी कहते हैं, जबकि जन्म सम्बन्धित विषय को जातक शास्त्र कहते हैं। ताजिक शास्त्र एक अलग और सम्पूर्ण विषय है।

जन्म लग्न के समय जो स्थिति सूर्य की थी, वही एक वर्ष पश्चात् पुनः आ जाती है और उस समय जातक का एक वर्ष पूर्ण हो जाता है। अंग्रेज़ी हिसाब से हम जन्म तारीख को वर्ष का आधार मानते हैं, परन्तु ज्योतिष में सूर्य के राशि-अंशों को ही वर्ष का आधार माना जाता है।

पृथ्वी सूर्य की एक परिक्रमा निरयन देशान्तरों के अनुसार 365.2,56,363 दिन, अर्थात् 365 दिन 6 घण्टे 9 मिनट 10.8 सैकिण्ड में करती है। घण्टा-मिनट के घटी-पल बनाने पर यह अवधि 365 दिन 15 घटी 22 पल 57 विपल आती है।

प्राचीन ज्योतिष शास्त्रियों ने उक्त परिक्रमण काल को निम्न प्रकार माना था।

	दिन	घटी	पल	विपल
1. आर्य सिद्धान्त	365	15	31	15
2. वाराहमिहिर	365	15	31	30
3. सूर्य सिद्धान्त	365	15	31	31
4. पितामह	365	21	15	0
5. ब्रह्मगुप्त	365	15	30	22½
6. सिद्धान्तशिरोमणि	365	15	30	22½
7. ग्रह लाघव	365	15	31	30
8. नवीनतम वेधशाला सिद्ध समय	365	15	22	57

अब तक ग्रह लाघव को अधिक मान्यता दी जाती रही है। इसीलिए पृथ्वी के परिक्रमण काल को 365 दिन 15 घटी 31 पल 30 विपल मानकर वर्ष प्रवेश काल की गणना की जाती रही है।

365 दिन के वार बनाने पर 365 ÷ 7 = लब्धि 52 व शेष 1 रह जाता है। अतः वर्ष लग्न ज्ञात करने के लिए जन्म इष्ट में प्रतिवर्ष में 1 दिन 15 घटी 31 पल तथा 30

विपल जोड़कर वर्ष इष्ट निकालते रहे हैं, परन्तु अब वेधोपलब्ध परिक्रमण काल के आधार पर 1 दिन 15 घटी 22 पल 57 विपल प्रतिवर्ष जोड़ना चाहिए। इसका अर्थ यह हुआ कि गतवर्ष की अपेक्षा प्रतिवर्ष 1 दिन 15 घटी 22 पल 57 विपल विलम्ब से या 366 दिन 15 घटी 22 पल 57 विपल पश्चात् सूर्य के राशि-अंश जन्म समय के राशि-अंशों के समान होते हैं। अतः उसी समय वर्ष प्रवेश होता है। वर्ष प्रवेश इष्ट की गणना के सामान्य नियम निम्न प्रकार हैं :

(i) गताब्द (समाप्त) वर्ष की संख्या को 1/15/22/57 से गुणा करके वार सहित जन्म इष्ट में जोड़ने से अभीष्ट वर्ष का वार एवं इष्ट प्राप्त होता है।

(ii) यदि गताब्द वर्ष का इष्ट ज्ञात हो, तो उसमें केवल 1/15/22/57 जोड़ने से भी वर्तमान वर्ष का इष्ट ज्ञात हो जायेगा।

(iii) वारों की क्रम संख्या रविवार 1, सोमवार 2, मंगलवार 3, बुधवार 4, गुरुवार 5, शुक्रवार 6 व शनिवार 7 या 0 है।

(iv) गुणनफल में यदि वारों की संख्या 7 से अधिक आये, तो 7 का भाग लगा कर शेष वार क्रमांक होगा।

(v) जितने वर्ष की आयु पूर्ण होती है, उसे गताब्द तथा जो वर्ष प्रारम्भ होता है उसे प्रवेशाब्द कहते हैं। इसके लिए वर्तमान सन् या संवत् में से जन्म सन् या संवत् घटा लेना चाहिए।

(vi) आगे दिये जा रहे उदाहरण में गताब्द को 1/15/22/57 से गुणा करना बताया गया है, परन्तु गताब्द के आधार पर जोड़े जाने वाले घटी-पलादि की रेडीमेड सारणियां उपलब्ध हैं, जिनके अनुसार गताब्द के कालम में दी गयी संख्या जन्म इष्ट (वार सहित) में जोड़ना ही रहता है। (सारणी 18/27)

(vii) वार सहित वर्ष प्रवेश इष्ट प्राप्त होने पर पंचांग में अभीष्ट वार की तिथि व तारीख़ देख लें, क्योंकि वार तो गणना से प्राप्त हुआ है, जन्म दिनांक या उससे एक दिन आगे-पीछे वांछित वार मिल जायेगा। उसी वार की तिथि व तारीख़ वर्ष प्रवेश के लिए मान्य होगी।

(viii) सूर्य के राशि-अंश वहीं मिल जाने चाहिए। कभी-कभी कला-विकला में अन्तर आ सकता है। इसका एक कारण यह भी हो सकता है कि जन्म इष्ट में कुछ मिनटों का अन्तर हो या अन्य ग्रहों द्वारा सूर्य के देशान्तरों पर प्रभाव के कारण भी ऐसा हो सकता है।

(ix) वर्ष इष्ट निकलने पर जन्म लग्न की विधि से लग्न ज्ञात कर वर्ष प्रवेश की कुण्डली बना ली जाती है।

(x) वर्ष प्रवेश की कुण्डली भी उसी प्रकार लिखी जाती है। उसमें गताब्द व प्रवेशाब्द आदि लिख देते हैं।

(xi) जन्म लग्न की भांति वर्ष लग्न में भी ग्रह स्पष्ट, भाव स्पष्ट, चलित, वर्ग साधन, महादशा, योगिनी, विंशोत्तरी, ग्रह साधन आदि गणनांएं स्वतन्त्र रूप से करनी चाहिए।

नवीन वेधोपलब्ध वर्ष प्रवेश सारणी

(इष्ट वृद्धि प्रतिवर्ष वार 1, घटी 15, पल 22, विपल 57)

(घटी-पल में) सारणी 18/27 (अ)

गताब्द	1	2	3	4	5	6	7	8	9	10	20	30	40	50	60	70	80	90
वार (दिन)	1	2	3	5	6	0	1	3	4	5	4	2	1	6	5	3	2	1
घटी	15	30	46	1	16	32	47	3	18	33	7	41	15	49	22	56	30	4
पल	22	45	8	31	54	17	40	3	26	49	39	28	18	7	57	46	36	25
विपल	57	54	51	48	45	42	39	36	33	30	0	30	0	30	0	30	0	30

(घण्टा-मिनट में) सारणी 18/27 (ब)

गताब्द	1	2	3	4	5	6	7	8	9	10	20	30	40	50	60	70	80	90
वार दिन	1	2	3	4	6	0	1	3	4	5	4	2	1	6	5	3	2	1
घण्टे	6	12	18	0	6	12	19	1	7	13	3	16	6	19	9	22	12	1
मिनट	9	18	27	36	45	55	4	13	22	31	3	35	7	39	10	42	14	45
सैकिण्ड	11	22	32	43	54	5	16	26	37	48	36	24	12	0	48	36	24	12

सारणी (अ)–अभीष्ट वर्ष हेतु इष्ट वृद्धि की गणना वृद्धि

अभीष्ट गताब्द 53 वर्ष		वार	घटी	पल	विपल
50वें वर्ष के कालम में		6	49	7	30
3 वर्ष के कालम में	(+)	3	46	8	51
	=	10	35	16	21
वार संख्या 7 से अधिक होने से	(–)	7			
54वें वर्ष प्रवेश हेतु (53 गताब्द) इष्ट वृद्धि	=	3	35	16	21

अतः 54वां वर्ष निकालने के लिए वार सहित जन्म इष्ट में 3 वार 35 घटी

16 पल 21 विपल जोड़ने पर वर्ष इष्ट प्राप्त हो जायेगा।

सारणी (ब)–इस सारणी में गताब्द वर्ष के कालम से उपर्युक्त की भांति वार-घण्टा-मिनट-सैकिण्ड की गणना कर वार सहित जन्म समय (घण्टा-मिनट) में जोड़ने से वर्ष प्रवेश का समय इष्ट काल ज्ञात कर वर्षकुण्डली बनायी जा सकती है।

इसी प्रकार उपर्युक्त संक्षिप्त सारणियों से 1 से 100 वर्ष तक की इष्ट वृद्धि या समय वृद्धि प्राप्त हो सकती है।

उदाहरण–जन्म सोमवार ज्येष्ठ कृष्ण 12 संवत् 2020, शाके 1885, इष्ट 42/25, सूर्य 1/5/12, अश्विनी नक्षत्र, गत वर्ष 28, प्रवेशाब्द 29, जन्म रात्रि 10.37।

विधि–जन्म इष्ट में गताब्द × 1/15/22/57 जोड़ें।

गताब्द 28 वर्ष है। अतः 28 × 1/15/22/57 जोड़ना है।

गुणन क्रिया		वार	घटी	पल	विपल
		1	15	22	57
					× 28
		28	420	616	1596
विपल से पल बनाने पर				+ 26	−1560
		28	420	642	36
पल से घटी बनाने पर			+ 10	−600	
		28	430	42	36
घटी से वार बनाने पर	+	7	− 420		
		35	10	42	36
वार 7 से अधिक होने पर	(−)	35			
7 का भाग लगाने पर		0	10	42	36
इसे जन्म इष्ट में जोड़ा (सोमवार)	(+)	2	42	25	0
		2	53	07	36

अतः सोमवार को 53 घटी 7 पल 36 विपल इष्ट पर 29वां वर्ष प्रवेश होगा।

(1) वर्ष प्रवेश सारणी 18/27 (अ) पृष्ठ 317 में 20 गताब्द के कालम में 4/7/39/0 तथा 8 गताब्द के कालम में 3/3/3/36 मिले। दोनों को जोड़ने पर 7/10/42/36 आये। वार 7 हैं। अतः 7 घटाने पर 0/10/42/36 इष्ट वृद्धि आयी। इससे गुणन क्रिया करने का श्रम बच गया।

(2) वर्ष प्रवेश सारणी 18/27 (ब) पृष्ठ 317 में 20 गताब्द के कालम में 4/3/3/36 तथा 8 गताब्द के कालम में 3/1/13/26 मिले। दोनों को जोड़ने पर 7/4/17/2 आये। यहां भी वार 7 हैं। अतः 7 घटाने पर 0/4/17/2 वर्ष प्रवेश हेतु समय वृद्धि घण्टा-मिनट-सैकिण्ड में आयी। जन्म सोमवार को रात्रि 10 बजकर 37 मिनट पर हुआ था।

अतः जोड़ने पर

		वार	घण्टा	मिनट	सैकिण्ड	
जन्म समय		2	22	37	0	(रात्रि 10 बजे का तात्पर्य)
28 गताब्द वर्ष की समय वृद्धि	(+)	0	4	17	2	10 + 12 = 22 बजे से है
		2	26	54	2	
	=	3	2	54	2	

अंग्रेज़ी विधि के अनुसार रात्रि के 12 बजे वार बदलने से मंगलवार प्रातः 2 बजकर 54 मिनट 2 सैकिण्ड पर प्रवेश हुआ।

अब 20 मई के आसपास सोमवार देखा, तो 20 मई 1991 को ही सोमवार निकला तथा तिथि वैशाख शुक्ला सप्तमी संवत् 2048 निकली, परन्तु इष्ट 53/07/36 होने से वर्ष प्रवेश समय रात्रि 2 बजकर 54 मिनट आया। अर्द्धरात्रि के पश्चात् तारीख 21 हो गयी, परन्तु तिथि व वार क्रमशः सप्तमी व सोमवार ही रहा। अंग्रेज़ी कलेण्डर के अनुसार वार 3 मंगलवार आया था। समय वही था।

वर्ष लग्न निकालने की विधि–सूर्य 20 मई को 1 राशि के 5 अंश पर मिल गया था। 1/5 सूर्य के अनुसार, 25° अक्षांश की लग्न सारणी द्वारा

सूर्यफल		7	48	0	
वर्ष इष्ट	(+)	53	07	36	
योगफल	=	0	55	36	लग्न 11/13 मीन

मुन्था–वर्षकुण्डली बनाने से पूर्व मुन्था पर भी विचार करना आवश्यक है। वर्ष लग्न में मुन्था को एक ग्रह के रूप में मान्यता दी जाती है। मुन्था पृथ्वी का द्योतक है। इस प्रकार वर्षकुण्डली में 9 के बजाय 10 ग्रह होते हैं।

मुन्था एक वर्ष तक एक राशि में रहती है तथा जन्म से प्रथम वर्ष पूरा होने तक लग्न में रहती है। प्रथम वर्ष के पश्चात् अगले वर्ष जन्म लग्न राशि से अगली राशि में तथा इसी प्रकार प्रतिवर्ष एक राशि आगे बढ़ती जाती है। अमुक वर्ष की कुण्डली में मुन्था को किस राशि में स्थापित किया जायेगा, यह निम्न सूत्रों से ज्ञात किया जाता है।

विधि–(1) $\frac{\textbf{गताब्द वर्ष + जन्म लग्न}}{\textbf{12}}$

शेष जो हो उसी राशि में मुन्था रखी जायेगी, यथा शेष-1 हो, तो मेष, 0 शेष हो, तो मीन।

उदाहरण– $\frac{\textbf{गताब्द + जन्म लग्न}}{12} = \frac{28 + 9}{12} = \frac{37}{12}$ = शेष 1 राशि मेष

विधि– (2) $\frac{\textbf{गताब्द + 1}}{\textbf{12}}$ शेष जो हो, जन्म लग्न राशि से उतनी ही राशियां (जन्म लग्न सहित गिनने पर) आगे की राशि में मुन्था रहेगी।

उदाहरण– $\frac{\text{गताब्द} + 1}{12} = \frac{28 + 1}{12} = \frac{29}{12} =$ शेष 5

जन्म लग्न (धनु 9) से पांचवीं राशि (9, 10, 11, 12) मेष में मुन्था रहेगी।

विधि (3) रेखाचित्र विधि– एक जन्मकुण्डली बना लें। उसमें राशि की संख्या के स्थान पर राशि का नाम लिख लें। लग्न को प्रथम वर्ष मानकर तथा लग्न में एक लिखकर बायीं ओर वर्ष की संख्या गिनना प्रारम्भ करें। जिस भाव में पहुंचकर प्रवेश वर्ष की संख्या आ जाये, उसी भाव की राशि में मुन्था को स्थापित किया जायेगा।

लग्न (धनु से गिनने पर) 12-12 के दो चक्र बारहवें स्थान पर पूरे हुए। तीसरे चक्र में लग्न में 25वां वर्ष धनु राशि में आया। वहां से गिनने पर 29वां वर्ष मेष राशि में आया। अतः मुन्था 29वें वर्ष की कुण्डलियों में मेष राशि में रहेगी।

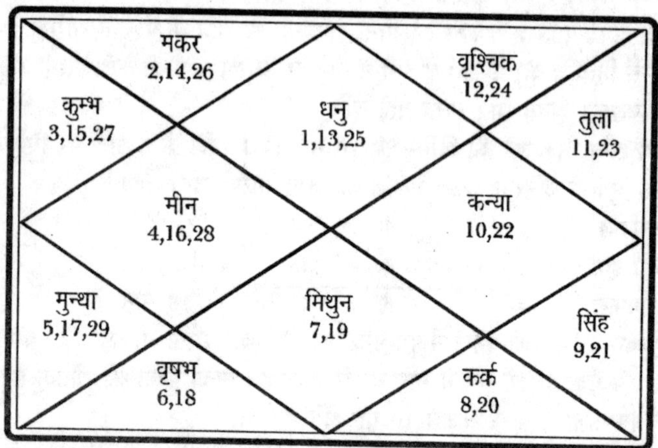

मुन्था की राशि ज्ञात करने के पश्चात् वर्षकुण्डली बनाना बताया जा रहा है। वर्ष प्रवेश की तिथि के दिन ग्रहों की स्थिति ज्ञात कर ग्रहों को सम्बन्धित राशि में रखना है। 20 मई 1991 को ग्रहीय स्थिति निम्नानुसार थी।

सूर्य		चन्द्रमा		मंगल	बुध	गुरु	शुक्र	शनि	राहु	केतु
प्रातः	तात्कालिक	प्रातः	तात्कालिक							
1	1	3	4	3	0	3	2	9	8	2
4	5	24	6	2	10	13	18	13	26	26
45	37	12	26	28	22	29	21	6	31	31
	13	21	21							

वर्ष लग्न

गताब्द 28 प्रवेशाब्द 29

शुभ संवत्सरे श्री विक्रम संवत् 2048, श्री शालिवाहने शाके 1913, ईसवी सन् 1991, प्रवर्त्तमाने सूर्य उत्तरायणे, यशे ऋतु, नाम ग्रीष्म ऋतु, मासोत्तमे मासे शुभे द्वितीय वैशाख, शुक्ल पक्षे, तिथौ सप्तमी। चन्दवासरे 18 घटी 10 पल, दिनांक 21-5-1991। नक्षत्र आश्लेषा 22 घटी 47 पल तदुपरान्त मघा 21 घटी 30 पल। वणिज करण। ध्रुव योग 41 घटी 42 पल, तदुपरान्त व्याघात योग 37 घटी 6 पल। दिनमान 33 घटी 30 पल। सूर्योदय 5.39 (स्टैण्डर्ड) तथा सूर्यास्त 7.03 (स्टैण्डर्ड)। रात्रिमान 26.30।

श्री सूर्योदयादिष्टम् 53 घटी 7 पल 36 विपल। सूर्य 1/5/37/13, लग्न 11/13 पर श्री अजयराज गौड़ का वर्ष 29वां प्रविष्ट।

शुभं भूयात् श्रीरस्तु मंगलमस्तु। शुभम् शुभम्।

वर्ष प्रवेश दिनांक 21 मई 1991 प्रातः 2 बजकर 54 मिनट (स्टैण्डर्ड समय)

तात्कालिक ग्रह स्पष्ट

ग्रह स्पष्ट	सूर्य	चन्द्र	मंगल	बुध	गुरु	शुक्र	शनि	राहु	केतु
राशि	1	4	3	0	3	2	9	8	2
अंश	5	6	2	11	13	19	13	26	26
कला	37	26	59	12	36	18	05	32	32
विकला	13	21	0	0	2	57	0	0	0

वर्ष लग्नम

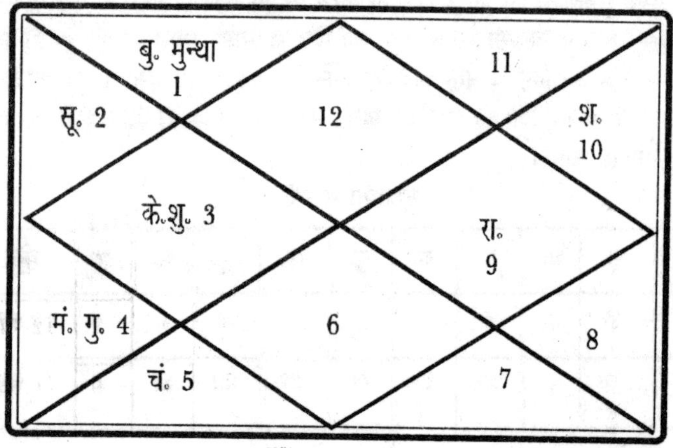

चन्द्र लग्नम

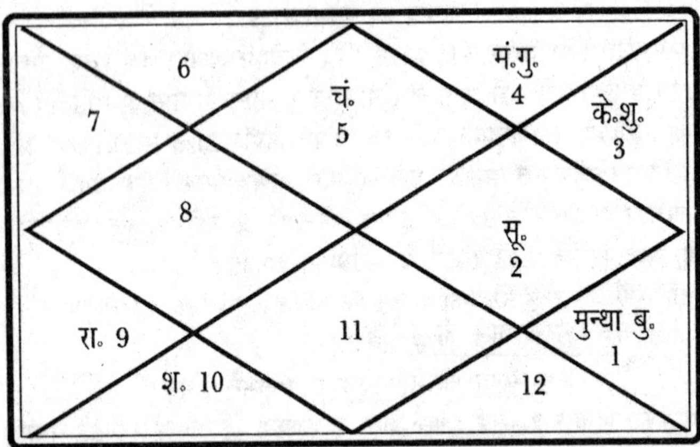

वर्ष में दशा–विंशोत्तरी महादशा को लघु रूप में वर्ष में भी लगाया जाता है। वर्ष में विंशोत्तरी दशा को मुद्दादशा कहते हैं। ग्रहों का क्रम विंशोत्तरी महादशा का (**आ. चं. भौ. रा. जी. श. बु. के. शु.**) ही रहता है। मुद्दादशा की अवधि भी विंशोत्तरी महादशा ग्रहों के वर्षों के अनुपात में ही होती है। इसमें भी विंशोत्तरी के समान वर्ष को 360 दिन तथा प्रत्येक माह को 30 दिन का मानते हैं। मुद्दादशा में विभिन्न ग्रहों की अवधि ज्ञात करने का सूत्र नीचे दिया जा रहा है।

प्रत्येक ग्रह की मुद्दादशा $= \dfrac{\text{दशावर्ष} \times 360}{120} =$ दिन

उपर्युक्तानुसार सूर्य की मुद्दादशा $= \dfrac{6 \times 360}{120} = 18$ दिन

सरल सूत्र–दशावर्ष को 3 से गुणा करने पर मुद्दादशा के दिन आ जाते हैं। सूर्य 6 × 3 = 18 दिन, चन्द्रमा 10 × 3 = 30 दिन (1 माह), मंगल 7 × 3 = 21 दिन, राहु 18 × 3 = 54 दिन (1 माह 24 दिन), शनि 19 × 3 = 57 दिन (1 माह 27 दिन), बुध 17 × 3 = 51 दिन (1 माह 21 दिन), केतु 7 × 3 = 21 दिन, शुक्र 20 × 3 = 60 दिन (2 माह)।

मुद्दादशा सारणी

ग्रह	सू॰	चं॰	मं॰	रा॰	गु॰	श॰	बु॰	के॰	शु॰	योग
माह	0	1	0	1	1	1	1	0	2	**12 माह**
दिन	18	0	21	24	18	27	21	21	0	**(1 वर्ष)**

वर्ष प्रवेश के समय प्रथम मुद्दादशा का निर्धारण–वर्ष प्रवेश के समय मुद्दादशा किस ग्रह की रहेगी, इसका निर्धारण निम्न सूत्र से किया जाता है :

(i) जन्म नक्षत्र की संख्या में गताब्द वर्ष जोड़ें।

(ii) योग में से 2 घटायें, (कृतिका 3 से सूर्य की महादशा प्रारम्भ होने से)।

(iii) शेष में 9 का भाग लगायें। (9 ग्रह होने से)।

जो शेष बचे उसके अनुसार प्रथम मुद्दादशा क्रमानुसार निम्न ग्रहों की होगी :

शेष	1	2	3	4	5	6	7	8	0
प्रथम मुद्दादशा	**सूर्य**	**चन्द्रमा**	**मंगल**	**राहु**	**गुरु**	**शनि**	**बुध**	**केतु**	**शुक्र**

उपर्युक्त कुण्डली का उदाहरण–

$$\frac{\text{जन्म नक्षत्र अश्विनी (1) + गताब्द (28) − 2}}{9}$$

$= \frac{29 - 2}{9} = \frac{27}{9} =$ शेष 0। अतः शुक्र की मुद्दादशा से वर्ष प्रारम्भ होगा।

मुद्दादशा का लेखन– विंशोत्तरी दशा के समान मुद्दादशा चक्र भी संवत् तथा सूर्य राश्यंश के आधार पर बनाया जाता है। इसमें भुक्त व भोग्यकाल ज्ञात करने की आवश्यकता नहीं है। प्रथम ग्रह की पूरी मुद्दादशा भोग्य होती है।

मुद्दादशा चक्र

ग्रह	शुक्र	सूर्य	चन्द्र	मंगल	राहु	गुरु	शनि	बुध	केतु	अवधि
	2	0	1	0	1	1	1	1	0	माह
	0	18	0	21	24	18	27	21	21	दिन
2048	2048	2048	2048	2048	2048	2048	2048	2049	2049	संवत्
1	3	3	4	5	7	8	10	0	1	राशि
5	5	23	23	14	8	26	23	14	5	अंश
37	37	37	37	37	37	37	37	37	37	कला
13	13	13	13	13	13	13	13	13	13	विकला

मुद्दादशा में अन्तर्दशाएं– प्रत्येक ग्रह की मुद्दादशा में विभिन्न ग्रहों की अन्तर्दशाएं उसी क्रम से आती हैं। प्रथम अन्तर्दशा उसी ग्रह की होती है, जिसकी मुद्दादशा है, परन्तु मुद्दादशा की अवधि ज्ञात करने का सूत्र निम्नानुसार है :

(1) मुद्दादशा के दिन बना लें।

(2) जिस ग्रह की अन्तर्दशा ज्ञात करना हो, मुद्दादशा के दिनों को उसी ग्रह के

निम्नलिखित ध्रुवांकों से गुणा करें।

ग्रह	**सूर्य**	**चन्द्रमा**	**मंगल**	**राहु**	**गुरु**	**शनि**	**बुध**	**केतु**	**शुक्र**
ध्रुवांक	4	8	5	5	10	9	7	6	6

(3) गुणनफल अन्तर्दशा की अवधि घटी में होगी।

(4) इन घटियों के आवश्यकतानुसार दिन बना लें।

उदाहरण– (1) सूर्य की मुद्दादशा में सूर्य की अन्तर्दशा

= सूर्य की मुद्दादशा के दिन × 4 (सूर्य का ध्रुवांक) = घटी

= 18 × 4 = 72 घटी = 1 दिन 12 घटी

(2) चन्द्रमा की मुद्दादशा में शुक्र की अन्तर्दशा

= चन्द्रमा की मुद्दादशा के दिन 30 × 6 (शुक्र का ध्रुवांक) = घटी

= 180 घटी = 3 दिन

(3) मंगल की मुद्दादशा में राहु की अन्तर्दशा

मंगल की मुद्दादशा 21 × 5 (राहु का ध्रुवांक) = घटी

= 105 घटी = 1 दिन 45 घटी।

सुविधा के लिए सभी ग्रहों की मुद्दादशा में सभी ग्रहों की अन्तर्दशा की अवधि निम्न तालिका में दी गयी है। ध्रुवांक भी साथ ही दिये गये हैं। इनका चक्र भी संवत् एवं सूर्य राश्यंश के आधार पर बनाया जाना चाहिए।

मुद्दादशान्तर्दशा तालिका

सूर्य–18 दिन				चन्द्रमा–30 दिन				मंगल–21 दिन			
ग्रह	ध्रुवांक	दिन	घटी	ग्रह	ध्रुवांक	दिन	घटी	ग्रह	ध्रुवांक	दिन	घटी
सू०	4	1	12	चं०	8	4	0	मं०	5	1	45
चं०	8	2	24	मं०	5	2	30	रा०	5	1	45
मं०	5	1	30	रा०	5	2	30	गु०	10	3	30
रा०	5	1	30	गु०	10	5	0	श०	9	3	9
गु०	10	3	0	श०	9	4	30	बु०	7	2	27
श०	9	2	42	बु०	7	3	30	के०	6	2	6
बु०	7	2	6	के०	6	3	0	शु०	6	2	6
के०	6	1	48	शु०	6	3	0	सू०	4	1	24
शु०	6	1	48	सू०	4	2	0	चं०	8	2	48

राहु–54 दिन				गुरु–48 दिन				शनि–57 दिन			
ग्रह	ध्रुवांक	दिन	घटी	ग्रह	ध्रुवांक	दिन	घटी	ग्रह	ध्रुवांक	दिन	घटी
रा॰	5	4	30	गु॰	10	8	0	श॰	9	8	33
गु॰	10	9	0	श॰	9	7	12	बु॰	7	6	39
श॰	9	8	6	बु॰	7	5	36	के॰	6	5	42
बु॰	7	6	18	के॰	6	4	48	शु॰	6	5	42
के॰	6	5	24	शु॰	6	4	48	सू॰	4	3	48
शु॰	6	5	24	सू॰	4	3	12	चं॰	8	7	36
सू॰	4	3	36	चं॰	8	6	24	मं॰	5	4	45
चं॰	8	7	12	मं॰	5	4	0	रा॰	5	4	45
मं॰	5	4	30	रा॰	5	4	0	गु॰	10	9	30

बुध–51 दिन				केतु–21 दिन				शुक्र–60 दिन			
ग्रह	ध्रुवांक	दिन	घटी	ग्रह	ध्रुवांक	दिन	घटी	ग्रह	ध्रुवांक	दिन	घटी
बु॰	7	5	47	के॰	6	2	6	शु॰	6	6	0
के॰	6	5	6	शु॰	6	2	6	सू॰	4	4	0
शु॰	6	5	6	सू॰	4	1	24	चं॰	8	8	0
सू॰	4	3	24	चं॰	8	2	48	मं॰	5	5	0
चं॰	8	6	48	मं॰	5	1	45	रा॰	5	5	0
म॰	5	4	15	रा॰	5	1	45	गु॰	10	10	0
रा॰	5	4	15	गु॰	10	3	30	श॰	9	9	0
गु॰	10	8	30	श॰	9	3	9	बु॰	7	7	0
श॰	9	7	39	बु॰	7	2	27	के॰	6	6	0

वर्ष में योगिनी दशा–जन्म लग्न की भांति वर्ष में भी योगिनी मुद्दादशा निकाली जाती है। वर्ष के प्रारम्भ में योगिनी मुद्दादशा निकालने का सूत्र जन्म लग्न की भांति ही है, परन्तु जन्म नक्षत्र में 3 जोड़ने के साथ-साथ गत वर्ष की संख्या भी जोड़नी पड़ती है। इसके पश्चात् योगफल में 8 का भाग लगाने पर शेष 1 हो, तो मंगला, 2 हो, तो पिंगला,

3 हो, तो धन्या, 4 हो, तो भ्रामरी, 5 हो, तो भद्रा, 6 हो, तो उल्का, 7 हो, तो सिद्धा तथा 8 या 0 शेष हो, तो संकटा की प्रथम योगिनी मुद्दादशा वर्ष प्रवेश के समय होगी।

योगिनी मुद्दादशाओं की अवधि–जैसा कि पहले बताया जा चुका है कि जन्म लग्न में 36 वर्ष के एक योगिनी चक्र में प्रत्येक योगिनी की अवधि निम्नानुसार है :

योगिनी	**मंगला**	**पिंगला**	**धन्या**	**भ्रामरी**	**भद्रा**	**उल्का**	**सिद्धा**	**संकटा**
वर्ष	1	2	3	4	5	6	7	8

इसी के आधार पर वर्ष में योगिनी मुद्दादशा की अवधि का सूत्र निम्न प्रकार होगा :

$$\frac{\text{योगिनी वर्ष} \times \overset{10}{\cancel{360}}}{\cancel{36}} = \text{दिन}$$

सरल सूत्र– योगिनी वर्ष को 10 से गुणा करने पर वर्ष में योगिनी के दिन निकल आते हैं।

उदाहरण– भद्रा योगिनी मुद्दादशा की अवधि

$$\frac{\text{भद्रा के वर्ष} \times 360}{36} \text{ या भद्रा के वर्ष} \times 10 = \text{दिन}$$

$$= 5 \times 10 = 50 \text{ दिन} = 1 \text{ माह } 20 \text{ दिन}$$

इसी प्रकार अन्य सभी आठ योगिनियों की अवधि की गणना कर निम्न प्रकार से तालिका बनायी जा सकती है :

योगिनी मुद्दादशा चक्र

योगिनी मुद्दादशा	मंगला	पिंगला	धन्या	भ्रामरी	भद्रा	उल्का	सिद्धा	संकटा
माह	0	0	1	1	1	2	2	2
दिन	10	20	0	10	20	0	10	20

वर्ष में प्रथम योगिनी मुद्दादशा का निर्धारण

उदाहरण–जन्म अश्विनी नक्षत्र, गताब्द 28, प्रवेशाब्द 29

वर्ष प्रवेश संवत् 2048, सूर्य 1 राशि 5 अंश 37 कला 13 विकला

सूत्रानुसार– $\frac{\text{गताब्द} + \text{जन्म नक्षत्र} + 3}{8}$

$$\text{या } \frac{28 + 1 + 3}{8} = 32 \div 8 \text{ लब्धि } 4 \text{ शेष शून्य}$$

शून्य शेष होने से वर्ष के प्रारम्भ से संकटा की योगिनी मुद्दादशा रहेगी। उक्त

जातक का योगिनी मुद्दादशा चक्र निम्नानुसार बनाया जायेगा :

योगिनी मुद्दादशा चक्र

	संकटा	मंगला	पिंगला	धन्या	भ्रामरी	भद्रा	उल्का	सिद्धा	अवधि
	2	0	0	1	1	1	2	2	माह
वर्ष प्रवेश	20	10	20	0	10	20	0	10	दिन
2048	2048	2048	2048	2048	2048	2048	2048	2049	संवत्
1	3	4	4	5	7	8	10	1	राशि
5	25	5	25	25	5	25	25	5	अंश
37	37	37	37	37	37	37	37	37	कला
13	13	13	13	13	13	13	13	13	विकला

ताजिक शास्त्र में ग्रहों की दृष्टि

वर्ष लग्न में ग्रहों की दृष्टि का सिद्धान्त जन्म लग्न से भिन्न है। वर्ष में ग्रहों की दृष्टि निम्नानुसार होती है :

(1) अपने स्थान से पंचम-नवम दृष्टि प्रत्यक्ष स्नेह दृष्टि होती है, जो तीन चरण दृष्टि है, प्रभाव 75%।

(2) अपने स्थान से एकादश-तृतीय दृष्टि गुप्त स्नेह दृष्टि होती है।

(i) एकादश दृष्टि का प्रभाव 5/6 लगभग 84% होता है।

(ii) तृतीय दृष्टि का प्रभाव 2/3 लगभग 67% होता है।

(3) अपने स्थान से चतुर्थ-दशम दृष्टि गुप्त शत्रु दृष्टि है, जो एक चरण दृष्टि है, प्रभाव 25%।

(4) प्रथम-सप्तम दृष्टि प्रत्यक्ष शत्रु दृष्टि है, जो पूर्ण दृष्टि है, प्रभाव 100%।

प्रथम दृष्टि का तात्पर्य उसी ग्रह में पड़े दूसरे ग्रह से है, परन्तु यदि दोनों ग्रह उच्च क्षेत्री, स्वक्षेत्री अथवा निम्न क्षेत्री हों, तो उनकी दृष्टि शुभ फल देती है।

उक्त चारों प्रकार की दृष्टियों को निम्न प्रकार से स्पष्ट किया जा सकता है।

(1) जो ग्रह किसी ग्रह से 3, 5, 9 व 11 स्थानों पर हों वे मित्र होते हैं।

(2) जो ग्रह किसी ग्रह से 1, 4, 7 व 10 स्थानों पर हों वे शत्रु होते हैं।

(3) जो ग्रह किसी ग्रह से 2, 6, 8 व 12 स्थानों पर हों वे सम होते हैं।

उक्त के आधार पर उदाहरण कुण्डली का तात्कालिक मित्रामित्रता चक्र निम्नानुसार बनेगा :

ग्रह	मित्र	सम	शत्रु
सूर्य	मं. गु. श.	शु. बु.	चं.
चन्द्र	बु. शु.	श. मं. गु.	सू.
मंगल	सू.	चं. शु.	गु. बु. श.
बुध	सू.	चं. शु.	बु. मं. श.
गुरु	शु. चं.	सू.	मं. गु. श.
शुक्र	चं. बु.	मं. गु.	श. सू.
शनि	सू.	शु. चं.	मं. गु. बु.

दृष्टि दीप्तांश– ग्रहों का उपर्युक्त दृष्टि-सम्बन्ध प्रभावशाली रहेगा अथवा निर्बल रहेगा, यह ग्रहों के दीप्तांश तथा उन दोनों ग्रहों के अंशान्तरों से ज्ञात किया जाता है।

ग्रहों के दीप्तांश (प्रभावशाली अंश) निम्न प्रकार हैं :

ग्रह	सू.	चं.	मं.	बु.	गु.	शु.	श.
दीप्तांश	15	12	8	7	9	7	9

यदि दो ग्रहों (द्रष्टा व दृष्ट) के अंशों (राशि को छोड़कर) में अन्तर उन दोनों ग्रहों के औसत दीप्तांश से कम है, तो दोनों ग्रह दीप्तांश के भीतर माने जाते हैं और उनकी दृष्टि प्रभावशाली रहेगी।

यदि अंशान्तर औसत दीप्तांश से अधिक है, तो दोनों ग्रह दीप्तांश से परे माने जाते हैं और दृष्टि अप्रभावशली (निर्बल) रहेगी।

उक्त वर्षकुण्डली में,

उदाहरण–(1) सूर्य तृतीय भाव में तथा शनि एकादश भाव में है।

अतः दोनों में नवम-पंचम स्नेह दृष्टि है।

औसत दीप्तांश सूर्य शनि

$$15 + 9 = 24 \div 2 = 12°$$

सूर्य 1/5, शनि 9/13, अंशान्तर 13–5 = 8° है।

अंशान्तर औसत दीप्तांश से कम है। अतः यह दृष्टि प्रभावशाली रहेगी।

(2) शनि एकादश भाव में तथा मंगल पंचम भाव में है, दोनों एक-दूसरे को सप्तम दृष्टि से देखते हैं, जो शत्रु दृष्टि है।

औसत दीप्तांश शनि मंगल

$$9 + 8 = 17 \div 2 = 8\tfrac{1}{2}°$$

शनि 9/13, मंगल 3/2 अंशान्तर 13–2 = 11° है।

अंशान्तर औसत दीप्तांश से अधिक है। अतः यह दृष्टि अप्रभावशाली (निर्बल) रहेगी।

वर्ष लग्न में ग्रहों का हर्षबल– वर्ष लग्न में ग्रहों का बल देखने की एक विधि हर्षबल साधन है। हर्षबल निम्न 4 प्रकार से होता है :

(1) सूर्य नवम भाव में, चन्द्रमा तृतीय भाव में, मंगल षष्ठ भाव में, बुध लग्न में, गुरु एकादश भाव में, शुक्र पंचम भाव में तथा शनि द्वादश भाव में हर्षबली होते हैं।

(2) स्वगृही एवं उच्च राशिस्थ ग्रह हर्षबली होते हैं।

(3) (i) स्त्री ग्रह चन्द्र, शुक्र ग्रह तथा नपुंसक ग्रह (बुध व शनि) 1, 2, 3, 7, 8 व 9वें भावों में हर्षबली होते हैं।

(ii) पुरुष ग्रह सूर्य, मंगल व गुरु 4, 5, 6, 10, 11 व 12वें भावों में हर्षबली होते हैं।

(4)(i) स्त्री व नपुंसक ग्रह रात्रि में (यदि वर्ष प्रवेश रात्रि में हो) हर्षित होते हैं।

(ii) पुरुष ग्रह दिन में (यदि वर्ष प्रवेश दिन में हो) हर्षित होते हैं।

उक्त हर्षबल के अन्तर्गत चार बलों का प्रत्येक ग्रह का बल अधिकतम 20 बिस्वा है, प्रत्येक प्रकार के 5 बिस्वा। यदि हर्षबल प्राप्त हो, तो 5 बिस्वा, अन्था शून्य के आधार पर प्रत्येक का मूल्यांकन किया जाता है। जिस ग्रह का हर्षबल 0 हो, वह निर्बल, 5 हो, तो अल्प बली, 10 हो, तो मध्य बली और 15 बिस्वा या इससे अधिक हो, तो पूर्ण बली माना जाता है।

उदाहरण कुण्डली में विभिन्न ग्रहों का हर्षबल (बिस्वा)

ग्रह	सू०	चं०	मं०	बु०	गु०	शु०	श०	पूर्ण बल
1. भाव बल	0	0	0	0	0	0	0	5
2. उच्च/स्वगृही	0	0	0	0	5	0	5	5
3. पुरुष-स्त्री भाव	0	0	5	5	5	5	0	5
4. पुरुष-स्त्री काल	0	5	0	5	0	5	5	5
योगबल	0	5	5	10	10	10	10	20

वर्षेश या वर्षपति– अभीष्ट वर्ष के स्वामी, वर्षेश या वर्षपति होने का अधिकार पांच ग्रहों को है। इन्हें पंचाधिकारी कहते हैं। इनमें से जो सबसे बली हो, वही वर्षेश होता है, परन्तु उसकी दृष्टि लग्न पर होना आवश्यक है। जैसा कि ऊपर बताया गया है कि तृतीय-एकादश की अपेक्षा नवम-पंचम दृष्टि अधिक शुभ एवं प्रभावशाली है। यदि 2 या 3 ग्रहों का बल बराबर हो, तो अधिक बलवती दृष्टि वाला ग्रह वर्षेश होगा। यदि पांचों ग्रह बलहीन या समान बली हों और पांचों की दृष्टि भी समान बलवती हो, तो मुन्थापति

वर्षेश होता है। यदि इन पांचों ग्रहों में से कोई भी ग्रह लग्नेश को न देखे, तो वर्ष लग्न का स्वामी वर्षेश होता है। यदि सर्वबली ग्रह लग्न को न देखे, तो वह वर्षेश नहीं हो सकता। उससे कम बली लग्न को देखने वाला ग्रह वर्षेश हो सकता है। यदि सभी ग्रहों की दृष्टि समान हो, तो सबसे अधिक बली ग्रह वर्षेश होता है।

पंचाधिकारी

(1) **जन्म लग्नेश**–(जन्म लग्न राशि का स्वामी)

(2) **वर्ष लग्नेश**–(वर्ष लग्न राशि का स्वामी)

(3) **मुन्थेश**–(मुन्था की राशि का स्वामी)

(4) **समय पति**–दिन अथवा रात्रि में प्रवेशानुसार। यदि दिन में वर्ष प्रवेश हो, तो सूर्य की राशि का स्वामी, यदि रात्रि में वर्ष प्रवेश हो, तो चन्द्रमा की राशि का स्वामी।

(5) **त्रिराशिपति**– वर्ष प्रवेश दिन में या रात्रि में होने के अनुसार वर्ष लग्न राशि के आधार पर निम्न त्रिराशिपति होते हैं।

वर्ष लग्न राशि–	मेष	वृषभ	मिथुन	कर्क	सिंह	कन्या	तुला	वृश्चिक	धनु	मकर	कुम्भ	मीन
दिवात्रिराशिपति–	सू.	शु.	श.	शु.	गु.	चं.	बु.	मं.	श.	मं.	गु.	चं.
रात्रित्रिराशिपति–	गु.	चं.	बु.	मं.	सू.	शु.	श.	शु.	श.	मं.	गु.	चं.

उक्त वर्षकुण्डली के अनुसार वर्षेश पद के निम्न पांच आशार्थी (अधिकारी) हैं।

(1) **जन्म लग्नेश**–धनु राशि – गुरु

(2) **वर्ष लग्नेश**–मीन राशि – गुरु

(3) **मुन्थेश**–मेष राशि – मंगल

(4) **समयपति**–रात्रि वर्ष प्रवेश। अतः चन्द्रमा की राशि सिंह का स्वामी सूर्य।

(5) **त्रिराशिपति**–रात्रि वर्ष प्रवेश मीन लग्न। अतः चन्द्रमा।

इस प्रकार उपर्युक्त वर्षकुण्डली में पंचाधिकारी गुरु, मंगल, सूर्य व चन्द्रमा हैं।

उपर्युक्त पंचाधिकारियों में से सर्वाधिक बली कौन-सा ग्रह है, जिसे वर्षेश माना जाये, इसके लिए ग्रहों का पंचवर्गी बल निकाला जाता है। पंचवर्गी बल निम्न पांच प्रकार के बलों के आधार पर निकाला जाता है :

पंचवर्गी बल मापदण्ड

(1) **ग्रहबल**–स्वगृही ग्रह का बल 30, मित्र राशि में 22½, सम की राशिा में 15 तथा शत्रु की राशि में 7½ बल मिलता है।

30 बल

(2) **उच्चबल**–वर्षकुण्डली में परमोच्च अंश पर 20 बल, परमनीच अंश पर शून्य बल, इसके बीच परमनीच अंश से दूरी के अनुपात में बल होता है। (जितना परमनीच से दूर, उतना ही अधिक बली)

20 बल

(3) **हद्दा बल**–अपनी हद्दा में 15 बल, मित्र की हद्दा में 11¼, सम की हद्दा में 7½ तथा शत्रु की हद्दा में 3¾ बल होता है।

15 बल

(4) **द्रेष्काण बल**– वर्षकुण्डली में अपने द्रेष्काण में 10 बल, मित्र के द्रेष्काण में 7½, सम के द्रेष्काण में 5 तथा शत्रु के द्रेष्काण में 2½ बल होता है।

10 बल

(5) **नवांश बल**– स्वयं के नवांश में 5 बल, मित्र के नवांश में 3¾, सम के नंवांश में 2½ तथा शत्रु के नवांश में 1¼ बल मिलता है।

5 बल

पंचवर्गी बल तालिका

बल	परमोच्च	परमनीच से अंशात्मक दूरी			परमनीच
2. उच्च बल	20	दूरी × 20 ÷ 180 = दूरी ÷ 9			0
बल	स्वगृही	मित्रगृही	समगृही	शत्रुगृही	अधिकतम
1. गृह बल	30	22½	15	7½	30
3. हद्दा बल	15	11¼	7½	3¾	15
4. द्रेष्काण बल	10	7½	5	2½	10
5. नवांश बल	5	3¾	2½	1¼	5

उच्च बल ज्ञात करने की विधि ग्रहों का बल प्रकरण में दी जा चुकी है। अन्तर इतना ही है कि जन्म लग्न में बल 60 बिस्वा में से निकाला जाता है, जबकि वर्ष लग्न में 20 बिस्वा में से।

द्रेष्काण तथा नवांश की जानकारी वर्ग साधन प्रकरण में दी जा चुकी है। यहां हद्दा की जानकारी दी जा रही है।

हद्देश–प्रत्येक राशि को अंशानुसार 5-5 भागों में बांटा गया है। प्रत्येक भाग का एक ग्रह हद्देश होता है। जो ग्रह उस भाग में अंशानुसार हो, तो वह उस हद्देश की हद्दा में माना जाता है। जैसे मेष राशि में 0 से 6 अंश तक गुरु की हद्दा है। यदि शुक्र 0/4 पर हो, तो शुक्र गुरु की हद्दा में कहलायेगा।

आगे हद्दा चक्र एवं हद्देश के नाम दिये जा रहे हैं।

हद्दा चक्र

हद्दा	मेष	वृषभ	मिथुन	कर्क	सिंह	कन्या
I अं. ह.	0 - 6 गु.	0 - 8 शु.	0 - 6 बु.	0 - 7 मं.	0 - 6 गु.	0 - 7 बु.
II अं. ह.	6 - 12 शु.	8 - 14 बु.	6 - 12 शु.	7 - 13 शु.	6 - 11 शु.	7 - 17 शु.
III अं. ह.	12 - 20 बु.	14 - 22 गु.	12 - 17 गु.	13 - 19 बु.	11 - 18 श.	17 - 21 गु.
IV अं. ह.	20 - 25 मं.	22 - 27 श.	17 - 24 मं.	19 - 26 गु.	18 - 24 बु.	21 - 28 मं.
V अं. ह.	25 - 30 श.	27 - 30 मं.	24 - 30 श.	26 - 30 श.	24 - 30 मं.	28 - 30 श.

हद्दा चक्र

हद्दा	तुला	वृश्चिक	धनु	मकर	कुम्भ	मीन
I अं. ह.	0 - 6 श.	0 - 7 मं.	0 - 12 गु.	0 - 7 बु.	0 - 7 शु.	0 - 12 शु.
II अं. ह.	6 - 14 बु.	7 - 11 शु.	12 - 17 शु.	7 - 14 गु.	7 - 13 बु.	12 - 16 गु.
III अं. हं.	14 - 21 गु.	11 - 19 बु.	17 - 21 बु.	14 - 22 शु.	13 - 20 गु.	16 - 19 बु.
IV अं. ह.	21 - 28 शु.	19 - 24 गु.	21 - 26 मं.	22 - 26 श.	20 - 25 मं.	19 - 28 मं.
V अं. ह.	28 - 30 मं.	24 - 30 श.	26 - 30 श.	26 - 30 मं.	25 - 30 श.	28 - 30 श.

पंचवर्गी बल साधन

पिछले पृष्ठों में पंचवर्गी बल ज्ञात करने का मापदण्ड दिया गया है। अब हम उदाहरण कुण्डली में ग्रह स्पष्ट के आधार पर प्रत्येक वर्ग के अन्तर्गत ग्रहों का बल निकाल कर बल तालिका बनायेंगे।

ग्रहों की मित्रामित्रता का आधार वर्ष लग्न की तात्कालिक मित्रता का होना चाहिए।

1. ग्रह बल (30) जैसे सूर्य वृषभ राशि में है, तो वृषभ राशि का स्वामी शुक्र है, वर्ष लग्न में सूर्य और शुक्र सम हैं। अतः 15 बल मिला।

ग्रह	राशि	राशीश	सम्बन्ध	बलांक
सूर्य	2	शुक्र	सम	15
चन्द्रमा	5	सूर्य	शत्रु	7½
मंगल	4	चन्द्रमा	सम	15
बुध	1	मंगल	शत्रु	7½
गुरु	4	चन्द्रमा	सम	15
शुक्र	3	बुध	मित्र	22½
शनि	10	शनि	स्वगृही	30

2. उच्च बल (20) ग्रह स्पष्ट के आधार पर ग्रह स्पष्ट की ग्रह के परमनीच अंश से दूरी तथा आनुपातिक बल निकालकर निम्न तालिका बनायी गयी है :

ग्रह	ग्रह स्पष्ट	परमनीच	दूरी	अंशात्मक दूरी	उच्च बल
सूर्य	रा॰ अं॰ क॰ वि॰ 1/5/37/8	रा॰ अं॰ 6/10	रा॰ अं॰ क॰ 5/4/23	154° 23' ÷ 9	17/9
चन्द्रमा	4/6/26/21	7/3	2/26/33	86° 33' ÷ 9	9/37
मंगल	3/2/59	3/28	0/25/1	25° 1' ÷ 9	2/47
बुध	0/10/12	11/15	0/25/12	25° 12' ÷ 9	2/48
गुरु	3/13/39	9/08	5/21/31	171° 31' ÷ 9	19/3
शुक्र	2/18/21	5/27	3/8/39	98° 39' ÷ 9	10/57
शनि	9/13/6	0/20	3/7	97° ÷ 9	10/47

संकेत– परमनीच अंश में अंशात्मक दूरी में 9 का भाग लगाने पर उच्च बल प्राप्त हुआ।

3. हद्दा बल (15)

ग्रह	राशि	अंश	हद्देश	सम्बन्ध	बलांक
सूर्य	2	1/5/37	शुक्र	सम	7½
चन्द्रमा	5	4/6/26	गुरु	सम	7½
मंगल	4	3/2/59	मंगल	स्वयं	15
बुध	1	0/10/12	शुक्र	मित्र	11¼
गुरु	4	3/13/39	बुध	शत्रु	3¾
शुक्र	3	2/18/21	मंगल	सम	7½
शनि	10	9/13/5	गुरु	शत्रु	3¾

संकेत– सूर्य राशि वृषभ, अंश 5, अतः प्रथम हद्दा शुक्र की। सूर्य शुक्र सम। अतः 7½ बल।

4. द्रेष्काण बल (10)

ग्रह	स्पष्ट	राशि	द्रेष्काण	स्वामी	सम्बन्ध	बलांक
सूर्य	1/5/37	2	प्रथम	शुक्र	सम	5
चन्द्रमा	4/6/26	5	प्रथम	सूर्य	शत्रु	2½
मंगल	3/2/59	4	प्रथम	चन्द्रमा	सम	5
बुध	0/10/12	1	द्वितीय	सूर्य	सम	5
गुरु	3/13/39	4	द्वितीय	मंगल	शत्रु	2½
शुक्र	2/18/21	3	द्वितीय	शुक्र	स्वयं	10
शनि	9/13/5	10	द्वितीय	शुक्र	शत्रु	2½

संकेत– चन्द्रमा राशि सिंह, अंश 6, प्रथम द्रेष्काण सूर्य का। चन्द्र सूर्य शत्रु। अतः 2½ बल।

5. नवमांश बल (5)

ग्रह	राशि	स्पष्ट	नवांश राशि	स्वामी	सम्बन्ध	बलांक
सूर्य	2	1/5/37	11	गुरु	मित्र	3¾
चन्द्रमा	5	4/6/26	2	शुक्र	मित्र	3¾
मंगल	4	3/2/59	4	चन्द्रमा	सम	2½
बुध	1	0/10/12	4	चन्द्रमा	मित्र	3¾
गुरु	4	3/13/39	8	मंगल	शत्रु	1¼
शुक्र	3	2/18/21	12	गुरु	सम	2½
शनि	10	9/13/5	1	मंगल	शत्रु	1¼

संकेत– गुरु राशि कर्क, अंश 13/39, पंचम नवांश वृश्चिक का, स्वामी मंगल। गुरु मंगल शत्रु। अतः 1¼ बल।

समेकित बल तालिका– प्रत्येक ग्रह के लिए पांचों वर्गों में बलांक देने के पश्चात् एक समेकित बल तालिका निम्नानुसार बना लें तथा प्रत्येक ग्रह के बल का योग कर लें। ये अंक 30+20+15+10+5 = 80 में से हैं। अतः बिस्वा बनाने के लिए प्रत्येक में 4 का भाग लगायें। भिन्न में बल हो, तो उसे 60 के मापक में परिवर्तित कर लें। जैसे 7½ =7.30। इस प्रकार जो बल आयेगा, उसे बिस्वा बल कहेंगे।

बलानुसार ग्रहों को निम्नानुसार श्रेणी में रखा जाता है :

(1) 15 से 20 बिस्वा बल – पूर्णबली

(2) 10 से 15 बिस्वा बल – बली

(3) 5 से 10 बिस्वा बल – हीन बली

(4) 0 से 5 बिस्वा बल – निर्बल

पंचवर्गी बल तालिका

बल गृह	सूर्य	चन्द्रमा	मंगल	बुध	गुरु	शुक्र	शनि	पूर्णांक
(1) गृह बल	15	7.30	15	7.30	15	22.30	30	30
(2) उच्च बल	17.9	9.37	2.47	2.48	19.3	10.57	10.47	20
(3) हद्दा बल	7.30	7.30	15	11.15	3.45	7.30	3.45	15
(4) द्रेष्काण बल	5	2.30	5	5	2.30	10	2.30	10
(5) नवमांश बल	3.45	3.45	2.30	3.45	1.15	2.30	1.15	5
सकल योग ÷ 4 =	48=24	30=52	40=17	30=18	41=33	53=27	48=17	80 सकल योग
बिस्वा बल (विंशोपक बल)	12.6	7.43	10.4	7.34½	10.23	13.22	12.4	20 बिस्वा

वर्षेश निर्णय– उपर्युक्त पंचवर्गी बल तालिका से हम वर्षेश का निर्णय कर सकते हैं। पंचाधिकारी सूर्य, चन्द्रमा, मंगल व गुरु हैं। शुक्र सर्वबली है, परन्तु वह पंचाधिकारियों में नहीं है। अतः शुक्र वर्षेश नहीं हो सकता।

उपर्युक्त पंचाधिकारियों में से प्रत्येक लग्न को निम्न प्रकार देखते हैं :

सूर्य – 11वीं स्नेह दृष्टि   मंगल – 9वीं स्नेह दृष्टि

चन्द्रमा – 8वीं सम दृष्टि   गुरु – 9वीं स्नेह दृष्टि

उपर्युक्त पंचाधिकारियों में सूर्य का बल सबसे अधिक है तथा यह लग्न को एकादश दृष्टि से देखता है। अतः इस वर्षकुण्डली का वर्षेश सूर्य ही है।

(अ) वर्ष लग्न में ग्रहों के फल के सामान्य नियम

1. अष्टम व द्वादश में स्थित ग्रह प्रायः अनिष्ट फल देते हैं, परन्तु स्वगृही ग्रह इसके अपवाद हैं।

2. सौम्य ग्रह केन्द्र में तथा क्रूर ग्रह 3, 6 व 11वें भावों में शुभ फल देते हैं। एकादश भाव में सभी ग्रह शुभ होते हैं।

3. शुभ ग्रह भाव की वृद्धि करते हैं, इसके विपरीत पाप ग्रह भाव की हानि करते हैं।

4. छठे, आठवें या 12वें भाव का स्वामी होने पर ग्रह हानि करेगा, परन्तु लग्न, केन्द्र व त्रिकोण का स्वामी होने पर लाभ देगा। अतः किसी भी ग्रह का भावगत फल बताने से पहले यह देख लेना चाहिए कि वह किस भाव का स्वामी है।

5. लग्नेश व दशमेश में योगकारक सम्बन्ध (शुभ) हो, तो पद प्राप्ति होती है।

6. लग्नेश का नवमेश से या नवमेश का दशमेश से शुभ सम्बन्ध हो, तो अभीष्ट वर्ष में भाग्य-वृद्धि होती है।

7. वर्ष लग्नेश और मुन्थेश अस्त, वक्री या नीच राशिगत हो, तो वर्ष-भर चिन्ता, दुःख व परेशानी रहती है।

8. वर्ष लग्न जन्म लग्न से षष्ठ या अष्टम हो, तो जातक को मृत्युतुल्य कष्ट होता है। धनहानि भी होती है।

9. यदि जन्मकुण्डली के अष्टम भाव का स्वामी वर्ष लग्न का स्वामी हो या लग्न में स्थित हो, तो बाधाएं उपस्थित करता है।

10. जन्म लग्नेश, वर्ष लग्नेश तथा वर्षेश तीनों वर्षकुण्डली में अष्टम भाव में स्थित हों, तो मृत्यु या मृत्युसम कष्ट होता है।

11. यदि वर्ष लग्नेश पर अष्टमेश या द्वादशेश की दृष्टि हो, तो जातक वर्ष-भर कष्ट भोगता है।

12. यदि अष्टम भाव में सूर्य, मंगल व बुध हों, तो धन की हानि होती है।

13. सूर्य व चन्द्रमा एक ही राशि में हों अथवा दोनों 6, 8 व 12वें भाव में हों, तो वर्ष अनिष्टकारक होता है।

14. जन्म लग्न की मंगल की राशि में वर्ष में चन्द्रमा हो, तो जातक की पदोन्नति होती है।

15. जन्म की शनि की राशि यदि वर्षकुण्डली के दशम भाव में हो तथा उसमें मंगल स्थित हो, तो राज्य से कष्ट प्राप्त होता है।

16. जन्मकुण्डली का सप्तमेश यदि वर्ष में मुन्थेश या वर्षेश हो, तो वर्ष-भर सुख-समृद्धि रहती है।

17. वर्षकुण्डली में चन्द्रमा व मंगल अष्टम भाव में एक साथ हों, तो वर्ष-भर कष्टों का सामना करना पड़ता है।

18. षष्ठ भाव में पाप ग्रह शरीर को आरोग्य बनाते हैं।

19. चन्द्रमा पाप ग्रहों से युक्त अथवा दृष्ट हो, तो वर्ष-भर चित्त में अशान्ति रहती है।

20. चन्द्रमा चतुर्थ या दशम स्थानों में हो, तो वर्ष शुभ होता है।

21. धन भाव में गुरु हो व शुभ ग्रहों से दृष्ट हो, तो धनलाभ होता है।

22. धनेश बलवान् होकर किसी भी भाव में स्थित हो, तो लाभ करता है।

23. वर्षकुण्डली में सप्तम भाव में शुक्र हो तथा उस पर मंगल की दृष्टि हो, तो सन्तान प्राप्त होती है।

(ब) मुन्था का द्वादश भाव फल – मुन्था, मुन्थेश, वर्षेश तथा वर्ष लग्नेश को वर्ष लग्न में अधिक महत्त्व दिया गया है। मुन्था को ताजिक शास्त्र में एक ग्रह के रूप में मान्यता दी गयी है। मुन्था प्रतिवर्ष एक राशि में, एक माह में 2½ अंश तथा 1 दिन में 2½ कला चलती है। इसे कभी वक्री नहीं माना गया है। अमुक वर्ष में मुन्था किस राशि में रखी जाती है, यह पहले ही बताया जा चुका है।

मुन्था का द्वादश तन्वादि भावस्थ वर्षगत फल निम्नानुसार है :

1. लग्न में मुन्था – लग्न में मुन्था हो, तो चित्त में सन्तोष, आरोग्य, शरीर पुष्टि, प्रताप, यश की वृद्धि, राज्य की प्रसन्नता एवं अनेक उद्यमों द्वारा धन-प्राप्ति होती है।

2. द्वितीय भाव में मुन्था– मुन्था द्वितीय भाव में हो, तो उत्साहपूर्वक धनलाभ, राजाश्रय, बन्धुओं से आदर, आकस्मिक लाभ, शारीरिक पुष्टि तथा सुख की प्राप्ति होती है।

3. तृतीय भाव में मुन्था– तृतीय भाव में मुन्था पराक्रम, पौरुष, यश, गौरव, धन व सुख की वृद्धि करती है।

4. चतुर्थ भाव में मुन्था– कायाकष्ट, कलह, शत्रुभय, अशान्ति, बदनामी तथा दुःख उत्पन्न करती है।

5. पंचम भाव में मुन्था–पंचम भाव में मुन्था हो, तो पुत्र तथा धनलाभ, प्रताप-वृद्धि, कुटुम्बियों से स्नेह तथा आरोग्यता प्राप्त होते हैं।

6. षष्ठ भाव में मुन्था– षष्ठ भाव में मुन्था रहने से रोग, शत्रु, कार्य एवं धननाश, राजा, तस्कर व अग्नि से भय तथा पश्चात्ताप का बोलबाला रहता है।

7. सप्तम भाव में मुन्था– सप्तम भावस्थ मुन्था से जातक पत्नी रोग, सन्तानकष्ट, शत्रुभय, उत्साहमर्दन, धर्मनाश, विपरीत कार्यों में रुचि तथा स्वयं की व्याधि आदि से ग्रसित रहता है।

8. अष्टम भाव में मुन्था– अष्टम में मुन्था हो, तो जातक को मृत्यु अथवा मृत्युतुल्य कष्ट होता है। धन, धर्म व बल का ह्रास होता है।

9. नवम भाव में मुन्था– नवम भाव में मुन्था होने से प्रभुता, राज से धनागम, धर्म, उत्सव, पुत्र-स्त्री से सुख, भाग्योदय तथा यश प्राप्त होते हैं।

10. दशम भाव में मुन्था– दशम भावस्थ मुन्था राज्य द्वारा सम्मान, अधिकार, पद

एवं यश-गौरव तथा अनेक प्रकार के धनलाभ के अवसर प्रदान करती है। शुभकार्य सिद्ध होते हैं।

11. एकादश भाव में मुन्था– रोग, धन, व्यापार सम्बन्धी हानियां उठानी पड़ती हैं।

12. द्वादश भाव में मुन्था– द्वादश भाव में मुन्था हो, तो अधिक व्यय, दुष्टों की संगत, रोगयुक्त शरीर, धर्म व धन का नाश, विरोध आदि समस्याओं से जातक को वर्षपर्यन्त जूझना पड़ता है।

द्वादश भावस्थ मुन्था फल

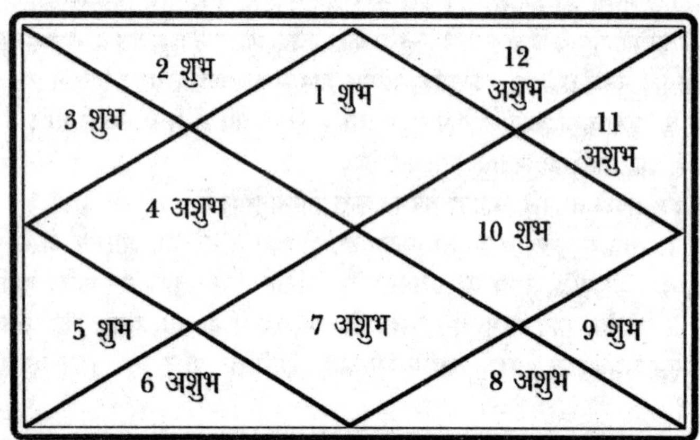

इस प्रकार मुन्था 1, 2, 3, 5, 9 एवं 10वें भावों में शुभ तथा 4, 6, 7, 8, 11, एवं 12वें भावों में अशुभ होती है।

(स) मुन्थेश – जिस घर में मुन्था होती है उस राशि के स्वामी को मुन्थेश कहते हैं।

(1) यदि मुन्थेश सूर्य हो अथवा मुन्था सूर्य से युक्त हो या सिंह राशि में मुन्था व सूर्य दोनों हों अथवा मुन्था सूर्य से दृष्ट हो, तो राज्यपक्ष से लाभ होता है, गुणों की प्राप्ति होती है तथा स्थानान्तरण होता है।

(2) यदि मुन्था चन्द्रमा के घर में हो यानी मुन्थेश चन्द्रमा हो या चन्द्रमा से युक्त या दृष्ट हो, तो धर्म तथा यश की वृद्धि होती है, शरीर रोगरहित होता है, चित्त में सन्तोष होता है तथा बुद्धि की वृद्धि होती है। यदि पाप ग्रह से दृष्ट हो, तो कष्ट-प्राप्ति होती है।

(3) यदि मुन्था मंगल के घर में अथवा मंगल से युक्त या दृष्ट हो, तो पित्तरोग होता है। शस्त्र से चोट लगने तथा रक्तस्राव होने की आशंका रहती है। यदि मुन्थेश पर शनि की दृष्टि हो, तो उपर्युक्त फल में वृद्धि हो जाती है।

(4) यदि मुन्था बुध के घर में अथवा बुध से युक्त या दृष्ट हो, तो पत्नी, बुद्धि, लाभ, सुख, धर्म तथा यश मिलते हैं, परन्तु पाप ग्रह से दृष्ट या युक्त हो, तो कष्ट

मिलता है।

(5) यदि मुन्था गुरु से युक्त, दृष्ट अथवा गुरु की राशियों में हो, तो पुत्र तथा स्त्री से सुख मिलता है। धन-धान्य की वृद्धि होती है।

(6) यदि मुन्था शुक्र के घर में अथवा शुक्र से दृष्ट अथवा युक्त हो, तो सुख, यश, धर्म-परायणता, सुबुद्धि तथा पत्नी से सुख प्राप्त होता है।

(7) यदि मुन्था शनि के घर में हो अथवा शनि से दृष्ट या युक्त हो, तो वातरोग, मानहानि, अग्निभय तथा धननाश होता है, परन्तु गुरु की दृष्टि से उपर्युक्त दोष समाप्त हो जाते हैं।

(8) यदि मुन्थेश वर्ष लग्नेश अथवा जन्म लग्नेश हो या बलवान् होकर केन्द्र, त्रिकोण, द्वितीय अथवा एकादश स्थान में हो, तो लाभ की प्राप्ति होती है।

(9) यदि मुन्थेश 1, 6, 8 या 12वें स्थान में वक्री, अस्तंगत, पाप ग्रहों से युक्त अथवा दृष्ट हो तथा क्रूर ग्रहों से चौथे या सातवें स्थान पर हो, तो रोगभय, धननाश तथा कुशलता का अभाव होता है।

(10) यदि मुन्थेश अष्टमेश के साथ बैठा हो या अष्टमेश से 1, 4, 7, 10वीं दृष्टि में हो, तो मृत्युतुल्य कष्ट होता है।

(11) छठे या आठवें भाव में स्थित मुन्थेश की दशा मारक होती है।

(द) लग्नेश फल

(1) वर्ष लग्नेश सूर्य हो (लग्न सिंह राशि हो), तो दुःख, व्याकुलता तथा मजबूरी रहती है।

(2) वर्ष लग्नेश चन्द्रमा हो, तो मनुष्य पराश्रयी तथा क्षीण होता है।

(3) मंगल वर्ष लग्नेश होने पर मनुष्य रोगी रहता है तथा विवाद एवं विरोध करने को उद्यत रहता है।

(4) बुध वर्ष लग्नेश हो, तो बुद्धि, विद्या आदि की वृद्धि होती है।

(5) वर्ष लग्नेश गुरु या शुक्र हों, तो अत्यन्त सुख की प्राप्ति होती है।

(6) शनि वर्ष लग्नेश हो, तो कलह, उद्वेग तथा अशुभ कार्यों का बोलबाला रहता है।

(य) वर्षेश फल– (बली 10 से 20 बिस्वा, मध्यम बली 5 से 10 बिस्वा, निर्बल 5 बिस्वा से कम)

(1) सूर्य

(i) बली– वर्षेश सूर्य बली हो, तो राज्यसुख, पुत्र, धनलाभ, पद-प्राप्ति, पारिवारिक सुख, यश, शत्रुनाश तथा उत्तम स्वास्थ्य प्रदान करता है।

(ii) मध्यम बली– वर्षेश सूर्य मध्यम बली हो, तो कम सुख, राजभय, कमज़ोर शरीर होता है तथा वैमनस्य बढ़ता है।

(iii) निर्बल – सूर्य निर्बल होकर वर्षेश हो, तो परदेशयात्रा, धननाश, शोक, शत्रुभय, बदनामी तथा पिता, पुत्र, मित्र से कष्ट होते हैं।

(2) चन्द्रमा

(i) बली– वर्षेश चन्द्रमा बली हो, तो धन, स्त्री, पुत्र, मित्र एवं कुटुम्ब से सुख मिलता है तथा पद व लाभ-प्राप्ति होती है।

(ii) मध्यम बली– वर्षेश चन्द्रमा मध्यम बली हो, तो पुत्र-मित्र से मनमुटाव, दुर्बल शरीर, कफ़ व रोग होते हैं।

(iii) निर्बल–वर्षेश चन्द्रमा निर्बल हो, तो शीत, कफरोग, चोरभय, परस्पर झगड़ा एवं मृत्युतुल्य कष्ट होते हैं।

(3) मंगल

(i) बली– वर्षेश मंगल बली हो, तो जातक यश, जय, प्रतिष्ठा, पुत्र, मित्र, स्त्री एवं धनसुख प्राप्त करता है, शत्रुनाश होता है।

(ii) मध्यम बली– वर्षेश मंगल मध्यम बली हो, तो आदर मिलता है, परन्तु क्रोध, घाव, चोट व रक्तस्राव की आशंका रहती है।

(iii) निर्बल– वर्षेश मंगल निर्बल होने पर शत्रु, तस्कर एवं अग्नि का भय, कलंक, बुद्धिनाश, रोग व चोट का भय रहता है।

(4) बुध

(i) बली– यदि वर्षेश बुध बली हो, तो लेखन कला, व्यापार, कला, गणित, चिकित्सा के स्थानों में प्रगति होती है।

(ii) मध्यम बली– मध्यम बली बुध वर्षेश हो, तो व्यापार में मध्यम लाभ करता है।

(iii) निर्बल– निर्बल बुध वर्षेश हो, तो बुद्धिनाश, धर्मनाश, अनादर, झूठी गवाही तथा पुत्र, मित्र व धन की हानि कराता है।

(5) गुरु

(i) बली – यदि वर्षेश गुरु बली हो, तो पारिवारिक सुख, धर्मपरायणता, धन, यश, पुत्रलाभ एवं बुद्धि व पराक्रम में वृद्धि करता है।

(ii) मध्यम बली– गुरु के मध्यम बली होने पर परिवार से मध्यम सुख मिलते हैं तथा शास्त्रों में रुचि बढ़ती है।

(iii) निर्बल– निर्बल गुरु वर्षेश हो, तो धर्म व सुख की हानि, कलंक, भय, पुत्र, मित्र, स्त्री द्वारा अनादर, चिन्ता, व्याकुलता तथा शत्रुभय पैदा करता है।

(6) शुक्र

(i) बली– शुक्र के वर्षेश होने से रोग नाश होते हैं, सन्तोष तथा विजय प्राप्त होते हैं।

(ii) मध्यम बली– मध्यम बली शुक्र आजीविका को मध्यम, गुप्त कष्ट, मितव्ययिता तथा धनलाभ कराता है।

(iii) निर्बल– शुक्र हो, तो चित्त में व्याकुलता रहती है, आजीविका जाने का डर रहता है, मित्रों से द्वेष रहता है तथा फल-प्राप्ति का अभाव रहता है।

(7) **शनि**

(i) **बली**– बली शनि के वर्षेश होने पर भूमि, ग्रह, उद्यान, जलाशय एवं जायदाद में वृद्धि होती है।

(ii) **मध्यम बली**– मध्यम बली शनि के वर्षेश होने से लाभ मध्यम होता है। कष्टसाध्य आजीविका होती है।

(iii) **निर्बल**– शनि निर्बल होकर वर्षेश हो, तो धंननाश होता है, शत्रुभय तथा पुत्र-मित्र से विरोध रहते हैं।

द्वादश भावों में ग्रहों का फल (संक्षेप में)

1. **लग्न में** (i) **सूर्य**–चित्त उद्वेगपूर्ण, सिर, आंख व मुख में पीड़ा, स्त्री को कष्ट।
   (ii) **चन्द्रमा**– श्वास, कफ, खांसी आदि रोग।
   (iii) **मंगल**– कलह, घाव, रक्तस्राव, धननाश।
   (iv) **बुध**–देहसुख, बुद्धि-विकास, राजसम्मान, धन-प्राप्ति, तेज तथा धैर्य की वृद्धि।
   (v) **गुरु**–स्त्री-पुत्र से सुख, आरोग्य, सुबुद्धि, लाभ, सेवासुख, राज्य से आदर।
   (vi) **शुक्र**–सुख, लाभ, हर्ष, कुलवृद्धि, राज्यसम्मान।
   (vii) **शनि**–कफ, वायु का कोप, सिर, मुख, पेट में पीड़ा, मित्रों से द्वेष।
   (viii) **राहु-केतु**–वायुरोग, कलह, धन का नाश, पुत्र-मित्रों को कष्ट।

2. **द्वितीय भाव में**
   (i) **सूर्य**–शत्रु, चोर, अग्नि तथा राजभय एवं विवाद, धननाश तथा कलह।
   (ii) **चन्द्रमा**–सुख, आरोग्य, सफ़ेद वस्तु से धन-प्राप्ति।
   (iii) **मंगल**–अग्नि, चोर, राजा से भय, स्त्री को कष्ट, धननाश।
   (iv) **बुध**–रोगरहित शरीर, द्रव्यलाभ, इष्ट मित्रों से सुख।
   (v) **गुरु**–धनलाभ, आरोग्य, परिवारजनों से मधुर सम्बन्ध।
   (vi) **शुक्र**–धनागम, मित्रों की वृद्धि स्त्रीसुख, शत्रुनाश तथा शरीर में कान्ति की वृद्धि।
   (vii) **शनि**– धननाश, मुख-नेत्रपीड़ा, राज्यभय, स्त्री-पुत्र को कष्ट।
   (viii) **राहु-केतु**–धन का व्यय, रोग, चिन्ता, शरीर में पीड़ा।

3. **तृतीय भाव में**
   (i) **सूर्य**– राज्य से आदर, आरोग्य, धनलाभ, शत्रुनाश, कार्यसिद्धि।
   (ii) **चन्द्रमा**–सुख, लाभ, धर्म में आस्था, भय।
   (iii) **मंगल**–राज्य से आदर, धन-प्राप्ति, शत्रुनाश, आरोग्य, पारिवारिक उत्सव एवं हर्ष।
   (iv) **बुध**–लाभ-हानि, सुख-दुःख तथा शत्रु-मित्रों का मिला-जुला प्रभाव।
   (v) **गुरु**–लाभ, मित्र तथा बान्धवों से समागम, स्त्रीसुख।
   (vi) **शुक्र**–धनव्यय, उपद्रव, मित्रों व कुटुम्बियों से विवाद।
   (vii) **शनि**–कष्टों से मुक्ति, राजसम्मान, धनलाभ।

(viii) **राहु-केतु**–राजसम्मान, ऐश्वर्य, धन-प्राप्ति, मित्रों से सुख।

4. चतुर्थ भाव में

(i) **सूर्य**–मित्रों से द्वेष, राजभय, मनुष्य तथा चौपायों से भय।

(ii) **चन्द्रमा**–मित्र, बन्धुओं से सुख, पशुओं से लाभ।

(iii) **मंगल**–यात्रा, संकट, मित्रों, को कष्ट, कुटुम्ब में कलह।

(iv) **बुध**–स्त्री, बन्धु से सुख, चौपायों से धनलाभ।

(v) **गुरु**–स्त्री-मित्रों-पुत्रों से सुख, राजा से आदर, धनलाभ, भूमि, वाहन तथा विद्या-प्राप्ति।

(vi) **शुक्र**–राजसम्मान, ऐश्वर्य, आरोग्य, धनलाभ तथा इष्ट मित्रों से सुख।

(vii) **शनि**–मातृकष्ट, प्रवास, धननाश, असन्तोष, राज्य से कष्ट।

(viii) **राहु-केतु**–चिन्ता, कष्ट, मतभेद, चौपायों का क्षय।

5. पंचम भाव में

(i) **सूर्य**–पुत्र रोगी, स्त्री को कष्ट, द्रव्यनाश, चोटभय, मित्रों को दुःख, दुर्बुद्धि।

(ii) **चन्द्रमा**–स्त्रीसुख, विजय, पूजा, धनलाभ, सद्‌बुद्धि, सन्तानसुख।

(iii) **मंगल**–पुत्र को पीड़ा, स्त्री को कष्ट, उदरपीड़ा, परिवार में झगड़ा।

(iv) **बुध**–पुत्र, स्त्री, मित्र से सुख, राजा से आदर, बुद्धि से धनलाभ।

(v) **गुरु**–सद्‌बुद्धि, सन्तान-प्राप्ति, सुख, लाभ, मन्त्रविद्या से लाभ।

(vi) **शुक्र**–स्त्री-पुत्र का सुख, बुद्धि एवं चतुराई से धनलाभ।

(vii) **शनि**–स्त्री-पुत्र-मित्र को कष्ट, दुष्ट बुद्धि, धननाश एवं वातपीड़ा।

(viii) **राहु-केतु**–पुत्रसुख, दुष्ट बुद्धि, शत्रु से विरोध, उदरपीड़ा।

6. षष्ठ भाव में

(i) **सूर्य**–अन्नलाभ, धैर्य, राजसम्मान, शत्रुनाश, स्त्री-पुत्र सुख।

(ii) **चन्द्रमा**–वात, कफ, रोग, राजा व चोर से कष्ट, बन्धुओं से विरोध।

(iii) **मंगल**–मित्रों से सुख, धनलाभ, शत्रुनाश, राजा से आदर।

(iv) **बुध**–शत्रुवृद्धि, मतभेद, रोग।

(v) **गुरु**– चित्त में उद्विग्नता, शत्रुवृद्धि, धननाश, द्वेष।

(vi) **शुक्र**–वात, कफ, रोग, क्षयरोग, धननाश, भय एवं कष्ट।

(vii) **शनि**–देहसुख, द्रव्य-वृद्धि, राजा की प्रसन्नता, स्त्री-पुत्र से सुख।

(viii) **राहु-केतु**–आरोग्य, धनलाभ, शत्रुनाश, स्त्री-पुत्र से सुख, राजा की प्रसन्नता।

7. सप्तम भाव में

(i) **सूर्य**–स्त्रीपीड़ा, देशाटन।

(ii) **चन्द्रमा**–स्त्रीसुख, राजसम्मान, व्यापार तथा जलमार्ग से लाभ।

(iii) **मंगल**–स्त्री को कष्ट, हानि, पीड़ा, भय।

(iv) **बुध**– व्यापार से लाभ, मार्ग से लाभ, स्त्रीसुख।

(v) **गुरु**–व्यापार-वाणिज्य से लाभ, स्त्रीसुख, राजसम्मान।

(vi) **शुक्र**–स्त्री-पुत्र से लाभ, वाणिज्य से लाभ, हर्ष।

(vii) **शनि**–यात्राभय, मित्रों को कष्ट, धननाश, शत्रुभय, प्रवास।

(viii) **राहु-केतु**–शरीर पीड़ा, प्रवास, स्त्री को कष्ट, वातरोग, कमर व पेट में दर्द।

8. अष्टम भाव में

(i) **सूर्य**–नेत्ररोग, धनहानि, अनेक प्रकार की शरीरपीड़ा, पित्तरोग, राजा, विष व सर्प से भय।

(ii) **चन्द्रमा**–द्रव्यनाश, उपद्रव, कफरोग, नेत्रविकार, अल्प सन्तोष।

(iii) **मंगल**–रक्त-पित्तविकार, पीड़ा, धननाश, अग्नि, चोट व राजा से भय, परिवारजनों पर विपत्ति।

(iv) **बुध**–लाभ, सुख, प्रसन्नता, शत्रुनाश।

(v) **गुरु**–धननाश, रोग, मित्रों से कलह, वियोग, प्रवास, स्त्री-पुत्र को पीड़ा।

(vi) **शुक्र**–कम लाभ, रोग, स्त्री-पुत्र को पीड़ा, धर्मनाश, प्रवास।

(vii) **शनि**–रोग, पीड़ा, स्त्री-पुत्र को पीड़ा, दुःख, द्रव्यहानि।

(viii) **राहु-केतु**–धनव्यय, रोग, विवाद, स्त्रीकष्ट, प्रवास।

9. नवम भाव में

(i) **सूर्य**–स्त्री-पुत्रों से विवाद, चित्त में व्याकुलता, धर्मकार्यों में रुचि।

(ii) **चन्द्रमा**–धर्मकार्य, चित्त में सन्तोष, यशवृद्धि, राजसम्मान।

(iii) **मंगल**–चित्त में उद्विनता, धननाश, कलह, पाप की कमाई।

(iv) **बुध**– धर्म में आस्था, उद्वेग, दीनता, स्त्रीपीड़ा।

(v) **गुरु**–धनलाभ, राजा से सुख, धर्मकार्य, नाना प्रकार के सुख।

(vi) **शुक्र**–आरोग्य, सद्बुद्धि, धनलाभ, स्त्री-पुत्र से सुख।

(vii) **शनि**–स्त्री-पुत्र-मित्रकष्ट, धननाश, राजभय, दुर्गति, पापबुद्धि।

(viii) **राहु-केतु**–पैर, शरीरपीड़ा, दीनता, राजा से पीड़ा, धर्मकार्य में विलम्ब।

10. दशम भाव में

(i) **सूर्य**– राजस से सुख, कार्यसिद्धि, सुख, धन व यशलाभ, कुटुम्ब-वृद्धि।

(ii) **चन्द्रमा**–द्रव्यलाभ, रोगनाश, प्रतिष्ठा एवं यशलाभ।

(iii) **मंगल**–व्यापार में धनलाभ, राजा से प्रसन्नता, तेज की वृद्धि, आरोग्य-लाभ।

(iv) **बुध**–वाणिज्य एवं राज्य से लाभ, मित्रसुख, बल व कान्ति-वृद्धि।

(v) **गुरु**–कीर्ति, राजसम्मान, धनलाभ, मित्रसुख, उत्सव।

(vi) **शुक्र**–राजा से आदर, मित्र से सुख, धनलाभ, शत्रुनाश, कार्यसिद्धि।

(vii) **शनि**–व्यापार से हानि, राजभय, सुख का नाश, प्रवास।

(viii) **राहु-केतु**–भूमि का नाश, भय, देहपीड़ा, धननाश, विरोध।

11. एकादश भाव में

(i) **सूर्य**–चौपाये से द्रव्यलाभ, परिजनों में हर्ष, राजा की प्रसन्नता, आरोग्यलाभ।

(ii) **चन्द्रमा**–पुत्रप्राप्ति, धन तथा घर की प्राप्ति, सफेद वस्तु से लाभ।

(iii) **मंगल**–स्त्री-पुत्र-मित्र से सुख, प्रताप व धनलाभ, शत्रुनाश, राजसुख।

(iv) **बुध**–द्रव्यलाभ, आरोग्य, सफ़ेद वस्तु के व्यापार से लाभ।

(v) **गुरु**–आरोग्य, ऐश्वर्य, स्त्री-पुत्र-मित्रसुख व चौपायों से लाभ।

(vi) **शुक्र**–व्यापार (जलमार्ग) से लाभ, प्रियजन मिलन, सुख।

(vii) **शनि**–द्रव्यलाभ, आरोग्य, स्त्रीसुख, क्रूरता।

(viii) **राहु-केतु**–आरोग्य, ऐश्वर्य, स्त्रीसुख, धनलाभ।

12. द्वादश भाव में

(i) **सूर्य**–नेत्ररोग, द्रव्यनाश, बन्धुविरोध, पित्तरोग।

(ii) **चन्द्रमा**–द्रव्यनाश, नेत्ररोग, गृहकलह।

(iii) **मंगल**–धननाश, नेत्ररोग, कष्ट, राजा से भय, पुत्रकष्ट।

(iv) **बुध**–अधिक व्यय, अल्पलाभ, रोग, राजभय, कलह।

(v) **गुरु**–झगड़ा, दुख, क्षयरोग, धनव्यय, प्रवास, राजभय।

(vi) **शुक्र**–मित्रों व स्वजनों से द्वेष, प्रवास, सत्कार्य में अधिक व्यय।

(vii) **शनि**–द्रव्यनाश, राजभय, कलह, पैर, नेत्र व हृदय में पीड़ा।

(viii) **राहु-केतु**–धनव्यय, कष्ट, राजपीड़ा, शत्रुनाश, स्त्रीपीड़ा।

त्रिपताका चक्र द्वारा वेध विचार

वर्षकुण्डली में राशि, भाव, भावेश, युति एवं दृष्टि आदि के आधार पर विभिन्न ग्रह अपना शुभाशुभ फल देते हैं, परन्तु कोई ग्रह दूसरे प्रभाव को रोक देता है या उसके फल की वृद्धि कर देता है। यह ग्रहों का पारस्परिक कोणात्मक स्थिति पर निर्भर करता है। अशुभ ग्रह दूसरे ग्रह के शुभ प्रभाव को रोक देता है, तो शुभ ग्रह उसके शुभ फल में वृद्धि करता है। इस प्रकार के सम्बन्ध को वेध कहा जाता है। वर्ष लग्न व पक्ष लग्न में वेध के आधार पर फल का महत्त्व अधिक है।

वेध की जानकारी करने के लिए त्रिपताका चक्र बनाना पड़ता है। त्रिपताका चक्र निम्न विधि से बनया जाता है।

विधि–तीन खड़ी व तीन आड़ी रेखाएं एक-दूसरे को बराबर दूरी पर काटते हुए खींचें। इनकी लम्बाई भी बराबर रखें। इन 6 रेखाओं के 12 छोरों (बिन्दुओं) को तिरछे व सीधे रेखाचित्र की भांति मिला दें।

त्रिपताका चक्र

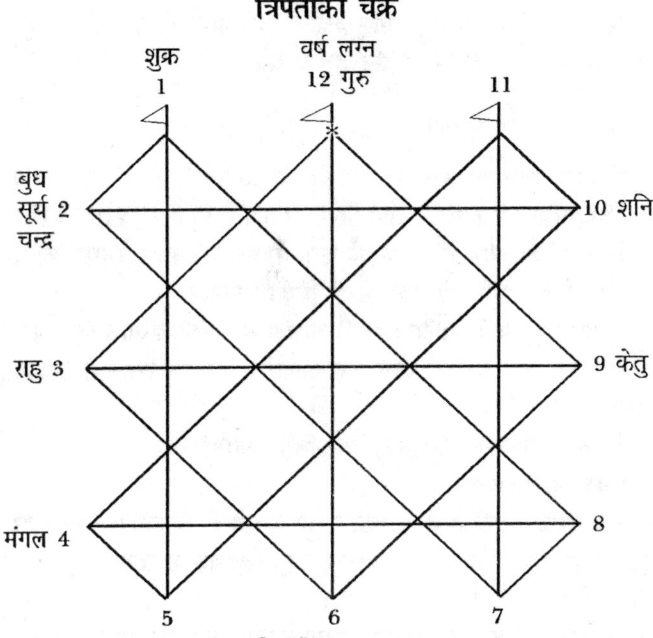

रेखाचित्र 18/8

1. **लग्न**–केन्द्रीय खड़ी रेखा के ऊपरी छोर पर जहां तारे का निशान है, उस बिन्दु को लग्न मानते हुए वर्ष लग्न राशि उस स्थान पर अंकित कर दें। उदाहरणस्वरूप इस प्रकरण में जो वर्षकुण्डली बनायी गयी थी, उसमें लग्न मीन (12) आया था। अतः लग्न स्थान में 12 अंकित कर बायीं ओर अगली राशियों की संख्या कुण्डली की भांति लिख दें। ये बिन्दु त्रिपताका चक्र के 12 भाव हैं तथा इनमें अंकित संख्याएं राशि क्रमांक हैं।

2. विभिन्न ग्रहों की स्थापना

(i) चन्द्रमा–प्रवेशाब्द में 9 का भाग लगायें। जो शेष बचे, उस संख्या को जन्म लग्न की चन्द्र राशि से आगे गिनें। जो संख्या आये उसी राशि (संख्या) के बिन्दु पर चन्द्रमा को स्थापित करें।

उदाहरण–गत वर्ष 28 प्रवेश वर्ष 29

$$\frac{29}{9} = \text{शेष } 2$$

जन्म चन्द्र राशि मेष (1) से 2 गिनने पर मेष से दूसरी राशि वृषभ आयी। अतः चन्द्रमा को वृषभ में स्थापित किया जायेगा।

(ii) सूर्य, मंगल, बुध, गुरु, शुक्र, शनि, राहु व केतु–प्रवेशाब्द में 4 का भाग लगायें। जो शेष बचे उतनी संख्या उपर्युक्त ग्रहों की जन्म लग्न राशियों से आगे गिनें। जो संख्या

आये, उसी संख्या (राशि) वाले बिन्दु पर उक्त ग्रहों को लिखें।

जन्म लग्न में सूर्य वृषभ में, मंगल कर्क में, बुध वृषभ में, गुरु मीन में, शुक्र मेष में, शनि मकर में, राहु मिथुन में व केतु धनु में थे।

प्रवेशाब्द $\frac{29}{4}$ = शेष 1

सूर्य, मंगल, बुध, गुरु, शुक्र एवं शनि को त्रिपताका चक्र में स्थापित करने के लिए इनकी उपर्युक्त राशियों से 1 संख्या आगे गिना, तो वहीं से गिनने के कारण वे ही राशियां आयीं। अतः सूर्य को वृषभ में, मंगल को कर्क में, बुध को वृषभ में, गुरु को मीन में, शुक्र को मेष में तथा शनि को मकर में ही लिखा जायेगा।

राहु और केतु वक्री हैं। अतः इनकी राशियों से उलटा गिनना चाहिए, परन्तु इस उदाहरण में उलटा गिनने पर वही जन्म राशि आयेगी। अतः राहु मिथुन में तथा केतु धनु में ही रखा जायेगा।

इस प्रकार त्रिपताका चक्र तैयार कर लिया जायेगा।

त्रिपताका चक्र से वेध विचार

प्रत्येक बिन्दु (मान) से तीन सीधी रेखाएं चलती हैं, जिनके दूसरे छोरों पर अन्य भाव, राशियां तथा ग्रह स्थित हैं। उस बिन्दु पर स्थित ग्रह के साथ उन तीनों रेखाओं के विपरीत छोरों पर स्थित ग्रह वेध करते हैं।

उक्त त्रिपताका चक्र के अनुसार चन्द्रमा का वेध शुक्र एवं शनि से, गुरु का राहु व केतु से, बुध का शनि व शुक्र से तथा शुक्र का सूर्य से वेध हो रहा है। मंगल का किसी ग्रह से वेध नहीं हो रहा है।

वर्षकुण्डली में चन्द्रमा के वेध को सबसे अधिक महत्त्व दिया गया है। अतः चन्द्रमा का वेध जिन ग्रहों से होता है, उसके अनुसार फल पर विचार किया जाता है।

त्रिपताका चक्र के अनुसार वेध का फल

चन्द्रमा का वेध–विभिन्न ग्रहों से चन्द्रमा का वेध होने पर निम्नानुसार फल होता है :

(i) सूर्य– सूर्य से चन्द्रमा का वेध होने पर सूर्य की मुद्दादशा में जातक को रक्तविकार, ज्वर व पित्तरोग होते हैं। मन में सन्ताप, परेशानी एवं दुःख होता है। व्यय अधिक होता है।

(ii) मंगल–मंगल से चन्द्रमा का वेध हो, तो रक्त सम्बन्धी बीमारियां, घाव, चोट आदि का भय, शत्रुभय व मन में खिन्नता रहती है।

(iii) बुध–बुध से चन्द्रमा का वेध होने पर वाणिज्य-व्यापार में लाभ होता है, परन्तु पारिवारिक कलह, झगड़ा व बंटवारा आदि होते हैं तथा शत्रुओं द्वारा हानि होती है।

(iv) गुरु–गुरु से चन्द्रमा का वेध हो, तो शुभ होता है। आकस्मिक लाभ, विजय एवं शुभ कार्य होते हैं।

(v) शुक्र–शुक्र से चन्द्रमा का वेध होने पर परीक्षा एवं साक्षात्कार में सफलता, विद्या व धनलाभ तथा शत्रुओं पर विजय होती है, परन्तु जलघात एवं वायुरोगों की आशंका

रहती है।

(vi) **शनि**–शनि से चन्द्रमा का वेध हो, तो शरीर में पीड़ा, अपने ही व्यक्ति से धोखा तथा धन का अपव्यय होता है।

(vii) **राहु**–राहु-चन्द्र का वेध मन में खिन्नता, रोग, कष्ट व असफलताएं उत्पन्न करता है।

(viii) **केतु**–केतु और चन्द्रमा के वेध से बदनामी, कमरदर्द, चिन्ता व दुःख होते हैं।

हर्षित ग्रह से चन्द्रमा का वेध उत्तम होता है, जबकि निर्बल ग्रह का वेध अपनी मुद्दादशा में कष्ट लाता है। यदि चन्द्रमा का वेध एक से अधिक पाप ग्रहों से होता हो, तो वर्ष में कष्ट, बाधा एवं पीड़ा का बोलबाला रहता है।

अन्य ग्रहों का परस्पर वेध–अन्य ग्रहों के वेध की शुभाशुभता भावों–जिनके कि वे भावेश हैं–की शुभाशुभता पर निर्भर करती है। जैसे भाग्येश व कर्मेश, कर्मेश व लाभेश, धनेश व आयेश, लग्नेश व भाग्येश का वेध हो, तो शुभ फल होता है। इसके विपरीत षष्ठेश, अष्टमेश तथा द्वादशेश का भाग्येश, कर्मेश, लग्नेश, धनेश, भावेश व आयेश के साथ वेध हो, तो हानिकारक होगा।

इस प्रकार त्रिपताका चक्र से वर्ष का फल सूक्ष्मता से किया जा सकता है।

षोडश योग–वर्षकुण्डली का अध्ययन अधूरा ही रहेगा यदि इससे सम्बन्धित षोडश योगों का विचार न किया जाये। ये सोलह योग लग्नेश तथा कर्मेश की पारस्परिक स्थिति के आधार पर बनते हैं। वर्ष लग्न पद्धति मूलतः यवनों में प्रचलित थी और उन्हीं के द्वारा भारत में लायी गयी है, इसीलिए सम्बन्धित सोलह योगों के नाम अरबी-फ़ारसी भाषा के हैं।

वर्षकुण्डली में निम्न सोलह योग बहुत ही महत्त्वपूर्ण माने जाते हैं–

1. इक्कबाल योग–यदि वर्षकुण्डली में सभी ग्रह केन्द्र (1, 4, 7, 10) तथा पणफर (2, 5, 8, 11) स्थानों में (अष्टम स्थान को छोड़कर) पड़े हों, अर्थात् 3, 6, 8, 9 व 12वें स्थान में कोई ग्रह न हो, तो इक्कबाल योग होता है। यह योग सुख, यश, धन, प्रगति, सन्तान-प्राप्ति एवं भाग्यवृद्धि का परिचायक है।

2. इन्दुवार योग–वर्षकुण्डली में सभी ग्रह आपोक्लिम (3, 6, 9, 12) स्थानों में हो, तो इन्दुवार योग होता है। इस योग के होने से सामान्य सुख की प्राप्ति होती है, परन्तु वर्ष-भर चिन्ता व परेशानी बनी रहती है।

3. इत्थशाल योग–इस योग को समझने के लिए ग्रहों की गति एवं राशिगत अंशों पर ध्यान देना होगा। कुछ ग्रह शीघ्रगामी होते हैं, तो कुछ मन्दगति। मन्दगति ग्रह के राशिगत अंश अधिक हों और शीघ्रगति ग्रह के अंश कम हों, वर्ष के मध्य किसी भी समय शीघ्रगति ग्रह अधिक अंश चलकर मन्दगति ग्रह के अंशों के बराबर हो जायें, तो इस प्रकार शीघ्रगति ग्रह मन्दगति ग्रह को उसके अंशों के बराबर पहुंचकर उसे अपना तेज देते है। इसे इत्थशाल योग कहते हैं।

उदाहरण–सूर्य 3 राशि 8 अंश तथा मंगल 3 राशि 12 अंश पर हैं, सूर्य 1 दिन

में 1 अंश चलता है। मान लीजिये मंगल की उस समय की चाल 45 कला प्रतिदिन है। 16 दिन में सूर्य 16 अंश चलकर 3 राशि 24 अंश हो जायेगा तथा मंगल 16 दिन में 16 x 45 = 720 कला या 12 अंश आगे बढ़कर 3 राशि 24 अंश हो जायेगा।

परन्तु इत्थशाल योग में कुछ दशाएं आवश्यक हैं–

(i) दोनों ग्रहों में से एक लग्नेश होना चाहिए।

(ii) दोनों ग्रह एक-दूसरे को देखते हों।

(iii) दोनों ग्रह दीप्तांश के भीतर हों।

दोनों ग्रहों में मूलतः 30 कला से कम का अन्तर हो, तो पूर्ण इत्थशाल योग बनता है।

लग्नेश का प्रत्येक भाव के स्वामी के साथ इत्थशाल हो सकता है। जिस भावेश (कार्येश) का लग्नेश के साथ इत्थशाल होगा, उस भाव का फल वर्ष में अवश्य घटित होगा। षष्ठेश, अष्टमेश तथा द्वादशेश का लग्नेश से इत्थशाल हो, तो वर्ष में इन भावों से सम्बन्धित अशुभ घटनाएं (रोग, मृत्यु, व्यय, शत्रुभय) अधिक होंगी। इसके विपरीत द्वितीयेश, पंचमेश, नवमेश व एकादशेश से इत्थशाल होना शुभ है।

4. इसराफ़ योग–यह इत्थशाल योग से विपरीत है। इसके अन्तर्गत तीन आवश्यक दशाएं तो वे ही हैं, जो इत्थशाल योग में हैं, परन्तु तीव्रगामी ग्रह के अंश मन्दगति ग्रह से अधिक होते हैं, जिससे तीव्रगामी ग्रह मन्दगति ग्रह से अधिक दूर होता चला जाता है।

अशुभ भावों के स्वामी से इसराफ़ योग शुभ होता है, क्योंकि इसराफ़ योग अशुभ भावों के अशुभ फल की हानि (नष्ट) करता है, जैसे रोग-हानि, मृत्यु-हानि व व्यय-हानि, अर्थात् रोग न हो, मृत्यु न हो, व्यय न हो आदि। शुभ भावों के स्वामी से भी इसराफ़ योग अधिक हानिकारक नहीं है।

5. नक्त योग–जिस भाव के सम्बन्ध में विचार करना हो, उस भाव का स्वामी (कार्येश) व लग्नेश एक-दूसरे को न देखते हों, परन्तु इन दोनों के बीच में एक तीव्रगामी ग्रह हो, जो दोनों को देखता हो, बीच वाला ग्रह पीछे वाले ग्रह से तेज लेकर आगे वाले ग्रह को देता है। इस योग को नक्त योग कहते हैं। इसमें कार्यसिद्धि किसी अन्य व्यक्ति के सहयोग से होती है।

6. यमय योग–इस योग में लग्नेश व कार्येश दीप्तांश के भीतर हों, पर दृष्टि न हो। इन दोनों के बीच में तीसरा मन्दगति ग्रह हो, जो दोनों को देखता हो। यह मन्दगति ग्रह पीछे वाले ग्रह से तेज लेकर आगे वाले ग्रह को देता है। इसमें भी कार्य तीसरे व्यक्ति के सहयोग से होता है।

7. मणऊ योग–लग्नेश व कार्येश के इत्थशाल में बाधा डालने वाला योग मणऊ योग है। शनि या मंगल, जिसकी दोनों (लग्नेश व कार्येश) या दोनों में से एक पर शत्रु दृष्टि हो तथा उनके दीप्तांश के भीतर हो, तो यह पाप ग्रह इत्थशाल योग में खलनायक का कार्य करता है। यह योग अशुभ एवं कार्यनाशक है।

8. कम्बूल योग–जब लग्नेश व कार्येश का इत्थशाल हो और चन्द्रमा दोनों में से

किसी एक से भी इत्थशाल करे, तो कम्बूल योग कहलाता है। यदि दोनों ग्रह उच्च या स्वराशिस्थ हों, तो उत्तम कम्बूल योग तथा दोनों नीच या शत्रुक्षेत्री हों, तो अधम कम्बूल योग, परन्तु एक उच्च या स्वक्षेत्री और एक नीच या शत्रुक्षेत्री हो, तो मध्यम कम्बूल योग होता है।

उत्तम कम्बूल योग लग्नेश और कार्येश के इत्थशाल योग के शुभ फल की वृद्धि करता है।

9. गैर कम्बूल योग–जब चन्द्रमा लग्नेश व कार्येश को नहीं देखता हो, अपनी राशि के अन्तिम अंशों में हो और अपनी राशि में जाकर किसी अन्य (गैर) बली ग्रह से कम्बूल करे, तो गैर कम्बूल योग होता है। यह योग भी तीसरे व्यक्ति की सहायता से कार्यसाधक है।

10. खल्लासर योग–लग्नेश और कार्येश में इत्थशाल हो, पर चन्द्रमा शून्यमार्गी हो, लग्नेश या कार्येश से कम्बूल न करे और न ही किसी अन्य ग्रह से गैर कम्बूल करे, तो यह योग खल्लासर कहलाता है। शून्यमार्गी से तात्पर्य उस ग्रह से है, जो न उच्च का है न नीच का, न शुभ ग्रह दृष्ट हो और न ही अशुभ ग्रह दृष्ट हो, न मित्रग्रही हो और न शत्रुग्रही हो, अर्थात् एकाकी असम्बद्ध हो, तो ऐसा ग्रह शून्यमार्गी कहलाता है। यह योग कार्य को बिगाड़ने वाला होता है।

11. रद्द योग–यदि लग्नेश अथवा कार्येश जिनका इत्थशाल हो, वक्री, अस्तंगत, नीच अथवा 6, 8, 12वें घर का स्वामी हो, तो यह कार्य को नष्ट (रद्द) करता है। यह योग प्राणघातक, शत्रुओं को बढ़ाने वाला एवं उन्नति में बाधक है।

12. दुफालि कुत्थ योग–इत्थशाल करने वाले लग्नेश व कार्येश में से मन्दगति ग्रह बली (उच्च, स्वराशिस्थ, वर्गोत्तम) हो, पर तीव्रगामी ग्रह में ये गुण न हों (निर्बल हो), तो यह योग होता है। इसमें भी कार्यसिद्धि होती है, पर सफलता की गति धीमी होती है।

13. दुत्थ कुत्थीर योग–यदि लग्नेश व कार्येश में इत्थशाल होते हुए भी दोनों निर्बल हों, तो दुत्थ कुत्थीर योग होता है। इसमें भी तीसरे व्यक्ति की सहायता से कार्य होता है।

14. तम्बीर योग– जब लग्नेश व कार्येश में इत्थशाल न हो, उनमें से एक ग्रह राशि के अन्तिम अंशों में रहकर अगली राशि में किसी बली ग्रह से इत्थशाल करे, तो तम्बीर योग होता है। इससे वर्ष में सुख-शान्ति बढ़ती है।

15. कुत्थ योग–वर्षकुण्डली में जब लग्नेश व कार्येश केन्द्र तथा पणफर में स्थित हों तथा पंचवर्गी तथा हर्ष बल के अनुसार बली हों, तो कुत्थ योग होता है। इस योग से वर्ष में सफलता, उन्नति तथा हर्ष होता है।

16. दुरुफ़ योग–यह कुत्थ योग से विपरीत है। जब वर्षकुण्डली में सभी ग्रह आपोक्लिम में स्थित हों या पंचवर्गी हर्ष बल के अनुसार निर्बल हों तो दुरुफ़ योग होता है। यह योग वर्ष-भर सन्ताप देने वाला, कष्टदायक तथा प्राणघातक है।

इस प्रकार वर्षकुण्डली का फलादेश करते समय उक्त सोलह योगों पर भी विचार करना आवश्यक है।

*

गोचर

ज्योतिष में फलादेश करने की अनेक विधाएं हैं। कोई जन्म लग्न से फलादेश करते हैं, तो कोई महादशा-अन्तर्दशा को फलादेश का आधार बनाते हैं। कोई वर्ष लग्न (ताजिक) के आधार पर फलादेश कहते हैं, तो कोई जन्म लग्न के आधार पर। इसी प्रकार जन्म लग्न के साथ गोचर भी फलादेश की एक महत्त्वपूर्ण विधा है।

'गो' का तात्पर्य यहां आकाश या अन्तरिक्ष से है तथा 'चर' का अर्थ है विचरण करने वाले, अर्थात् आकाश में विचरण करने वाले ग्रह-उपग्रह। जन्म लग्न या वर्ष लग्न में प्रत्येक ग्रह एक निश्चित समय (इष्ट) या तात्कालिक समय की स्थिति के आधार पर निश्चित राशि एवं भाव में स्थान पाता है, परन्तु हम जीवनकाल में किसी भी समय का फलादेश जानना चाहें, तो उस समय अमुक ग्रह गोचरवश किस राशि में विचरण कर रहा है, मार्गी या वक्री होकर किस राशि में जा रहा है या आकाश में विभिन्न ग्रहों की पारस्परिक स्थिति क्या है, कौन-सा ग्रह अस्तंगत है या उदय है, दिवा राशियों में है या रात्रि राशियों में, ये बातें भी फलादेश के लिए महत्त्वपूर्ण हैं।

यदि कोई ग्रह जन्म लग्न में शुभ राशि का होकर शुभ भाव में पड़ा है और गोचरवश भी उसी राशि में आ जाता है, तो इस अवधि में निश्चित रूप से शुभ फल करेगा। ग्रहों का गोचर प्रभाव जातक की जन्म राशि से सम्बन्धित शनि है। इसीलिए प्रायः पत्र-पत्रिकाओं में लेख आते रहते हैं कि सिंह का गुरु या मकर का शनि अमुक जन्म राशि वाले व्यक्तियों के लिए कैसा रहेगा। दैनिक भविष्यफल भी गोचर पर ही आधारित होता है एवं जन्म राशि के सन्दर्भ में दिया जाता है।

ग्रहों का गोचरकाल–प्रत्येक ग्रह का एक राशि का भ्रमणकाल लगभग निश्चित है। इनके भ्रमणकाल पर सूर्य तथा इसके मार्गी, वक्री, शीघ्री व मन्द होने का प्रभाव पड़ता है।

सूर्य–सूर्य पृथ्वी की परिभ्रमण गति के कारण प्रतिदिन लगभग 1 अंश आगे (पृथ्वी से विपरीत) चलता है।

सूर्य की गति सदैव एक समान नहीं रहती। औसत गति 59 कला 8 विकला प्रतिदिन है। शीत ऋतु में जब सूर्य विपरीत गोलाई में होता है, तब पृथ्वी सूर्य से निकट होने से सूर्य की गति अधिकतम 61 कला 11 विकला तथा ग्रीष्म ऋतु में जब सूर्य उसी गोलाई

में होता है, तब पृथ्वी सूर्य से दूर होने के कारण सूर्य की गति न्यूनतम 57 कला 10 विकला प्रतिदिन होती है। एक अंश प्रतिदिन के अनुसार लगभग एक माह तक सूर्य एक राशि पर रहता है। जैसा कि बताया जा चुका है, सूर्य का गोचर दो प्रकार से होता है। सायन संक्रान्ति तथा निरयन संक्रान्ति प्रत्येक राशि में सूर्य के प्रवेशकाल को कहते हैं। सायन संक्रान्तियां निरयन संक्रान्तियों से लगभग 24 दिन पूर्व होती हैं। इसका कारण सम्पात का पिछड़ना है। सायन सूर्य निरयन सूर्य से लगभग 24° अधिक होता है। निरयन सूर्य के आधार पर ही पृथ्वी की एक परिक्रमा पूर्ण (360°) होती है। इसीलिए भारतीय ज्योतिष में निरयन सूर्य ही गोचर विचार के लिए आधार माना जाता है।

21 मार्च के लगभग सायन मेष संक्रान्ति होती है, परन्तु निरयन सूर्य संक्रान्ति 14-15 अप्रैल के लगभग होती है। इसी प्रकार प्रत्येक सायन व निरयन सूर्य संक्रान्तियों में 23-24 दिन का अन्तर रहता है। किसी भी समय सायन सूर्य के अंश-कलादि ज्ञात करने हों, तो निरयन सूर्य राश्यंश में अयनांश जोड़ना पड़ता है।

एक राशि में 2¼ नक्षत्र होते हैं और सूर्य एक माह एक राशि में रहता है। एक नक्षत्र में सूर्य का गोचरकाल लगभग 13-14 दिन रहता है। इस प्रकार एक वर्ष में सूर्य एक-एक बार सभी नक्षत्रों से गुज़रता है। सूर्य कभी वक्री नहीं होता, सदैव मार्गी ही रहता है।

चन्द्रमा–चन्द्रमा एक राशि पर लगभग 2¼ दिन (135 घटी) रहता है। चन्द्रमा की औसत गति 1 नक्षत्र या 13° 20' (800 कला) प्रतिदिन है, परन्तु पृथ्वी की परिक्रमा करने तथा पृथ्वी के साथ-साथ सूर्य की भी परिक्रमा करने के कारण चन्द्रमा की सूर्य सापेक्ष गति 12° प्रतिदिन ही रहती है। सूर्य एवं पृथ्वी की गुरुत्वाकर्षण एवं सूर्य के चन्द्रमा की निकटतम व दूरतम स्थितियों के कारण चन्द्रमा की अधिकतम गति 15 अंश तथा न्यूनतम 11 अंश प्रतिदिन भी हो जाती है। यदि चन्द्रमा ठीक एक दिन (60 घटी) में एक नक्षत्र को पार करता है, तो उसकी दैनिक गति 13° 20' (800 कला) प्रतिदिन होगी। यदि चन्द्रमा 60 घटी से कम समय में एक नक्षत्र पार कर लेता है, तो उसकी दैनिक गति 13° 20' से अधिक और 60 घटी से अधिक समय में एक नक्षत्र पार करने पर उसकी दैनिक गति 13° 20' से कम होती है।

गोचर विचार में चन्द्रमा का बहुत ही महत्त्वपूर्ण स्थान है। चन्द्रमा मनुष्य का मन है, यह पृथ्वी से निकटतम है तथा इसकी गति अति तीव्र है। अतः दैनिक मुहूर्तों, संस्कारों, यात्राओं, दिशाशूलों आदि दैनिक कार्यों में चन्द्रमा के गोचर का ही विचार किया जाता है, जो राशि गोचर के साथ-साथ नक्षत्र गोचर पर आधारित होता है।

जन्म के समय गोचरवश चन्द्रमा जिस नक्षत्र में होता है, उसी के अनुसार जातक का नामकरण होता है तथा उसी नक्षत्र की राशि उस जातक की जन्म राशि होती है।

चन्द्रमा एक माह में सभी 27 नक्षत्रों तथा 12 राशियों में होकर भ्रमण कर लेता है।

मंगल–मंगल एक राशि पर लगभग 1½ माह रहता है। जब सूर्य के निकट होता है, तब 42 से 44 दिन में एक राशि परिवर्तन कर लेता है, परन्तु जब सूर्य से दूर होता है तब 55 दिन तक एक राशि पर ही रहता है। वक्री हो जाने के कारण कभी-कभी एक राशि का गोचरकाल 80 दिन तक भी हो जाता है। इसकी औसत गति 1 दिन में 40 कला (अधिकतम 44 कला तथा न्यूनतम 22 कला) है।

बुध–सूर्य से निकटतम होने के कारण बुध सूर्योदय से 2 घण्टे पहले प्रातः पूर्वी क्षितिज पर अथवा सूर्यास्त से 2 घण्टे पश्चात् सायं पश्चिमी क्षितिज पर चमकता है, पर बिना दूरबीन की सहायता से नहीं देखा जा सकता। यह सूर्य से अधिकतम एक राशि आगे या पीछे रहता है। अधिकतर यह सूर्य की राशि में ही रहता है। यह एक राशि पर 18 दिन से 1 माह तक रहता है। यह तीन-चार महीनों में वक्री हो जाता है। उस समय इसकी गति न्यूनतम हो जाती है।

गुरु–गुरु का एक राशि का भ्रमणकाल 12 माह है, परन्तु बीच-बीच में वक्री होने के कारण 13 माह तक भी लग जाते हैं। इसकी अधिकतम गति 13 कला तथा न्यूनतम 1 कला (वक्री से मार्गी या मार्गी से वक्री होते समय) प्रतिदिन है।

शुक्र–शुक्र एक राशि पर 24 दिन से 40 दिन तक रहता है। यह सूर्योदय से लगभग 4 घण्टे पूर्व तक पूर्व में अथवा सूर्यास्त से 4 घण्टे पश्चात् तक पश्चिम में दिखाई देता है। शुक्र सबसे चमकदार ग्रह है। यह सूर्य से अधिकतम 2 राशि आगे या पीछे रहता है। इसकी अधिकतम गति 1 अंश 16 कला है। वक्री से मार्गी या मार्गी से वक्री होते समय इसकी गति 3 कला प्रतिदिन भी रह जाती है।

शनि–शनि एक राशि पर 2½ वर्ष के लगभग रहता है। शनि की गोचर गति सबसे कम है। अतः यह मन्दतम ग्रह कहलाता है। इसकी अधिकतम दैनिक गति 7 कला तथा वक्री से मार्गी या मार्गी से वक्री होते समय इसकी न्यूनतम गति 1 कला प्रतिदिन भी हो सकती है।

शनि को बड़ी विपत्ति के नाम से जाना जाता है। अतः गोचर विचार में शनि का महत्त्व अत्यधिक है। प्रायः व्यक्ति शनि के गोचर से भयभीत रहते हैं।

शनि की साढ़ेसाती व ढैया–जातक की जन्मराशि से एक राशि पूर्व (चन्द्र लग्न से द्वादश), जन्मराशि में (चन्द्र लग्न में) तथा जन्मराशि से एक राशि पश्चात् (चन्द्र लग्न से द्वितीय) जब शनि गोचरवश आता है, तो इस अवधि को शनि की साढ़ेसाती कहते हैं। एक राशि में 2½ वर्ष रहने से तीन राशियों का गोचरकाल 7½ वर्ष हुआ। उदाहरणार्थ, किसी जातक की कर्क राशि है, तो जब शनि गोचरवश मिथुन राशि में आयेगा, तब उस व्यक्ति की लगती साढ़ेसाती (शनि की दृष्टि), कर्क राशि में आने पर राशिगत साढ़ेसाती (शनि का भोग) तथा शनि के सिंह राशि में आने पर उतरती साढ़ेसाती (शनि के पैर) कहलाती है। इस जातक के लिए शनि का मिथुन से सिंह तक तीन राशियों का गोचरकाल 7½ वर्ष यानी साढ़ेसाती कहलाता है।

इसी प्रकार जब शनि जन्मराशि से चतुर्थ या अष्टम स्थान में आता है, तो छोटी साढ़ेसाती या ढैया (एक राशि का गोचर काल 2½ वर्ष) होती है। इसका फल भी साढ़ेसाती की ही भांति होता है।

साढ़ेसाती या ढैया अशुभ क्यों?

साढ़ेसाती–चन्द्र लग्न से द्वादश भाव में शनि के आने से शनि की तीसरी पूर्ण दृष्टि द्वितीय (धन) भाव पर, सप्तम दृष्टि षष्ठ (रिपु/यश) भाव पर तथा दशम दृष्टि नवम (भाग्य व धर्म) भाव पर पड़ती है। लग्न के दोनों ओर द्वादश एवं द्वितीय भाव शनि के दुष्प्रभाव से ग्रसित होने से उनके बीच स्थित लग्न भी दूषित हो जाता है। धन, यश तथा आय भाव भी शनि के कुप्रभाव में आ जाते हैं। लग्न के दूषित होने से तन, मन एवं सम्मान पर भी कुप्रभाव पड़ता है। इसी कारण साढ़ेसाती जातक के लिए बहुत कष्टकारक होती है।

लगती साढ़ेसाती

चन्द्र कुण्डली

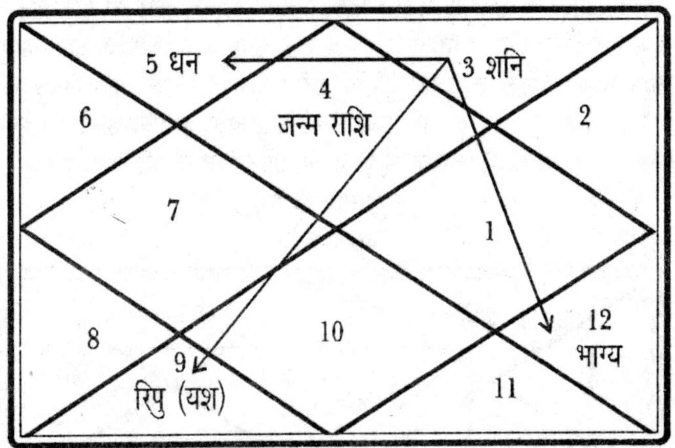

इसी प्रकार चन्द्र लग्न में शनि के आने पर शनि की तीसरी पूर्ण दृष्टि पराक्रम भाव पर, सप्तम दृष्टि सप्तम भाव पर तथा दशम दृष्टि दशम (कर्म एवं पिता) भाव पर पड़ती है, जिससे क्रमशः पराक्रम (भ्राता), पत्नी एवं कर्म (पिता) के भाव बिगड़ जाते हैं।

राशिगत साढ़ेसाती
चन्द्रकुण्डली

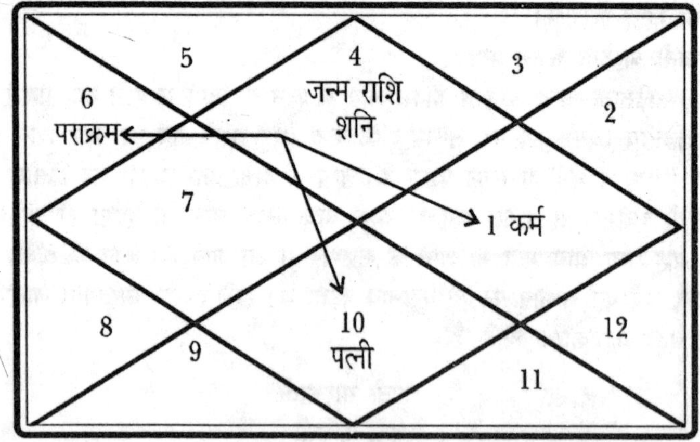

जब शनि जन्म राशि से द्वितीय भाव में आता है, तब शनि की पूर्ण दृष्टि चतुर्थ, अष्टम व एकादश भावों पर पड़ती है, जो क्रमशः सुख, माता, सम्पत्ति भाव, आयु भाव तथा लाभ भाव हैं। शनि के जन्म राशि से द्वितीय होने से ये तीनों भाव बिगड़ जाते हैं।

इस प्रकार 7½ वर्ष में अधिकांश भावों से सम्बन्धित हानि होती है। इन तीनों भावों का प्रभाव संलग्न कुण्डलियों में दृष्टि के आधार पर दर्शाया गया है।

(साढ़ेसाती के पैर)
चन्द्रकुण्डली

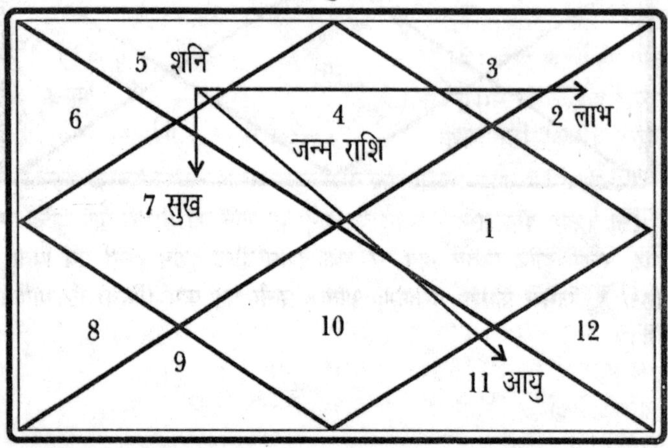

ढैया– जैसा कि ऊपर बताया गया है जन्म राशि से शनि के चतुर्थ या अष्टम स्थान पर आने पर छोटी साढ़ेसाती या ढैया होती है।

शनि के चतुर्थ भाव में होने से शनि की तीसरी पूर्ण दृष्टि षष्ठ भाव पर, सप्तम पूर्ण दृष्टि दशम भाव पर तथा दशम पूर्ण दृष्टि लग्न पर पड़ती है, जिससे इन भावों को हानि होती है। इसी प्रकार शनि के जन्म राशि से अष्टम होने से तृतीय पूर्ण दृष्टि दशम पर, सप्तम पूर्ण दृष्टि द्वितीय पर तथा दशम पूर्ण दृष्टि पंचम भाव पर पड़ती है। अतः क्रमशः कर्म, धन तथा सन्तान पक्ष दुष्ट प्रभाव में आ जाते हैं। कर्क राशि वाले जातक को तुला (चतुर्थ) तथा कुम्भ (अष्टम) राशि में शनि रहते ढैया रहेगी।

ढैया (जन्म लग्न से चतुर्थ व अष्टम)

चन्द्रकुण्डली

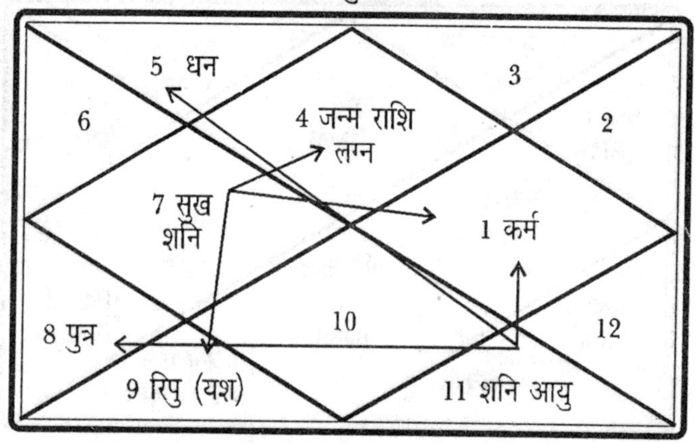

दक्षिण भारत (विशेष रूप से कर्नाटक) में साढ़ेसाती से भी अधिक दुष्ट प्रभाव पंचम शनि का मानते हैं। चन्द्र लग्न से पंचम (पुत्र भाव) शनि की पूर्ण दृष्टि सप्तम, एकादश व द्वितीय भावों पर पड़ती है।

यदि इस अवधि में शनि नीच, अस्तंगत, शत्रुक्षेत्री तथा पाप ग्रह युक्त व दृष्ट हो, तो अत्यन्त वैभवशाली व्यक्तियों को भी फूटे मटके में खाना खिलाता है।

शनि की साढ़ेसाती सभी के लिए अनिष्टकारक नहीं–शनि की साढ़ेसाती या ढैया सभी व्यक्तियों तथा पूरी अवधि के लिए अनिष्टकारक नहीं होती। इसके कुप्रभाव को निम्न बातें प्रभावित करती हैं :

(1) **चरण विचार**--शनि के गोचर विचार की एक विधा यह भी है कि शनि के साढ़ेसाती या ढैया में प्रवेश करते समय चन्द्रमा किस राशि में है, इसका प्रभाव शनि के प्रभाव पर पड़ता है। इसे शनि का चरण विचार कहते हैं

यदि शनि के साढ़ेसाती या ढैया में प्रवेश करते समय चन्द्रमा जन्म राशि से 1, 6 या 11वें स्थान (राशि) में हो, तो स्वर्णपाद साढ़ेसाती कहलाती है। यदि चन्द्रमा 2, 5 या 9वें स्थान में हो, तो रजतपाद, यदि चन्द्रमा 3, 7 या 10वें भाव में हो, तो ताम्रपाद तथा 4, 8 या 12वें स्थान में होने पर लौहपाद साढ़ेसाती कहलाती है।

उदाहरण–किसी जातक की कुम्भ राशि है। जब शनि ने मकर राशि में प्रवेश किया, यदि उस समय चन्द्रमा कुम्भ से 1, 6 या 11वीं, अर्थात् कुम्भ (पहली), कर्क (छठी) या धनु (ग्यारहवीं) राशि में हो, तो स्वर्णपाद, 2, 5 या 9वीं राशि में हो, तो रजतपाद, 3, 7 या 10वीं राशि में हो, तो ताम्रपाद तथा 4, 8 या 12वीं राशि में चन्द्रमा हो, तो लौहपाद साढ़ेसाती कहलाती है। शनि के साढ़ेसाती में प्रवेश के समय राशिगत चन्द्रमानुसार साढ़ेसाती का पाद, चरण या प्रकार निम्न कुण्डली में दर्शाया गया है।

शनि चरण

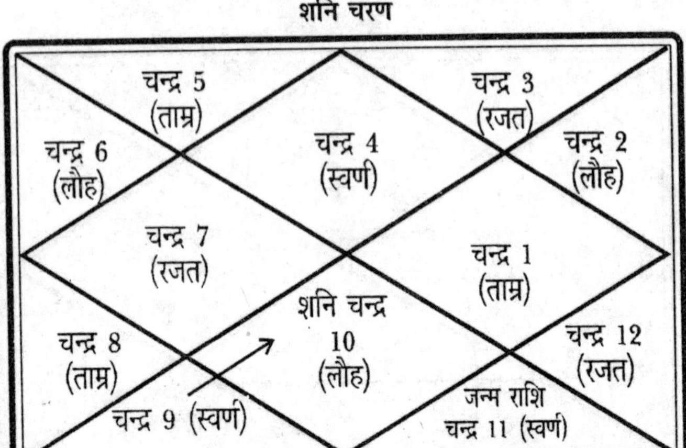

तीर द्वारा शनि का धनु से मकर में प्रवेश दर्शाया गया है।

स्वर्णपाद पर साढ़ेसाती प्रारम्भ हो, तो सब प्रकार का सुख मिलता है। रजतपाद में भाग्य अच्छा रहता है। ताम्रपाद में सामान्य स्थिति रहती है तथा लौहपाद साढ़ेसाती में धन का नाश होता है।

(2) **नक्षत्रीय प्रभाव**–साढ़ेसाती अवधि में शनि जिन राशियों में से गुज़रेगा, उनके नक्षत्रों के स्वामियों के साथ यदि शनि की मित्रता या समता है, तो शनि अधिक हानि नहीं करेगा। यदि उन नक्षत्रों के स्वामियों से शनि की शत्रुता है, तो अधिक हानि करेगा। उपर्युक्त कुण्डली में शनि स्वगृह में आ गया है। अगली राशि भी इसी की है। अतः इन दोनों के नक्षत्रों से गुज़रते समय शनि कोई हानि नहीं करेगा। मीन राशि का स्वामी गुरु है। अतः उसके साथ भी शनि के सम्बन्ध सम होने से अधिक हानि नहीं करेगा। इसके विपरीत सूर्य और मंगल शनि के शत्रु हैं। इनकी राशियों–सिंह, मेष और वृश्चिक के नक्षत्रों से गुज़रते समय या इन राशियों से सातवें स्थान पर आने पर शनि अधिक कष्ट देगा।

(3) **शनि की स्थिति**–यदि जन्मकुण्डली में शनि उच्च, स्वराशि या मित्रराशि में हो, तो 6, 8 या 12 (दुःस्थानों) में स्थित होते हुए भी हानिकारक नहीं होता, परन्तु नीच राशिस्थ, अस्तंगत या शत्रुक्षेत्री होने पर अधिक अशुभ फल देता है। इसी प्रकार गोचर में भी उच्च अथवा नीच राशिस्थ होने पर भी फल में अच्छा या बुरा प्रभाव पड़ता है।

यदि शनि पर अशुभ ग्रहों की दृष्टि हो, तो उसका फल अधिक अशुभ होता है। इसके विपरीत यदि उस पर किसी शुभ ग्रह की दृष्टि हो, तो उसके अशुभ फल में कमी आ जाती है।

शनि 3, 6 व 11वीं राशियों को छोड़कर अन्य सभी स्थानों में हानिकारक होता है। बुध व शुक्र शनि के मित्र हैं। बुध की राशि 3 व 6 तथा शुक्र की 2 व 7 हैं। शनि 10वीं व 11वीं राशियों का स्वामी है तथा तुला (7) का शनि उच्च का होता है। अतः 2, 3, 6, 7, 10 तथा 11वीं राशियों में शनि गोचरवश आये या शुभ ग्रहों से दृष्ट या युक्त हो, तो अशुभ फल नहीं देता। गुरु शनि सम हैं। अतः शनि 9 व 12वीं राशियों में अधिक हानि नहीं करता, जबकि अपने शत्रु सूर्य, मंगल व चन्द्रमा की राशियों यथा 5, 1, 8 व 4 में गोचरवश आने पर तथा अशुभ ग्रहों से दृष्ट या युक्त होने पर अधिक कष्ट देगा।

उदाहरण– किसी जातक की राशि वृश्चिक है। जब शनि तुला में गोचरवश प्रवेश करेगा, तो तुला शुक्र (मित्र) की राशि तथा स्वयं शनि की उच्च राशि होने से लगती साढ़ेसाती (दृष्टिकाल) अधिक हानिकारक नहीं होगी। वृश्चिक राशि मंगल (शत्रु) की राशि होने से शनि का भोगकाल अधिक कष्टदायक होगा। उतरती साढ़ेसाती (शनि के पैर) धनु राशि (गुरु सम होने से) में आने से अधिक कष्टदायक नहीं होगी।

साढ़ेसाती जातक को प्रायः हानि ही करती है, किसी को प्रारम्भ में, किसी को मध्य में, तो किसी को अन्त में।

(4) **वेध एवं विपरीत वेध**–शनि के कुप्रभाव को रोकने के लिए ग्रहों का वेध एवं विपरीत वेध विचार भी किया जाना चाहिए। सूर्य शनि का पिता होने के कारण सूर्य के अतिरिक्त अन्य ग्रह शनि से एक निश्चित कोणात्मक दूरी पर होने से उसके कुप्रभाव को काटते हैं।

इस विचार को आगे स्पष्ट किया जायेगा।

(5) **शनि वाहन विचार**–जब शनि एक राशि से दूसरी राशि में गोचरवश जाये तो उस समय निम्न तीन कालसंज्ञक अंगों की गणना करते हैं–

तिथि–अमावस्या से उस दिन तक की संख्या गिनें।

नक्षत्र–अश्विनी से शनि के गोचर प्रवेश के समय नक्षत्र की संख्या गिनें।

वार–वार की संख्या रविवार से गिनें।

उक्त तिथि, वार तथा नक्षत्र शनि के राशि प्रवेश के समय के होने चाहिए। इन तीनों संख्याओं का योग कर योगफल में 9 का भाग लगायें, जो शेष बचे उसके अनुसार शनि का वाहन तथा उसका फल निम्नानुसार है :

शेष	वाहन	फल	शेष	वाहन	फल	शेष	वाहन	फल
1.	गर्दभ	धननाश	4.	महिष	शत्रुभय	7.	कौवा	अरिष्ट
2.	घोड़ा,	धनलाभ	5.	सियार	भय	8.	मृग	शुभ
3.	हाथी	धन-धर्मलाभ	6.	सिंह	शत्रुनाश	9.	मयूर	सम्पत्ति

सामान्य तथा शनि की साढ़ेसाती एवं ढैया का फल निम्नानुसार है—मृत्यु, क्लेश, अस्थिर मन, दारिद्र्य, अपयश, कार्यनाश, मिथ्या कलंक, पदच्युति, जेल-यात्रा, दुर्घटना, चोरी, घात, परिजन विछोह, दिवाला आदि।

पति-पत्नी, पिता-पुत्र, अथवा भाई-भाई को एक साथ साढ़ेसाती का आना अधिक हानिकारक है। एक ही परिवार के अनेक सदस्यों को एक साथ साढ़ेसाती आने पर परिवार के प्रमुख पर भी संकट आ सकता है।

उपर्युक्त प्रभाव गोचरस्थ शनि की भावानुसार स्थिति एवं दृष्टि पर निर्भर करते हैं, जैसे पंचम भाव सन्तान पक्ष, सप्तम भाव पत्नी पक्ष, चतुर्थ भाव सुख एवं माता पक्ष, दशम भाव पिता व कर्म आदि से सम्बन्धित अनिष्ट फल ही शनि देगा।

राहु—यह एक छाया ग्रह है, जो सदैव वक्री रहता है। राहु एक राशि पर लगभग 18 माह तक रहता है। एक दिन में औसत गति 3½ कला है, परन्तु न्यूनाधिक भी हो जाती है। राहु जन्म राशि से 3, 6 व 11वीं राशि को छोड़कर अन्य राशियों में उनके भावों से सम्बन्धित प्रगति को रोक देता है।

केतु—केतु भी एक छाया ग्रह है, जो राहु से ठीक 180° पर रहता है। इसकी कला-विकला भी राहु के समान रहती हैं तथा इसकी गति एवं फल भी राहु के समान ही हैं।

गोचरफल विचार—ज्योतिष में गोचर विचार निम्न प्रकार से किया जाता है—

(1) जन्म लग्न के आधार पर—जन्मकुण्डली में प्रत्येक ग्रह का उसकी राशि भाव से गोचर राशि भाव की शुभाशुभता के आधार पर शुभाशुभ फल होता है। गोचरवश एक ग्रह जिस राशि में जा रहा है, वह जन्मकुण्डली की उसी ग्रह की राशि भाव की अपेक्षा शुभ है अथवा अशुभ, इस बात को ध्यान में रखकर उक्त ग्रह का गोचरफल कहा जाता है। यदि एक ग्रह जन्मकुण्डली में अशुभ राशि या भाव में हो तथा गोचरवश भी अशुभ राशि या भाव में जा रहा हो, तो अशुभ फल करेगा, परन्तु यदि गोचरवश वह ग्रह शुभ राशि या भाव में आ जाता है, तो शुभ फल करेगा या अशुभ फल में कमी आ जायेगी। जन्म लग्न में कोई ग्रह शुभ राशि या भाव में हो तथा गोचर में अशुभ राशि या भाव में जा रहा हो, तो शुभ फल नहीं करेगा, परन्तु यदि गोचरवश भी वही ग्रह शुभ राशि या भाव में जा रहा हो, तो निश्चित रूप से शुभ फल करेगा। जब गोचरवश जन्म लग्न से 1, 2, 4, 5, 7, 8, 9 एवं 12वें स्थानों में सूर्य, मंगल, शनि, राहु अथवा केतु हों, तो हानिकारक होते हैं, जबकि 3, 6, 10, 11वें स्थानों में उपर्युक्त ग्रह अच्छा फल देते हैं।

(2) चन्द्र लग्न के आधार पर—गोचर विचार में चन्द्रमा का बहुत महत्त्व है। अतः सभी ग्रहों की गोचर स्थिति चन्द्रमा के सन्दर्भ में देखी जाती है, अर्थात् अमुक ग्रह जन्म राशि से गिनने पर कौन-सी राशि (पहली, दूसरी, तीसरी आदि) में गोचरवश जा रहा है। प्रत्येक ग्रह की चन्द्र राशि के सन्दर्भ में गोचरीय स्थिति जानने के लिए गोचरकुण्डली बनायी जाती है। इसके लिए जन्म राशि का जानना आवश्यक है। जिस व्यक्ति की जन्मकुण्डली बनी हुई है, उसकी गोचरकुण्डली चन्द्रकुण्डली के आधार पर बनायी जा सकती है, परन्तु

जिसकी जन्मकुण्डली नहीं हो, उसके प्रचलित नाम से राशि ज्ञात कर उसके आधार पर गोचरकुण्डली बनायी जा सकती है। गोचरकुण्डली बनाने का उद्देश्य यह जानना है कि अमुक ग्रह किसी निश्चित समय पर जन्म राशि से गिनने पर कौन-सी राशि में गोचरवश जा रहा है। गोचरकुण्डली मुख्यरूप से चन्द्र लग्न कुण्डली के आधार पर ही बनायी जाती है। इसीलिए जन्मकुण्डली के साथ-साथ चन्द्रकुण्डली भी बनायी जाती है।

चन्द्रकुण्डली से तात्पर्य ऐसी कुण्डली से है, जिसमें लग्न राशि को लग्न में रखने के बजाय जन्म राशि (चन्द्र राशि) को लग्न में रखकर बनाया जाये, परन्तु यह जानने के लिए कि जन्म लग्न के सन्दर्भ में अमुक ग्रह किस भाव या राशि में है, जन्म लग्न के आधार पर भी गोचरकुण्डली बनायी जाती है।

उपर्युक्त दोनों प्रकार से गोचरकुण्डली बनाते समय लग्न गोचरकुण्डली में जन्म लग्न की राशि को तथा चन्द्र गोचरकुण्डली में चन्द्र राशि (जन्म राशि) को लग्न में रखा जाता है, परन्तु ग्रहों की स्थिति जन्म समय की न बताकर, जिस समय का गोचर विचार करना हो, उस समय की ग्रहीय स्थिति को विभिन्न राशियों में दर्शाया जाता है।

उदाहरण–किसी जातक की राशि मेष है तथा लग्न धनु है। हमें इस जातक का 3 दिसम्बर 1991 का गोचर विचार करना है। 3 दिसम्बर 91 की ग्रहीय स्थिति निम्नानुसार थी।

	सूर्य	चन्द्र	मंगल	बुध	गुरु	शुक्र	शनि	राहु	केतु
राशि	7	6	7	7	4	6	9	8	2
अंश	16	10	8	28	19	2	9	21	21

उपर्युक्त के आधार पर गोचरकुण्डली दो प्रकार से बनायी जा सकती है–

जन्म लग्न गोचरकुण्डली (1)

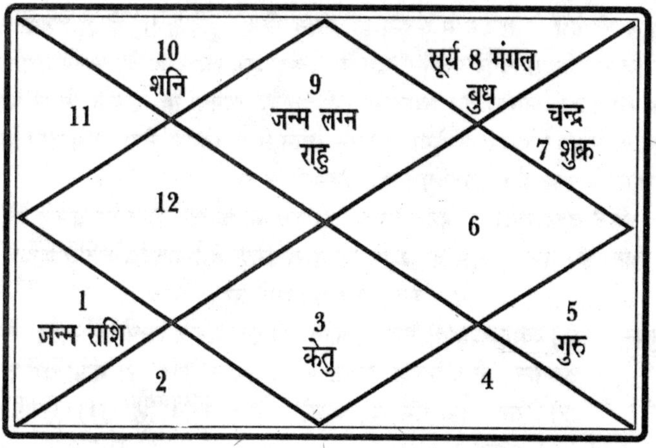

10 शनि
9 जन्म लग्न राहु
सूर्य 8 मंगल बुध
11
चन्द्र 7 शुक्र
12
6
1 जन्म राशि
3 केतु
5 गुरु
2
4

चन्द्र लग्न गोचरकुण्डली (2)

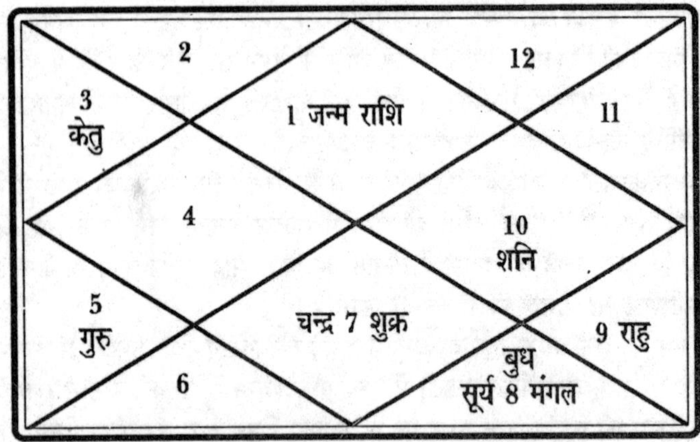

1. जन्म लग्न गोचरकुण्डली–धनु लग्न की कुण्डली बनाकर।

2. चन्द्र लग्न गोचरकुण्डली–जन्म राशि (मेष) लग्न की कुण्डली बनाकर।

उपर्युक्त दोनों गोचरकुण्डलियों के आधार पर जन्म राशि से केतु तीसरी, गुरु पांचवीं, चन्द्रमा व शुक्र सातवीं, सूर्य, बुध व मंगल आठवीं, राहु नौवीं तथा शनि दसवीं राशि में गोचरवश स्थित है। चन्द्रमा का गोचर विचार में अत्यधिक महत्त्व होने से प्रत्येक ग्रह की जन्म राशि से गिनने पर गोचरस्थ राशि यानी स्थानानुसार फल का विचार किया जाता है।

जन्म राशि से विभिन्न स्थानों (राशि क्रमानुसार) में ग्रहों का फल

जन्म राशि से गिनने पर विभिन्न स्थानों में प्रत्येक ग्रह का फल नीचे दिया जा रहा है, परन्तु इससे पूर्व एक विचार और आवश्यक है। वह है वेध विचार। नीचे दिये गये फल को वेध के सन्दर्भ में कहना ही उचित रहेगा। प्रत्येक ग्रह के शुभ तथा अशुभ स्थान (जन्म राशि से गिनने पर) निश्चित हैं। प्रत्येक शुभ स्थान का वेध स्थान तथा प्रत्येक अशुभ स्थान का विपरीत वेध स्थान भी निश्चित है। अमुक ग्रह के उक्त स्थान पर होने से शुभ या अशुभ प्रभाव तभी होगा, जब उस स्थान से सम्बन्धित क्रमशः वेध तथा विपरीत वेध स्थान में कोई ग्रह (पिता-पुत्र को छोड़कर) न हो।

पहले जन्म राशि से गिनने पर प्रत्येक ग्रह का प्रत्येक स्थान पर प्रभाव संक्षेप में दिया जाता है। बाद में शुभ व अशुभ स्थान व इनके वेध-प्रतिवेध बताये जायेंगे।

जन्म राशि से गिनने पर

1. सूर्य– (1) स्थाननाश (2) भय एवं हानि (3) सुखलाभ व लक्ष्मी-प्राप्ति (4) रोगभय, अपमान (5) द्रव्यनाश, संकट (6) शत्रुनाश, सुख (7) यात्रा, हानि, पीड़ा (8) रोगभय (9) धर्मनाश, कुबुद्धि (10) कर्म-सिद्धि (11) लक्ष्मी-प्राप्ति (12) द्रव्यहानि, कष्ट।

2. चन्द्रमा– (1) धनलाभ, शरीर-पुष्टि (2) लाभ, सुख (3) सुख (4) रोग, धननाश, अपमान, (5) कार्यनाश (6) धनलाभ (7) द्रव्य-प्राप्ति, स्त्री-सुख (8) क्लेश, भय, मृत्यु (9) मान, राजभय (10) लाभ, शुभ (11) विविध लाभ (12) रोग, धननाश।

3. मंगल– (1) भय, कष्ट (2) द्रव्यनाश, नेत्रपीड़ा (3) सुख-पराक्रम, लक्ष्मी-प्राप्ति, (4) कष्ट, शत्रुभय (5) रोगभंय, हानि (6) विजय, धनलाभ (7) शारीरिक कष्ट, धनहानि (8) कुबुद्धि, कष्ट (9) कर्मनाश, रोगभय (10) शोक, चिन्ता (11) सुखलाभ (12) रोग-शोक, व्यय।

4. बुध– (1) राजभय (2) लाभ, यश (3) शत्रुभय (4) सुखलाभ (5) कलह, पीड़ाभय (6) स्थान-प्राप्ति, लाभ (7) कलह, कष्ट (8) धनलाभ (9) रोगभय, धनहानि (10) सुख, राजमान (11) सुख, सम्मान, धनलाभ (12) तन-कष्ट, भय।

5. गुरु– (1) कष्ट, भय (2) धनलाभ, समृद्धि (3) भय, चिन्ता, पीड़ा (4) हानि, भय, शत्रुवृद्धि (5) लाभ, सुख (6) कष्ट-शोक (7) सम्मानसुख (8) पीड़ा, भय (9) रोग, पीड़ा (10) मानसिक दीनता (11) सुख, सम्मानलाभ (12) तनकष्ट।

6. शुक्र– (1) सुख, शत्रुनाश (2) सुखलाभ (3) अर्थलाभ (4) धन-प्राप्ति (5) लाभ, पुत्रसुख (6) शत्रुभय (7) शोकभय (8) कलह, हानि, पीड़ा (9) सुखलाभ (10) धर्मनाश (11) सुखलाभ (12) धनागम।

7. शनि– (1) हानि-कष्ट (2) शोक, हानि (3) सुखलाभ (4) कष्ट, भय, शत्रुवृद्धि (5) सन्तानकष्ट (6) धनलाभ, सुख (7) हानि, स्त्रीकष्ट, भय (8) पीड़ा, भय (9) धननाश, पापकर्म वृद्धि (10) वैमनस्य, धनहानि (11) धनलाभ, सुख (12) क्लेश, कष्ट।

8. राहु– (1) कष्ट, हानि (2) व्यय, अर्थहीनता (3) धनागम, आरोग्यता (4) शोक, वैमनस्य (5) हानि, शोक (6) धन-प्राप्ति, सुख (7) कलह (8) भय, पीड़ा (9) पापकर्म (10) वैर, सुख (11) सुख, धनागम (12) पीड़ा, हानि।

9. केतु– (1) हानिभय (2) वैर, धननाश (3) सुखलाभ (4) पीड़ा, भय (5) धननाश, शोक (6) सुख, धनागम (7) पीड़ा-कलेश (8) हानिभय, कष्ट (9) पापकर्म (10) भय, शोक (11) यश, प्रसिद्धि (12) पीड़ा, शत्रुता।

वेध तथा विपरीत वेध विचार–जन्म राशि से उपर्युक्त गोचर राशिगत ग्रहों का शुभ फल वेधक ग्रह द्वारा रोक दिया जाता है तथा अशुभ फल विपरीत या वाम वेध द्वारा रोक दिया जाता है। इस प्रकार वेध अशुभ तथा विपरीत वेध शुभ होता है।

वेध का तात्पर्य–जिस स्थान पर जो ग्रह गोचरवश है, उससे अन्य स्थान (जो नीचे बताये जा रहे हैं) पर स्थित अन्य ग्रह गोचरस्थ ग्रह के शुभ फल को रोकता है अथवा विपरीत वेध वाले स्थान पर स्थित ग्रह गोचरस्थ ग्रह के अशुभ फल को नष्ट कर देता है।

अपवाद–सूर्य का पुत्र शनि तथा चन्द्रमा का पुत्र बुध है। पिता-पुत्र में वेध नहीं होता है। अतः गोचरस्थ ग्रह का शुभ फल तभी होगा, जब वेध स्थान में (पिता-पुत्र को छोड़कर) अन्य कोई ग्रह न हो। इसी प्रकार अशुभ फल तभी होगा, जब विपरीत वेध स्थान में अन्य कोई ग्रह (पिता-पुत्र को छोड़कर) न हो।

उदाहरण–(1) गोचरकुण्डली (1) में गुरु जन्म राशि से पांचवां है, जिसका फल शुभ (लाभसुख) है। शुभ गुरु के पांचवें स्थान का वेध स्थान 4 है। चूंकि जन्म राशि से चौथे स्थान पर कोई ग्रह नहीं है, गुरु का फल मिलेगा, कोई वेध नहीं है।

(2) उक्त कुण्डली में शुक्र जन्म राशि से सातवें है, जिसका फल शोक, भय (अशुभ) है। अशुभ शुक्र (7) का विपरीत वेध (2) है। जन्म राशि से दूसरे स्थान पर गोचर में कोई ग्रह नहीं है, अर्थात् विपरीत वेध करने वाला कोई ग्रह नहीं है। अतः शुक्र के अशुभ प्रभाव को कोई ग्रह नहीं रोक पायेगा, परन्तु यहां यह भी ध्यान देना आवश्यक है कि तुला का शुक्र स्वगृही है। अतः यह अधिक अशुभ फल नहीं करेगा।

नीचे तालिका में प्रत्येक ग्रह का जन्म राशि से शुभ व अशुभ स्थान तथा उनके क्रमशः वेध तथा विपरीत वेध स्थान दिये गये हैं। प्रत्येक ग्रह के सामने राशि युग्म दिये हैं। जैसे सूर्य के सामने 3/9, अर्थात् तीसरे सूर्य का वेध नौवें स्थान का ग्रह है। इसी प्रकार विपरीत वेध में सूर्य के सामने 4/3, अर्थात् चौथे सूर्य का विपरीत वेध तीसरे स्थान पर स्थित ग्रह है। राशि गणना जन्म राशि से ही है, परन्तु कुछ विद्वान् विपरीत वेध में गोचरस्थ ग्रह की राशि जन्म राशि से गिनते हैं, परन्तु विपरीत वेध स्थान स्वयं गोचरस्थ ग्रह की राशि से गिनते हैं।

जन्म राशि से ग्रहों के शुभाशुभ स्थान तथा उनके वेध एवं विपरीत वेध स्थान

ग्रह	वेध शुभ स्थान/वेध स्थान	विपरीत (वाम) वेध अशुभ स्थान/विपरीत वेध स्थान
सूर्य	3/9, 6/12, 10/4, 11/5	1/1,2/2,4/3,5/6,7/7,8/8,9/10,12/11
चन्द्रमा (कृष्ण पक्ष)	1/5, 3/9, 6/12, 7/12, 10/4, 11/8	2/1, 4/3, 5/6, 8/7, 9/10, 12/11
चन्द्रमा (शुक्ल पक्ष)	2/1, 5/6, 9/10	4/2, 6/5, 8/9
मंगल	3/12, 6/9, 11/5 12/11	5/3,9/6,10/9,1/1,2/2,4/3,7/6,8/7,
बुध	2/5,4/3,6/9,8/1,10/1,11/12	1/2,3/4,5/7,7/6,9/8,12/11
गुरु	2/12,5/4,7/3,9/10,11/8	1/1,3/2,4/5,6/6,8/7,10/9,12/11
शुक्र	1/8,2/7,3/1,4/10,5/9,8/5, 9/11,11/3,12/6	6/12, 7/2, 10/4

	वेध	विपरीत (वाम) वेध
ग्रह	शुभ स्थान/वेध स्थान	अशुभ स्थान/विपरीत वेध स्थान
शनि	3/12,6/9,11/5 10/10,12/11	1/1,2/2,4/3,5/4,7/6,8/7,9/8,
राहु	3/12,6/9,11/5 12/11	1/1,2/2,4/3,5/4,7/6,8/7,9/8,10/10
केतु	3/12,6/9,11/5 10/10,12/11	1/1,2/2,4/3,5/4,7/6,8/7,9/8,

नोट–(1) उपर्युक्त तालिका में प्रत्येक अंक के नीचे एक अंक दिया है। जन्म राशि से ऊपर अंक वाली राशि में स्थित ग्रह का वेध था। विपरीत वेध केवल उ ी अंक के नीचे वाली राशि (जन्म राशि से) में स्थित ग्रह ही करता है, अन्य कोई ग्रह नहीं।

(2) पिता-पुत्र में वेध नहीं होता।

(3) वेध का फल–शुभ फल की रोक = अशुभ होता है, जबकि विपरीत वेध का फल अशुभ फल की रोक = शुभ होता है।

भावानुसार ग्रहों का गोचर फल–जन्म राशि से गिनने पर गोचरस्थ राशियों के लिए ग्रहों का फल ऊपर दिया गया है, परन्तु इसके साथ ही यह भी विचार करना भी आवश्यक है कि गोचरस्थ ग्रह लग्न अथवा चन्द्र लग्न से गिनने पर किस भाव में जा रहा है, अर्थात् वह राशि जिसमें ग्रह गोचरवश जा रहा है, कौन-से भाव में है। ग्रह का शुभाशुभ फल उच्च भाव से सम्बन्धित होगा।

उदाहरण–चन्द्र लग्न गोचरकुण्डली (2) में शनि लग्न राशि से दसवां है, जो दसवें स्थान में ही स्वगृही होकर पड़ा है। अतः शनि दसवें भाव सम्बन्धी फल देगा। जब्र शनि मेष राशि में आयेगा, तब वह चन्द्र राशि से प्रथम होगा। जन्म राशि से प्रथम होने के कारण शनि का फल 'हानि एवं पीड़ा' है। अतः शनि लग्न (तनु) से सम्बन्धित अशुभ फल देगा। गोचर कुण्डली (2) के अनुसार मेष राशि पंचम भाव में है। अतः मेष राशि का शनि सन्तान पक्ष को भी हानि पहुंचायेगा। उस समय मेष राशि वाले जातक पर शनि की साढ़ेसाती भी रहेगी।

गोचरस्थ गुरु सिंह राशि में चन्द्र लग्न से पंचम भाव में है तथा जन्म लग्न से नवम त्रिकोण में है। पंचम व नवम दोनों ही त्रिकोण हैं। जन्म लग्नेश भी गुरु है। अतः शुभ है। अतः दोनों प्रकार से गुरु शुभ फलदायक है, जो पंचम तथा नवम भाव से सम्बन्धित शुभ फल देगा।

जन्म लग्न, चन्द्र लग्न व चन्द्र लग्न गोचरकुण्डली

चन्द्र गोचर-कुण्डली: 2, 1, 12, 3 के., 11, 4, 10 श., 5 गु., 9 रा., 6, सू. 8 बु. मं., चं. 7 शु.

चन्द्र-कुण्डली: सू. 2 बु., चं. 1 शु., 12 गु., 3 रा., 11, 4 मं., 10 श., 5, 9 के., 6, 7, 8

जन्म-कुण्डली: 10 श., 8, 9 के., 11, 6, 12 गु., 3 रा., च 1 शु., सू. ६ बु., 4 मं., 5

इस प्रकार जन्म राशि से गोचरस्थ ग्रह की राशि (स्थान) तथा जन्म लग्न से भाव को मिलाकर ही गोचर फलादेश कहना उचित होगा। साथ ही उक्त ग्रह की जन्म व गोचर की उच्च-नीच राशि, क्षेत्र, शुभाशुभ भाव में स्थिति, युति, दृष्टि, वेध एवं विपरीत वेध, महादशा-अन्तर्दशा आदि का सामञ्जस्य स्थापित करने के उपरान्त ही गोचर फल कहा जाना चाहिए।

जन्म लग्न, चन्द्र लग्न व गोचर का तुलनात्मक अध्ययन करने हेतु ऊपर दिये अनुसार कुण्डली बनानी चाहिए।

गोचर फलादेश के सामान्य सिद्धान्त निम्नानुसार हैं :

गोचर फलादेश के सामान्य सिद्धान्त

(1) गोचरवश जो ग्रह स्वराशि अथवा उच्च राशि में जा रहा है या शुभ ग्रहों की युति अथवा दृष्टि में आ रहा है, तो पाप ग्रह होते हुए भी विशेष अशुभ फल नहीं देगा।

(2) यदि कोई ग्रह गोचरवश नीच राशि या शत्रु क्षेत्र में जा रहा हो या अस्त हो रहा हो या पाप ग्रहों की दृष्टि में आ रहा हो, तो वह पूर्ण अशुभ फल देगा।

(3) यदि गोचर में कोई ग्रह शुभ स्थान में हो, परन्तु जन्मकुण्डली में वह नीच राशिस्थ, अस्तंगत, अशुभावस्था, पाप ग्रह युक्त अथवा दृष्ट हो या अशुभ भाव का स्वामी हो, तो वह अपना गोचरीय शुभ फल नहीं दे पायेगा।

(4) गोचर में कोई ग्रह नीच राशिस्थ, शत्रुक्षेत्री, शत्रुयुक्त अथवा दृष्ट या अस्तंगत होकर शुभ भाव होने पर भी शुभ फल देने में सक्षम नहीं होता।

(5) जन्मकुण्डली में जो ग्रह उच्च, स्व या मित्र राशिस्थ हो, शुभ भाव का स्वामी या शुभ भावस्थ हो और गोचर में भी उपर्युक्त प्रकार से शुभ हो, तो वह गोचर काल में अपनी महादशा-अन्तर्दशा या प्रत्यन्तर में पूर्ण शुभ फल देगा।

(6) यदि जन्मकुण्डली के अनुसार कोई ग्रह शुभ हो, परन्तु गोचर में अशुभ स्थान में जा रहा हो, तो विशेष शुभ फल नहीं देगा।

(7) गोचर विचार में ग्रह मार्गी से वक्री तथा वक्री से मार्गी होते समय विशेष शुभाशुभ फल दिखाता है।

(8) यदि कोई ग्रह वक्री होकर पुनः पिछली राशि में चला जाये, तब भी वह अगली राशि का ही फल देता है।

(9) जातक के जीवन में अधिकांश अशुभ घटनाओं का उत्तरदायी ग्रह शनि होता है, जबकि अधिकांश शुभ घटनाओं का श्रेय गुरु को जाता है।

(10) गोचरस्थ ग्रह अपनी महादशा-अन्तर्दशा व प्रत्यन्तर में विशेष शुभाशुभ फल देते हैं।

(11) गोचर विचार से सूर्य और मंगल प्रथम 10 अंशों के भीतर, गुरु और शुक्र 10 से 20 अंशों के बीच तथा शनि, राहु व केतु अन्तिम 10 अंशों में अपना शुभाशुभ फल देते हैं। बुध तथा चन्द्रमा राशिपर्यन्त अपना गोचरीय फल देते रहते हैं।

(12) संक्षेप में जन्म राशि से विभिन्न ग्रहों का शुभाशुभ फल निम्नानुसार है :

	ग्रह	जन्म राशि से गिनने पर शुभ स्थान	जन्मराशि से गिनने पर अशुभ स्थान
1	सूर्य	3, 6, 10, 11	1, 2, 4, 5, 7, 8, 9, 12
2	चन्द्रमा	कृष्ण 1,3,6,7,10,11	2,4,5,8,9,12
		शुक्ल (+) 2,5,9	4,6,8
3	मंगल	3, 6, 11	1,2,4,5,7,8,9,10,12
4	बुध	2,4,6,8,10,11	1,3,5,7,9,12
5	गुरु	2,5,7,9,11	1,3,4,6,0,10,12
6	शुक्र	1,2,3,4,5,8	
		9,11,12	6,7,10
7	शनि	3,6,11	1,2,4,5,7,8,9,10,12
8	राहु	3,6,11	1,2,4,5,7,8,9,10,12
9	केतु	3,6,11	1,2,4,5,7,8,9,10,12

*

मेलापक

विवाह दो आत्माओं का मिलन है। सुखी, समृद्ध एवं दीर्घ वैवाहिक जीवन ही विवाह का प्रमुख उद्देश्य है। वर तथा वधू की जन्मकुण्डलियां अलग-अलग अच्छी हो सकती हैं, पर दोनों की जन्मकुण्डलियों में आपस में कैसा सम्बन्ध रहेगा, यह उनके जन्म नक्षत्र, राशि एवं ग्रहों के तत्त्वों एवं गुणों के परस्पर सम्बन्धों पर निर्भर करता है। इसी उद्देश्य से वर तथा वधू की जन्मकुण्डलियों का मिलान किया जाता है, जिससे यह ज्ञात हो सके कि अमुक विवाह जीवन के विभिन्न क्षेत्रों में शुभ रहेगा अथवा नहीं। इस प्रक्रिया को जन्मकुण्डलियों का मिलान तथा मिलान के मापदण्ड को मेलापक कहते हैं।

आप चाहे वर पक्ष का प्रतिनिधित्व करते हों अथवा कन्या पक्ष का, यदि ज्योतिष में श्रद्धा व विश्वास रखते हैं, तो पूरी ईमानदारी से जन्मकुण्डलियों का मिलान करना ही उचित रहेगा, अन्यथा सम्पूर्ण वैवाहिक जीवन कलहपूर्ण एवं संकटग्रस्त रहेगा।

प्रथम तो वर तथा वधू की जन्मकुण्डलियों का ही मिलान होना चाहिए। यदि दोनों की जन्मकुण्डलियां न हों, तो प्रचलित नाम से नक्षत्र व राशि ज्ञात कर उनके आधार पर मिलान किया जा सकता है, परन्तु यह नितान्त अनुचित होगा कि एक के प्रचलित नाम की नक्षत्र राशि को दूसरे की जन्मकुण्डली के नक्षत्र राशि से मिला लिया जाये।

विवाह का प्रस्ताव प्राप्त होने पर जन्मकुण्डलियों का अध्ययन तीन स्तरों पर किया जाना चाहिए :

(अ) वर अथवा वधू की जन्मकुण्डली का स्वतन्त्र अध्ययन।

(ब) वर तथा कन्या के गुणों का मिलान।

(स) वर तथा कन्या के ग्रहों का मिलान (विशेषकर मंगलीक दोष)

(अ) वर अथवा वधू की जन्मकुण्डली का स्वतन्त्र अध्ययन कर यह ज्ञात किया जाना चाहिए कि वर अथवा वधू अल्पायु तो नहीं, विधुर अथवा विधवा योग तो नहीं, कन्या विषांगना तो नहीं, वर के द्विभार्या योग तो नहीं, शरीर, सुख, सन्तान, आयु, आजीविका, भाग्य व कर्म स्थान बिगड़ तो नहीं रहे, आदि।

कन्या के सप्तम, अष्टम तथा वर के सप्तम भाव का विचार भी कर लेना चाहिए।

वर अथवा वधू मूल नक्षत्रों में जन्मे हों अथवा वधू के विषांगना होने की जांच निम्न मापदण्ड के आधार पर वर-वधू के पारस्परिक हितों तथा ससुराल पक्ष के लिए करना

आवश्यक है।

(अ) **मूल नक्षत्र दोष**–वर अथवा कन्या में से एक मूल नक्षत्रों में उत्पन्न हुआ हो, तो ससुराल में निम्न प्रभाव होता है :

नक्षत्र	चरण	ससुराल पक्ष में जिसके लिए हानिकारक है।
(i) मूल	I, II, III,	श्वसुर
(ii) आश्लेषा	I, III,IV,	सास
(iii) विशाखा	IV (तुला)	देवर या साला
(iv) ज्येष्ठा	IV	जेठ या पत्नी का बड़ा भाई

विषकन्या योग–निम्न तिथि, वार एवं नक्षत्र में जन्मी कन्या विषकन्या या विषांगना होती है :

(i) द्वितीया–रविवार–शतभिषा या आश्लेषा नक्षत्र।

(ii) द्वितीया– शनिवार–आश्लेषा नक्षत्र।

(iii) सप्तमी–मंगलवार–आश्लेषा, विशाखा या शतभिषा नक्षत्र।

(iv) सप्तमी – शनिवार – कृतिका नक्षत्र।

(v) द्वादशी – मंगलवार – शतभिषा नक्षत्र।

(vi) द्वादशी –शनिवार – कृतिका नक्षत्र।

(vii) द्वादशी – रविवार – कृतिका, शतभिषा या विशाखा नक्षत्र।

ग्रहों द्वारा विषकन्या

(i) छठे स्थान पर एक पाप तथा दो शुभ ग्रह हों।

(ii) लग्न में शनि, पंचम में सूर्य व नवम में मंगल हो।

(iii) छठे स्थान में दो पाप ग्रह, दशम में एक पाप ग्रह तथा लग्न में दो शुभ ग्रह हों।

परिहार–(i) यदि उपर्युक्त दोष वाली कन्या के जन्म लग्न या चन्द्र लग्न से सप्तम स्थान में सप्तमेश हो या शुभ ग्रह हो, सप्तमेश बलवान् हो तथा शुभ स्थान पर हो अथवा सप्तम भाव पर शुभ ग्रहों (विशेषकर बली गुरु) की दृष्टि हो, तो उपर्युक्त दोष का परिहार हो जाता है।

(ii) उपर्युक्त दोष वाली कन्या का विवाह ऐसे बालक से किया जाना चाहिए, जिसकी पूर्ण दीर्घ आयु हो अथवा मंगल दोष अपेक्षाकृत अधिक हो।

(ब) वर तथा कन्या के गुणों का मिलान

जैसा कि नक्षत्र, राशि एवं ग्रह प्रकरणों में बताया गया है, प्रत्येक नक्षत्र, राशि एवं ग्रह के तत्त्व, गुण, स्वभाव तथा शुभाशुभत्व में भिन्नता होती है। तत्त्व एवं गुणों के आधार पर ही ग्रहों में मित्रामित्रता होती है तथा पारस्परिक शुभाशुभ सम्बन्ध होते हैं। जन्म के समय विद्यमान, नक्षत्र, राशि एवं ग्रह की स्थिति आदि का प्रभाव जातक पर पड़ता है।

अतः प्रत्येक नक्षत्र, राशि के आधार पर वर तथा वधू के गुणों का मिलान किया जाता है। यह मिलान 8 क्षेत्रों में किया जाता है। प्रत्येक क्षेत्र के लिए अधिकतम अंक

(गुण) निर्धारित हैं, जिनका योग 36 होता है। मिलान के क्षेत्र एवं अधिकतम गुण निम्नानुसार हैं :

क्षेत्र	अधिकतम गुण
(1) वर्ण (राशि)	1
(2) वश्य (राशि)	2
(3) तारा (नक्षत्र सम्बन्ध)	3
(4) योनि (नक्षत्र)	4
(5) ग्रह मैत्री (राशि)	5
(6) गण (नक्षत्र)	6
(7) भृकूट (राशि सम्बन्ध)	7
(8) नाड़ी (नक्षत्र)	8
अधिकतम गुण	36

इसमें से योनि, गण, नाड़ी एवं तारा के गुणों का मूल्यांकन नक्षत्रों के आधार पर तथा वर्ण, वश्य, ग्रह मैत्री एवं भृकूट के गुणों का मूल्यांकन राशि के आधार पर किया जाता है।

तारा व भृकूट ज्ञात करने की विधि निम्न प्रकार है–

1. तारा–यह वर के नक्षत्र से कन्या के नक्षत्र तक तथा कन्या के नक्षत्र से वर के नक्षत्र की दूरी के आधार पर निकाला जाता है।

(i) वर का तारा--वर के नक्षत्र से कन्या के नक्षत्र तक की संख्यात्मक दूरी गिनकर उसमें 9 का भाग लगायें। जो शेष रहे, वह वर का तारा हुआ। यदि पूरा भाग लग जाये, तो 9 शेष माना जाता है।

उदाहरण–वर का नक्षत्र रोहिणी (4) कन्या का नक्षत्र अनुराधा (17) वर से कन्या के नक्षत्र तक की संख्या 14, 14÷9 शेष 5, अतः वर का तारा = 5

(ii) कन्या का तारा–कन्या के नक्षत्र से वर के नक्षत्र तक की संख्यात्मक दूरी गिन कर उसमें 9 का भाग लगाने पर जो शेष रहे, वह कन्या का तारा हुआ।

उदाहरण–वर के नक्षत्र अनुराधा (17) से कन्या के नक्षत्र रोहिणी (4) तक वर के नक्षत्र की संख्या 15÷9 शेष 6, अतः कन्या का तारा 6 हुआ।

विशेष–वर व कन्या के तारों का योग (समान नक्षत्रों में 2 तथा अन्य में 11 ही आयेगा। तब ही समझिये कि तारा गणना में कोई त्रुटि नहीं हुई है)

2. भृकूट–(राशि सम्बन्ध) वर की राशि से कन्या की राशि तथा कन्या की राशि से वर की राशि की क्रमगत दूरी भृकूट कहलाती है।

उदाहरण–वर कीर्तिचन्द्र (मिथुन 3) कन्या नीता (वृश्चिक 8)

वर का भृकूट मिथुन (3) से वृश्चिक (8) तक 6

कन्या का भृकूट वृश्चिक (8) से मिथुन (3) तक 8

इस भृकूट को षडाष्टक (षट्+अष्टक) कहते हैं।

गुणांकन

मेलापक के प्रत्येक क्षेत्र में मूल्यांकन निम्न सिद्धान्तों के आधार पर करते हैं :

1. वर्ण–आधार राशिं –पूर्ण गुण –1

वर्णोत्तमता के आधार पर विप्र सबसे ऊपर तथा शूद्र सबसे नीचे माने गये हैं। विप्र के पश्चात् क्षत्रिय और क्षत्रिय से नीचे वैश्य होता है।

वर जिस वर्ण का है, उस वर्ण तथा उससे नीचे के वर्ण की कन्या के साथ विवाह कर सकता है, अर्थात् विप्र किसी भी वर्ण की कन्या के साथ, क्षत्रिय वर क्षत्रिय, वैश्य व शूद्र कन्या के साथ, वैश्य वर वैश्य तथा शूद्र कन्या के साथ, परन्तु शूद्र वर केवल शूद्र कन्या के साथ ही विवाह कर सकता है।

परन्तु कन्या के साथ विपरीत नियम है। किसी भी वर्ण की कन्या अपने तथा अपने से उच्च वर्ण के वर के साथ विवाह कर सकती है, अर्थात् विप्र कन्या केवल विप्र वर के साथ, क्षत्रिय कन्या विप्र व क्षत्रिय वर के साथ, वैश्य कन्या वैश्य, क्षत्रिय व विप्र वर के साथ, परन्तु शूद्र कन्या किसी भी वर्ण के वर को जीवन-साथी बना सकती है।

उपर्युक्त सिद्धान्त से विचलन वर्ण दोष की श्रेणी में आता है, जो क्षत्रियों में विशेषतः माना जाता है। इस आधार पर वर्ण गुणांकन निम्न प्रकार होगा :

वर्ण गुणांकन तालिका

	वर				
	वर्ण	**विप्र**	**क्षत्रिय**	**वैश्य**	**शूद्र**
कन्या	**विप्र**	1	0	0	0
	क्षत्रिय	1	1	0	0
	वैश्य	1	1	1	0
	शूद्र	1	1	1	1

2. वश्य– आधार राशि–पूर्ण गुण–2

वश्य तीन प्रकार का होता है :

(1) सख्य (मित्र) (2) वैर (3) भक्ष्य

(i) वृश्चिक को छोड़कर सब चतुष्पद सिंह के भक्ष्य हैं।

(ii) सिंह को छोड़कर सब चतुष्पद मानव के वश्य हैं।

(iii) जलचर मानव के वश्य हैं।

मूल्यांकन–

(1) वैर तथा भक्ष्य में 0

(2) सख्य (मित्रता) में 2

(3) वश्य व वैर में 1

(4) वश्य व भक्ष्य में ½

इस आधार पर वश्य गुणांकन आगे तालिका में दिया गया है।

वश्य गुणांकन तालिका

		वर				
	वश्य	**चतुष्पद**	**द्विपद**	**जलचर**	**वनचर**	**कीट**
कन्या	**चतुष्पद**	-2	1	1	0	1
	द्विपद	1	2	½	0	1
	जलचर	1	½	2	1	1
	वनचर	0	0	1	2	0
	कीट	1	1	1	0	2

नोट–अलग-अलग पंचांगों में वश्य के गुणांकन में ½ से 1 गुण का अन्तर हो सकता है।

3. तारा–आधार नक्षत्र–पूर्ण गुण–3

1 से 9 तक तारों के नाम निम्नलिखित हैं।

(1) जन्म; (2) सम्पत्, (3) विपत्, (4) क्षेम, (5) प्रत्यरि, (6) साधक, (7) वध, (8) मैत्र, (9) अतिमैत्र।

1, 2, 4, 6, 8 व 9वें तारे शुभ होते हैं। 3, 5, व 7वें तारे अशुभ होते हैं।

मूल्यांकन–(1) वर-कन्या के एक-दूसरे से 1, 2, 4, 6, 8 व 9वें तारे में पूर्ण गुण 3 मिलते हैं।

(2) वर-कन्या के शुभ तारे से अशुभ तारे में आधे यानी 1½ गुण मिलते हैं।

(3) वर-कन्या के अशुभ तारे से अशुभ तारे में शून्य (0) गुण मिलते हैं।

नोट–वर-कन्या के तारे 3-5, 5-7 व 3-7 नहीं होते। अतः शून्य की नौबत ही नहीं आती। उपर्युक्त आधार पर तारों का गुणांकन आगे तालिका में दर्शाया गया है :

तारा-गुणांकन तालिका

		वर								
	तारा	1	2	3	4	5	6	7	8	9
कन्या	1	3	3	1½	3	1½	3	1½	3	3
	2	3	3	1½	3	1½	3	1½	3	3
	3	1½	1½	0	1½	0	1½	0	1½	1½
	4	3	3	1½	3	1½	3	1½	3	3
	5	1½	1½	0	1½	0	1½	0	1½	1½
	6	3	3	1½	3	1½	3	1½	3	3
	7	1½	1½	0	1½	0	1½	0	1½	1½
	8	3	3	1½	3	1½	3	1½	3	3
	9	3	3	1½	3	1½	3	1½	3	3

4. योनि–आधार नक्षत्र–पूर्ण गुण–4

ज्योतिष में 14 प्रकार की योनियां मानी गयी हैं।

मूल्यांकन–(1) समान योनि में पूर्ण गुण 4 मिलते हैं। (2) अश्व और महिष में, गज और सिंह में, मेढ़ा और वानर में, सर्प और नकुल में, श्वान और मृग में, मार्जार और मूषक में तथा गौ और व्याघ्र में शत्रुता है। अतः 0 गुण मिलता है। (3) शेष में आपसी सम्बन्धों के अनुसार 2 या 3 गुण मिलते हैं।

नोट–अलग-अलग पंचांगों में योनि गुणों में ½ से 1 तक अन्तर मतान्तर के कारण हो जाता है। योनि गुणांकन पृष्ठ संख्या 372 पर दी जा रही तालिका में दर्शाया गया है।

योनि गुणांकन तालिका

		वर													
	योनि	अश्व	गज	मेढ़ा	सर्प	श्वान	मार्जार	मूषक	गौ	महिष	व्याघ्र	मृग	वानर	नकुल	सिंह
कन्या	अश्व	4	2	2	3	2	2	2	1	0	1	3	3	2	1
	गज	2	4	3	3	2	2	2	2	3	1	2	3	2	0
	मेढ़ा	2	3	4	2	1	2	1	3	3	1	2	0	3	1
	सर्प	3	3	2	4	2	1	1	1	1	2	2	2	0	2
	श्वान	2	2	1	2	4	2	1	2	2	1	0	2	1	1
	मार्जार	2	2	2	1	2	4	0	2	2	1	3	3	2	1
	मूषक	2	2	1	1	1	0	4	2	2	2	3	2	1	2
	गौ	1	2	3	1	2	2	2	4	3	0	3	2	2	1
	महिष	0	3	3	1	2	2	2	3	4	1	2	2	2	1
	व्याघ्र	1	1	1	2	1	1	2	0	1	4	1	1	2	1
	मृग	3	2	2	2	0	3	2	3	2	1	4	2	2	1
	वानर	3	3	0	2	2	3	2	2	2	1	2	4	3	2
	नकुल	2	2	3	0	1	2	1	2	2	2	2	3	4	2
	सिंह	1	0	1	2	1	1	2	1	1	1	1	2	2	4

5. ग्रहमैत्री-आधार राशि स्वामी--पूर्ण गुण–5

राशि स्वामी की जानकारी तथा ग्रहों की मित्रामित्रता ग्रह प्रकरण में दी जा चुकी गयी है। फिर भी तात्कालिक सन्दर्भ हेतु यहां दोनों एक ही तालिका में दिये जा रहे हैं।

राशि स्वामी एवं ग्रह मित्रामित्रता

राशि	स्वामी	मित्र	सम	शत्रु
मेष, वृश्चिक	मंगल	सूर्य, चन्द्र, गुरु	शुक्र, शनि	बुध
वृषभ, तुला	शुक्र	बुध, शनि	मंगल, गुरु	सूर्य, चन्द्रमा
मिथुन, कन्या	बुध	सूर्य, शुक्र	मंगल, गुरु, शनि	चन्द्रमा
कर्क	चन्द्रमा	सूर्य, बुध	मंगल, गुरु, शुक्र, शनि	X
सिंह	सूर्य	चन्द्र, मंगल, गुरु	बुध	शुक्र, शनि
धनु, मीन	गुरु	सूर्य, चन्द्र, मंगल	शनि	बुध, शुक्र
मकर, कुम्भ	शनि	बुध, शुक्र	गुरु	सूर्य, चन्द्र, मंगल

गुणांकन आधार

(1) राशि स्वामी स्वयं या मित्र हों, तो पूर्ण गुण 5 मिलते हैं।

(2) राशि स्वामी मित्र व सम हों, तो 4 गुण मिलते हैं।

(3) राशि सवामी सम व सम हों, तो 3 गुण मिलते हैं।

(4) राशि स्वामी मित्र व शत्रु हों, तो 1 गुण मिलता है।

(5) राशि स्वामी सम व शत्रु हों, तो ½ गुण मिलता है।

(6) राशि स्वामी शत्रु व शत्रु हों, तो 0 गुण मिलता है।

उपर्युक्त आधार पर गुणांकन निम्नांकित तालिका में दर्शाया जा रहा है :

ग्रह गुणांकन तालिका

		वर						
	ग्रह	सूर्य	चन्द्रमा	मंगल	बुध	गुरु	शुक्र	शनि
कन्या	सूर्य	5	5	5	4	5	0	0
	चन्द्रमा	5	5	4	1	4	½	½
	मंगल	5	4	5	½	5	3	½
	बुध	4	1	½	5	½	5	4
	गुरु	5	4	5	½	5	½	3
	शुक्र	0	½	3	4	½	5	5
	शनि	0	½	½	4	3	5	5

6. गण–आधार नक्षत्र–पूर्ण गुण–6

मूल्यांकन आधार

(1) समान गण में पूर्ण गुण 6 मिलते हैं।

(2) देव वर व मनुष्य कन्या में 6, परन्तु मनुष्य वर तथा देव कन्या में 5 गुण मिलते हैं।

(3) राक्षस वर तथा देव कन्या में 1 गुण मिलता है।

(4) राक्षस वर व मनुष्य कन्या में 0 गुण मिलता है।

(5) राक्षस कन्या, देव अथवा मनुष्य वर में 0 गुण मिलता है।

उक्त आधार पर गण गुणांकन नीचे तालिका में दर्शाया गया है।

गण गुणांकन तालिका

		वर		
	गण	**देव**	**मनुष्य**	**राक्षस**
कन्या	**देव**	**6**	**5**	**1**
	मनुष्य	**6**	**6**	**0**
	राक्षस	**0**	**0**	**6**

7. भृकूट–(राशि दूरी) आधार राशि–पूर्ण गुण–7

वर अथवा वधू की कुण्डलियों में जन्म राशियों की कोणात्मक दूरी को, अर्थात् वर से वधू तथा वधू से वर की राशि तक गिनने पर (स्वयं को सम्मिलित करते हुए) जो संख्या आये, वही भृकूट होता है। सामान्यतया एक राशि से दूसरी राशि में 30° का अन्तर माना जाता है।

वर की राशि से वधू की राशि तक की गिनती वर का भृकूट तथा वधू की राशि से वर की राशि तक की गिनती वधू का भृकूट होता है।

जैसे वर की राशि मिथुन (3) व वधू की राशि तुला (7) है, तो मिथुन से तुला पांचवीं तथा तुला से मिथुन नौवीं राशि है। अतः वर का भृकूट 5 तथा वधू का भृकूट 9 हुआ, परन्तु इनका राश्यंतर 7–3 = 4 तथा 3–7 (15–7) = 8 हुआ। कोणात्मक दूरी के अनुसार यह अन्तर 4 x 30 = 120° तथा 8 x 30 = 240° हुआ।

इसीलिए इस सम्बन्ध को त्रिकोण (Trine) या तृतीयांश 360÷3 = 120° कहते हैं।

विभिन्न कोणात्मक दूरियों के अनुसार निम्न 7 प्रकार के पारस्परिक सम्बन्ध (भृकूट) बनते हैं :

क्रम	कोणात्मक दूरी	राश्यंतर	(सम्बन्ध का नाम)	भृकूट का नाम	भृकूट
1	0°–0°	0	युति (Conjunction)	**समान राशि**	1-1
2	30°–330°	1	अर्द्धषष्ठांश (Semisextile)	**द्विद्वादश**	2-12
3	60°–300°	2	षष्ठांश (Sextile)	**त्रि-एकादश**	3–11
4	90°–270°	3	केन्द्र योग (Square)	**चतुर्थ-दशम**	4–10
5	120°–240°	4	त्रिकोण (Trine)	**पंचम-नवम**	5–9
6	150°–210°	5	पंचकान्तर (Couincunx)	**षडाष्टक**	6–8
7	180°–180°	6	प्रतियुति—विपरीत (Opposition)	**सप्त सप्तम**	7–7

विवाह प्रयोजन हेतु राशियों के उपर्युक्त सम्बन्धों का शुभाशुभ प्रभाव निम्नानुसार पड़ता है :

1. शुद्ध भृकूट—समान राशि (1-1) त्रि-एकादश (3—11), चतुर्थ-दशम (4—10) तथा सप्त-सप्तम् (7—7) भृकूट शुद्ध माने जाते हैं। इनमें कोई दोष नहीं होता।

2. अशुद्ध भृकूट—द्वि-द्वादश (2-12), पंचम-नवम (5-9) तथा षडाष्टक (6—8) भृकूट सामान्यतः अशुद्ध या दोषपूर्ण भृकूट माने जाते हैं।

उपर्युक्तानुसार वर अथवा वधू की राशि से वधू या वर की 1, 3, 4, 7, 10 व 11वीं राशियां शुभ तथा 2, 5, 6, 8, 9 व 12वीं राशियां अशुभ मानी जाती हैं। इन दुष्ट भृकूटों का प्रभाव निम्नानुसार है :

(1) द्वि-द्वादश—निर्धनता (2) पंचम-नवम—सन्तानहानि

(3) षडाष्टक—मृत्यु।

शुद्ध भृकूट में 7 गुण तथा अशुद्ध भृकूट में 0 गुण मिलते हैं।

शुद्ध भृकूट

(1) समान राशि—उदाहरण—रामचन्द्र (तुला) व रीता (तुला) भृकूट (1—1)

(2) त्रि-एकादश—उदाहरण—मीठालाल (सिंह) व केतकी (मिथुन) भृकूट (3—11)।

(3) चतुर्थ-दशम —उदाहरण—नानकचन्द्र (वृश्चिक) व सीता (कुम्भ) भृकूट (4—10)।

(4) सप्त-सप्तम्—उदाहरण—भारतभूषण (धनु) व केसरबाई (मिथुन) भृकूट (7-7)।

अशुद्ध-भृकूट—जैसा कि ऊपर वताया गया है कि द्वि-द्वादश, नव-पंचम तथा षडाष्टक भृकूट अशुद्ध होते हैं, परन्तु इन तीनों प्रकार के भृकूटों के अन्तर्गत मित्र (शुभ) तथा शत्रु (अशुभ) वर्ग के सम्बन्ध भी बनते हैं।

गुणांकन में उपर्युक्त में 0 गुण दिया जाता है, परन्तु मित्र सम्बन्ध होने पर अतिरिक्त 4 गुण देकर विवाह की सम्मति दे दी जाती है, जबकि शत्रु सम्बन्ध होने पर विवाह वर्जित माना जाता है।

प्रत्येक अशुद्ध भृकूट में मित्र अथवा शत्रु सम्बन्ध तथा उनकी शुभाशुभता निम्न प्रकार है :

1. द्वि-द्वादश (2—12) वर-वधू की राशियों के आधार पर निम्न 12 प्रकार के द्वि-द्वादश भृकूट बन सकते हैं। इनकी शुभाशुभता निम्नांकित तालिका में दी जा रही है :

द्वि-द्वादश भृकूट

वर/वधू की राशि	मेष 1	वृषभ 2	मिथुन 3	कर्क 4	सिंह 5	कन्या 6
वधू/वर की राशि	वृषभ 2	मिथुन 3	कर्क 4	सिंह 5	कन्या 6	तुला 7
शुभाशुभ भृकूट	अशुभ	शुभ	अशुभ	शुभ	अशुभ	शुभ

वर/वधू की राशि	तुला 7	वृश्चिक 8	धनु 9	मकर 10	कुम्भ 11	मीन 12
वधू/वर की राशि	वृश्चिक 8	धनु 9	मकर 10	कुम्भ 11	मीन 12	मेष 1
शुभाशुभ भृकूट	अशुभ	शुभ	अशुभ	शुभ	अशुभ	शुभ

अशुभ द्वि-द्वादश में विवाह वर्जित है, पर शुभ में अतिरिक्त 4 गुण दिये जाते हैं तथा विवाह सम्भव माना जाता है।

उदाहरण—(1) वर ताराचन्द (तुला) वधू—पूनम (कन्या)। तुला से कन्या तक 12 तथा कन्या से तुला तक 2। शुद्ध द्वि-द्वादश। अतः विवाह सम्भव। अतिरिक्त 4 गुण। (2) वर—भूधर (धनु) वधू—जानकी (मकर)। धनु से मकर तक 2 तथा मकर से धनु तक 12। अशुद्ध द्वि-द्वादश। अतः विवाह वर्जित।

2. पंचम-नवम—(5-9) वर-वधू की राशियों के अनुसार निम्न 12 प्रकार के पंचम-नवम या नवम-पंचम सम्बन्ध हो सकते हैं। इनकी शुभाशुभता का उल्लेख आगे पृष्ठ 377 पृष्ठ पर तालिका में किया जा रहा है।

नव-पंचम भृकूट

वर/वधू की राशि	मेष 1	वृषभ 2	मिथुन 3	कर्क 4	सिंह 5	कन्या 6
वधू/वर की राशि	सिंह 5	कन्या 6	तुला 7	वृश्चिक 8	धनु 9	मकर 10
शुभाशुभ भृकूट	शुभ	शुभ	शुभ	शुभ	शुभ	शुभ
वर/वधू की राशि	तुला 7	वृश्चिक 8	धनु 9	मकर 10	कुम्भ 11	मीन 12
वधू/वर की राशि	कुम्भ 11	मीन 12	मेष 1	वृषभ 2	मिथुन 3	कर्क 4
शुभाशुभ भृकूट	अशुभ	अशुभ	अशुभ	अशुभ	अशुभ	अशुभ

कुछ विद्वान् 3/11, 4/8, 4/12, तथा 6/10 को शत्रु, नवम-पंचम तथा शेष को शुभ मानते हैं।

अशुभ पंचम-नवम (शत्रु-त्रिकोण) की स्थिति में विवाह की सम्मति नहीं देनी चाहिए, जबकि शुभ पंचम-नवम (मित्र त्रिकोण) में 4 अतिरिक्त गुण दिये जाते हैं तथा विवाह सम्भव है।

उदाहरण–(1) वर–अशोककुमार (मेष) वधू–मंजू (सिंह)। मेष से सिंह तक 5 तथा सिंह से मेष तक 9 (शुभ त्रिकोण) शुद्ध नव-पंचम। अतः 4 अतिरिक्त गुण, विवाह सम्भव।

(2) वर–देवीदयाल (मीन) वधू–हेमलता (कर्क)। मीन से कर्क तक 5 तथा कर्क से मीन तक 9 (अशुभ त्रिकोण) अशुद्ध नव-पंचम। अतः विवाह वर्जित है।

3. षडाष्टक (6-8) वर की राशि से वधू की राशि छठी या आठवीं हो, इस आधार पर 12 प्रकार के षडाष्टक भृकूट बनते हैं। उनकी शुभाशुभता भी आगे सम्बन्धित कालम में अंकित कर दी गयी है।

षडाष्टक भृकूट

वर/वधू की राशि	मेष 1	वृषभ 2	मिथुन 3	कर्क 4	सिंह 5	कन्या 6
वधू/वर की राशि	कन्या 6	तुला 7	वृश्चिक 8	धनु 9	मकर 10	कुम्भ 11
शुभाशुभ भृकूट	अशुभ	शुभ	अशुभ	शुभ	अशुभ	शुभ

वर/वधू की राशि	तुला 7	वृश्चिक 8	धनु 9	मकर 10	कुम्भ 11	मीन 12
वधू/वर की राशि	मीन 12	मेष 1	वृषभ 2	मिथुन 3	कर्क 4	सिंह 5
शुभाशुभ भृकूट	अशुभ	शुभ	अशुभ	शुभ	अशुभ	शुभ

शत्रु या अशुभ षडाष्टक में विवाह वर्जित है, परन्तु मित्र (शुभ) षडाष्टक में 4 अतिरिक्त अंक मिलते हैं तथा विवाह सम्भव होता है। शत्रु षडाष्टक को मृत्यु षडाष्टक तथा मित्र षडाष्टक को प्रीति षडाष्टक भी कहा जाता है।

उदाहरण–(1) वर–मोहनलाल (सिंह), वधू–देवकी (मीन)

सिंह से मीन तक 8 तथा मीन से सिंह तक 6 शुभ षडाष्टक होने से 4 अतिरिक्त गुण मिलेंगे। अतः विवाह सम्भव है।

(2) वर–मोहनसिंह (सिंह), वधू–गायत्री (मकर)

सिंह से मकर तक 6 तथा मकर से सिंह तक 8 अशुभ षडाष्टक भृकूट हैं। अतः विवाह की अनुमति नहीं दी जानी चाहिए।

उपर्युक्त विवेचन से जितने प्रकार के भृकूट बन सकते हैं, उनका वर्गीकरण निम्नांकित चार्ट में प्रस्तुत है–

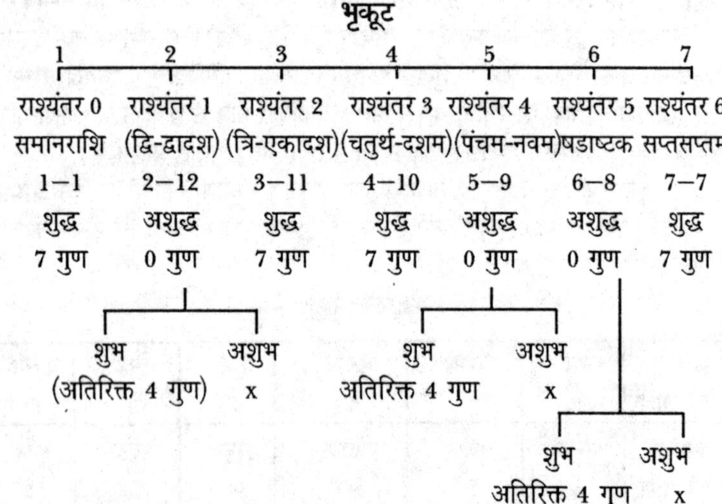

नोट–एक ही राशि हो, तो भृकूट का योग 2 तथा अन्य भृकूटों का योग सर्वदा 14 ही आयेगा, अन्यथा समझिये कि कहीं गिनने में त्रुटि हो गयी है।

उपर्युक्त राशि-सम्बन्ध, विवाह, ग्रहों की दृष्टि, वेध आदि अत्यन्त महत्त्वपूर्ण प्रकरणों में प्रयुक्त होता है। इसे निम्न रेखाचित्र द्वारा भी स्पष्ट किया जा रहा है।

अंशात्मक राश्यन्तर सम्बन्ध

(भृकूट)

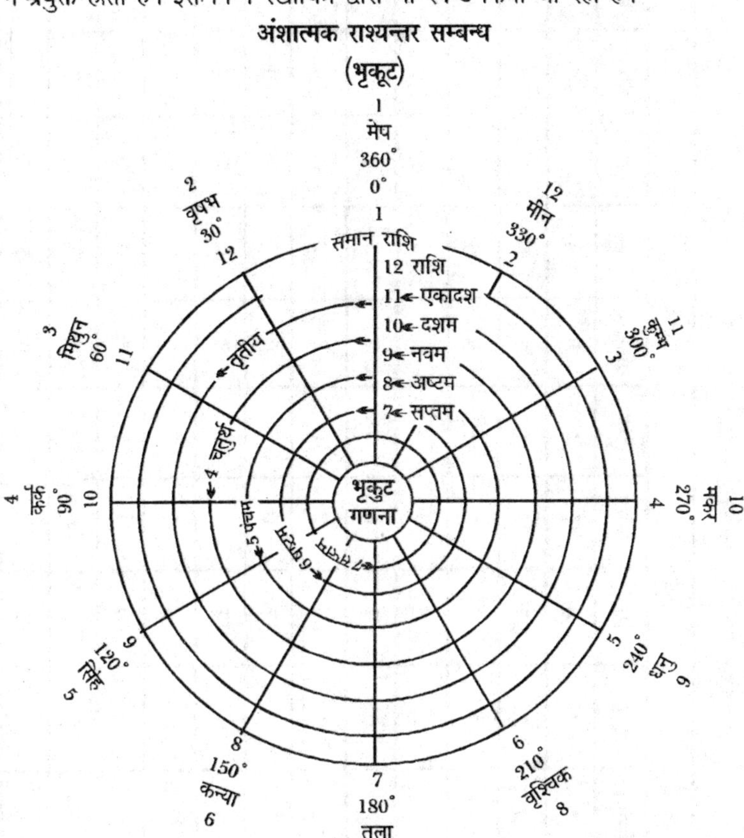

रेखाचित्र 20/9

उपर्युक्त रेखाचित्र में मेष राशि से तुला राशि तक का भृकूट दर्शाया गया है। इसके विपरीत मीन, कुम्भ, मकर आदि से भी इसी प्रकार सम्बन्ध बनते हैं। एक राशि के 7 प्रकार के सम्बन्ध तथा 12 राशियों के 84 प्रकार के सम्बन्ध बनते हैं। इस चक्र से सभी सम्बन्ध स्पष्ट हो जायेंगे।

भृकूट के अनुसार गुणाधारित विवाह-शुभाशुभता

(1) शुद्ध भृकूट –16 गुण तक निन्दित, 20 गुण तक मध्यम, 30 गुण तक शुभ, 30 से अधिक श्रेष्ठ।

(2) अशुद्ध भृकूट–20 गुण तक निन्दित, 25 गुण तक मध्यम, 30 गुण तक शुभ,

भृकूट गुणांकन तालिका

		वर											
	राशि	मेष	वृषभ	मिथुन	कर्क	सिंह	कन्या	तुला	वृश्चिक	धनु	मकर	कुम्भ	मीन
वधू	मेष	7	0	7	7	0	0	7	0	0	7	7	0
	वृषभ	0	7	0	7	7	0	0	7	0	0	7	7
	मिथुन	7	0	7	0	7	7	0	0	7	0	0	7
	कर्क	7	7	0	7	0	7	7	0	0	7	0	0
	सिंह	0	0	7	0	7	0	7	7	0	0	7	0
	कन्या	0	0	7	7	0	7	0	7	7	0	0	7
	तुला	7	0	0	7	7	0	7	0	7	7	0	0
	वृश्चिक	0	7	0	0	7	7	0	7	0	7	7	0
	धनु	0	0	7	0	0	7	7	0	7	0	7	7
	मकर	7	0	0	7	0	0	7	7	0	7	0	7
	कुम्भ	7	7	0	0	7	0	0	7	7	0	7	0
	मीन	0	7	7	0	0	7	0	0	7	7	0	7

30 से अधिक श्रेष्ठ।

(3) शुद्ध भुकूट के साथ नाड़ी शुद्ध होने पर 18 से अधिक गुणों में विवाह शुभ होता है।

8. नाड़ी–गुणांकन आधार नक्षत्र–पूर्ण गुण–8

मूल्यांकन आधार

(1) समान नाड़ी त्याज्य है। गुण 0। दोनों नाड़ी आद्य या मध्य हों, तो अशुभ, पर दोनों की नाड़ी अन्त्य हो, तो मृत्यु।

(2) असमान नाड़ी यथा आद्य-मध्य, आद्य-अन्त्य अथवा मध्य-अन्त्य हो, तो शुभ है।

नाड़ी गुणांकन निम्नांकित तालिका में दर्शाया गया है :

नाड़ी गुणांकन तालिका

		वर		
	नाड़ी	**आद्य**	**मध्य**	**अन्त्य**
वधू	**आद्य**	0	8	8
	मध्य	8	0	8
	अन्त्य	8	8	0

इसी प्रकार वर तथा कन्या के नक्षत्र, राशि व ग्रहों के आधार पर आठों क्षेत्रों के गुणों का मिलान करना चाहिए।

उदाहरण–

वर–लालचन्द्र–अश्विनी नक्षत्र–मेष राशि

कन्या–हेमलता–पुष्य नक्षत्र–कर्क राशि

	पूर्ण गुण	**वर**	**प्राप्त गुण**	**वधू**
1 वर्ण	1	क्षत्रिय	0	विप्र
2 वश्य	2	चतुष्पद	1	जलचर
3 तारा	3	8	1½	3
4 योनि	4	अश्व	3	मेढ़ा
5 ग्रह (स्वामी)	5	मंगल	4	चन्द्रमा
6 गण	6	देव	6	देव
7 भृकूट	7	4	7	10
8 नाड़ी	8	आद्य	8	मध्य
			30½ गुण	

उपर्युक्त मिलान में 30½ गुण मिले हैं। अतः ग्रहों के परिहार होने पर विवाह शुभ होगा।

मेलापक दोष तथा उनके परिहार

1. वर-कन्या एक ही नक्षत्र में हों, तो नाड़ी दोष नहीं माना जाता। अन्य नक्षत्र के कारण नाड़ी दोष हो, तो विवाह शुभ नहीं होता।

2. वर-कन्या एक ही राशि में, परन्तु अलग-अलग नक्षत्र में हों अथवा एक ही नक्षत्र में, परन्तु अलग-अलग राशि में हों, तो विवाह शुभ होता है।

3. नक्षत्र एक ही हो, पर चरण अलग-अलग होने पर विवाह शुभ होता है।

4. ब्राह्मणों में नाड़ी दोष, क्षत्रियों में वर्ण दोष, वैश्यों में गण दोष तथा शूद्रों में योनि दोष पर विशेषतः विचार करना चाहिए।

5. कन्या के नक्षत्र से वर का नक्षत्र अगला (दूसरा) हो, तो विवाह शुभ नहीं माना गया है।

6. वर मनुष्य व कन्या राक्षस हो, तो विवाह शुभ नहीं माना गया है।

7. यदि दोनों की आद्य नाड़ी हो, तो पति की मृत्यु, दोनों की मध्य नाड़ी हो, तो कन्या की मृत्यु और दोनों की अन्त्य नाड़ी हो, तो दोनों की मृत्यु होती है।

8. शत्रु षडाष्टक हो, तो मृत्यु, परन्तु मित्र षडाष्टक होने पर कलह होती है।

9. भृकूट दोष हो, परन्तु नाड़ी शुद्ध होने पर निम्न दशा में विवाह हो सकता है– (i) राशि स्वामी एक ही हो (ii) या राशि स्वामी मित्र हों (iii) तथा परस्पर तारा शुद्ध हो।

10. यदि ग्रह परस्पर मित्र हों, तो वर्ण, योनि तथा गण दोष समाप्त हो जाता है।

ऊपर वर तथा कन्या के मेलापक गुणों की तालिका दी गयी है। अनेक पंचांगों या पुस्तकों में प्रत्येक नक्षत्र की प्रत्येक नक्षत्र से मेलापक गुण तैयार तालिका दी हुई रहती है। उसी तालिका में प्रत्येक के प्राप्त गुणों के नीचे कुछ चिह्न दिये हुए होते हैं, जिससे मेलापक दोषों यथा–नाड़ी दोष, गण दोष, योनि दोष भृकूट दोष, (नवम-पंचम द्वि-द्वादश या षडाष्टक) आदि की जानकारी मिल जाती है।

(स) वर-कन्या के ग्रहों का मिलान

स्वतन्त्र रूप से वर तथा कन्या की कुण्डली को परखने तथा वर-कन्या की जन्मकुण्डली का गुणों के आधार पर मिलान करने पर सन्तुष्टि हो जाने के पश्चात् भी एक महत्त्वपूर्ण परख शेष रह जाती है। वह है ग्रहों का मिलान या परिहार।

चन्द्र, बुध, गुरु, शुक्र शुभ ग्रह माने जाते हैं, परन्तु मंगल, शनि, राहु, केतु पाप ग्रह हैं। सूर्य क्रूर ग्रह है। विवाह में मंगल सबसे अधिक क्रूर माना जाता है। इसके पश्चात् शनि, फिर राहु व केतु।

यदि मंगल का क्रूर प्रभाव 100 है, तो शनि का 75, राहु का 60, केतु का 50 व सूर्य का 25 है।

अतः वर तथा कन्या की जन्मकुण्डलियों में उक्त ग्रहों की स्थिति की तुलना करना आवश्यक है।

वर अथवा कन्या की जन्मकुण्डली में लग्न, चन्द्र राशि अथवा शुक्र (सप्तम का कारक होने के कारण) से 1, 4, 7, 8 या 12वें स्थान पर मंगल, शनि, राहु या केतु हों, तो ऐसी जन्मकुण्डली मंगली कहलाती है। ऐसे वर या कन्या का विवाह इसी प्रकार की मंगली कन्या या मंगल वर से करना चाहिए। जन्म लग्न से इन स्थानों पर जितना दोष उक्त ग्रहों का माना जाता है, उससे आधा चन्द्रमा से तथा चौथाई शुक्र की राशि से माना जाता है।

मंगल का परिहार

(1) जिन स्थानों में वर के मंगल या शनि हो, उन्हीं स्थानों में कन्या की जन्मकुण्डली में भी मंगल या शनि हो, तो मंगल दोष का परिहार हो जाता है।

(2) जितने पाप ग्रह वर की जन्मकुण्डली में उपर्युक्त स्थानों (1, 4, 7, 8, 12) में हों, उतने ही पाप ग्रह कन्या की कुण्डली में भी इन स्थानों में होने चाहिए।

(3) सप्तम या अष्टम में मंगल, शनि या राहु अधिक कष्ट देते हैं। अतः दूसरे पक्ष की कुण्डली में भी सप्तम-अष्टम भावों में उक्त ग्रह हों, तो मंगल दोष का परिहार होता है।

(4) यदि उक्त पाप ग्रह उपर्युक्त भावों में उच्च राशिस्थ या स्वराशिस्थ हों, तो कम कष्ट देते हैं।

(5) केन्द्र में मेष का, चतुर्थ में वृश्चिक का, सप्तम में मकर का, अष्टम में कर्क का अथवा द्वादश भाव में धनु का मंगल हो, तो कुण्डली मंगली नहीं रहती।

(6) केन्द्र में राहु हो या राहु-मंगल की युति हो, तो मंगल का दोष हट जाता है।

(7) द्वितीय भाव में चन्द्र-शुक्र, केन्द्र में मंगल-गुरु या गुरु-चन्द्रमा की युति हो, तो मंगल का दोष समाप्त हो जाता है।

(8) राशि स्वामी एक ही हो या मित्र हों, तो गणमैत्री होने तथा 30 से अधिक गुण मिलने पर मंगल का दोष नष्ट हो जाता है।

(9) वर तथा कन्या की कुण्डलियों में सप्तमेष व अष्टमेष का एक ही भाव में रहना अच्छा है, पर एक की कुण्डली में ऐसा हो और दूसरे की कुण्डली में नहीं हो, तो अनिष्टकारक है।

(10) केन्द्र (1, 4, 7, 10) व त्रिकोण (5, 9) में गुरु एवं लाभ स्थान (11) में शनि हो अथवा शत्रु स्थान (6) में राहु हो, तो मंगल दोष का परिहार हो जाता है।

(11) केन्द्र में चन्द्रमा हो या चन्द्र-मंगल की युति हो, तो मंगल दोष का परिहार हो जाता है।

(12) केन्द्र-त्रिकोण में शुभ ग्रह हों तथा 3, 6, 8 व 11 में पाप ग्रह हों, तो मंगल दोष दूर हो जाता है।

(13) वक्री, नीच, अस्तंगत अथवा शत्रुक्षेत्री मंगल 1, 4, 7, 8 या 12 में हो, तो मंगल दोष नहीं रहता।

(14) बली गुरु एवं शुक्र लग्न या सप्तम भाव में हो, तो मंगल का दोष नहीं रहता।

(15) गुरु की दृष्टि (5, 7 या 9वीं) मंगल पर हो, तो मंगली दोष नहीं होता।

(16) लग्न से पंचम स्थान में पाप ग्रह नीच राशिस्थ हो और शत्रुदृष्ट हो, तो मंगल का दोष नहीं रहता।

(17) यदि जन्म लग्न या चन्द्र लग्न का सप्तमेष 6, 8 या 12वें भाव में हो या पापाक्रान्त हो, तो मंगल दोष का परिहार हो जाता है।

(18) लग्न और चन्द्रमा से सप्तम शुभ ग्रह हो या सप्तमेश सप्तम भाव में हो, तो वैधव्य व विषकन्या दोष का परिहार हो जाता है।

(19) वर की कुण्डली में षष्ठ भाव में मंगल, सप्तम में राहु तथा अष्टम में शनि हो, तो इसका प्रभाव भी मंगली कुण्डली जैसा ही होता है। अतः ऐसे वर का विवाह मंगली कन्या से ही किया जाना चाहिए।

(20) शुक्र सप्तम भाव का कारक है। यदि शुक्र पाप ग्रह युक्त हो या इसकी स्थिति नेष्ट हो तथा इससे 2, 4, 7, 8 व 12 वें स्थानों में पाप ग्रह हों, तो मंगलीतुल्य दोष होता है।

(21) लग्नेश और अष्टमेश का इत्थशाल हो या दोनों चन्द्रमा के साथ अष्टम भाव में हों, तो मंगल का दोष नष्ट होता है।

इस प्रकार वर तथा कन्या की कुण्डलियों का स्वतन्त्र अध्ययन कर, गुणों का मिलान करने के पश्चात्, ग्रहों का परिहार (विशेष रूप से मंगल दोष का परिहार) देखने व सन्तुष्ट होने पर ही विवाह हेतु सम्मति दी जानी चाहिए, ताकि वैवाहिक जीवन शुभ, उन्नतिकारक, सन्तानकारक व दीर्घ सौभाग्यकारक हो सके।

*